suhrkamp taschenbuch
wissenschaft

Wie muß Moral verstanden werden, wenn alle religiösen und traditionellen Begründungsinstanzen entfallen? Inhaltlich steht Tugendhat Kant nahe, aber Kants Idee einer absoluten Begründung der Moral erweist sich als unhaltbar. An ihre Stelle tritt ein »Gewebe von Gründen und Motiven«, die alle ihren Stellenwert haben, jedoch begrenzt sind. Der Amoralist kann nicht widerlegt werden.

Da das Kantische Konzept der universellen und gleichen Achtung nicht absolut begründet, sondern nur plausibilisiert werden kann, nimmt die Darstellung anderer Konzepte und die Auseinandersetzung mit ihnen einen breiten Raum ein: Kant selbst und die Diskursethik, Schopenhauer und Hegel, das konservative Konzept von Alasdair MacIntyre, Hume und der Utilitarismus. Im Anschluß an Aristoteles und Erich Fromm geht der Verfasser der Frage nach dem Zusammenhang von moralischen Tugenden und Glückstugenden nach. Anknüpfend an Adam Smith, erweitert er das Kantische Moralkonzept zu einer Moral, die nicht nur auf Handlungen und Unterlassungen, sondern ebenso auf intersubjektive affektive Haltungen bezogen ist, und zeigt zugleich, wie auch in der Moderne die Regelmoral durch eine Moral der Tugenden ergänzt werden muß. Der Begriff des moralischen Rechts wird neu durchdacht und führt zu einem starken Konzept der Menschenrechte, das seinerseits in Überlegungen zum Gerechtigkeitsbegriff eingebettet wird.

Ernst Tugendhat war bis zu seiner Emeritierung 1992 Professor für Philosophie an der Freien Universität Berlin und lebt heute in Tübingen.
Im Suhrkamp Verlag sind u. a. erschienen: *Vorlesungen zur Einführung in die sprachanalytische Philosophie* (stw 45); *Selbstbewußtsein und Selbstbestimmung. Sprachanalytische Interpretationen* (stw 221); *Philosophische Aufsätze* (stw 1017); *Ethik und Politik* (es 1714); *Dialog in Leticia* (stw 1302); *Aufsätze 1992–2000* (stw 1535).

Ernst Tugendhat
Vorlesungen über Ethik

Suhrkamp

Bibliografische Information Der Deutschen Bibliothek
Die Deutsche Bibliothek verzeichnet diese Publikation
in der Deutschen Nationalbibliografie
http://dnb.ddb.de

suhrkamp taschenbuch wissenschaft
Sonderausgabe zum 30jährigen Bestehen der Reihe
suhrkamp taschenbuch wissenschaft
© Suhrkamp Verlag Frankfurt am Main 1993
In der Reihe suhrkamp taschenbuch wissenschaft
erstmals erschienen 1993 als Band 1100
Umschlag nach Entwürfen von
Willy Fleckhaus und Rolf Staudt
Druck: Nomos Verlagsgesellschaft, Baden-Baden
Printed in Germany
ISBN 3-518-06746-X

1 2 3 4 5 6 – 08 07 06 05 04 03

Inhalt

Vorbemerkungen

Seit einigen Jahren habe ich versucht, die ethische Problematik zu verstehen und bin immer erneut gescheitert. Mit jedem weiteren Versuch knüpfte ich dort an, wo der vorige in eine Sackgasse geraten war. Über den Verlauf dieser Versuche habe ich in meinen *Problemen der Ethik* (1983) S. 5-8 und in meinen *Philosophischen Aufsätzen* (1992) S. 15-18 berichtet. Seit einer kleineren Arbeit im Jahr 1990, die in dem von W. Edelstein und G. Nunner-Winkler herausgegebenen Sammelband *Moral und Person* (Frankfurt 1993) erschienen ist, glaube ich festeren Boden gewonnen zu haben. In den folgenden zwei Jahren hatte ich zahlreiche Gelegenheiten, mein Konzept in verschiedenen Ländern in Vorträgen zu präsentieren und es auf diese Weise zu korrigieren, zu befestigen und zu ergänzen. Die letzte Vorlesung vor meiner Pensionierung an der Freien Universität Berlin im Wintersemester 1991/92 bildet die Grundlage des vorliegenden Textes. Die Art, wie ich jetzt das Problem der Begründung in der Moral, das mir von Anfang an die größten Schwierigkeiten bereitet hat, darstelle – insbesondere in der 5. Vorlesung –, scheint mir nun im wesentlichen richtig, so sehr ich vieles, auch sonst in diesen »Vorlesungen«, für verbesserungsbedürftig halte.

Ich zögerte zunächst, noch einmal ein Buch zu veröffentlichen, das aus fiktiven Vorlesungen besteht. Aber ich habe dann gesehen, daß das die für mich angemessenste Mitteilungsform ist.

Zur Zeichensetzung möchte ich bemerken, daß ich die in der analytischen Philosophie übliche Gepflogenheit befolge, Anführungszeichen zu verwenden, wenn über sprachliche Ausdrücke gesprochen wird, aber ich verwende Anführungszeichen mitunter auch, ohne weiter typographisch zu differenzieren, wenn ein Wort oder eine Redeweise als merkwürdig hervorgehoben wird. Ich schließe mich auch dem angelsächsischen Brauch an, Ausdrücke aus anderen Sprachen in Kursiv zu setzen, verwende aber Kursiv auch zur emphatischen Hervorhebung. Völlige Konsistenz in diesen Fragen erschien mir nicht erstrebenswert. Bei Literaturangaben werden Bücher in Kursiv genannt, Aufsätze in Anführungszeichen.

Santiago de Chile, im Januar 1993   E. T.

Die Fragestellung

Warum Ethik? Und was ist Ethik? Wir werden uns nicht mit einer unbestimmten oder beliebigen Vorstellung begnügen dürfen.[1] Gleichwohl können wir gleich zu Beginn, ein ganz unbestimmtes Vorverständnis voraussetzend, fragen: warum soll man sich überhaupt mit Ethik beschäftigen? Ethik scheint heute in der Philosophie, aber auch in den Curricula der Schulen, eine Modeerscheinung zu sein. Früher waren es eher die sogenannten kritischen Gesellschaftstheorien, für die man sich als junger Intellektueller interessierte. In der Ethik vermutet man demgegenüber eine aufs Individuelle und Zwischenmenschliche verkürzte Reflexion auf Werte, und man befürchtet, daß hier ohnehin nichts Verbindliches auszumachen sei, es sei denn, man greife auf christliche oder andere religiöse Traditionen zurück. Ist es denn das Ethische oder sind es nicht vielmehr die Machtverhältnisse, die im gesellschaftlichen Leben ausschlaggebend sind? Und bestimmen diese nicht ihrerseits die ethischen Vorstellungen einer Zeit? Und wenn das so ist, muß es nicht eine Rückkehr zu einer heute nicht mehr vertretbaren Naivität darstellen, wenn man Ethik direkt angehen will und nicht aus einer ideologiekritischen Perspektive?

Auf der anderen Seite dürfen wir nicht übersehen, daß wir sowohl im zwischenmenschlichen Bereich wie im Politischen dauernd moralisch urteilen. Man braucht, was das Zwischenmenschliche betrifft, nur darauf zu achten, einen wie großen Raum in der Auseinandersetzung zwischen Freunden, in der Familie oder am Arbeitsplatz diejenigen Gefühle einnehmen, die moralische Urteile voraussetzen: Groll und Entrüstung, Schuld- und Schamgefühle. Auch im Politischen wird dauernd moralisch geurteilt, und es lohnt sich, sich zu überlegen, wie ein politischer Streit aussähe, der nicht, zumindest auch, in moralischen Kategorien geführt würde. Der große Stellen-

1 Vgl. die 2. und 3. Vorlesung.

wert, den die Begriffe Demokratie und Menschenrechte in heutigen politischen Auseinandersetzungen einnehmen, ist nicht ausschließlich, aber auch ein moralischer. Die Auseinandersetzung über soziale Gerechtigkeit ist, innerstaatlich und weltweit, eine moralische. Wer das Einklagen eines bestimmten Konzepts von Gerechtigkeit verwirft, kann das fast nie tun, ohne ihm ein anderes Konzept von Gerechtigkeit entgegenzusetzen. Machtverhältnisse sind zwar normalerweise de facto ausschlaggebend, aber es ist bemerkenswert, daß sie der moralischen Einkleidung bedürfen.

Schließlich gibt es eine Reihe von politischen Auseinandersetzungen, die die Rechte gesellschaftlicher Teil- oder Randgruppen betreffen, die man als *rein* moralische Fragen ansehen muß: die Frage nach einem beschränkten oder unbeschränkten Einwanderungsgesetz, die Frage des Asyls, die Rechte der Ausländer, die Frage, ob und in welchem Ausmaß Abtreibung und Euthanasie erlaubt oder verboten sein sollen; die Rechte der Behinderten; die Frage, ob wir auch Tieren gegenüber moralische Verbindlichkeiten haben, und welche. Es schließen sich die Fragen der Ökologie und unserer moralischen Verantwortung gegenüber nachfolgenden Generationen an. Eine neue Dimension, die moralisch beirrend ist, ist die Gentechnologie.

Die eben genannten Fragenkomplexe betreffen zum Teil Sachverhalte, die neu sind (z. B. die Gentechnologie), zum Teil durch den technischen Fortschritt einen bisher nicht dagewesenen Stellenwert erhalten haben (z. B. die Verantwortung gegenüber späteren Generationen, einige Fragen der Euthanasie); andere waren schon früher da, aber sind – man kann sich fragen, warum – viel stärker ins allgemeine Bewußtsein getreten: z. B. Minderheitenprobleme, Abtreibung, Tiere. Hier liegt zumindest einer der Gründe, warum die Ethik heute wieder wichtiger genommen wird. Die meisten früheren Ethiken – z. B. die Kantische – haben nur solche Normen ins Auge gefaßt, die im intersubjektiven Leben zwischen gleichzeitig lebenden und in räumlich-zeitlicher Nähe sich befindenden Erwachsenen eine Rolle spielen, und man fühlt sich auf einmal orientierungslos, wenn man etwa mit den Problemen der Abtreibung, der Armut auf der Welt, der nachfolgenden Generationen oder der Gentechnologie konfrontiert wird.

Oder aber man greift in der Auseinandersetzung mit diesen Fragen, explizit oder implizit, auf religiöse Traditionen zurück. Aber ist das für uns noch möglich? Die Schwierigkeit ist nicht, daß die Fragen, die mit religiös fundierten Normen gelöst werden, veraltet wären, sondern daß man bezweifeln muß, ob wir moralische Normen heute noch überhaupt religiös fundieren dürfen. Eine solche Begründung setzt voraus, daß man gläubig ist. An religiösen Antworten auf moralische Fragen festzuhalten, nur weil sie einfache Lösungen erlauben, wäre intellektuell unredlich und entspräche weder dem Ernst der Fragen noch dem Ernst, den der religiöse Glaube seinerseits fordert. Aber auch der Gläubige kann, zumindest wenn er Andersgläubige und Nichtgläubige ernst nimmt, seine moralischen Normen letztlich nicht mehr auf seinen Glauben gründen. Denn das Einhalten von moralischen Normen ist etwas, was wir (so scheint es jedenfalls) von allen verlangen, und um das zu können, müssen wir auch erwarten, daß sie für alle einsichtig zu machen sind.

So gelangen wir zu der für diese Vorlesungen grundlegenden Frage, ob es eine von den religiösen Traditionen unabhängige Einsichtigkeit von moralischen Normen gibt. Man kann sagen, daß das die Frage nach der Einsichtigkeit einer modernen Moral ist. Oder soll es mehrere moderne Moralen geben? Das würde dann freilich der dem Anspruch der moralischen Normen scheinbar inhärenten Allgemeingültigkeit widersprechen.

Man kann natürlich auch der Auffassung sein, wie Nietzsche es war, daß die Moral im gewöhnlichen Sinn jetzt aufgehört hat, nachdem die religiöse Fundierung verworfen wird und nachdem auch mehrere Versuche einer nichtreligiösen Fundierung, wie der Kantische, gescheitert scheinen.

Hier stoßen wir auf einen weiteren Grund für das zeitgenössische Interesse für Ethik, ein Grund, der freilich nicht von heute ist, sondern schon auf das 18. und sogar 17. Jahrhundert zurückgeht: die ethische Desorientierung, die sich aus dem Niedergang der religiösen Begründung ergibt. Wie kann, wie muß man sich, nachdem die religiöse Begründung entfallen ist, zur Ethik stellen? Das wird die Hauptfrage dieser Vorlesungen sein. Wenn das moralische Urteilen ein unvermeidliches Ingrediens unseres Lebens ist, müßte sich ein Dilemma ergeben, wenn moralisches Urteilen einerseits Allgemeingültigkeit impliziert und es sich andererseits als historisch und sozial relativ herausstellen sollte. Kann man moralisch urteilen, ohne an das Begründetsein seines Urteilens zu glauben? Wäre aber eine solche absolute Begründung, auf die das hinauszulaufen schiene, nicht eine Basis, die uns heute unglaubhaft erscheinen muß?

Diese Unglaubhaftigkeit läßt sich durch eine einfache Überlegung verständlich machen, die freilich schon ein Minimum an philosophischer Begrifflichkeit erfordert. Unsere normalen Urteile – also Urteile, daß das und das der Fall ist, einzelnes oder allgemeines – sind, wenn sie sich nicht gerade auf Mathematisches oder Logisches beziehen, empirisch, das heißt sie gründen sich in ihrem Wahrheitsanspruch auf Erfahrung. Ein moralisches Urteil aber, also das Urteil, daß eine bestimmte Art des Handelns gut oder schlecht und in diesem Sinn geboten oder verboten sei, läßt sich nicht empirisch begründen. Nirgends in der Erfahrung finden wir vor, daß z. B. das Foltern eines Menschen schlecht sei, ja es ließe sich gar nicht sagen, was damit gemeint sein sollte, so etwas empirisch begründen zu wollen. Das einzige, was wir empirisch begründen können, ist ein Urteil der Art, daß Menschen dieses oder jenes Kulturkreises oder dieser oder jener sozialen Klasse so ein Handeln für schlecht oder verwerflich *halten* (oder gehalten haben). Aber daraus folgt nicht, daß es schlecht oder verwerflich *ist*.

Wie müssen wir uns dann aber urteilend verhalten, wenn wir selbst zu diesem Kulturkreis gehören? Nehmen wir an, Sie und ich halten das Foltern für verwerflich. Dann kann man konstatieren (andere oder wir selbst), daß wir das meinen; das ist empirisch feststellbar. Aber damit können wir uns, wenn es um uns selbst geht, nicht zufriedengeben, denn wir können uns ja nicht damit begnügen, daß wir in einer Art psychologischer oder soziologischer Reflexion *über* unser moralisches

Urteilen empirische Aussagen machen, denn wenn wir nicht diese moralischen Urteile ihrerseits für richtig hielten, hätten wir sie gar nicht mehr. Wir können uns also, wenn wir uns über Menschen in dritter Person verständigen, damit begnügen, zu konstatieren, was sie meinen (»XY hält das und das für schlecht«), aber bei uns selbst, in erster Person, kommen wir nicht darum herum, selbst moralische Urteile zu fällen. Und das gilt auch für die zweite Person, wenn wir uns über die Richtigkeit moralischer Urteile mit anderen verständigen oder streiten.

Wir kommen also scheinbar erstens nicht darum herum, moralische Urteile zu fällen, und diese Urteile stützen sich zweitens, soweit man sehen kann, nicht auf Erfahrung; es sind keine empirischen Urteile. Philosophen wie Kant, die das klar gesehen haben, haben daraus gefolgert, daß diese Urteile in der Auffassung des Urteilenden nichtempirisch, d. h. unabhängig von aller Erfahrung gelten müssen, und man nennt das: apriori.

So schnell scheinen wir in eine philosophische Verstiegenheit zu geraten: moralische Urteile scheinen, weil sie nicht empirisch wahr sind, apriori wahr zu sein, falls sie überhaupt wahr sind (und das sind sie natürlich immer aus der Perspektive des Urteilenden). Nun konnte es aber doch nur für Philosophen, die, wie Platon oder Kant, glaubten, daß unser Bewußtsein eine vor- oder überempirische Dimension hat, einleuchtend erscheinen, daß wir etwas nichtempirisch, apriori einsehen können sollten. Ist es nicht naheliegend, daß wir, wie wir eine religiöse Begründung zurückstellen müssen, auch eine apriorische (»metaphysische«) Begründung verwerfen müssen? Es erscheint naheliegend, daß eine solche apriorische Begründung eine pseudoreligiöse Begründung ist, ein Versuch, die religiöse Begründung zu säkularisieren. Aber wenn wir so eine Begründung verwerfen, wenn uns die Annahme, daß unser Bewußtsein eine transzendente Dimension hat, nicht mehr einleuchtend erscheinen kann, und wenn wir so eine Voraussetzung, was immer wir selbst glauben mögen, insbesondere nicht mehr bei allen anderen als selbstverständlich voraussetzen dürfen, und wenn es gleichwohl richtig ist, daß ein moralisches Urteil nicht empirisch begründet sein kann, scheinen wir in ein noch tieferes Dilemma zu geraten. Von ihrem eigenen Sinn her müßten moralische Urteile sinnlos werden. Was dann aber tun, wenn moralisches Urteilen uns unverzichtbar scheint?

Wir werden später sehen, daß Kants Folgerung, daß moralische Urteile, die, wie er richtig gesehen hat, nicht empirisch sind, nur apriori begründet sein können, vorschnell war, so naheliegend sie auch scheint. Jetzt möchte ich zum Abschluß dieser aporetischen Vorüberlegungen nur noch auf die Frage zurückkommen, ob es nicht, auch wegen den eben genannten Schwierigkeiten, einleuchtender wäre, anstelle einer Ethik eine kritische Sozialtheorie ins Auge zu fassen.

Was haben wir uns bei einer kritischen Sozialtheorie unter Kritik vorzustellen? Man kann hier vielleicht auf zweierlei hinweisen: erstens unterscheidet sich eine kritische Sozialtheorie, wie sie z. B. von Horkheimer und Adorno ins Auge gefaßt wurde, von einer gewöhnlichen, empirischen Sozialtheorie dadurch, daß sie die Gesellschaft normativ in Frage stellt. Das ist aber zweitens nur dadurch möglich, daß sie auch die moralischen Urteile der Mitglieder dieser Gesellschaft ideologisch und d. h. auf ihre sozioökonomischen Bedingungen hinterfragt.

Hier muß man nun aber eine begriffliche Verwirrung konstatieren. Was den ersten Punkt betrifft, setzt die normative Infragestellung eines sozioökonomischen Systems – z. B. des Kapitalismus – voraus, daß dieses System an gewissen moralischen Urteilen, die man dann selbst für richtig halten muß, gemessen wird. Man kann das System nicht normativ in Frage stellen, indem man lediglich die innerhalb dieses Systems zustande kommenden moralischen Urteile auf ihre sozioökonomischen Bedingungen hinterfragt.

Das führt zum zweiten Punkt. Man kann nämlich ein moralisches Urteil nie durch bloße Feststellung seiner sozioökonomischen Bedingungen normativ in Frage stellen. Ein moralisches Urteil kann nur normativ (und d. h. moralisch) in Frage gestellt werden. Die bloße Feststellung eines Zusammenhanges zwischen bestimmten moralischen Urteilen (z. B. daß Gerechtigkeit in der Verteilung gemäß Leistung besteht) und bestimmten sozioökonomischen Bedingungen kann *an und für sich* noch nicht dazu führen, diese Urteile zu verwerfen oder einzuschränken. Das ist erst möglich, wenn gezeigt wird, daß man, wenn man nicht mehr unter diesen sozioökonomischen Bedingungen stünde, diese normativen Urteile nicht mehr fällen würde, und das setzt voraus, daß man zeigen kann, daß, wenn diese Bedingungen entfallen, eine andere, eventuell umfassendere moralische Perspektive (z. B. ein umfassenderer, nicht mehr auf Leistung bezogener Gerechtigkeitsbegriff) maßgebend wird. Das heißt, daß der Aufweis eines empirischen Zusammenhanges zwischen einem bestimmten moralischen Urteil und gewissen sozioökonomischen Bedingungen zwar auf eine normative Kritik verweist, sie aber nie schon an und für sich enthalten kann. Ein moralisches Urteil kann nur durch ein anderes moralisches Urteil normativ kritisiert werden. Zu diesem kommen wir freilich gegebenenfalls nur, indem wir den Rahmen der sozioökonomischen Bedingungen erweitern oder variieren.[2]

Wenn das richtig ist, ist die bei kritischen Gesellschaftstheoretikern übliche Auffassung, daß sie die eigene Gesellschaft durch eine Analyse der Gesellschaft normativ kritisieren können, irrig. Die Vermischung von empirischer Analyse mit normativer Kritik geht weitgehend auf Marx zurück, obwohl Marx selbst sich von dieser Vermischung freihielt, indem er in seinem Spätwerk eigene normative Auffassungen möglichst zurückstellte und seiner Analyse des gegenwärtigen ökonomischen Systems nicht mehr einen normativen Anstrich gab. Er hielt alle Meinungen, daß etwas gerecht oder ungerecht ist, für »Überbau«; solche Meinungen sollten also bei ihm nur noch im Gegenstand seiner Untersuchungen vorkommen, sie sollten in seiner eigenen Beurteilung keine Rolle mehr spielen. In der marxistischen Tradition ergab sich daraus aber ein doppeltes Bewußtsein: auf der einen Seite meinte man rein empirisch vorgehen zu können, auf der anderen Seite hatte man be-

---

2 Zum obigen vergleiche die zweite der »Drei Vorlesungen« in meinen *Problemen der Ethik*.

stimmte Vorstellungen von Gerechtigkeit, die jedoch ihrerseits nicht mehr reflektiert wurden. Die weitgehende normative Askese bei Marx und innerhalb des Marxismus führte dazu, daß man meinte, so wichtige normative Themen wie die der Demokratie und der Menschenrechte als bloße bürgerliche Ideologien verwerfen zu können.

Diejenigen Formen der Gesellschaftskritik, die das nicht taten und normative Urteile zuließen, haben gleichwohl die Eigenständigkeit des normativen Urteils gegenüber empirischen Urteilen so wenig beachtet wie Marx. Ich glaube also, daß man zu dem Schluß kommen muß, daß eine kritische Gesellschaftstheorie, so wichtig sie ist, nicht an die Stelle einer Ethik treten kann, sondern eine Moral voraussetzen muß. Ideologiekritische Reflexionen können moralische Prinzipien in dritter Person in Frage stellen, eine solche Kritik kann aber nur einen normativen Sinn gewinnen, wenn moralische Prinzipien ihrerseits – in »erster Person« – vorausgesetzt werden. Woher sollen wir diese aber nehmen, wenn sie nicht empirisch sein können und wir uns auch nicht den Rekurs auf eine apriorische Reflexion, geschweige denn auf eine religiöse Tradition erlauben dürfen?

Das Dilemma, vor dem wir heute angesichts der moralischen Urteile stehen, scheint also komplett zu sein. Viele haben hier nur ein unbestimmtes Unbehagen. Man befindet sich mit Bezug auf einen Kernbereich der moralischen Urteile auf der Ebene eines *common sense*: eine vage Übereinstimmung mit den Urteilen der meisten anderen täuscht uns über die quälende Unsicherheit hinweg, daß wir den Stellenwert dieser Urteile nicht verstehen. Fast alle von uns urteilen weiterhin moralisch absolut, aber auf die Gültigkeit dieser Urteile befragt, neigen viele dazu, sie für relativ zu halten. Wir machen uns gewöhnlich nicht bewußt, daß wir solche Urteile dann gar nicht mehr fällen dürften. An ihre Stelle müßten explizit relative Urteile treten. Ich dürfte dann nicht mehr sagen »Foltern ist schlecht«, auch nicht einmal »ich halte Foltern für schlecht«, denn mit diesem Satz würde nur gesagt, daß ich mir der Wahrheit dieses Urteils nicht sicher bin, nicht, daß ein Urteil dieser Art keinen Wahrheitsanspruch mehr haben kann;

vielmehr dürfte ich dann nur noch so etwas sagen wie »mir gefällt Foltern nicht« oder »es stößt mich ab«. (Allgemein gilt für alles Urteilen überhaupt – sei es im theoretischen oder im praktischen Bereich –, daß es in dem Sinn »absolut« gemeint ist, daß es einen personenirrelativen Sinn hat; es kann sich dann immer noch als falsch herausstellen, aber auch das setzt voraus, daß es einen personenirrelativen Anspruch hat.)[3]

3 Durch J. Habermas ist die Vorstellung aufgekommen, moralische Urteile hätten keinen »Wahrheitsanspruch«, sondern einen »Richtigkeitsanspruch«. Mir scheint, daß durch diese verbale Verschiebung das Problem nur verdunkelt wird. »Richtig« soll der »Gültigkeitsanspruch« von Normen sein, aber worin besteht denn der Gültigkeitsanspruch von Normen, und was heißt dann »richtig«? Das Wort »richtig« verwenden wir im normalen Sprachgebrauch entweder von Handlungen, um zu sagen, daß sie vorausgesetzten Normen entsprechen, oder von Aussagen (Urteilen) anstelle von »wahr«, und man kann diesen zweiten Fall unter den ersten subsumieren; von daher läßt sich zur Not auch die Rede von der Richtigkeit einer Norm verstehen; es hieße lediglich, daß es wahr ist, daß so gehandelt werden muß. Richtigkeit, so verstanden, reduziert sich also auf Wahrheit. Das Wort »Gültigkeit« wiederum verwenden wir auf zwei Weisen, für das Gelten von positivem Gesetz und für die Wahrheit von Aussagen. Eine Norm ist gültig, wenn sie innerhalb eines Normensystems »gilt«, also »besteht«, d. h. sanktioniert ist. Wenn jedoch diese Normen in Aussagen vorkommen, in denen gesagt wird, daß so zu handeln gut oder schlecht ist (oder daß man so handeln muß in einem besonderen Sinn des Wortes »muß«, der in der nächsten Vorlesung geklärt werden wird), d. h. nicht nur relativ zu einem bestimmten Normensystem, erheben diese Aussagen denselben Objektivitätsanspruch wie jede andere Aussage auch, und das heißt den Anspruch, begründet zu sein; das liegt einfach im Sinn einer Aussage. Moralische Aussagen erheben also ihrer sprachlichen Form nach einen Anspruch, begründet zu sein, aber es kann sein, daß dieser zu Unrecht besteht. Das ist das einfache Dilemma, von dem oben im Text die Rede ist und das man nicht durch verbale Differenzierungen verwischen darf. Entweder diese Urteile können begründet werden oder sie können ihrem eigenen Sinn nach nicht begründet werden (und das hieße, diese Redeweise müßte fallengelassen werden) oder sie können, wie wir noch sehen werden, drittens partiell begründet werden, auf eine

Wir müßten also unsere Sprache ändern. Das können wir natürlich im Prinzip. Manchmal wird so geredet, als ob uns unsere Sprache zu einem bestimmten Verhalten zwänge, aber das ist nicht richtig. Unser Freiheitsspielraum ist im Prinzip groß. Doch bevor wir uns bereit fänden, unsere Sprache zu ändern, sollten wir uns darüber im klaren sein, wie tief unser Leben vom moralischen Urteilen durchtränkt ist. Ich habe vorhin schon auf die sogenannten moralischen Affekte verwiesen: Empörung und Groll, Schuldgefühl und Scham. Für alle Affekte überhaupt gilt, was schon Aristoteles in einer für die ganze Tradition maßgebenden Klarheit gezeigt hat (*Rhetorik*, 2. Buch), daß es sich bei dem, was man Affekte nennt, immer um positive oder negative Gefühle handelt (Lust oder Unlust), die sich ihrem eigenen Sinn nach auf ein Urteil aufbauen, und zwar ein Werturteil. So ist z. B. die Furcht das Unlustgefühl, das jemand dann hat, wenn er sich eines sein Wohl gefährdendes künftigen Ereignisses bewußt ist, Neid das Unlustgefühl, das ich angesichts des Umstandes habe, daß jemand anderer etwas Wertvolles hat oder tut, das ich meinerseits gerne hätte oder täte. Hier sind die Werte Werte für einzelne Personen (»gut für ...«), bezogen auf ihr Wohl. Die *moralischen* Gefühle sind hingegen dadurch definiert, daß sie Unlustgefühle sind, die sich auf das Urteil über einen *moralischen* Unwert aufbauen: wir empfinden Empörung, wenn wir negativ gefühlsmäßig auf die nach unserem Urteil schlechte Handlung eines anderen reagieren; Groll, wenn eine als schlecht beurteilte Handlung mich selbst schädigt; und Schuld oder auch eine bestimmte Form von Scham angesichts einer nach meinem Urteil schlechten Handlung von mir selbst.

Diese Gefühle entfielen, wenn wir nicht mehr moralisch urteilten. Wir haben keinen Grund, über die Handlung eines anderen empört zu sein oder ihm zu grollen, ja wir könnten diese Gefühle gar nicht verstehen, wenn wir sein Handeln nicht als schlecht beurteilten. Der englische Philosoph Peter Strawson hat in einem berühmten Aufsatz »Freedom and Re-

Weise, die erst im Verlauf verständlich werden wird (4. und 5. Vorlesung).

sentment«[4] auf den inneren Zusammenhang dieser Gefühle reflektiert und dabei auf ein ähnliches Bedingungsverhältnis aufmerksam gemacht wie das, um das es hier geht: diese Gefühle setzen voraus, daß wir uns selbst und unsere Mitmenschen als frei (zurechnungsfähig) ansehen. Wir ziehen gewissermaßen die Krallen dieser Gefühle ein, zeigt Strawson, wenn wir jemandem im Einzelfall als nicht zurechnungsfähig ansehen; wir sehen dann den anderen nicht als autonomes Wesen, sondern etwa als – vorübergehenden oder dauerhaften – Psychopathen. Es ist jedoch schwer, sich vorzustellen, daß wir uns gegenüber allen Mitmenschen so verhielten. Strawson will damit zeigen, wie tief die Annahme der Freiheit in unsere intersubjektiven Beziehungen hineinreicht.

Diese Überlegungen lassen sich auch auf das moralische Urteilen beziehen. Daß wir das eigene Handeln und das der anderen moralisch beurteilen, ist ebensosehr eine Voraussetzung für diese Gefühle wie die Annahme der Zurechnungsfähigkeit. Strawson setzt voraus, daß wir die Möglichkeit, solche Gefühle zu haben, als positiv beurteilen. Ich habe in Seminaren die Erfahrung gemacht, daß nicht alle Leser seines Textes darin mit ihm übereinstimmen, wenigstens nicht auf den ersten Blick. Alle diese Gefühle sind ja negativ. So kann man es als eine Erleichterung ansehen, wenn man sie nicht mehr hätte. Wer so denkt, könnte sich eine psychotherapeutische Behandlung wünschen, in der er nicht mehr nur von seinen irrationalen Schuldgefühlen, sondern von der Fähigkeit zu Schuldgefühlen überhaupt, und das heißt dann auch von seiner Fähigkeit, sich zu empören, befreit wird. Wir können es offen lassen, ob das möglich ist; warum sollte es dies im Prinzip nicht sein? Es kommt hier nur auf die Frage an, ob es wünschenswert ist.

Wir sollten dabei auch berücksichtigen, daß mit dem Wegfall der moralischen Urteile auch die Möglichkeit zu tadeln und Vorwürfe zu machen entfiele. Auch das könnte auf den

---

4 Proceedings of the British Academy 48 (1962), S. 187-211, *dt.* in: U. Pothast, *Seminar Freies Handeln und Determinismus*, Frankfurt 1978, S. 201-233.

ersten Blick positiv erscheinen. Aber vielleicht macht sich, wer so denkt, die Reichweite und den Stellenwert dieser Einstellungen nicht hinreichend klar. Wir würden ja dann, was wir jetzt als unmoralisch beurteilen, nur noch als Gefahr ansehen; wir würden unsere Mitmenschen nur noch als eine Art wilder (manchmal auch sanfter) Tiere ansehen. Sie wären keine Subjekte mehr, mit denen wir uns moralisch streiten könnten, sondern Objekte, vor denen wir uns gegebenenfalls zu hüten hätten. Ob wir das nun mit Strawson als negativ ansehen oder nicht, jedenfalls würden sich die Möglichkeiten unserer intersubjektiven Beziehungen grundlegend ändern: wir könnten uns zueinander nur noch instrumentell verhalten.

Diese grundlegende Veränderung unserer intersubjektiven Beziehungen ist vielleicht der tiefste Punkt, auf den wir bei der Frage, was sich verändern würde, wenn wir nicht mehr moralisch urteilten, stoßen. Ist das aber, so könnten Sie entgegenhalten, überhaupt eine Frage, über die wir selbst entscheiden können? Wie wir noch sehen werden: im Prinzip ja. Aber vorerst handelt es sich nicht um die Frage, ob wir darüber entscheiden können, sondern einfach um die Konsequenzen, die sich zwangsläufig ergeben würden, *wenn* wir nicht mehr moralisch urteilen könnten. Und wir könnten nicht mehr moralisch urteilen, wenn wir den in moralischen wie in allen Urteilen inhärenten objektiven und d. h. personenirrelativen Anspruch nicht festhalten können. Freilich ist hier die weitere Bedingung zu nennen: und *wenn* wir uns nichts vormachen wollen, und den meisten mag es reichen, weiterhin moralisch zu urteilen und gleichwohl die Begründbarkeit dieser Urteile im Vagen zu halten.

Sie könnten mir entgegenhalten: ist nicht diese weitere Voraussetzung der intellektuellen Redlichkeit selbst eine moralische Forderung, und drehe ich mich insofern nicht im Kreise? Ich glaube nicht, daß die Idee der intellektuellen Redlichkeit – Klarheit über sich selbst und sein Verhalten zu gewinnen – eine moralische Forderung ist. Sie hängt wohl nur mit dem Wunsch zusammen, nicht irrational – inkonsistent – zu sein.

Ich kann jetzt die Fragestellung dieser Vorlesungen verdeutlichen. Ich werde die Frage nach dem Moralischen zuerst nicht, wie das sonst in der ethischen Literatur geschieht, gewissermaßen »direkt« angehen, indem ich geradezu sage, welche moralischen Inhalte oder Prinzipien ich für begründet halte oder was das ist, wovon ich meine, daß wir es alle für moralisch halten[5], denn ein solcher Rekurs auf »uns alle« muß uns in der heutigen historischen Situation fragwürdig erscheinen. Ich gehe vielmehr von unserer bestimmten historischen Situation aus, die dadurch charakterisiert ist, daß sie in dem Sinn zu einer ahistorischen geworden ist, daß religiöse (»transzendente«) oder sonstwie traditionalistische Begründungen für uns nicht mehr gültig sein können. Unter einer traditionalistischen Begründung einer Moral verstehe ich eine solche, deren Begründungsbasis eine Autorität ist (wie bei den »Zehn Geboten«) oder die in einer Tradition implizierte Autorität. Unsere Situation ist dadurch bestimmt, daß wir entweder in einen Relativismus der moralischen Überzeugungen geraten und das heißt, wie ich vorhin zu zeigen versuchte, die Moral im gewöhnlichen Sinn preisgeben müßten, wenn wir uns nichts vormachen wollen, oder aber nach einem nicht-transzendenten Verständnis der Begründung moralischer Urteile Ausschau halten müssen.

Daß wir moralische Urteile, wenn wir solche beibehalten wollen, auf eine andere als traditionalistische Weise begründen müssen, ist sowohl in der griechischen Aufklärung des vierten vorchristlichen Jahrhunderts wie in der modernen Aufklärung seit dem 17. und 18. Jahrhundert vorausgesetzt. Man hat dabei aber die Art des Begründetseins selbst, die Art, wie das Begründetsein moralischer Urteile überhaupt verstanden werden kann, seinerseits so gut wie nicht problematisiert. Wir können uns die Schwierigkeit vorgreifend leicht klarmachen. Während empirische Urteile und empirische Theorien gewissermaßen nur »von unten«, von ihren empirischen Konsequenzen und d. h. aus der Erfahrung zu begründen sind, können moralische Urteile bzw. eine Moral im ganzen nur gewissermaßen »von

---

5 B. Gerts Buch *The Moral Rules*, Harper 1966 (dt. *Die moralischen Regeln*, Frankfurt 1983; engl. Neuauflage: *Morality*, Oxford 1988) ist nur die extremste Version dieser direkten Methode.

oben«, von einem obersten Prinzip her begründet werden. Eine solche Art der Begründung ist leicht verständlich, wenn sie an einer Autorität festgemacht wird. Die Begründung ist dann keine absolute, sondern nur eine hypothetische, denn die oberste Prämisse, also das Prinzip selbst bzw. die dieses Prinzip enthaltende Autorität muß als geglaubt vorausgesetzt werden. Das ist jedoch ein Umstand, der im Glauben selbst verdeckt bleibt.

Hat man sich von einer solchen traditionalistischen Begründung freigemacht, scheint es als erstes naheliegend, die moralischen Urteile im Prinzip ähnlich zu begründen, das heißt aus einem obersten Prinzip, das aber jetzt nicht mehr von der Art einer Autorität sein darf, und es liegt jetzt auch nahe, sich die Begründung nicht mehr als hypothetische zu denken, denn eine hypothetische Begründung kann nicht ausreichen, wenn die oberste Prämisse nicht in einem Glauben festgemacht ist. So scheint ein Dilemma zu entstehen, denn wenn eine Begründung von unten weiterhin ausgeschlossen bleibt und eine Begründung von oben eine Prämisse voraussetzen muß, die ihrerseits geglaubt werden muß, erscheint eine Begründung moralischer Urteile schon aus formalen Gründen ausgeschlossen, das heißt der Sinn von »Begründung« scheint, wie immer man es wendet, nicht das herzugeben, was man braucht.

Hier glaubte nun Kant, das Problem wie das Ei des Kolumbus lösen zu können, indem er vorschlug, die moralischen Urteile auf eine Prämisse zu begründen, die einfach die Idee des Begründetseins selbst darstellt, die Vernunft. Wenn man nur überhaupt vernünftig ist, so kann man seine Idee zusammenfassen, müsse man die Geltung der moralischen Urteile – bzw. derjenigen moralischen Urteile, die Kant für richtig hielt – anerkennen. Wir werden sehen, daß die Idee, die in abgewandelter Form auch von der heutigen Diskursethik vertreten wird, zwar genial, aber eine Täuschung ist. Aus der Idee des Begründetseins als solcher kann, wenn man sich darunter überhaupt etwas vorstellen kann, überhaupt nichts Inhaltliches folgen. Außerdem werden wir noch sehen, daß nicht nur die Idee eines nicht mehr bedingten Begründetseins von oben, sondern auch die Idee, daß das moralische Sollen (oder Müssen) einen nicht bedingten Sinn hat – daß es irgendwie absolut über uns lastet, wie eine säkularisierte Stimme Gottes – sinnwidrig ist. Gott zu naturalisieren – und Kants Idee einer nicht-relativen Vernunft lief ungefähr darauf hinaus –, ist nicht möglich.

Von daher läßt sich der eigentümliche Zustand verstehen, in dem sich die Ethik – das philosophische Nachdenken über Moral – heute befindet. Einige Philosophen (besonders einige deutsche) glauben weiterhin bzw. in neuen Varianten, daß es eine schlichte Begründung der moralischen Urteile gibt; und da es, wie ich zu zeigen versucht habe, ein verständliches Bedürfnis ist, die Moral schlicht zu begründen und so an ihr unangefochten festhalten zu können, so als befänden wir uns noch in einer Religion, erfreuen sie sich großer Popularität, und man sieht in diesem Lager gelassen über einfachste Fehlschlüsse hinweg, eine Tendenz, die immer besteht, wenn starke Bedürfnisse im Spiel sind. Auf der anderen Seite ist der Großteil der heutigen Ethiker (besonders der angelsächsischen) der Auffassung, daß die Frage nach der Begründung unserer moralischen Prinzipien keinen Sinn hat. Sie glauben daher[6], daß das Geschäft des Moralphilosophen nur darin besteht, die eigenen moralischen »Intuitionen« zu reflektieren und zu ordnen, indem man sie unter ein Prinzip bringt, das dann seinerseits neben anderen moralischen Prinzipien, die von anderen vertreten werden, in der Luft stehen gelassen wird. Dabei wird übersehen, daß diese Intuitionen als moralische, eine objektiven Anspruch erhebende Urteile sich auflösen müßten, wenn ihr Begründungsanspruch aufgegeben wird.

Die gesamte heutige Ethik scheint mir zwei grundsätzliche Fehler zu machen. Erstens wird angenommen, daß es nur entweder eine schlichte (absolute) Begründung oder gar keine gibt (die hypothetische Begründung ist natürlich ihrerseits gar keine, denn sie bedeutet, daß das Prinzip seinerseits nicht be-

---

6 Besonders explizit wird diese Position von John Rawls vertreten. Vgl. *A Theory of Justice*, Harvard 1971, § 9, und »Justice as Fairness: Political not Metaphysical«, Philosophy and Public Affairs 14 (1985), S. 223 ff.

gründet werden kann). Daß die Begründung komplizierter aussehen könnte, wird nicht ins Auge gefaßt. Zweitens und damit zusammenhängend wird das Problem der Moral immer »direkt« angegangen: der moralische Kodex oder jedenfalls das moralische Prinzip scheint festzustehen. Das ist jedoch ein Vorgehen, das sich verbietet, wenn wir uns der historischen Situation, in der wir uns befinden, bewußt sind, eine Situation, die durch Offenheit und Desorientierung charakterisiert ist: es gab viele traditionalistische Prinzipien, und das moderne Nachdenken über Moral hat seinerseits zu mehreren Prinzipien geführt, die teilweise überlappen, aber als solche miteinander konkurrieren.

Die angemessene Reaktion auf diese Situation ist nicht, daß jeder auf seine eigene Intuition, von der er vielleicht (wie Rawls) hofft, daß möglichst viele sie teilen, reflektiert, sondern daß wir *vor* der direkten Erörterung eines bestimmten Moralkonzeptes mit einer *formalen Vorbetrachtung* beginnen, in der vorweg zu klären ist, wie ein moralisches Urteil und damit ein Moralkonzept überhaupt zu verstehen ist. In einer historischen Situation wie der unsrigen, in der wir uns einer bestimmten Begründung von Moral und daher auch eines bestimmten Moralkonzeptes nicht mehr sicher sind und in der mehrere Moralkonzepte miteinander konkurrieren, müssen wir uns vorweg dessen vergewissern, was unter *einer Moral* zu verstehen ist.

Es ist ein Grundfehler der geläufigen Ethiken, daß sie als moralischen Grundkonflikt immer nur den zwischen demjenigen sehen, der sich moralisch verstehen will, und demjenigen, der sich nicht so verstehen will (dem »Egoisten«). Der eigentliche Grundkonflikt, in dem wir heute stehen, ist derjenige, der zwischen den verschiedenen Moralkonzepten selbst besteht. Ein Moralkonzept zu begründen, heißt also nicht nur, es gegenüber dem Egoisten zu begründen, sondern vor allem: es gegenüber den anderen Moralkonzepten zu begründen. Das ist das moralische Grundproblem unserer Zeit, und das muß daher auch die Hauptaufgabe dieser Vorlesungen sein.

Die Voraussetzung dafür, daß wir verschiedene Moralkonzepte in ihren Begründungsansprüchen miteinander vergleichen können, ist jedoch, daß wir vorher geklärt haben, was sie überhaupt alle zu Moralkonzepten macht. Die übliche »direkte« Herangehensweise an *ein* Moralkonzept (das jeweils für richtig gehaltene) hat zur Folge, daß man die Auseinandersetzung zwischen den Moralkonzepten nicht mehr führen kann. Wir werden sehen, daß es wichtig sein wird, schon bei der Definition von dem, was *eine Moral* ist, dafür Sorge zu tragen, daß man von den verschiedenen moralischen Positionen aus mit den jeweils anderen diskutieren kann, statt sich wechselseitig implizit abzustreiten, überhaupt eine Moral zu sein und so eine Auseinandersetzung, die eigentlich eine moralische sein muß, definitorisch (semantisch) vorzuentscheiden.

Es ist diese formale Vorbetrachtung, die uns in den nächsten zwei Vorlesungen beschäftigen wird. Wir werden sehen, daß, was so leichthin als moralisches Urteil verstanden wird, komplexere Voraussetzungen impliziert, als man sich das gewöhnlich vorstellt. Ich komme dann in der 4. Vorlesung zur Begründungsfrage und zu einer ersten Orientierung darüber, wie Begründung in den traditionalistischen Konzepten verstanden wurde und wie sie in den verschiedenen modernen Ansätzen verstanden wird, die seit der Aufklärung gemacht wurden.

In der 5. Vorlesung werde ich dann zu der – in der 4. Vorlesung teilweise vorbereiteten – »direkten« Erörterung der Moral übergehen. Es wird jedoch eine solche sein, in der das eigene Moralkonzept stets in seinem Begründungsanspruch mit den anderen Konzepten konfrontiert bleiben wird. Sein Begründungsanspruch wird den Sinn haben, besser begründet zu sein als die anderen.

Inhaltlich werden sich zwei Ebenen von begründeter Moral ergeben, metaphorisch gesprochen eine untere und eine obere. Die untere ist die des moralischen Kontraktualismus. Wir werden sehen, daß diese untere Ebene stark begründet ist, daß sie jedoch nicht weit reicht und nicht einmal den vorher herausgestellten Sinn von »einer Moral« erfüllt. Die starke Begründung, die hier möglich sein wird, wird nicht die von Urteilen, sondern von Motiven sein. Die obere Ebene hingegen wird der Form nach dem vorher herausgestellten Sinn von »einer Moral« genügen, und sie wird sich inhaltlich an das kontraktualistische Konzept zunächst eng anschließen und sich von ihm nur dadurch unterscheiden, daß die Regeln, die im Kontraktualismus nur instrumentell begründet sind, diesen instrumentellen Charakter verlieren. So ergibt sich ein Moralkonzept, das inhaltlich mit dem Kantischen in seinem Grundprinzip übereinstimmt: »Du sollst jeden gleich achten, niemanden instrumentalisieren!« Später wird sich zeigen, daß damit ein Begründungsprinzip gewonnen ist, das inhaltlich über das Kantische Konzept hinausreicht.[7]

Es unterscheidet sich von der Kantischen Idee aber schon von vornherein dadurch, daß eine absolute Begründung nicht mehr beansprucht wird. Ich glaube, daß das Konzept inhaltlich weitgehend dem vorhandenen moralischen Bewußtsein entspricht, genauer gesagt demjenigen, das einerseits auf traditionalistische Voraussetzungen verzichtet und andererseits über den Kontraktualismus hinausreicht. Was wir in der Philosophie tun können, ist nicht mehr, als eben dieses gewöhnliche moralische Bewußtsein in seinen Voraussetzungen verständlich zu machen. Es wird sich zeigen, daß diese komplexer sind, als gewöhnlich angenommen wird, und das ist der Grund, warum es bisher so schwierig war, es zu explizieren. Die Philosophie kann nicht mehr tun, als ein vorhandenes Vorverständnis in seinen Voraussetzungen adäquat zu analysieren; sie hat keinen eigenen, extramundanen Bezugspunkt.[8] Aber diese Explikation des Vorgegebenen ist nicht einfach die Wiedergabe einer in sich abgeschlossenen und durch Begründungen nicht abgestützten Intuition, sondern es handelt sich um ein moralisches Bewußtsein, das gute Gründe und Motive hat, die dafür sprechen, sich sowohl von der Position des Amoralisten zu unterscheiden als auch von den Positionen anderer Moralkonzepte.

Dieses moralische Bewußtsein stützt sich also nicht auf eine absolute Grundlage, sondern auf ein komplexes Gewebe von Gründen und Motiven, die ich ein Stück weit explizit zu ma-

7 15. und 17. Vorlesung.
8 Vgl. meine *Philosophischen Aufsätze*, S. 270.

chen versuchen werde. Die Unterscheidung von Motiven einerseits, Gründen andererseits ist der erste Schritt. Gründe sind solche für die Wahrheit von Aussagen; Motive sind Gründe anderer Art, es sind Gründe, die für eine Handlung oder allgemeiner eine Handlungsweise oder noch allgemeiner für die Übernahme eines moralischen Systems sprechen. Der Kontraktualist, so werden wir sehen, fällt keine moralischen Urteile; für ihn gibt es daher nur Gründe im Sinn von Motiven. Auf der Ebene hingegen, die ich die obere genannt habe, werden moralische Urteile gefällt, in denen gesagt wird, daß etwas gut oder schlecht ist. Die verschiedenen Moralkonzepte, so werden wir sehen, sind durch verschiedene Konzepte des Guten charakterisiert, die dann solche Urteile erlauben, daß etwas gut oder schlecht ist. Jedes solche Konzept des Guten beinhaltet ein Konzept dessen, was es heißt, ein guter Mensch bzw. Sozialpartner zu sein, und das heißt, jemand, der ein gutes Mitglied der oder einer Gesellschaft ist.

Hier wird sich nun ein bestimmtes Ineinander von Motiven und Gründen ergeben. Daß wir überhaupt ein gutes Mitglied der Gesellschaft sein wollen und d.h., daß wir einer moralischen Gemeinschaft überhaupt angehören wollen (daß wir überhaupt moralische Urteile fällen können wollen), ist letztlich ein Akt unserer Autonomie, und dafür kann es nur gute Motive geben, keine Gründe. Wir haben, wie sich zeigen wird, die denkbar stärksten Motive für die untere Ebene der kontraktualistischen Moral – eine Ebene, die noch die des Amoralisten ist –, und wir haben lediglich gute Motive dafür (aber keine zwingenden), darüber hinaus auch die Ebene der eigentlichen Moral einzunehmen. Die Auseinandersetzung mit dem Amoralisten kann also nur durch Angabe von Motiven geführt werden. Nicht so die Auseinandersetzung mit anderen Moralkonzepten. Hier stehen Urteile gegen Urteile. Hier und nur hier wird von Gründen gesprochen werden können. Es kann aber in diesem Bereich keine absolute Begründung geben. Die Moral der universellen und gleichen Achtung, die Moral des Nichtinstrumentalisierens hängt in *gewisser* Weise in der Tat in der Luft: es läßt sich nicht mehr zeigen, als daß sie das plausible (bestbegründete) inhaltliche Konzept des Guten ist, und das setzt seinerseits voraus, daß man moralisch urteilen können will.

Das heißt dann also, daß die Objektivität der zu dieser Moral gehörigen Urteile lediglich Plausibilität beanspruchen kann. Das ist weniger als schlichtes Begründetsein, es ist aber mehr als eine Intuition ohne Begründung und ohne Auseinandersetzung mit anderen Konzepten. Sie mögen das als enttäuschend empfinden, aber man kann sich als Philosoph vor dem vorhandenen moralischen Bewußtsein nicht dafür entschuldigen müssen, daß man es nicht stärker machen kann, als es ist, zumal wir sehen werden, daß eine stärkere Begründung nicht nur nicht verfügbar ist, sondern sinnwidrig wäre. Es ist wie die Äußerung, die Freud einmal einem enttäuschten Patienten gegenüber gemacht hat, der sich über die Schlechtigkeit der Frauen beschwert hat: Besseres haben wir leider nicht anzubieten.

Wer es tröstlich findet, kann hier bedenken, daß wir auch bei empirischen Theorien nicht mehr als Plausibilität erreichen können. Es ist lediglich plausibel, daß die Sonne auch morgen aufgehen wird, gleichwohl machen wir die Voraussage mit Gewißheit. Es ist lediglich plausibel, die Rede von »gut« und »schlecht« so zu verstehen, gleichwohl reicht das, damit wir auf das, was in dem plausibel begründeten Sinn schlecht – verwerflich – erscheint, mit unserem ganzen affektiven Ernst und d. h. mit Entrüstung oder Schuldgefühl reagieren.

Zu dem Gewebe von Motiven und Gründen, die unser moralisches Bewußtsein ausmachen, gehört auch, daß die Frage nach Motiven nicht nur am Anfang steht – wollen wir überhaupt zur moralischen Gemeinschaft gehören? –, sondern auch am Ende, und hier erfolgt sie in zwei Stufen: haben wir, erstens, gute Motive, zu der gerade durch *dieses* inhaltliche Konzept bestimmten moralischen Gemeinschaft gehören zu wollen, und, zweitens, haben wir gute Motive, diesem Konzept gemäß moralisch zu handeln?

Es wird insbesondere die 5. Vorlesung sein, in der ich diese Zusammenhänge zu klären versuchen werde. Daß ich dort gleichwohl noch nicht am Ende sein werde, hat drei Gründe: erstens, das moralische Konzept, das sich ergeben wird, muß inhaltlich näher geklärt werden und läßt sich außerdem erweitern.[9] Zweitens, die These vom begrenzten Begründetsein erfordert a) den Nachweis, daß die Versuche, dieses Konzept absolut zu begründen, als gescheitert angesehen werden müssen[10], und b) den Nachweis, daß andere moderne Moralkonzepte als unplausibel anzusehen sind.[11] Drittens, die Frage nach den Motiven erfordert, wie schon Platon und Aristoteles gesehen haben, eine Einbettung der Moral in die Frage nach dem Wohlbefinden oder, wie das heute oft formuliert wird, in die nach dem guten Leben.[12]

9 15. und 17. Vorlesung.
10 6.-8. Vorlesung.
11 9.-10. und 16. Vorlesung.
12 13.-14. Vorlesung.

Erste begriffliche Klärungen:
moralisches Urteilen, moralische Verpflichtung

Ich habe bei der Rede von moralischen Urteilen bisher nur ein vages Vorverständnis vorausgesetzt. Jetzt müssen wir uns zuerst darüber verständigen, was wir denn eigentlich unter einem moralischen Urteil verstehen wollen und d. h. welches das Erkennungskriterium eines solchen Urteils sein soll. Ein moralisches Urteil als solches erkennen, heißt aber noch nicht, es verstehen. Die Frage nach dem Sinn – oder dem »Wesen« – eines moralischen Urteils wird der zweite Schritt dieses ersten Teiles unserer Untersuchungen sein, in dem wir nur den formalen Sinn von *einer Moral* klären. Mit dem ersten Schritt soll nur sichergestellt werden, daß wir wissen, wovon wir reden. Wodurch sich diese beiden Schritte unterscheiden, kann ich an dem analogen Beispiel der Frage verdeutlichen, was ein Aussagesatz ist. Auch hier wird zuerst nach einem Erkennungskriterium gefragt. Das seit Aristoteles übliche Erkennungskriterium für einen Aussagesatz im Unterschied etwa zu einem Befehlssatz ist, daß es ein Satz ist, der wahr oder falsch sein kann. Der zweite Schritt ist dann die Frage, was es heißt, die durch dieses Kriterium lediglich identifizierten Aussagesätze zu verstehen. Moralische Aussagen, in denen sich moralische Urteile ausdrücken, sind *eine* Art von Aussagen.

Wir fragen also: wann ist ein Urteil ein moralisches und wann nicht? Und das soll immer heißen: wann ist es dies aus der Perspektive des Urteilenden, also: wann ist es als moralisches *gemeint*? (Für eine Person aus einem Kulturkreis mag ein Urteil ein moralisches sein, das dies für eine Person aus einem anderen Kulturkreis nicht ist.) Damit ist dann zugleich gefragt: woran erkennen wir eine Moral bzw. ein Moralkonzept? Man kann »eine Moral« als die Menge von moralischen Urteilen verstehen, über die jemand oder eine Gruppe verfügt. Die Frage, was ein moralisches Urteil bzw. eine Moral in diesem

Sinn ist, entspricht dem formalen Moralbegriff, von dem ich in der vorigen Vorlesung gesprochen habe. So einen Begriff muß z. B. auch ein Soziologe oder Anthropologe haben, wenn er die Moral einer bestimmten Gesellschaft oder eines bestimmten Stammes untersuchen will, und überhaupt unterscheidet sich dieser erste Teil unserer Untersuchungen, der auch den zweiten Schritt nach dem Sinn der moralischen Urteile umfaßt, nicht von dem Begriff des Moralischen, den ein Anthropologe braucht.

Ich habe vorhin gesagt, wir müssen uns darüber verständigen, was wir unter einem moralischen Urteil verstehen *wollen*, denn selbstverständlich kann man die Rede von Moral verschieden verstehen, und sie ist verschieden verstanden worden. Das Wort »Moral« hat nichts Sakrosanktes und ist überhaupt nicht sehr alt. Man muß in der Philosophie immer davon ausgehen, daß es sinnlos ist, sich über die wahre Bedeutung von Wörtern zu streiten. Worauf es ankommt, ist, die verschiedenen möglichen Bedeutungen eines Wortes zu unterscheiden und sich darüber im klaren zu sein, in welcher Bedeutung man es verwenden will. Darüber hinaus wird man freilich bei philosophisch wichtigen Wörtern, wie es das Wort »Moral« ist, darauf achten müssen, daß man mit ihm einen wirklich vorhandenen Grundzug im menschlichen Verstehen trifft, egal in welchen Wörtern er sich in den verschiedenen Kulturen äußert. So wäre es z. B. nicht vernünftig (ich sage nicht »falsch«, da man hier von »falsch« nicht sprechen kann), nur diejenigen Urteile, die wir selbst für moralisch richtig halten, als moralisch zu bezeichnen, weil wir uns dann nicht mit anderen über die richtigen moralischen Urteile streiten könnten. Wir müssen das Wort »Moral« so weit definieren, daß wir verschiedene Moralkonzepte unterscheiden und miteinander vergleichen können.

Vielleicht ist Ihnen aufgefallen, daß ich die Termini »Ethik« und »Moral« in der vorigen Vorlesung fast auswechselbar verwendet habe. Es gibt jedoch insbesondere zeitgenössische Autoren, die einen Unterschied zwischen »Ethik« und »Moral« machen. Aber auch in diesem Fall muß man natürlich sehen, daß es sich dabei nicht um eine notwendige Unterscheidung handeln kann. Natürlich wird man auch hier erwarten, daß man, wenn man »Ethik« und »Moral« auf die eine oder andere Art unterscheiden will, eine wichtige, im menschlichen Verstehen vorgegebene Unterscheidung trifft, aber diese Unterschiede liegen nicht an und für sich in diesen *Worten*. Die Frage, worin der Unterschied zwischen Ethik und Moral an sich besteht, wäre unsinnig. Sie klingt, als ob man fragen würde, worin der Unterschied zwischen Rehen und Hirschen besteht.

Tatsächlich sind die *Worte* »Ethik« und »Moral« zur Orientierung überhaupt nicht besonders geeignet. Hier ist eine Anmerkung über ihre eher kuriose Herkunft am Platz. Aristoteles hatte seine moraltheoretischen Untersuchungen, die dann als »Ethiken« bezeichnet wurden, als Untersuchungen »über die *ēthe*« bezeichnet: »über die Charaktereigenschaften«, weil die Darstellung der guten und schlechten Charaktereigenschaften (der sog. Tugenden und Laster) einen wesentlichen Bestandteil dieser Untersuchungen ausmachte. Die Herkunft des Wortes »Ethik« hat also mit dem, was wir unter »Ethik« verstehen, nichts zu tun. Im Lateinischen wurde dann das Griechische *ēthikos* mit *moralis* übersetzt; *mores* heißt: Bräuche, Gewohnheiten. Das entspricht wiederum weder unserem Verständnis von Ethik noch von Moral. Außerdem ist hier ein Übersetzungsirrtum unterlaufen. In der aristotelischen *Ethik* kommt nämlich nicht nur das Wort *ēthos* (mit langem »e«), das *Charaktereigenschaft* bedeutet, sondern auch das Wort *ethos* (mit kurzem »e«) vor, das *Gewohnheit* heißt, und es ist dieses zweite Wort, worauf die lateinische Übersetzung paßte.

In der lateinisch geschriebenen Philosophie ist dann das Wort *moralis* bald zu einem *terminus technicus* geworden, der nicht mehr so sehr an Bräuche denken läßt, sondern durchaus in unserem Sinn von »moralisch« verwendet wurde. Von daher ist die merkwürdige deutsche Übersetzung durch »Sitten« zu verstehen, wie wir sie z. B. in Kants Buchtitel *Metaphysik der Sitten* finden. Kant hat dabei überhaupt nicht an Sitten im gewöhnlichen Sinn (Brauchtum) gedacht, sondern verwendete das Wort einfach als Übersetzung für *mores*, das seinerseits nicht mehr in seinem ursprünglichen Sinn verstanden wurde, sondern als angebliche Übersetzung eines griechischen Wortes. Erst Hegel machte sich dann den ursprünglichen Sinn des Wortes »Sitten« zunutze, um gegenüber der Kantischen Moral eine angeblich höhere Form von Moral, genannt Sittlichkeit, zu konstruieren, die dadurch charakterisiert sein sollte, daß sie im Brauchtum und im Hergebrachten fundiert sei (vgl. dazu unten S. 204 f.).

Man kann also den Worten »Moral« und »Ethik« von ihrem Ursprung her nichts über ihre Bedeutung entnehmen. Es sind *termini technici* geworden, die dann in der philosophischen Tradition weitgehend äquivalent verwendet wurden (ebenso wie »sittlich« im Deutschen). Das Wort »moralisch« ist jedoch, insbesondere in der negierten Form (»unmoralisch«), in den normalen Sprachgebrauch der modernen europäischen Sprachen eingegangen, während das Wort »ethisch« keine präzise Verwendung in der normalen Sprache hat und daher offen ist für weitere Bedeutungen, die man ihm von philosophischer Seite zu geben versuchte.

Beide Worte eignen sich aber, eben weil sie ursprünglich einen anderen Sinn hatten und weil sie dann als Titel für die philosophische Disziplin eingeführt wurden, nicht gut als Orientierungspunkte für die Klarstellung, was wir unter einer Moral oder einem moralischen Urteil verstehen wollen. Hier ist es sinnvoller, auf eine Eigentümlichkeit des Sprachgebrauchs zurückzugreifen, die tiefer liegt und von der wir voraussetzen können, daß sich entsprechendes auch in anderen Kulturen findet. (Natürlich soll damit nicht dogmatisch ein sprachliches Universale behauptet werden, vielmehr, wie in allen analogen Fällen in der Philosophie[1], soll nur gesagt sein: soweit ich sehen kann, gilt das für die mir bekannten Sprachen; wenn dann Kulturen identifiziert werden, die diesen oder einen ähnlichen Sprachgebrauch nicht kennen, muß im Einzelfall geklärt werden, wie das Konzept zu modifizieren ist.)

Diesen Sprachgebrauch mache ich an einer bestimmten Verwendung der Wörtergruppe »muß«/»kann nicht«/»soll« und

---

1 Vgl. meine *Philosophischen Aufsätze*, S. 271.

der Wörtergruppe »gut«/»schlecht« fest. Beide Wörtergruppen haben eine breite Palette von Verwendungsweisen[2], aber beide haben eine *besondere* Bedeutung, wenn sie grammatisch absolut verwendet werden; in diesem Fall werden sie äquivalent verwendet, und so kann man die Rede von moralischen Urteilen durch die absolute Verwendung dieser beiden Wörtergruppen definieren.

Bei der Wörtergruppe von »müssen« usw. ist freilich zuerst die theoretische Verwendung auszusondern. Man sagt z. B. »es *sollte* morgen regnen, angesichts der und der atmosphärischen Gegebenheiten« oder »das Glas *muß*, wenn ich es loslasse, fallen«; das ist die theoretische Rede von Notwendigkeit. Von praktischer Notwendigkeit, einem praktischen »müssen«, reden wir, wenn wir z. B. sagen »wenn du die letzte U-Bahn erreichen willst, *mußt* du jetzt aufbrechen«.

»Sollen« wird sowohl im Theoretischen wie im Praktischen als ein abgeschwächtes »Müssen« verwendet, eines, das Ausnahmen zuläßt.[3] »Es sollte morgen regnen« ist ein Beispiel, oder, im Praktischen: »du mußt nicht jetzt aufbrechen, aber du solltest, es wäre empfehlenswert«. Daß ein Großteil der Philosophie, insbesondere Kant, für die moralischen Normen das Wort »Sollen« verwendet, ist nicht glücklich. Man soll nicht nur sein Versprechen halten, man muß es.

Meist reden wir von einer praktischen Notwendigkeit, wenn wir sie in Relation zu etwas setzen können, wie in meinem Beispiel mit der U-Bahn. Wenn ich jemandem einfachhin sage »du mußt so handeln«, ist es naheliegend, daß er, wenn er den Kontext nicht versteht, zurückfragt »relativ wozu?« oder »und was würde passieren, wenn ich es nicht tue?« (Beispiele: »dann erreichst du die U-Bahn nicht«, oder: »dann wird es dir schlecht gehen, oder »dann hältst du die Spielregeln nicht ein«.) Es gibt jedoch *eine* Verwendung von »müssen«, in der eine solche Rückfrage zurückgewiesen würde. Z. B. sagen wir

---

2 Für »gut« ist immer noch die beste Abhandlung G. H. v. Wright, *The Varieties of Goodness*, London 1963. Für »müssen« und »sollen« vgl. J. L. H. Mackie, *Ethics*, Penguin 1977, 3. Kapitel.
3 Vgl. Mackie, a.a.O.

jemandem, der einen anderen demütigt: »das kannst du nicht tun«, nicht mit Bezug auf etwas, sondern einfachhin; oder »du mußt dein Versprechen halten«, nicht wenn du das oder jenes erreichen willst, sondern »du mußt es eben«, und das ist die moralische Verwendungsweise.

Eine ähnliche ausgezeichnete Verwendungsweise finden wir bei »gut« und »schlecht«. Diese Wörter, die noch genauer zu klären sein werden, werden ebenfalls meist relativ verwendet. Z.B.: etwas ist gut für einen bestimmten Zweck, oder es ist gut oder schlecht für jemanden (für sein Wohlergehen), oder es ist ein gutes so-und-so, z.B. ein gutes Auto, eine gute Uhr, ein guter Sänger. Aber es gibt auch eine Verwendung, in der das Wort »gut« grammatisch absolut verwendet wird, als bloßes Prädikat und ohne Ergänzung. Z.B. »jemanden zu demütigen, ist schlecht«; wir meinen damit nicht, es sei schlecht für das Opfer der Demütigung, und auch nicht, es sei schlecht z.B. für die Gesellschaft, sondern: es ist schlecht einfachhin, und was das heißt, wird noch zu fragen sein.

Damit wäre jetzt ein gut handhabbares und offenbar sprachlich tief verwurzeltes Kriterium für »moralische Urteile« angegeben. Alle Aussagen, in denen explizit oder implizit das praktische Müssen oder ein Wertausdruck (»gut« oder »schlecht«) grammatisch absolut vorkommen, drücken moralische Urteile in diesem Sinn aus; »in diesem Sinn«, denn ich behaupte nicht, daß man das Wort »moralisch« nicht auch anders definieren könnte. Freilich entspricht diese absolute Verwendung von »schlecht« ziemlich genau unserer Verwendung von »unmoralisch«: »du kannst es nicht tun«, »es ist schlecht«, »es ist unmoralisch« – das scheint alles ungefähr dasselbe zu besagen.

Heißt das, daß die absolut verstandenen Sätze »man kann es nicht« und »es ist schlecht« denselben Sinn haben? Nicht ohne weiteres. Wir werden später sehen, daß die Notwendigkeitsausdrücke und die Wertausdrücke verschiedenen Nuancen der moralischen Urteile entsprechen.

Zu dieser Festlegung scheinen nun auch genau die moralischen Gefühle zu passen, von denen ich schon in der vorigen Vorlesung gesprochen habe (S. 20). Die moralischen Gefühle bauen sich auf Urteile gerade dieser Art auf, auf Urteile, in denen etwas für (nicht nur relativ) schlecht gehalten wird. Indem wir die nach dem von mir vorgeschlagenen Kriterium definierten Urteile analysieren, werden wir also genau die Urteile analysieren, auf die sich diese Affekte aufbauen.

Wir können jetzt auch erneut sehen, daß moralische Urteile personenirrelativ und d. h. objektiv gemeint sind. In diesen Urteilen wird nicht auf den Urteilenden Bezug genommen, wie wenn gesagt wird, daß mir etwas mißfällt.

Das vorgeschlagene Kriterium scheint gut auf das zu passen, was in der philosophischen Tradition unter moralischen Urteilen thematisiert wird. Natürlich kann die Entsprechung nicht genau sein; dafür ist die Tradition nicht bestimmt genug. Ich werde von jetzt an das Wort »Moral« in dem jetzt definierten Sinn verwenden.

Ich sollte jetzt aber auch einen Vorschlag erwähnen, der vor kurzem von Bernard Williams in seinem Buch *Ethics and the Limits of Philosophy* gemacht wurde (S. 1 ff.). Williams versteht das Wort »Moral« ungefähr so wie ich, und er unterscheidet davon das »Ethische« als etwas Umfassenderes. Dabei bezieht er sich auf eine Formulierung von Platon, derzufolge es in den sokratischen Untersuchungen um die Frage geht, wie zu leben ist (*pos bioteon*). Dieses »zu« ist offenbar eine grammatische Variante zum »soll« (»Wie sollen wir leben?«), und nun erscheint es Williams naheliegend, und man wird ihm darin recht geben, diese Frage nicht nur als moralische zu verstehen. Wenn jemand in einer konkreten Situation fragt »was ist zu tun?«, »was soll ich jetzt tun?«, wird man ihn zurückfragen: »Wie meinst du deine Frage? Was ist ihr Bezugspunkt? Ist es das, was an und für sich gut oder schlecht ist – was moralisch richtig oder unrichtig ist –, oder fragst du, was das für dich Beste ist, bezieht sich die Frage auf dein Wohlergehen?« Im letzteren Fall ist sie also relativ, wenn auch auf eine besondere Weise. Die Frage »Wie soll ich leben?« kann in dem einen und in dem anderen Sinn verstanden werden. Heißt das aber, daß die Frage, wie Williams offenbar meint, an und für sich einen beide Interpretationen umfassenden Sinn hat? Aber was hätte dann das Sollen für einen Bezugspunkt?

Es ist wahr, daß wir die Frage manchmal in unbestimmter Weise stellen, aber dann hat sie nicht einen umfassenderen Sinn, sondern ist lediglich unklar. Ein Sollen, das weder so noch so verstanden wird, das keinen bestimmten Bezugspunkt hat, hat keinen Sinn, jedenfalls keinen bestimmten. Hier ist dann also die Rückfrage »Wie meinst du deine Frage?« immer am Platz. Es ist zwar denkbar (und ich werde selbst so eine Auffassung vertreten), daß die beiden Fragen, diejenige, die als Bezugspunkt das Moralische hat, und diejenige, die als Bezugspunkt das eigene Wohlergehen hat, in einem Zusammenhang stehen, aber der unmittelbare Sinn der Fragen ist erst einmal verschieden. Man kann daher, wenn man will, das Ethische anders definieren als das Moralische, aber man kann es nicht als etwas gegenüber dem Moralischen Umfassenderes definieren; so eine Frage gibt es nicht. Was hingegen möglich ist, ist die Frage »Wie ist zu leben?«, wenn sie *nicht* als moralische verstanden wird, sondern als prudentielle, auf das eigene Wohlergehen bezogene, als ethische zu definieren. Das paßt dann gut zu der »ethischen« Frage der antiken Philosophen, die sich auf die höchsten Ziele des menschlichen Lebens bezog (Cicero nannte sein entsprechendes Buch *De Finibus*, von den Zielen), also auf die Frage nach dem Wohlergehen, dem Glück (Aristoteles: *eudaimonia*).

Eine andere mögliche terminologische Festlegung des Wortes »Ethik« ist, daß damit im Unterschied zu »Moral« die philosophische Reflexion auf die Moral verstanden wird. In diesem Sinn habe ich das Wort im Titel dieser Vorlesungen gemeint, und in diesem Sinn werde ich es in diesen Vorlesungen verwenden.

Nachdem wir jetzt ein Erkennungskriterium für moralische Urteile und d. h. für eine Moral haben, kann ich zu der Frage übergehen, wie diese Urteile zu *verstehen* sind. Was es heißt, diese Frage zu stellen, ist jetzt durch das, was sich bei der vorgängigen Frage nach dem Erkennungskriterium ergeben hat, vorgezeichnet. Denn ich konnte mich zwar auf ein Vorverständnis der absoluten Verwendung von »muß«, »soll«, »kann nicht« sowie der absoluten Verwendung von »gut« und »schlecht« beziehen, aber es war ebenso klar, daß es nicht auf der Hand liegt, was die Worte in diesen Verwendungsweisen besagen. Ähnlich ist es bei allen philosophisch wichtigen Wörtern. Wittgenstein hat auf die Aussage von Augustin verwiesen: »Was ist die Zeit? Wenn niemand mich fragt, weiß ich es. Wenn man mich fragt, weiß ich es nicht.« Das heißt: wir verstehen solche Ausdrücke, aber wir können sie nicht ohne weiteres erklären. Wie würden wir, so lautet also die Frage, diese beiden absoluten Verwendungsweisen (von »muß« usw., von »gut« usw.) erklären? Wenn das geleistet sein wird, werden wir erklärt haben, was wir unter »einem moralischen Urteil« und »einer Moral« zu verstehen haben.

Zuerst werde ich die unbedingte Verwendung von »muß« (»kann nicht«, »soll«) erklären. Dazu müssen wir dieses »muß« zu den anderen Verwendungsweisen dieser Wortgruppe in Beziehung setzen und von ihnen unterscheiden. Die besondere absolute Verwendungsweise wird uns dann von sich aus auf die Analyse der absoluten Verwendungsweise der Wortgruppe »gut« und »schlecht« verweisen.

Die Klärung des »muß« oder »soll«, das in den moralischen Urteilen enthalten ist, ist identisch mit der Klärung des eigentümlichen Verpflichtungscharakters der moralischen Normen. Daß die Moral es mit eigentümlichen, irgendwie absoluten Verpflichtungen zu tun hat, ist immer schon gesehen worden, aber worin dieser Verpflichtungscharakter genau besteht, darüber finden wir in der philosophischen Tradition wenig und in der zeitgenössischen Ethik so gut wie nichts. Diese Zurückhaltung der philosophischen Reflexion gegenüber dem Verpflichtungscharakter, der im Moralischen gemeint ist, ist merkwürdig, denn wie will man irgendetwas in der Moral thematisieren, wenn man nicht weiß, was das Moralische daran ist, und mindestens ein Teil davon ist offensichtlich in dem Verpflichtungscharakter enthalten, der im »muß« zum Ausdruck kommt. Kant ist fast der einzige, der eine Antwort auf den Sinn des moralischen Sollens zu geben versucht hat, die ich jedoch für völlig falsch halte; ich komme darauf noch zurück.

Was ist zunächst ganz allgemein zum Verständnis des praktisch verstandenen »muß«, ob relativ oder nicht, zu sagen? Als erstes können wir feststellen, daß jeder konkrete Satz dieser Art, der sich auf eine bestimmte Situation bezieht (z. B. »du mußt dieses Versprechen halten«, »du mußt, wenn du die U-Bahn erreichen willst, jetzt gehen«) immer auf einen allgemeinen »muß«-Satz verweist (»man muß sein Versprechen halten«, »wenn man von hier aus die U-Bahn erreichen will, muß man 10 Minuten vorher losgehen«). Dadurch unterscheiden sich »muß«- und »soll«-Sätze von bloßen Imperativen wie »geht jetzt«. Beides sind Handlungsaufforderungen. Aber auf die Rückfrage des Adressaten »warum?« kann bei einem grammatischen Imperativ entweder mit einem allgemeinen »muß«- oder »soll«-Satz geantwortet werden oder aber mit einem Hinweis auf etwas anderes, was für den Handelnden ein Motiv sein kann, z. B. »weil ich dich sonst erschieße« oder aber einfach »ich möchte es«. (Was hingegen Kant Imperative genannt hat, waren überhaupt nicht grammatische Imperative, sondern bereits Sollsätze, noch dazu einer besonderen Art.)

Kann man nun sagen, daß alle solchen allgemeinen »muß«- oder »soll«-Sätze Regeln oder Normen zum Ausdruck bringen, wie das in den beiden eben gegebenen Beispielen der Fall ist? Das würde nicht ganz stimmen, insbesondere im Moralischen nicht. Ich sage jemandem z. B. »so kannst du dich nicht benehmen«. »Warum nicht?«, fragt er zurück. »Weil das«, so kann die Antwort lauten, »unliebenswürdig wäre«, und es kann hier durchaus der Fall sein, daß man nur das sagen und keine Regel angeben kann. Die Antwort »weil das unliebenswürdig wäre«, verweist auf eine Seinsweise bzw. eine Charaktereigenschaft (unliebenswürdig zu sein): »so soll man sein bzw. nicht sein« statt »so soll gehandelt werden«. Solche moralisch gesollten oder nichtgesollten Seinsweisen werden in dem tradierten, veraltet klingenden Sprachgebrauch Tugenden genannt, ihr Gegenteil Laster. Wir werden später sehen, daß es durchaus Seinsweisen gibt – Dispositionen zu Handlungsweisen –, für die nicht bestimmte Handlungsregeln anzugeben sind. Auch die gesollten Seinsweisen beziehen sich zwar auf Handlungen; aber es kann sinnvoll sein, sie zu nennen, ohne die entsprechenden Handlungen – und d. h. dann die Regeln –

angeben zu können. Ich werde von dieser Möglichkeit jedoch vorerst absehen und mich auf Regeln beschränken. Die ganze folgende Betrachtung ist daher in dieser Hinsicht begrenzt, die ich erst zu einem späteren Zeitpunkt in diesen Vorlesungen erweitern werde.[4]

Mit einer Regel bzw. Norm wird immer eine Handlungsweise als (relativ oder absolut) gesollt dargestellt. Man unterscheidet praktische Regeln bzw. Gesetze (die Gesetze kann man als ausnahmslose Regeln verstehen) von theoretischen, genauso wie wir das schon für die entsprechenden »muß«-usw.-*Sätze* gesehen haben. Theoretische Regeln bzw. Gesetze (z. B. »es gibt ein Gesetz, daß das Glas herunterfallen muß, wenn du es losläßt«) sind auf beobachtete Regelmäßigkeiten aufgebaut; dagegen sprechen wir im Praktischen davon, daß der Regel zu *folgen* ist; sofern man das nicht tut, kann man mit Bezug auf sie *kritisiert* werden.[5] Nur die praktischen Regeln kann man sinnvoll auch als Normen bezeichnen. Häufig wird das Wort »Norm« enger definiert; ich will es jedoch als gleichbedeutend mit »praktischer Regel« verwenden.

Wir müssen nun verschiedene Arten von praktischen Regeln (praktischen »muß«-Sätzen) unterscheiden. Dabei werden für mich besonders wichtig diejenigen Regeln sein, die ich als Vernunftnormen bezeichnen will, und diejenigen, die ich als soziale Normen bezeichnen werde. Von diesen beiden großen Gruppen will ich noch Spielregeln unterscheiden. Diese Einteilung erhebt keinen Vollständigkeitsanspruch, sie ist lediglich für meine Zwecke ausreichend. (Was sind z. B. Sprachregeln?)

Eine Vernunftnorm will ich so definieren, daß es eine Regel ist, die wir, sei es mit den Wörtern »es ist vernünftig ...«, sei es mit dem Ausdruck »es ist gut (oder: das Beste) ...«, einführen können, z. B. »es wäre vernünftig (oder gut), jetzt aufzubrechen, wenn du die letzte U-Bahn erreichen willst« oder »es wäre vernünftig (oder gut, – gut für dich), wenn du aufhören würdest zu rauchen«. Im ersten Beispiel wird eine Handlung

4 Vgl. die 11. Vorlesung.
5 Vgl. H. L. A. Hart, *The Concept of Law*, Oxford 1961, S. 79 ff.

als praktisch notwendig relativ zum Erreichen eines angenommenen Zieles (in diesem Fall: die letzte U-Bahn zu erreichen) angesehen; im zweiten Beispiel ist der Bezugspunkt das Wohlergehen der Person.

Man kann nun sagen, daß die Person in beiden Fällen, wenn sie nicht so handelt, wie sie in diesem Sinn handeln *soll/muß*, irrational handeln und d. h. ihre Ziele nicht erreichen würde. Das ist der Grund, warum es sinnvoll erscheint, diese Art von Handlungsregeln als Vernunftnormen zu bezeichnen. Aus dieser Erklärung können wir zugleich eine Maxime entnehmen, wie allgemein nach dem Sinn einer jeweiligen praktischen Notwendigkeit zu fragen ist. Denn das Wort »muß« könnte in seinem praktischen Gebrauch in seiner Bedeutung zunächst eigentümlich ungreifbar erscheinen. Indem wir es nun darauf reduzieren, was passiert, wenn die Person nicht so handelt, gewinnen wir einen Satz, der auf etwas empirisch Greifbares Bezug nimmt. Zugleich können wir schon jetzt antizipieren, daß zu jedem praktischen »muß«-Satz eine Sanktion gehört, etwas, was für den Handelnden negativ wäre, wenn er nicht so handelte. Es ist nicht zu sehen, welchen Sinn die Rede von einer praktischen Notwendigkeit (dem »muß« oder »soll«) noch haben könnte, wenn man eine solche Sanktion – in diesem weiten Sinn – nicht unterstellt. Wir werden also erwarten müssen, daß auch das grammatisch absolute »muß« der moralischen Normen in dem Sinn relativ ist, daß es relativ zu einer Sanktion ist.

»muß«-Sätze, die auf Spielregeln verweisen, sind von Vernunftnormen wesentlich unterschieden. Wenn ich im Schach mit einem Turm so ziehe wie mit einem Läufer, ist das nicht unvernünftig, sondern es widerspricht den Spielregeln. Man könnte sich ein anderes Spiel vorstellen, das so funktionierte. Gleichwohl wird dem, der so ziehen will, gesagt »so kannst du nicht«. »Warum nicht?« Weil du dann nicht dieses Spiel spielst; dieses Spiel ist durch diese Spielregeln, diese möglichen Züge definiert.

Die Vernunftregeln sind das, was Kant Imperative genannt hat. Mein erstes Beispiel entspricht den sog. hypothetischen Imperativen Kants; mein zweites entspricht ungefähr dem, was er den assertorischen Imperativ genannt hat.[6] Nun hat Kant gemeint, von diesen beiden Typen noch einen dritten Typ Vernunftnormen unterscheiden zu können, die sog. kategorischen Imperative, und seine These war, daß die moralischen Normen eben kategorische Imperative sind. Mit einem kategorischen Imperativ ist eine Vernunftregel ohne Bezugspunkt gemeint: es wäre dann rational, etwas zu tun, nicht mit Bezug auf einen bestimmten Zweck und auch nicht mit Bezug auf das Wohlergehen des Handelnden oder eines anderen Wesens, sondern einfachhin. Kant macht sich dabei zunutze, daß die moralischen Normen als absolute Werturteile formuliert werden können (»Es ist gut/schlecht, x zu tun«), und glaubt diese nun ganz analog zu den hypothetischen und assertorischen Imperativen so umformulieren zu können: »Es ist vernünftig/vernunftwidrig, x zu tun«.

Nun widerspricht es aber unserem normalen Verständnis zu sagen, daß, wer sich unmoralisch verhält, auch irrational ist. Darüber hinaus scheint es dem Sinn von Rationalität überhaupt zu widersprechen, bestimmte Handlungen an und für sich als rational zu bezeichnen, egal ob das dann auch noch als moralisch verstanden wird. Wir sind irrational, wenn wir in unseren Meinungen und Zielen inkonsistent sind oder sie nicht begründen können; wir sind also praktisch irrational, wenn wir in unseren Zielen inkonsistent sind oder unsere Handlungen nicht mit Bezug auf unsere Ziele begründen können. Hier muß man mit Hume annehmen, daß unsere Ziele immer schon – von unserer Affektivität, von unseren Gefühlen her – vorgegeben sind und als solche die Bezugspunkte für rationales bzw. irrationales Verhalten abgeben. Was ein Handeln sein soll, das an und für sich rational ist, ist nicht zu sehen. Diese Rede erscheint sinnwidrig.

So viel scheint also sicher, daß Kant, wenn er behauptet, es gebe einen absoluten Sinn von Vernunft, nicht den gewöhnlichen Sinn von Rationalität meinen kann. Natürlich könnte Kant gegen dieses Argument einwenden, er meine, wenn er

6 *Grundlegung zur Metaphysik der Sitten*, Akademie-Ausgabe, IV 414 f.

von einem kategorischen Imperativ spreche, einen besonderen Vernunftbegriff, und das sei auch der Grund, warum der Unmoralische rational erscheinen kann; er sei natürlich im gewöhnlichen Sinn von »rational« gegebenenfalls vernünftig, aber nicht in diesem besonderen Sinn. An dieser Stelle muß ich die Auseinandersetzung vorläufig abbrechen, weil man erst weiterkommen kann, wenn man Kants tatsächlichen Vorschlag, wie Vernunft in diesem besonderen Sinn zu verstehen sei, prüft, und das will ich tun, wenn ich Kants Ethik darstellen werde, ebenso wie ich den anderslautenden Vorschlag von Apel und Habermas prüfen werde, der ebenfalls eine nichtrelative Rede von »vernünftig« voraussetzt.

Soviel können wir aber schon jetzt sagen: erstens, dieser Vernunftbegriff, der sich nicht mehr am gewöhnlichen Sinn von Rationalität orientiert, wäre dann eine philosophische Erfindung. Man könnte jetzt von Vernunft-fettgedruckt sprechen. Zweitens, was wäre denn auch gewonnen, wenn sich wirklich zeigen ließe, daß das Moralische an und für sich rational wäre? Die Anhänger dieser Auffassung glauben, daß sie das Moralische dadurch als besonders stark begründet erwiesen hätten. Aber wäre es das in einem praktischen Sinn? Wäre die Irrationalität in diesem Sinn eine Sanktion? Bei den gewöhnlichen Vernunftregeln ist die Irrationalität ja nur deswegen eine Sanktion, weil es mit Bezug auf die Ziele des Handelnden schädlich ist, irrational zu sein. Daß das Unmoralische das zusätzliche Etikett der (noch dazu fettgedruckten) Irrationalität trüge, müßte uns, wenn wir nicht schon einen anderen Grund hätten, es zu vermeiden, der nur in einem Gefühl liegen kann, das wir für es hegen, kalt lassen.

Ich werde darauf zurückkommen. Vorerst setze ich mehr voraus, als was schon als hieb- und stichfest erwiesen gelten kann: daß dieser Weg eine Sackgasse ist.

Wenden wir uns jetzt denjenigen praktischen Regeln zu, die ich als soziale Normen bezeichne. Diesen Terminus definiere ich so, daß der, der nicht gemäß einer sozialen Norm handelt, eine soziale Sanktion erfährt. Gegen die Unterscheidung der sozialen Normen von Vernunftnormen ließe sich einwenden, daß, wer gemäß einer durch eine soziale Sanktion bestimmten Regel handelt, auch ein bestimmtes (negatives) Ziel hat, und insofern sind diese Normen ihrerseits hypothetische Vernunftregeln. Das ist richtig[7], aber mit dem Umstand, daß das zu vermeidende Ziel eine soziale Sanktion ist, sind so wichtige zusätzliche Aspekte verbunden, daß es sinnvoll ist, sie als eine eigene Gattung von Regeln abzuheben. Auch Spielregeln lassen sich formal als hypothetische Imperative verstehen.

Ich unterscheide nun drei Arten von sozialen Normen. Die erste ist am einfachsten zu verstehen: es sind strafrechtliche Normen. Hier ist die Sanktion eine innerhalb einer Jurisdiktion festgesetzte äußere Strafe. Das Kriterium dafür, daß eine Norm dieser Art besteht, also daß in einem Land ein bestimmtes Gesetz besteht, ist, daß Handlungen der in ihm spezifizierten Art bestraft werden.

Von den legalen Normen unterscheide ich diejenigen sozialen Normen, deren Sanktion in diffusem sozialen Druck besteht. Auf diese Weise werden nun die moralischen Normen tatsächlich heute weitgehend in den Sozialwissenschaften definiert (»*social pressure*«), während Philosophen an dieser Auffassung gewöhnlich einfach vorbeigehen. Das hängt damit zusammen, daß die philosophische Ethik die ganze Problematik des formalen Begriffs von *einer Moralität* (bzw. Moralitäten im Plural) in ihrer Wichtigkeit bisher nicht begriffen hat. Für die sozialwissenschaftliche Auffassung spricht erst einmal, daß sie eine, wenn auch noch nicht zureichende, Antwort auf die Frage gibt, wie die spezifische Verpflichtung bei moralischen Urteilen zu verstehen ist. Hier liegt natürlich der entscheidende Grund, warum die Subsumtion unter die hypothetischen Imperative nicht ausreicht; das Spezifische der sozialen Sanktion würde so nicht getroffen werden.

Die sozialwissenschaftliche Auffassung muß weiter diffe-

---

7 Da ich zeigen werde, daß die moralischen Normen eine Art sozialer Normen sind, stimme ich insofern auch der These von Philippa Foot zu, daß moralische Normen eine bestimmte Art hypothetischer Imperative sind. Vgl. Foot, »Morality as a System of Hypothetical Imperatives«, Philosophical Review 81 (1972), S. 305 ff.

renziert werden. Wir werden auf zwei Aspekte achten müssen. Erstens muß gesehen werden, daß die Sanktion hier im Unterschied zur Strafe der Rechtsnormen eine *innere* ist. Was das besagt, werde ich erst in der nächsten Vorlesung zeigen.

Zweitens ist es ein wichtiger Schwachpunkt der undifferenzierten sozialwissenschaftlichen Auffassung, daß sie nicht zwischen Konventionen und moralischen Normen unterscheidet. Es mag Kulturen geben, die diese Unterscheidung nicht machen, so wenig sie eine vom diffusen sozialen Druck unterschiedene geregelte Strafgesetzlichkeit haben müssen. Für uns nahestehende Kulturen hingegen ist der Unterschied zwischen konventionellen und moralischen Regeln ebenso gegeben wie der zwischen beiden einerseits und den legalen Normen andererseits. (Natürlich können die strafrechtlichen Normen ihrerseits als moralisch gut oder schlecht beurteilt werden; die Rechtsnormen, die sie sind, sind sie jedoch unabhängig von solcher Beurteilung.)

Wie muß man den Unterschied zwischen Konventionellem und Moralischem fassen? Wenn ich hier in den Hörsaal nackt hereingekommen wäre, hätten Sie das gewiß nicht nur merkwürdig, sondern unangemessen gefunden. Wenn ich Sie gefragt hätte, warum Sie so reagieren, hätten Sie antworten können: »man macht das nicht« oder »bei uns, in dieser Kultur, ist das nicht üblich«. Aber Sie würden kaum gesagt haben, was Sie sagen würden, wenn ich jemanden gedemütigt hätte: »das ist schlecht«.

Das legt folgende Erklärung der Unterscheidung nahe. Bei einer sozialen Konvention ist die Ablehnung eines Verhaltens durch die Gruppe ein letztes. Daß man sich bei uns nicht so verhält (d. h. verhalten darf, kann), gründet nur darin, daß dieses Verhalten von uns abgelehnt wird. Diese Ablehnung ist bereits die Begründung und erhebt nicht den Anspruch, noch ihrerseits begründet zu sein. Die Ablehnung bei der Verletzung einer moralischen Norm hingegen wird offenbar noch ihrerseits damit begründet, daß man ein solches Handeln für schlecht hält.

So erfordert die Analyse des bestimmten Sinnes, den das grammatisch absolute »muß« hat, von sich aus, nun auch den bestimmten Sinn der grammatisch absoluten Verwendung der anderen Wortgruppe – »gut« und »schlecht« – zu klären.

Soll man sagen, daß das Konventionelle mit dem Moralischen wenigstens insofern zusammenhängt, als es auch ein absolutes »muß« impliziert? Seine Absolutheit wird jedoch zurückgenommen, indem sein Anspruch auf die Ablehnung der bestimmen Gruppe relativiert wird (»*wir* lehnen das ab«). Insofern freilich ein praktisches »muß« überhaupt nicht ohne Sanktion denkbar ist, läßt sich bereits antizipieren, daß auch im Moralischen hinter der lediglich grammatisch absoluten Form in der Sanktion ein relativierender Gesichtspunkt enthalten ist.

»gut« und »schlecht«

Was meinen wir, wenn wir von einer Handlung oder Verhaltensweise schlichtweg sagen, sie sei gut oder schlecht? Ähnlich wie bei der Frage, was es heiße, von einer Handlung oder Verhaltensweise auf eine absolute Weise zu sagen, so müsse oder so könne nicht gehandelt werden, werden wir diese Frage in die allgemeine Klärung der Verwendung dieser Wörter, hier also der Wörter »gut« und »schlecht«, einbetten müssen.

Man kann zuerst ganz allgemein sagen, daß wir, wenn wir das Wort »gut« verwenden, irgendwie zu verstehen geben, daß wir »dafür« sind. Man hat das Wort »gut« als ein »pro-Wort« bezeichnet.[1]

Der nächste Schritt ist, daß man beachten muß, daß das Wort in fast allen seinen Verwendungsweisen einen objektiven, allgemeingültigen Anspruch impliziert. Dieser ist auch dann gegeben, wenn man sagt »es geht mir gut«. Die in diesem Dativ enthaltene Relativierung ist nur eine, die angibt, um wessen Gutergehen es sich handelt; darin ist keine Relativierung des Urteils über das Gutergehen enthalten. Genauso können wir z. B. fragen, ob es einer Pflanze gut geht. Dafür haben wir objektive Kriterien, und wir meinen nicht, daß es vom jeweiligen Urteilenden abhängt, ob von einem Wesen gesagt wird, daß es ihm gut oder schlecht geht. Freilich, bei einer Pflanze spielen dabei Gefühle keine Rolle, während bei einem Menschen die Frage, ob es ihm gut geht, zu einem guten Teil, obwohl nicht ausschließlich, davon abhängt, ob er sich wohlfühlt. Wenn wir jemanden fragen »wie geht es dir?« (man denke etwa an den Fall, in dem wir die Frage an jemanden stellen, dessen gefühlsunabhängige Situation schlecht ist, z. B. bei einem Kranken), ist häufig sogar ausschließlich seine gefühlsmäßige Befindlichkeit gemeint. Aber auch diese ist dann etwas objektiv Vorgegebenes, über das richtig oder falsch geurteilt werden kann.

---

1 Vgl. P. H. Nowell-Smith, *Ethics*, § 12.

Ohne objektiven Anspruch wird das Wort »gut« nur ausnahmsweise verwendet, vor allem in zwei Fällen: erstens wenn wir sagen: »es gefällt (oder schmeckt usw.) mir gut«; hier wird das Wort »gut« in einen subjektiven sprachlichen Kontext eingebettet; sowie insbesondere zweitens, wenn wir das Wort für sich allein als Antwort auf eine Aufforderung gebrauchen. Jemand sagt mir z. B. »Laß uns heute abend ins Kino gehen«, und ich antworte »gut«. In dieser isolierten Verwendung wird das Wort einfach wie das Wort »gerne« oder das praktisch verstandene »ja« verstanden und drückt nur eine subjektive pro-Einstellung aus: »ich bin dafür«. Für die Negation verwenden wir in diesem Fall kein analoges Wort (»schlecht«), sondern sagen einfach »nein«. Im ersten Fall wird der subjektive Bezug ausdrücklich genannt, im zweiten bildet er den Kontext. Es handelt sich um keinen objektiven Sachverhalt, über dessen richtige oder falsche Beurteilung man streiten könnte.

Hingegen ist das Wort objektiv gemeint sowohl in den Verwendungsweisen, die Vernunftnormen zum Ausdruck bringen (»es ist gut ...« = »es ist vernünftig ...«) als auch in seinen verschiedenen attributiven Verwendungsweisen. Mit einer attributiven Verwendungsweise sind alle Fälle gemeint, wo man von einem »guten X« spricht, z. B. einer guten Uhr, einem guten Geiger.

Beachten wir jetzt noch einen anderen Aspekt aller und sogar der subjektiven Verwendungsweisen von »gut«. Wo von »gut« die Rede ist, stehen wir vor einer Wahl, und fast überall, wo wir vor einer Wahl stehen, geht es nicht um eine Ja-Nein-Antwort, sondern wir haben eine Skala.[2] Wie man die Skala, bei der man Gegenstände so ordnet, daß sich eine Reihe ergibt, auf der jeweils ein Gegenstand länger als der andere, dieser kürzer als der erste ist, als Längenskala bezeichnet, so ordnen wir in Wahlsituationen die Möglichkeiten nach einer Skala von »besser« und »schlechter«. Die Skala können wir hier als Skala des Vorziehens, als Präferenzskala bezeichnen und, wenn

2 Der klassische Aufsatz ist J. O. Urmson, »On Grading«, in: A. Flew, *Logic and Language*, 2nd series, Oxford 1953, S. 159-186.

»gut« objektiv verwendet wird, als Skala der Vorzüglichkeit: das Bessere ist das, was wert ist vorgezogen zu werden, was begründetermaßen vorgezogen wird. »Vorzüglichkeit« impliziert schon Objektivität, aber wir können diese noch eigens betonen, indem wir sagen: »gut« ist (außer in den seltenen subjektiven Verwendungsweisen) ein Wort für objektive Vorzüglichkeit. Mit objektiver Vorzüglichkeit soll gemeint sein, daß das als besser Bezeichnete nicht nur faktisch vorgezogen wird (wie wenn ich auf die Frage, ob ich heute abend mit ins Kino gehen will, antworte »besser morgen« – hier bedeutet »besser« so viel wie »lieber«), sondern daß es vorziehenswert ist, daß es objektive Gründe gibt, es vorzuziehen.

Muß man nun sagen, daß objektive Gründe immer Vernunftgründe sind? So hatte es sich Kant gedacht[3], und auf Anhieb spricht dafür, daß die Befolgung von Gesichtspunkten, die für objektiv begründet angesehen werden, ihrem Sinn nach das ausmacht, was man unter rationalem Handeln versteht. Das war denn auch der Grund, warum Kant meinte, daß, wenn »gut« absolut verwendet wird, es nur im Sinn einer absoluten Vernunftbegründung verstanden werden könne. Das war gewiß schlüssig gedacht. Nur ist, wie ich zu zeigen versuchte (S. 44 f.) nicht zu sehen, wie ein Handeln überhaupt absolut begründet werden könne, d. h. nicht nur relativ zu etwas anderem. Und muß das nicht noch merkwürdiger als schon in der letzten Vorlesung erscheinen, wenn jetzt klar ist, daß das, was hier begründet werden soll, etwas absolut Vorziehenswertes ist? Wie soll man, daß etwas vorziehenswert ist, anders begründen können als relativ zu einem Wollen, also zu etwas, was seinerseits ein (ausgezeichnetes) Vorziehen ist? Wir werden also erwarten müssen, daß, wo wir es mit Vorziehenswertem zu tun haben, seine Objektivität entweder scheitert oder noch andere Faktoren als den der Rationalität enthält.

3 *Grundlegung*, IV 413: »Praktisch gut ist aber, was vermittels der Vorstellungen der Vernunft, mithin nicht aus subjektiven Ursachen, sondern objektiv, d. i. aus Gründen, die für jedes vernünftige Wesen gültig sind, den Willen bestimmt.«

In diese Richtung weisen bereits die attributiven Verwendungsweisen von »gut«. Bei der attributiven Verwendungsweise handelt es sich immer darum, Gegenstände, auf die ein Prädikat zutrifft, auf einer Skala von »besser« und »schlechter« zu ordnen, derart, daß wenn jemand ein X zu wählen hat, er das bessere X gegenüber dem schlechteren aus objektiven Gründen vorziehen würde. Er kann natürlich, obwohl er a für besser beurteilt als b, gleichwohl b vorziehen, aber dann zieht er es nicht aus objektiven Gründen vor.

v. Wright[4] hat hier insbesondere zwei Verwendungsweisen unterschieden, die in der aristotelischen Tradition weitgehend unter dem Stichwort »Vorzüglichkeit« (areté) ununterschieden gesehen wurden: erstens die instrumentelle, wo wir die Vorzüglichkeit eines Gegenstandes beurteilen, der für etwas tauglich ist, d. h. eine Funktion hat, wie eine Uhr, und zweitens, was v. Wright als technische Vorzüglichkeit bezeichnet, wobei der alte griechische Sinn von »technisch« gemeint ist, also Technik im Sinn einer Kunst, und hier handelt es sich um menschliche Vorzüglichkeiten wie die eines Skiläufers oder Musikers, eine Vorzüglichkeit, die durch einen Wettbewerb festgestellt wird.

Lassen sich Uhren eindeutig in einer Skala der objektiven Vorzüglichkeit einordnen? Nur wenn die Hinsicht feststeht. Ich kann Uhren eindeutig in mehr oder weniger genaue ordnen, ebenso eindeutig in solche, die mehr oder weniger laut ticken usw. Bei der Frage, wie man die Vorzüglichkeit der verschiedenen Hinsichten ihrerseits gewichtet, tritt jedoch ein unauflöslich subjektiver Aspekt hinzu.

Bei einer Vorzüglichkeit, die v. Wright eine technische nennt, spielen immer auch objektive Aspekte eine Rolle. Ein Geiger, der fehlerhaft spielt, scheidet bei einem Wettbewerb von vornherein aus. Soll dann bei der Spitzengruppe ein Preis verliehen und d. h. entschieden werden, wer der Beste ist, läßt man eine Jury durch Abstimmung entscheiden. Die Abstimmung bringt ein unauflöslich subjektives Moment herein. Andererseits wird man nur erfahrene Kenner in die Jury aufnehmen.

4 v. Wright, *The Varieties of Goodness*, 2. Kapitel.

Diese Art von Prozedur hat man auch im Auge, wenn man von einem Kunstgegenstand sagt, er sei gut oder besser als ein anderer. Kant selbst war hier der Auffassung, daß ästhetische Urteile allgemeinverbindlich sind und in diesem Sinn einen objektiven Status haben, obwohl sie nicht begründbar sind;[5] hier tritt an die Stelle einer Begründbarkeit die bloße Gleichheit des Subjektiven, die Gleichheit im Gefallennehmen, Vorziehen. Das hieß für Kant nicht, daß alle Menschen im Ästhetischen tatsächlich gleich urteilen, aber daß der Urteilende den Anspruch erhebt, daß alle gleich urteilen *sollten*. Was heißt dieses »sollten«, wenn es nicht durch Gründe abstützbar ist? Ohne auf die Besonderheiten der Kantischen Theorie einzugehen, heißt es für Kant, daß – so kann man es vielleicht formulieren – alle eine im Prinzip gleiche Empfänglichkeit für ästhetisch Befriedigendes haben. Diese Art, eine Gleichheit im Urteil zu erklären, entspricht ungefähr dem, was ich vorhin bei der Beurteilung menschlicher Vorzüglichkeiten gesagt habe: maßgebend ist, was die Erfahreneren vorziehen. Das bleibt schwierig, läßt jedoch die Möglichkeit einer allgemeingültigen Vorzüglichkeit, die gleichwohl nicht auf Gründe gestützt ist, durchblicken.

Bei moralischen Urteilen werden wir nicht gerade diese Art einer allgemeingültigen und gleichwohl nicht objektiv-empirisch begründeten Vorzüglichkeit erwarten dürfen, wie sie im Ästhetischen und bei »Technischem« gegeben ist. Es genügt aber erstens, daß der Sinn einer solchen Möglichkeit nicht von vornherein ausgeschlossen wird, und es muß zweitens festgehalten werden, daß es hier nicht um ein Ja oder Nein geht, sondern daß der reduzierte Sinn von Allgemeingültigkeit, der eventuell möglich ist, in jedem Fall in seinem präzisen Sinn erkannt werden muß.

Was könnte nun die grammatisch absolute Verwendung des Wortes »gut« für einen Sinn haben? Die Bedeutung, die ihr Kant gab, muß verworfen werden, weil eine absolute Begründung sowohl gegen den Sinn von Rationalität wie gegen den

---

5 Vgl. *Kritik der Urteilskraft*, §§ 8 f. Kant verwendet freilich bei ästhetischen Urteilen das Wort »schön«, nicht das Wort »gut«.

Sinn von Vorzüglichkeit verstößt: das Vorziehenswerte kann dem Vorziehen nicht einfach übergestülpt werden, es muß eine ausgezeichnete Möglichkeit von diesem selbst sein. Folgt man nun nicht einfach der besonderen Interpretation Kants, die als eine philosophische Konstruktion angesehen werden muß, so könnte es scheinen, daß das Wort »gut« an dieser grammatischen Stelle – als ein bloßes, nichtrelatives Prädikat – vorerst keinen klaren Sinn hat.

Man könnte ihn in zwei Richtungen suchen. Erstens könnte man mit Hume sagen: gut in diesem Sinn ist dasjenige Handeln, das alle Menschen bei allen anderen faktisch vorziehen und insofern billigen; schlecht, was sie entsprechend tadeln. Diese Auffassung hätte eine gewisse Ähnlichkeit zu Kants Auffassung von den ästhetischen Urteilen, aber das führt hier nicht weiter.

Humes Vorschlag ist zwar gut, soweit er reicht, aber man muß ihm zwei Vorwürfe machen: erstens stellt er das dar, was als naturalistischer Fehlschluß in der Ethik bezeichnet wird: wir würden dann in der Ethik lediglich feststellen, was die Menschen faktisch billigen, und man muß demgegenüber sehen, daß zwar Urteile über das Haben von moralischen Urteilen empirisch sind, daß aber der Anspruch der moralischen Urteile selbst kein empirischer ist (vgl. oben S. 14 f.). Nun wird das von Hume gerade geleugnet, und er würde zu bedenken geben, daß wir einen anderen Weg als den naturalistischen, der zu Unrecht als Fehlschluß bezeichnet werde, gar nicht haben. Allerdings ist zu bedenken, daß Hume sich mit dieser Auffassung nur zufrieden geben konnte, weil er annahm, daß alle Menschen moralisch gleich urteilen. Ein Begriff von Moralität, der nicht die Möglichkeit mehrerer Moralkonzepte offenläßt, muß uns jedoch heute unakzeptabel erscheinen.

Das zweite Bedenken scheint mir noch zwingender und weist auch weiter: ich habe am Ende der vorigen Vorlesung vorgreifend behauptet, daß moralische Normen sich von konventionellen dadurch unterscheiden, daß die positive Bewertung im Fall eines moralischen Urteils begründbar ist. Diese Begründung, so behauptete ich, bezieht sich gerade auf die Beurteilung eines Sachverhalts (bzw. einer Handlung oder auch der Norm) als gut/schlecht. Das Billigen, auf das sich Hume mit Recht beruft, ist nicht einfach ein praktisches Bejahen überhaupt, sondern in ihm wird auf ein behauptetes Gutsein Bezug genommen, das als begründet in Anspruch genommen wird. Das Billigen besteht in der Beurteilung eines Handelns als objektiv vorzüglich, und das läßt sich nicht umkehren (das Handeln ist nicht gut, weil es gebilligt wird, denn dann verlöre das Billigen seinen Sinn). Das heißt, diese Urteile stützen sich auf ein Kriterium, einen Grund.

Humes Rekurs auf die subjektive Beurteilung bei der Erklärung des grammatisch absoluten Guten greift also zu kurz. Wenn das Urteil einen objektiven Inhalt hat, muß das Gute in diesem gefunden werden. Wie ist es dann aber zu verstehen? Ich habe früher einmal einen Versuch unternommen, diese Frage direkt zu beantworten[6], indem ich meinte, dieser grammatisch absolute Sinn von »gut« sei im Sinn von »gleichmäßig gut für alle« zu verstehen. Aber abgesehen von dem absurden Ergebnis, daß dann ein bestimmtes inhaltliches moralisches Konzept analytisch aus dem bloßen Sinn von »gut« folgen würde, habe ich bald gemerkt, daß das eine bloße Setzung (eine philosophische Konstruktion) war, und daß »gut« hier ebenso z. B. im Sinn der utilitaristischen Moral oder auch im Sinn des Hegelianismus als »gut für das Ganze« verstanden werden könnte. So gesehen, könnte dann sogar statt »gut« ein »anderes Begründungsprädikat« stehen, z. B. »heilig«.[7] Dieser Schritt war für mich wichtig, weil ich seither verstanden habe, daß wir einen formalen Moralbegriff brauchen, der verschiedene inhaltliche Konzepte zuläßt. Aber erstens verloren, indem nun auch andere »Begründungsprädikate« möglich wurden, die Prädikate »gut« und »schlecht« ihren Stellenwert, den sie doch in den moralischen Urteilen zu haben scheinen. Zweitens aber – und das ist die Schwierigkeit, bei der wir jetzt stehen – wurde mir dabei klar, daß jeder Versuch, das Gutsein in dieser Weise direkt zu bestimmen, eine

6 Vgl. meinen Aufsatz »Sprache und Ethik« (1978), abgedruckt in meinen *Philosophischen Aufsätzen*.
7 Vgl. die erste meiner »Drei Vorlesungen« in *Probleme der Ethik*.

bloße philosophische Konstruktion und damit willkürlich wäre.

Seit meinen »Retraktationen« vom Jahr 1983[8] bin ich deswegen der Auffassung, daß es eine direkt zu verstehende Bedeutung der grammatisch absoluten Verwendungsweise von »gut« gar nicht gibt, sondern daß diese auf eine ausgezeichnete attributive Verwendungsweise zurückweist, die, in der wir sagen, jemand sei nicht als Geiger oder Koch, sondern als Mensch oder als Mitglied der Gemeinschaft, als Sozialpartner bzw. als Kooperationspartner gut. Das hieße, daß »gut« in diesem Sinn nicht primär auf Handlungen bezogen ist, sondern auf Personen. Daß »gut« im moralischen Sinn in dieser Weise zu verstehen ist, war schon die Auffassung von Aristoteles. Ich kann diesen Schritt nicht beweisen. Aber wir werden sehen, daß er eine wirkliche Aufklärung der grammatisch absoluten Bewertung zuläßt. Gut, wie Aristoteles es versteht, ist eine Handlung dann, wenn sie die Handlung eines guten Menschen ist. Mit dem Begriff des guten Menschen haben wir das, was bei Hume fehlte, einen Begründungsgesichtspunkt für Billigen und Tadeln, der gleichwohl formal genug ist, um für verschiedene Moralkonzepte offen zu sein.

Da es sich also um eine implizit attributive Verwendungsweise von »gut« handelt, können wir diese nur aufklären, indem wir sie in den Kontext anderer attributiver Verwendungsweisen stellen, die sich auf Menschen beziehen, also in den der von v. Wright als technischer Vorzüglichkeiten bezeichneten Fähigkeiten.

Ich will hier zuerst darauf aufmerksam machen, daß ein großer Teil der Sozialisation eines Kindes darin besteht, daß man es dabei unterstützt, eine Menge Fähigkeiten auszubilden, die alle auf einer Skala von »besser« und »schlechter« stehen. So lernen wir erstens körperliche Fähigkeiten auszubilden: zu gehen und zu laufen, zu schwimmen, zu tanzen usw.; ebenso instrumentelle Fähigkeiten, Dinge herzustellen: bauen, kochen, nähen usw.; künstlerische Fähigkeiten: singen, geigen, malen usw.; und Rollen (als Kinder zunächst in Spie-

8 In: *Probleme der Ethik*, S. 132 ff.

len): ein Anwalt, ein Lehrer, eine Mutter zu sein, und all das läßt sich, unter dem Beifall der Erwachsenen, weniger gut oder besser oder schließlich vorzüglich ausbilden.

Gut in solchen Fähigkeiten zu sein, ist dann natürlich auch insbesondere für das erwachsene Leben wichtig, so sehr, daß man wohl sagen kann, daß das Selbstwertgefühl eines Menschen weitgehend (oder ganz?) darin besteht, daß man das Bewußtsein hat, in seinen Fähigkeiten gut zu sein. Dabei können einzelne Fähigkeiten für eine Person mehr oder weniger wichtig sein; je nachdem das der Fall ist, wird die Frage, ob sie in ihnen gut ist, für ihr Selbstwertgefühl wichtig sein. Ich mag z. B. ein schlechter Koch sein, aber wenn ich mich nicht als Koch verstehe (oder zumindest nicht auch als Koch), wird das mein Selbstwertgefühl nicht besonders tangieren. Mich als Koch oder Violinspieler (oder auch als das) zu verstehen, heißt, daß das ein Teil meiner Identität ist. Ich identifiziere mich mit Qualitäten dieser Art, wenn es mir wichtig ist, ein so-und-so zu sein. Daß es mir wichtig ist, heißt, daß ich einen Teil meines Selbstwertgefühls vom Gutsein in dieser Fähigkeit abhängig mache.

Erweist man sich nun als schlecht in einer Fähigkeit, die einem wichtig ist, ist die Reaktion Scham. Das entspricht der Definition von Scham, die G. Taylor in ihrem Buch *Pride, Shame and Guilt* (Oxford 1985) gegeben hat: Scham ist das Gefühl des Selbstwertverlustes in den Augen der (möglichen) anderen. Besonders scharf empfinden wir Scham, wenn andere wirklich anwesend sind und wenn wir sie als kompetent ansehen, z. B. ein Violinspieler, wenn er im Konzert schlecht spielt. Aber auch wenn er alleine übt, wird er sich, wenn er schlecht spielt, schämen – angesichts der Augen bzw. Ohren eines *möglichen* Publikums.

Im Unterschied nun zu diesen speziellen Fähigkeiten, die wir im allgemeinen nur rudimentär ausbilden müssen, und gut nur, wenn wir unser Selbstwertgefühl mit ihnen verbinden, gibt es *eine* Fähigkeit, die für die Sozialisation zentral ist, und das ist die Fähigkeit, ein sozial umgängliches, ein kooperatives Wesen zu sein oder, in einer primitiven Gesellschaft, den Standards der Mitgliedschaft dieser Gesellschaft zu entsprechen, und ich möchte nun behaupten, daß die moralischen Normen einer Gesellschaft eben jene sind, die diese Standards festlegen, das heißt die definieren, was es heißt, ein gutes kooperatives Wesen zu sein. In Urteilen, in denen wir über Menschen und ihre Handlungen sagen, sie seien gut oder schlecht, beurteilen wir die Menschen nicht hinsichtlich spezieller Fähigkeiten, sondern im Hinblick auf diese zentrale Fähigkeit.

Mit dieser Auffassung stimmt gut überein, daß wir uns nicht nur schämen können, wenn wir in einer bestimmten, uns wichtigen Fähigkeit versagen, sondern Scham ist auch die emotionale Reaktion, wenn wir moralisch versagen (also angesichts der Normen, die aus der Perspektive des Betreffenden sein Gutsein als kooperatives Wesen definieren). Aristoteles hatte sogar in seiner Erörterung der Scham (*Rhetorik* B 6) nur die moralische Scham berücksichtigt.

So gut sich die moralische Scham in das umfassendere Phänomen der Scham angesichts auch anderen Versagens (oder vermeintlichen Versagens) fügt, so deutlich ist die moralische Scham doch von der sonstigen Scham unterschieden. Das wird besonders sichtbar, wenn wir uns fragen, wie die emotionale Reaktion des *Gegenübers* in beiden Fällen aussieht. Im gewöhnlichen Fall ist das Publikum entweder emotional unbeteiligt oder, wenn es doch eine Emotion empfindet, besteht diese im Sichlustigmachen über den Betreffenden. Wenn hingegen die Person moralisch versagt, ist das Gegenüber nie emotional neutral, und sie belustigt sich auch nicht, sondern sie reagiert empört und tadelnd.

Der Tadel ist das strukturell einfachere Phänomen, während der Affekt der Empörung sich auf das moralische Urteil, wie wir gesehen haben (S. 20), ebenso aufbaut wie die Scham. Billigen und Tadeln ist die vom Affekt scheinbar noch freie wertende Beurteilung einer Person, die im Moralischen dem Wertstandard entspricht bzw. nicht entspricht. Diese Verhaltensweisen sind ebenfalls bei den übrigen Fähigkeiten nicht gegeben. Bei ihnen kann man von Beifall und Kritik sprechen, nicht von Billigung und Tadel. Der Unterschied gründet darin, daß es für den Billigenden bzw. Tadelnden um die gemeinsame normative Basis geht. Am Miteinander als solchem sind der

Handelnde und sein Gegenüber beide gleich beteiligt. Derjenige, der gegen diese gemeinsame Basis verstößt, zieht dem anderen gewissermaßen den Teppich unter den Füßen weg, und deswegen ist im Tadel die Empörung immer schon mitenthalten. Was den Tadel von der Kritik unterscheidet, ist dieser implizit vorhandene Affekt der Empörung.

Damit hängt unmittelbar zusammen, daß die Mitglieder einer Gesellschaft voneinander *fordern*, nicht schlecht in diesem Sinn zu sein. Bei den übrigen Fähigkeiten hängt, ob einer ein guter Koch oder Geiger usw. sein will, davon ab, ob er die gute Ausbildung dieser Fähigkeiten zu einem Teil seines Selbstwertgefühls und d. h. seiner Identität macht. Niemand fordert von ihm, ein Koch, Geiger usw. zu sein, und man fordert daher von ihm auch nicht, ein guter Geiger usw. zu sein; man kritisiert ihn nur oder belächelt ihn, *wenn* er ein Geiger sein will und es nicht gut kann. (Allerdings kann das gute Ausüben der Rollen, die man hat, ihrerseits zur moralischen Norm erhoben werden, und außerdem kann, je nach der Gesellschaftsformation, das Haben bestimmter Rollen etwas mehr oder weniger vorgezeichnetes sein; in einer traditionellen Gesellschaft ist die gute Ausübung einer Rolle vom moralischen Gutsein nicht so stark unterschieden, wie ich es beschrieben habe.)

Daß alle das moralische Verhalten wechselseitig voneinander fordern, heißt, daß jeder so sein *muß*, als Mitglied der Gesellschaft, unabhängig davon, ob er so sein will. Das grammatisch absolute »muß« ist also in genau diesem Sinn auch sachlich ein unbedingtes »muß«; »in genau diesem Sinn«, das heißt: es ist nicht abhängig davon, ob man so sein will. Natürlich kann das nicht heißen, daß dieser Sinn an und für sich unbedingt ist, sondern auch diese wechselseitige Forderung und das entsprechende »Müssen« ist – wie alles Müssen – überhaupt nur zu verstehen auf der Basis einer Sanktion, die eintritt, wenn ihr zuwidergehandelt wird. Worin diese Sanktion besteht, ist jetzt klargeworden: in der *Scham* des Betreffenden und der korrelativen *Empörung* der anderen (und durch diese Korrelation ist die moralische Scham von der sonstigen Scham begrifflich unterschieden).

Damit ist jetzt auch geklärt, was ich mit der *inneren Sanktion* gemeint hatte. Für die bestimmte Sanktion der Empörung ist nur empfindlich, wer sie in der Scham internalisiert hat. Man kann das auch die Ausbildung des Gewissens nennen.

So wie ich den Zusammenhang sehe, besteht die Ausbildung des Gewissens darin, daß das Individuum sich seinerseits als Mitglied der Gemeinschaft verstehen will. Dieses »ich will« ist natürlich ein anderes als das, von dem bei den speziellen Fähigkeiten die Rede war. In ihm ist impliziert erstens, daß es dieses So-Sein als Mitglied der Gesellschaft bzw. als Kooperationspartner, zu dem die Skala des grammatisch absolut verstandenen »gut« und »schlecht« gehört, in seine Identität aufnimmt (und d. h. in das, als was es sich verstehen will), und das heißt dann zweitens, daß es sich als zu einer Totalität von Personen zugehörig versteht, die mittels der inneren Sanktion von Empörung und Scham wechselseitig voneinander fordern, die diese Identität ausmachenden Normen nicht zu verletzen.

Das Individuum muß also das So-Sein und das zu ihm gehörige Gutsein in seine Identität (und das heißt in sein Sosein-Wollen) aufgenommen haben. Mit diesem Willensakt ist nicht gemeint, daß es schon geradezu gut sein will, wohl aber, daß es sich als zugehörig zu dieser moralischen Welt ansehen will (»dieser moralischen Welt«, die dadurch definiert ist, daß alle von allen fordern – bezogen auf die innere Sanktion –, in einem bestimmten Sinn von »gut« gute Mitglieder der Gesellschaft zu sein). Ohne dieses Dazugehörenwollen kann es, wenn es die entsprechenden Normen verletzt, keine Scham empfinden und keine Empörung, wenn andere sie verletzen. Mit diesem Willensakt wird das grammatisch absolute Muß noch einmal relativiert. Es war erstens relativiert (und es ist dies notgedrungen; ohne das kann es überhaupt kein Muß geben) durch die Sanktion, und diese zweite Relativierung, daß diesem Muß ein Ich-will voraufgeht, ist notwendig, wenn die Sanktion eine innere sein soll, und die zum moralischen Kosmos gehörige Sanktion muß eine innere sein, da die Empörung nicht greifen kann ohne die Internalisierung durch die Scham.

Der Zusammenhang kann erläutert werden mit Hilfe einer entsprechenden Einsicht Freuds.[9] Freud bezeichnete das Gewissen als Über-Ich. Und er hat mehr oder weniger klar gesehen, daß sich ein Über-Ich nur ausbilden kann, wenn sich (strukturell vorgängig, faktisch gleichzeitig) das herausbildet, was er als Ich-Ideal bezeichnet hat. Für das männliche Kind ist der Vater nach Freud das Ich-Ideal, das heißt, das Kind sagt sich: so will ich sein. Indem es sich so das Bild des Vaters introjiziert, muß es notgedrungen auch den Vater als Strafinstanz in die eigene Identität aufnehmen, und so bildet sich das Über-Ich aus. Es scheint logisch zwingend zu sein: nur wenn man sich identifiziert, kann man zur Strafinstanz Ja sagen, und nur dann kann diese zu einer inneren Sanktion werden.

Dem Müssen liegt also notwendigerweise ein (freilich so gut wie nie explizites und bewußtes) »ich will« zugrunde. Dieses »ich will« unterscheidet sich natürlich von dem »ich will« des Ausbildenwollens bestimmter Fähigkeiten wesentlich. Denn jetzt bedeutet das So-sein-Wollen, daß man Mitglied eines moralischen Kosmos sein will, der durch wechselseitige Forderungen, bezogen auf ein Konzept des Gutseins, definiert ist, und erst auf dem Umweg über diesen Kosmos kann man (muß aber nicht) in dieser Hinsicht faktisch gut sein wollen. Auch wer im Sinn seiner Moral schlecht handelt, gehört, wenn er sich als zugehörig versteht, zu diesem Kosmos. Ob er sich so versteht, zeigt sich daran, ob er sich dann schämt.

Ein wichtiges Indiz für diesen Zusammenhang ist das in der Psychopathologie bekannte Phänomen des »*lack of moral sense*«.[10] In der Psychologie wird dieses Fehlen des Gewissens nur als pathologisches Phänomen gesehen, das offenbar auf bestimmte autistische frühkindliche Schäden zurückgeht, und, als in der Sozialisation entstanden, ist es wohl auch wirklich ein pathologisches Phänomen. Aber wir werden erstens noch sehen, daß diese Möglichkeit, sich nicht als Mitglied des moralischen Kosmos verstehen zu wollen, eine ist, die uns als »ich will

---

9 *Gesammelte Werke* XIII, 259.
10 Vgl. D. W. Winnicott, *The Maturational Processes and the Facilitating Environment*, London 1965, S. 25 ff.

nicht« dauernd begleitet. Zweitens zeigt das, wenn auch ziemlich seltene frühkindliche, »ich will nicht«, daß der Übernahme des Gewissens wirklich ein »ich will« zugrunde liegt.

Wer keinen moralischen Sinn hat, kann sich weder moralisch schämen noch sich über andere entrüsten. Er kann nur ein instrumentelles Verhältnis zu den moralischen Normen ausbilden. Wir werden sehen, daß dieser Möglichkeit philosophisch der moralische Kontraktualismus entspricht.

In der Entwicklung meiner ethischen Reflexionen war es ein wichtiger Schritt, daß ich begriff, daß man den *lack of moral sense* nicht nur als einen Unfall ansehen kann. Indem wir einsehen, daß das moralische Bewußtsein erst das Ergebnis eines – natürlich nicht unmotivierten – »ich will« ist, überwinden wir die von fast allen traditionellen Ethiken – insbesondere der Kantischen – gemachte Annahme, das moralische Bewußtsein sei etwas in unser Bewußtsein von Natur Eingerammtes. Es ist diese Annahme, die dazu geführt hat, die Moral, sei es von der menschlichen »Natur« überhaupt, sei es von einem Aspekt von ihr wie der »Vernunft«, irgendwie ableiten zu wollen. Ich halte die Vorstellung so eines Eingerammtseins für ein theologisches Residuum. Wir sind in Wirklichkeit freier, unsere Autonomie reicht weiter, als es von solchen Ansätzen gesehen wird, und wir werden sehen, daß dieser Umstand die Frage der Begründung eines Moralbewußtseins im allgemeinen und einer modernen Moral im besonderen wesentlich komplizierter machen wird. Was man hier vor allem einsehen muß, ist, daß ein absolutes »ich muß«, das nicht von einem wie immer impliziten »ich will« abgestützt ist, *logisch* gesehen ein Unding ist.

Der nächste Schritt wird sein, zu klären, was es nun heißen kann, eine bestimmte Moral zu begründen, und was das insbesondere für uns heute, wo sich diese Begründung nicht mehr traditionalistisch festmachen läßt, bedeuten kann.

Heute will ich nur noch vorweg auf einen naheliegenden Einwand eingehen. Führt eine so grundsätzliche Einbindung des moralischen Bewußtseins in wechselseitige Forderungen nicht zu einem konservativen Moralverständnis oder vielmehr zu einer Moral der sozialen Anpassung?

Angenommen, es wäre so! Wir können einen philosophischen Gedankengang nur an seiner Wurzel kritisieren, nicht durch Hinweis auf seine unerfreulichen Konsequenzen. Wer meinen Gedankengang in Frage stellen will, müßte also meinen Versuch, den Sinn der moralischen Verbindlichkeit zu klären, in Frage stellen; er müßte zeigen, wie man das grammatisch absolut verwendete »muß« der moralischen Urteile anders verstehen kann.

Aber die befürchtete Konsequenz folgt nicht. Daß sie folgen könnte, ist allerdings eine verständliche Reaktion auf das bisher Gesagte, in dem ich noch nicht auf den Anspruch des objektiven Begründetseins eingegangen bin, das in den moralischen Urteilen enthalten ist. Es ist dieser Anspruch des Begründetseins, in dem die Sprengkraft enthalten ist, die moralische Urteile potentiell enthalten und in der sie über ein vorhandenes, als gegeben vorausgesetztes Moralkonzept hinausweisen können.

Darauf kann ich jetzt noch nicht eingehen. Ich will jedoch zwei Beispiele geben, damit deutlich wird, in welchem Sinn mein Verständnis von einer Moral sozial gebunden ist, und in welchem Sinn nicht. Denken wir an einen moralischen Reformator wie z. B. Jesus von Nazareth. Jesus hat die damals vorgegebene Moral seines Volkes relativiert und ergänzt. Aber auch wenn er sie ganz verworfen und eine andere an ihre Stelle gesetzt hätte, hätte er gar nicht tun können, was er getan hat und was jeder Reformator tut, wenn er die neue Moral *strukturell* aus dem Sozialen herausgenommen hätte; dann wäre nämlich die neue Moral gar keine Moral mehr gewesen. Was der Reformator sagt, ist: die Inhalte, über die ihr euch empört und schämt, sind nicht diejenigen, die dieser Gefühle würdig sind; die neuen Inhalte, die ich fordere, sind diejenigen, deren Einhaltung ihr voneinander wechselseitig fordern *solltet*.

Das mag an einem zeitgenössischen Beispiel noch klarer werden. Ein Inhalt, über den in den letzten Jahrzehnten sowohl in der Philosophie wie im öffentlichen Bewußtsein gegensätzlich diskutiert wird, ist der der Tierethik. Haben wir auch gegenüber Tieren eine moralische Verpflichtung? Das wird heute von einer Mehrheit mehr oder weniger geleugnet, von einer Minderheit leidenschaftlich bejaht. Diese Minderheit will also die bestehende Moral reformieren bzw. erweitern. Nun gibt es Leute, die sagen: die anderen mögen tun und lassen, was sie wollen, ich für meine Person ertrage es nicht, wenn Tiere mißhandelt werden. Es ist wichtig zu sehen, daß, wer so spricht, keine moralische Position vertritt. Eine moralische Position vertritt nur derjenige, der von den anderen fordert, dasselbe zu finden (dazu braucht er die Worte »gut« und »schlecht«); er wird von den anderen fordern, sich über diejenigen zu empören, die Tiere mißhandeln, und von allen verlangen, daß sie sich ebenso empören und d. h. daß sie den neuen Inhalt in ihr moralisches Bewußtsein mitaufnehmen. Also gerade demjenigen, der die Moral strukturell nicht sozial versteht, fehlt eine wesentliche Komponente in seinem Moralverständnis, wenn man es überhaupt fälschlich so nennen wollte, die eine Reform möglich macht. Eine Reform setzt diese Struktur voraus. Eine Haltung, die sich nicht in die intersubjektive Forderungsstruktur stellt, ist überhaupt keine moralische. Man kann dann nur sagen, man ertrage es nicht, und nicht, es sei unmoralisch.

Sie könnten mich jetzt noch fragen, ob das »sollte«, das der Reformator gebraucht, wenn er sagt, man »sollte« sich anstelle der Inhalte I_1 über die Inhalte I_2 entrüsten, nicht notgedrungen aus dem »müssen«, wie ich es erklärt habe, herausfällt. Dieses »sollte« hat in der Tat nichts mit dem »müssen« zu tun, das nach meiner Erklärung in einem moralischen Urteil explizit oder (bei Verwendung des Wortes »gut«) implizit vorkommt, aber es verweist auch nicht auf ein anderes, vom Sozialen unabhängiges Verständnis des Moralischen. In diesem »sollte« liegt überhaupt keine spezifisch moralische Nuance. Es hat denselben Sinn wie das »sollte«, das verwendet wird, wenn jemand in einer Meinung, ob sie nun praktisch oder theoretisch ist, korrigiert wird: »er glaubt p, aber er sollte q glauben, weil q besser begründet ist.«

Begründung in der Moral; traditionalistische und natürliche Moralkonzepte

Bei der Auseinandersetzung mit Hume (S. 54 f.) habe ich darauf hingewiesen, daß das Gute als objektiv Vorzügliches nicht schon darin bestehen kann, daß alle es bejahen, denn das Billigen und Tadeln ist nicht einfach ein gefühlsmäßiges Angezogen- und Abgestoßensein, das lediglich ein bei allen gleiches ist, sondern die allgemeine praktische Bejahung beansprucht, wenn sie als Billigen verstanden wird, begründet zu sein. Was nun dem Billigen als Grund zugrunde liegt, ist ein jeweiliges Konzept des Gutseins: »deswegen«, so kann man dann sagen, »verlangen alle von allen, daß sie so sind«.

Wie man sich das zu denken hat, läßt sich zunächst bei religiösen und überhaupt traditionalistischen Moralkonzepten leicht zeigen. »Traditionalistisch« soll immer besagen: wo die Tradition bzw. die innerhalb dieser maßgebende Autorität als letzte Begründung dient. Denken wir an den uns am nächsten liegenden Fall, die christliche Moral! Nehmen wir an, das Kind, das in diese Moral einsozialisiert wird, ist besonders hell und fragt seine Eltern: »warum reagiert ihr, immer wenn man das und das tut, mit diesem scharfen negativen Affekt?« (gemeint ist die noch nicht verstandene Entrüstung). Die Eltern werden antworten: »weil wir Kinder Gottes sind und Gott uns verboten hat, so zu handeln.« Daß wir Kinder Gottes sind, macht (verkürzt gesprochen) die Identität der christlichen Gemeinschaft aus. So wird das Gute hier verstanden. Schlecht ist, was Gott nicht gefällt. »Deswegen«, so könnte also fortgefahren werden, »verlangen alle von allen – alle Christen –, daß sie so sind, und wir empören uns, wenn man sich Gottes Willen zuwider verhält.«

Angenommen, das Kind fährt fort: »Und wieso wißt ihr, daß wir Kinder Gottes sind, und gibt es Gott überhaupt usw.?«, dann wird ihm bedeutet, daß das Blasphemie ist. Damit ist genau bezeichnet, wie weit die Begründungsressourcen bei der traditionalistischen Moral reichen. Die Tradition selbst, das Wort Gottes ist der letzte Grund, der nicht mehr hinterfragbar ist.

Eine religiöse Moral ist daher auch prinzipiell unfähig, mit anderen Moralkonzepten zu diskutieren; sie kann nur glaubensmäßig und also dogmatisch ihre eigene Überlegenheit behaupten oder sich von den anderen abschließen.

Darin liegt nicht nur eine Begrenzung des Begründungscharakters, sondern auch eine Begrenzung im Verständnis der objektiven Vorzüglichkeit, also im Konzept des Guten. Inwiefern können die moralischen Urteile innerhalb einer solchen Tradition bzw. Gemeinschaft überhaupt den Allgemeingültigkeitsanspruch, den sie als Urteile haben, erfüllen, wenn das, was gut ist, nur im Rekurs auf die bestimmte Identität dieser Gemeinschaft begründbar ist (»weil wir Kinder Gottes sind«)? Gut ist dann nicht, wie zu sein aus der Perspektive aller Menschen, sondern nur, wie zu sein z. B. aus der Perspektive des Glaubens aller Christen vorzüglich ist. In traditionalistischen Moralen ist auf das Problem, das sich hier anzeigt, verschieden reagiert worden. Das Beispiel des Christentums gehört aus der Perspektive des vom Begriff des Guten selbst nahegelegten Universalismus noch zu den günstigsten. Aus christlicher Sicht ist das, was im Rekurs auf die Gotteskindschaft als gut erscheint, gut für alle Menschen, aber darin ist impliziert, daß alle an Gott glauben müßten.

Das Judentum ist in dieser Hinsicht ambivalenter. Wie andere traditionalistische Moralkonzepte ihre Reichweite sehen, müßte empirisch geklärt werden. Die Position Lessings, die heute von vielen aufgeklärten Gläubigen mehr oder weniger vertreten wird, daß man das Gute aus vielen Perspektiven erkennen könne, ist nicht überzeugend. Denn wenn ein Glaube für die Moral wesentlich sein soll, schließt er andere religiöse und einen nichtreligiösen Zugang aus. Wenn es ein allen Glauben gemeinsames Fundament gäbe, wäre dieses entscheidend und gerade nicht der Glaube. In Lessings Position liegt eine Unentschiedenheit zwischen religiöser und aufgeklärter Moral.

Mit diesen Überlegungen ist die Frage verbunden, wieweit in verschiedenen traditionalistisch begründeten Moralen ein Unterschied zwischen Normen gemacht wird, die für alle Menschen gültig sind, und solchen, die nur für die Gemeinschaft selbst gültig sind. Das ist ebenfalls eine empirische Frage, die mit Bezug auf verschiedene Traditionen gewiß verschieden zu beantworten ist. Es gibt aber ein begriffliches Problem, das wir festhalten sollten: welches Begründungskriterium hat eine traditionalistische Moral für solche über die Gemeinschaft hinausreichenden Normen? Vielleicht ist es letztlich nur ein empirisches: man stellt fest, daß auch in anderen Kulturen bestimmte Normen geachtet werden; das könnte diesen Normen schon an und für sich diese besondere Auszeichnung verleihen. Und dieses empirische Faktum könnte Nachdenkliche in religiösen Traditionen dazu bringen, nach einer von der religiösen Identität unabhängigen Begründung auszuschauen. (Wir werden sehen, daß der Kontraktualismus mit Bezug auf die Normen, die sich aus der sog. »goldenen Regel« ergeben, partiell eine solche unabhängige Begründung an die Hand gibt. Die goldene Regel erscheint daher wie ein in allen Moralkonzepten gemeinsamer Kern.)

Für das weitere müssen wir festhalten, daß das Begründungspotential einer traditionalistischen Moral durch die glaubensmäßige bzw. dogmatische Setzung eines Konzepts des Guten begrenzt ist und daß damit zusammenhängt, daß die Idee des Guten – einer objektiven Vorzüglichkeit – auf eine Weise eingeschränkt ist, die eigentlich ihrem eigenen Sinn und dem Sinn der moralischen Urteile widerstreitet. Daß trotzdem auch heute noch viele der Meinung sind, daß eine Moral nur religiös zu begründen ist, mag daher rühren, daß viele von uns so sozialisiert sind, vor allem aber wohl daher, daß es bisher keine nichtreligiöse Begründung der Moral gibt, die allgemeine Anerkennung gefunden hat. So scheint die ihrem Sinn nach begrenzte Anerkennung der religiösen Moralkonzepte vielen immer noch besser als gar keine.

Wie ich schon in der 1. Vorlesung gesagt habe, ist unsere historische Situation – eine Situation, in der wir mehr oder weniger bewußt schon seit über 200 Jahren leben – dadurch bestimmt, daß wir eine Moral ins Auge fassen müssen, die nicht mehr transzendent begründet ist. Die Notwendigkeit, sich über ein solches Konzept zu verständigen, ergibt sich nicht nur aus dem Faktum, daß heute viele nicht gläubig sind und daß wir heute mehr denn je eine Weltgemeinschaft bilden, in der wir uns über die religiösen Grenzen hinweg moralisch verständigen müssen, sondern schon aus der Einsicht in die Begrenztheit jedes traditionalistischen Begründungspotentials und des darin enthaltenen Konzepts einer objektiven Vorzüglichkeit, die dem Sinn der in moralischen Aussagen verwendeten Rede von »gut« und »schlecht« widerspricht.

Es könnte naheliegend scheinen, die Frage, wie das Begründetsein bei einem nicht-traditionalistischen Moralkonzept zu verstehen sei, ebenso allgemein vorweg zu beantworten wie für die traditionalistischen Moralkonzepte. Ich kann das deswegen nicht, weil mit den verschiedenen philosophischen Versuchen, ein nicht-traditionalistisches Moralkonzept zu begründen, immer auch der Sinn des Begründetseins explizit oder implizit anders gesehen wurde. Nur so viel könnte man sich im voraus denken wollen, daß die Begründung jetzt, wo sie nicht mehr an einer vom Glauben vorgegebenen – ihrerseits nicht mehr zu begründenden – Prämisse festgemacht würde, eine absolute sein müßte. Wir haben jedoch bereits gesehen, daß eine absolute Begründung eines Müssens gar nicht verständlich zu machen ist, und das ist aus der jetzigen Perspektive noch von einer anderen Seite einsichtig zu machen: in der religiösen Begründung konnte die Prämisse, in der die moralische Identität genannt wird, naturgemäß nicht ihrerseits noch begründet werden; aber sie von einer höheren Prämisse abzuleiten, hätte ebenfalls keinen Sinn, denn diese höhere Prämisse müßte ja ihrerseits begründet werden usw.

Heißt das, daß eine nicht-traditionalistische Begründung strukturell das traditionalistische Muster wiederholen muß? Wir werden (erst in der nächsten Vorlesung) sehen, daß das nicht der Fall ist, daß aber die Begrenztheit der Begründung aus nicht-traditionalistischer Perspektive einen ganz anderen Sinn gewinnt als es der war, den sie für die traditionalistischen Moralen hatte.

Das ist jedoch ein Sachverhalt, der bisher nicht gesehen wurde, was damit zusammenhängt, daß die Frage, was Begründetsein im Moralischen besagen kann, nie grundsätzlich gestellt, sondern schon immer auf die eine oder andere Weise beantwortet oder auch für unbeantwortbar gehalten wurde. Und tatsächlich mußte daher die Annahme, daß es jetzt nur noch entweder eine absolute Begründung oder gar keine geben könne, sehr naheliegend scheinen (oben S. 25).

Ich will jetzt die mir am wichtigsten scheinenden Versuche nennen, die in der Moderne gemacht worden sind. Erst später werde ich auf einige ausführlicher eingehen.

In der neuzeitlichen Aufklärung sind insbesondere zwei Wege beschritten worden. Der eine war der der schottischen empirischen Schule des 18. Jahrhunderts, insbesondere Humes: hier war man der Auffassung, daß die Philosophie nur systematisch zusammenfassen muß, was vermeintlich alle billigen und tadeln. Damit war jeder Begründungsanspruch aufgegeben. Die in der letzten Vorlesung genannte Schwäche dieser Richtung, daß wie selbstverständlich angenommen wird, daß das moralische Bewußtsein ein einheitliches ist und daß es gar nicht verschiedene Moralkonzepte gibt, die sich miteinander auseinandersetzen können, hängt auch den anderen modernen Positionen an. Auch Kant ist der Meinung, daß es nur ein Moralbewußtsein gibt – obwohl er es anders versteht als Hume –, nur daß es sich für ihn begründen läßt. Daß so etwas wie Begründung bei Hume weder absolut noch relativ vorkommt, widerspricht dem Sinn der einen objektiven Anspruch erhebenden moralischen Urteile, also auch den Begriffen Billigung und Tadel, von denen Hume ausgeht. Inhaltlich haben Hutcheson und vor allem Hume den Utilitarismus vorbereitet. Darauf komme ich später zurück.[1]

Der andere Weg besteht darin, eine nicht-religiöse Begründung zu suchen. Diese schien nun, im Gegensatz zu der transzendenten Begründung der Religion, eine irgendwie natürliche sein zu müssen. Und das schien zu heißen, daß man auf die eine oder andere Weise auf die Natur des Menschen oder auf einen Teil von ihr zurückzugreifen habe.

1 16. Vorlesung.

Es lag nun nahe zu sagen: wenn ein Teil der Natur des Menschen die Grundlage für die Moral abgeben soll, so darf das nicht ein beliebiger sein, sondern er muß seinerseits etwas Besseres, Richtungsweisendes sein, und hier erschien der Rekurs auf eine (fettgedruckt verstandene) Vernunft am plausibelsten. Das war der Weg des neuzeitlichen Rationalismus, und dieser erfuhr seine schärfste Ausbildung in der Ethik Kants. Ich habe bereits gesagt, warum nach meiner Auffassung dieser Weg ungangbar ist. Kant werde ich später ausführlich interpretieren.[2] Hier kommt es zunächst nur auf den strukturellen Stellenwert an, den für Kant die Begründung des Moralischen hat. Er versucht eine nicht nur relative, daher also absolute Begründung. Das hat zwar nicht die vorhin erwähnte Form eines Rückgangs auf eine höhere Prämisse, was allzu offenkundig in einen Regreß geführt hätte. Vielmehr ist die Moral nach Kant in Inhalt und Form (mit der Form meine ich das Gebotensein) bereits im Sinn des (absolut verstandenen) Vernünftigseins enthalten. Versteckterweise ist hier, wenn man das Moralische als Gebot für den Willen sieht, gleichwohl eine voluntative Prämisse vorausgesetzt, die lauten müßte: »Wenn du vernünftig sein willst ...« Aber Kant hat das nicht als Prämisse gesehen, sondern das Vernunftgebot ist für ihn einfach vorgegeben, durchaus analog wie das Gebot Gottes für den Christen. Durch den genialen Schachzug, die Moral im Vernünftigsein als solchem festzumachen, hat Kant selbst dann, wenn das Vernünftigseinwollen noch als Prämisse aufgefaßt wird, jedenfalls die Gefahr eines Regresses vermieden. Hier liegt auch nicht meine Kritik, sondern darin, daß es erstens eine solche Vernunft nicht gibt, und daß es zweitens (das ist der grundsätzlichere und allgemeinere Einwand) ein absolutes Müssen nicht geben kann. Damit ist freilich auch schon die Idee einer absoluten Begründung als solche verworfen. Kants Unternehmen war sicher der großartigste Versuch, der Idee einer absoluten Begründung des Moralischen einen Sinn zu geben.

Der Idee nach gehören auch alle, seit Aristoteles bekannten und auch heute noch verwendeten direkten Rückgriffe auf *die*

2 6. und 7. Vorlesung.

Natur des Menschen (ohne auf Vernunft Bezug zu nehmen) hierher, denn auch sie würden ihrem Anspruch nach eine absolute Begründung darstellen. Der offenkundige Fehler einer solchen Argumentationsform liegt darin, daß in einem gewöhnlichen Sinn von »natürlich« alles menschliche Verhalten natürlich ist. Wenn also die Rede von der Natur eine bestimmte Möglichkeit des menschlichen Verhaltens als in einem eminenten Sinn natürlich auszeichnet, so liegt darin eine versteckte normative Entscheidung, die dann ihrerseits nicht begründet ist. Jeder Rekurs auf eine angebliche Natur des Menschen ist daher versteckt zirkulär: es wird etwas implizit normativ gesetzt, woraus dann das Normative abgeleitet wird. Diese Redeweise wird z. B. heute noch häufig von der katholischen Kirche gebraucht, als ein zusätzliches, vermeintlich diesseitiges Argument zur Ergänzung des religiösen. Das religiöse ist das ehrlichere. Man könnte geneigt sein, die Argumentation mit der Natur des Menschen als abscheulich zu bezeichnen, wegen des Taschenspielertricks, der darin liegt, daß man so tut, als werde nur auf etwas Faktisches zurückgegriffen, während in Wirklichkeit etwas Normatives vorausgesetzt wird. Das ist zwar nur ein logischer Fehler, aber er wirkt unmoralisch, wenn er dazu verwendet wird, Verhaltensweisen, die nach sonstigen Kriterien unschuldig sind, zu verdammen, wie das z. B. mit Bezug auf sexuelle Verhaltensweisen geschieht (Homosexualität usw.). Mit dieser Argumentation läßt sich alles und jedes als unmoralisch erweisen, wenn man nur vorher die Natur entsprechend definiert hat. Eine scheinbare Plausibilität gewinnt diese Argumentation manchmal dadurch, daß es manchen als einleuchtend erscheint, das bisher Übliche als natürlich anzusehen. Das scheint eine große Rolle bei der Ablehnung neuer medizinischer Möglichkeiten zu spielen, insbesondere bei Fortpflanzungsfragen und bei der genetischen Verhütung.

Man könnte diesen Rekurs auf die Natur des Menschen aus dem jetzigen Überblick ganz weglassen, weil diese Natur überhaupt nichts Natürliches ist, sondern ein metaphysisches Postulat. Demgegenüber nimmt sich der Rückgriff auf die Vernunft unschuldiger aus, weil wir doch alle als empirische

Wesen rational sind. Freilich hat Kant gesehen, daß man, sobald man auf diese fettgedruckte Vernunft zurückgreift, ebenfalls etwas Übernatürliches voraussetzen muß.

Die zwei weiteren Wege, die im Rekurs auf das Natürliche beschritten wurden, stellen hingegen Rückgriffe auf wirkliche Vorgegebenheiten unserer empirischen Existenz dar. Der erste ist der Rekurs auf ein natürliches Gefühl, das Mitleid, und dieser Weg ist am entschiedensten von Schopenhauer eingeschlagen worden.[3] Auf Schopenhauer werde ich später eingehen.[4] Aber schon jetzt kann ich sagen: ein natürliches Gefühl reicht einfach nur so weit, wie es eben reicht; bei manchen ist es stärker und allgemeiner ausgebildet, bei anderen die entgegengesetzten Gefühle der Lust an der Grausamkeit und an der Schadenfreude. Und wenn man ein Gebot aufstellen wollte, daß sich das Mitleid auf alle leidenden Menschen oder auch Tiere beziehen soll, ist dieses Sollen nicht aus dem Gefühl selbst zu entnehmen. Überhaupt kann von einem natürlichen Gefühl her der Verbindlichkeitscharakter der Moral – das »muß« – nicht geklärt werden. Bezeichnenderweise kommt in diesem Konzept der Begriff des Guten überhaupt nicht vor. Also muß die Behauptung, daß hier eine Moral begründet werde, zurückgewiesen werden.

Der zweite Weg ist wesentlich wichtiger. Er ist der des Kontraktualismus. Wenn heute in der Ethik von Kontraktualismus gesprochen wird, kann allerdings zweierlei gemeint sein (und häufig wird beides vermischt). Es gibt, vertreten insbesondere durch Rawls, die Auffassung, man könne das Moralische (oder speziell das Gerechte) als das verstehen, was sich aus einem idealen Kontrakt ergibt, den alle mit allen eingehen würden, wenn sie sich in einer idealen Situation der Gleichheit und Unwissenheit befänden: bei Rawls wird dabei eine entschei-

---

3 Hingegen stellt der Rekurs auf ein sogenanntes moralisches Gefühl oder einen moralischen Sinn durch Hutcheson nicht einen weiteren Begründungsvorschlag dar, wie Kant meinte (*Grundlegung* 442); denn der moralische Sinn dient Hutcheson nicht zur Begründung, er wird nur bei der empirischen Begründung der Moral als zugrundeliegend angenommen.

4 9. Vorlesung.

dende moralische Prämisse, durchaus bewußt, vorausgesetzt, und Rawls beansprucht auch keine Begründung der Moral. Von einem Kontrakt als Begründungsbasis für Moral kann nur gesprochen werden, wenn es sich um einen impliziten Vertrag handeln soll, der in unserem normalen Leben – ohne Unterstellung idealer Bedingungen – vorausgesetzt wird. Der eminenteste zeitgenössische Ethiker, der ein solches Konzept vertreten hat, war J. L. H. Mackie.[5] Diese Auffassung kann sich nun in der Tat auf einen unbezweifelbaren natürlichen Tatbestand berufen: daß nämlich alle Menschen, sofern sie überhaupt an Kooperation mit anderen interessiert sind, ein Interesse daran haben, daß alle mit allen übereinkommen, ein gewisses System von Normen einzuhalten.

Welches sind diese Normen? Weitgehend stimmen sie mit denjenigen überein, die sich aus der sogenannten goldenen Regel ergeben, die wir in verschiedenen Kulturen finden, unter anderem auch in der Bibel:[6] verhalte dich so gegenüber anderen, wie du wünschst, daß sie sich dir gegenüber verhalten. Man kann die Regeln, die sich dabei ergeben, in drei Gruppen einteilen: erstens die Regeln, anderen nicht zu schaden (die sog. negativen Pflichten, d. h. die Pflichten, bestimmte Dinge nicht zu tun); zweitens die Regel, anderen (evtl. unter bestimmten Bedingungen) zu helfen (positive Pflicht); und drittens die spezifisch kooperativen Regeln wie insbesondere die, nicht zu lügen und nicht sein Versprechen zu brechen, die gewöhnlich mit zu den negativen gezählt werden.

Da jeder vom allgemeinen Einhalten dieser Regeln mehr zu gewinnen als zu verlieren hat, wäre es unvernünftig, sich ihnen nicht zu unterwerfen, vorausgesetzt, die anderen tun es auch, und deswegen ist es naheliegend, diesen Kernbereich der Moral so zu verstehen, daß ihm ein impliziter Vertrag zugrunde liegt. Wenn darauf hingewiesen wird, daß es unvernünftig

5 *Ethics; Inventing Right and Wrong* (Penguin 1975); dt. *Ethik*, Stuttgart 1981. Vgl. auch D. Gauthier, *Morals by Agreement*, Oxford 1986.
6 Vgl. J. Hruschka, »Die Konkurrenz von Goldener Regel und Prinzip der Verallgemeinerung...«, Juristen Zeitung 42 (1987), S. 941 ff.

wäre, so eine Vereinbarung nicht zu akzeptieren, wird jetzt natürlich die Rede von Vernunft in ihrem gewöhnlichen Sinn verwendet. An ihr ist also nichts auszusetzen. Einen solchen Vertrag nicht einzugehen, würde heißen, die eigenen Interessen mehr zu verletzen als zu fördern, und das wäre im gewöhnlichen Sinn unvernünftig.

Mackie weist, wie es auch schon andere getan haben, in der Vorrede zu seinem Buch mit Recht darauf hin, daß dieses Set von Regeln für alle menschliche Kooperation so grundlegend ist, daß sogar eine Räuberbande nur existieren kann, wenn sie in diesem Sinn moralisch ist. Auch eine Gruppe, die nach außen hin diese Pflichten nicht anerkennt, muß sie doch nach innen akzeptieren, weil es ohne sie keine Kooperation geben kann. Freilich erkennen wir durch diesen Hinweis auch eine erste Schwäche dieser Position: soweit die Moral kontraktualistisch verstanden wird, wäre es unvernünftig, sie nicht nur denjenigen gegenüber einzuhalten, mit denen man interessiert ist zu kooperieren. Sogar der beschränkte Universalitätsanspruch, den wir in traditionalistischen Moralen finden, besteht nicht.

Die strukturelle Begrenztheit des Kontraktualismus als eines möglichen Moralkonzeptes erkennen wir deutlicher, wenn wir das Gegenargument berücksichtigen, das schon Platon im 2. Buch des *Staats* gegen diese Auffassung geltend gemacht hat: am vernünftigsten würde sich derjenige verhalten, der die moralischen Regeln dem Scheine nach einhält, sie aber überall verletzt, wo es ihm nützt und er das unerkannt tun kann.

Damit hängt ein Problem zusammen, mit dem der Kontraktualismus schon immer zu schaffen hatte: wie kann man das Einhalten der Regeln sichern? Hobbes glaubte das nur mittels des Staates erreichen zu können, wodurch dann das Strafrecht an die Stelle der Moral tritt, was ja, soweit es reicht, einen guten Sinn hat. Freilich sichert sich ein kooperatives System unter normalen Bedingungen zu einem guten Stück selbst. Der Großteil des Handelns ist sichtbar und läßt sich nicht verbergen, und wer die Regeln nicht einhält, mit dem werden die anderen bald nicht mehr kooperieren.

Merkwürdigerweise hat Mackie einen weitergehenden Vorschlag gemacht: um das Einhalten der moralischen Regeln zu sichern, erscheint es gut, entsprechende Einstellungen bzw. Tugenden auszubilden, und er nennt hier insbesondere, im Rückgriff auf eine Rede des Protagoras im gleichnamigen platonischen Dialog, die Scham (S. 114). Das ist nun aber genau die Stelle, die, wie wir in der nächsten Vorlesung sehen werden, über den Kontraktualismus als solchen hinausweist. Scham zu empfinden, wenn wir die Normen verletzen, hieße ein Gewissen ausgebildet zu haben, und das wäre eine interne Sanktion. Ich würde dann nicht durch das Interesse an der Kooperation selbst oder durch äußeren (gegebenenfalls strafrechtlichen) Zwang am Verletzen der Regeln gehindert, sondern durch mich selbst. Aber warum soll ich das tun, wenn es doch auf kontraktualistischer Ebene unvernünftig ist?

Ein Gewissen auszubilden ist von der kontraktualistischen Basis selbst her nicht zu begründen. Ich habe freilich ein Interesse daran, daß die anderen durch den zusätzlichen Faktor eines Gewissens daran gehindert werden, die Regeln zu verletzen, und der Kontraktualist wird natürlich so einen zusätzlichen Faktor als eine für ihn nützliche Folge des in seinem Sinn unaufgeklärten Bewußtseins der anderen dankbar hinnehmen. Es ist jedoch unmöglich, ein *eigenes* Gewissen von einer kontraktualistischen Basis her zu begründen. Das Gewissen läßt sich nicht instrumentalisieren. Es wäre im Sinn der egoistischen Klugheit irrational, auf eventuelle Vorteile zu verzichten, wenn ich sie, von außen ungestraft, haben kann. Und es wäre umgekehrt rational, die Gewissensresiduen, die man von einer in diesem Sinn unaufgeklärten Erziehung in sich findet, so weit wie möglich abzubauen oder sich zumindest im Handeln nicht von ihnen bestimmen zu lassen.

Kann vom kontraktualistischen Standpunkt das Habenwollen der inneren Sanktion nicht begründet werden, so können es ebensowenig alle weiteren Faktoren, die mit dieser verbunden sind: der Affekt der Empörung entfällt ebenso wie der der Scham (es wäre höchstens rational, in einer in diesem Sinn unaufgeklärten Umgebung Empörung zu heucheln), und die Scham ist entfallen, weil man nicht mehr von einem Konzept des Guten her einen Teil der eigenen Identität versteht; damit hängt zusammen, daß nicht moralisch geurteilt werden kann: die Worte »gut« und »schlecht« in ihrem grammatisch absoluten Sinn können von einer kontraktualistischen Basis aus keinen Sinn gewinnen. Mit anderen Worten: alle strukturellen Aspekte, die ich in der vorigen Vorlesung bei der Klärung dessen, was *eine Moral* ausmacht, herausgestellt habe, entfallen. Das entscheidende Charakteristikum des Kontraktualismus ist, daß er kein Konzept des Guten hat; er baut sich nur auf den relativen Begriff »gut für ...« auf.

Deswegen ist es naheliegend, den Kontraktualismus gar nicht als eine Moral zu bezeichnen; man kann die Position des Kontraktualismus nicht in die Klasse der Moralkonzepte einordnen, die ich in der vorigen Vorlesung als *eine Moral* definiert habe und für die es wesentlich ist, ein Konzept des Guten zu haben. Wer will, kann natürlich weiterhin von einer kontraktualistischen Moral sprechen; das Wort spielt wie immer keine Rolle, aber man muß sehen, daß der, der sich konsequent auf den Boden dieser »Moral« stellt, die Worte »gut« und »schlecht« in ihrer grammatisch absoluten Bedeutung nicht mehr verwenden und keine moralischen Affekte haben kann. Ich will daher den Kontraktualismus als »Quasi-Moral« bezeichnen.

Der Kontraktualismus ist also eine durchaus reale und zu Recht bestehende Minimalposition, nur reicht sie nicht sehr weit. Sie kann nicht angezweifelt werden, und sie stellt auch gewiß innerhalb jedes echten Moralkonzeptes eine zusätzliche Komponente dar (so verschieden die inhaltlichen Ergebnisse der verschiedenen Moralkonzepte sein mögen, mit Bezug auf die goldene Regel überlappen sie, und mit Bezug auf sie enthält der kontraktualistische Gesichtspunkt eine zusätzliche Begründung). Der Kontraktualismus enthält insbesondere auch einen gültigen Sinn von Begründung – jeder begründet für sich, daß es rational für ihn ist, sich einem solchen normativen System zu unterwerfen oder wenigstens zu unterwerfen zu scheinen, sofern auch die anderen dazu bereit sind –, aber es ist nicht die Begründung einer Moral.

Ich habe die kontraktualistische Position genauer dargestellt als die anderen modernen Begründungsversuche, weil ich auf sie später nicht mehr zurückzukommen brauche. Die kontraktualistische Position wird uns jedoch als Möglichkeit weiter begleiten. Für denjenigen, der einen *lack of moral sense* hat, sei es aus pathologischen Ursachen, sei es aus eigener Entscheidung, bleibt die kontraktualistische Quasimoral natürlich immer möglich und erforderlich, da sie kein Gewissen voraussetzt. Man kann geradezu sagen, daß sie die »Moral« desjenigen ist, der keinen moralischen Sinn hat.

Wie die verschiedenen modernen philosophischen Positionen das Begründetsein eines moralischen Urteils verstehen, kann ich jetzt so zusammenfassen: 1. Bei Hume und allen, die ihm folgen, wird die Frage nach dem Gutsein lediglich im Rekurs auf das tatsächliche allgemeine Bejahen beantwortet; das widerspricht dem Sinn desjenigen Bejahens, um das es hier geht und das Hume selbst als Billigen verstanden hat. 2. Bei Kant und allen, die ihm folgen, soll das Gutsein im Rekurs auf eine **fettgedruckt** verstandene Vernunft absolut begründet werden. Es ist naheliegend, daß das die einzig verständliche Idee einer nichtrelativen Begründung ist, aber es gibt keine absolute Vernunft, und, auch unabhängig davon, ist die Idee einer absoluten Begründung von praktischen Regeln sinnwidrig. 3. Schopenhauer gibt der Ethik ein Fundament, das sie nicht so, wie sie verstanden wird – als Verbindlichkeit – begründet, und es handelt sich hier auch nur um ein Fundament und nicht eine Begründung (die moralischen Urteile erheben bei Schopenhauer nicht einen Begründungsanspruch; das Wort »gut« entfällt). 4. Der Kontraktualismus gibt eine verständliche und auch korrekte Begründung an, nur ist das, was begründet wird, nicht eine Moral, sondern eine Quasimoral. Auch kann natürlich, was im Einzelfall begründet wird, nicht ein moralisches Urteil sein – Werturteile mit Begründungsanspruch kann es im Kontraktualismus, wenn er konsequent ist, nicht geben –, sondern begründet wird, warum es für den Einzelnen gut ist, diesen Normen zu folgen. Begründet wird ein relatives Gutsein für jeden.

Was können wir uns auf diese Sachlage für einen Reim machen? Offenbar ist bisher in der modernen Philosophie, was moralische Begründung heißen kann, entweder nicht gesehen oder mißverstanden oder umgedeutet worden. Nicht gesehen wurde die Problematik bei Hume, umgedeutet wurde sie im Kontraktualismus und auf andere Weise bei Schopenhauer. Nur bei Kant ist sie vorhanden, aber zu einer absoluten Begründung hochstilisiert worden.

Da Kant der einzige ist, bei dem der Begründungsanspruch moralischer Urteile wenigstens klar gesehen wird, müßten wir uns die Sackgasse, in die die moderne Ethik in der Begründungsproblematik geraten ist, dadurch klarmachen können, daß wir vergleichen, wie Kant die Begründung sieht und wie sie sich uns bei den traditionalistischen Moralen ergeben hat. Bei einer traditionalistischen Moral war die Begründung eine relative, relativ zu einer bestimmten Idee des Gutseins von Personen, die die Identität dieser bestimmten Gemeinschaft ausmacht. Man muß nun sehen, daß die Abhängigkeit der Begründung von einer Idee des Gutseins, die die soziale Identität der Mitglieder der Gemeinschaft bestimmt und die diese Mitglieder wollen können müssen, unvermeidlich ist. Weder kann man das Gutsein seinerseits noch in etwas anderem begründen, noch kann man die Relativität der Begründung auf ein Gutsein aufheben. Das Begründetsein, das in den traditionalistischen Moralkonzepten beschränkt war, kann nicht in der Weise entschränkt werden, daß es noch einmal von etwas anderem abgeleitet würde oder daß, wie bei Kant, die moralischen Urteile unmittelbar aus »der« Vernunft abgeleitet würden, sondern nur so, daß das Gutsein die soziale Identität nicht mehr nur einer bestimmten Gemeinschaft, sondern aller kooperationsfähigen Wesen ausmachen kann. Nur so kann die Rede von »gut« einen allgemeingültigen Sinn gewinnen.

Das plausible Moralkonzept

Das Scheitern der Begründungskonzepte der verschiedenen modernen Ansätze könnte darauf hinweisen, daß die Frage nach einer Begründung moralischer Urteile, wenn sie nicht, wie in den traditionalistischen Konzepten, relativ verstanden wird, eine Chimäre ist. Es könnte so aussehen, als seien das die einzigen Möglichkeiten: entweder wir haben, wie im Kontraktualismus, überhaupt kein Konzept des Guten, das zu begründen wäre, und das, was begründet wird, ist lediglich, daß die Übernahme eines Normensystems für die einzelnen gut ist. Oder wir haben die grammatisch absolut verstandene Rede von »gut«, und diese läßt sich dann entweder, wie in den traditionalistischen Konzepten oder auch in den modernen intuitiven Konzepten (wie dem von Rawls), relativ auf ein Prinzip begründen, das seinerseits nicht weiter zu begründen ist, oder, wie bei Kant, absolut. Die absolute Begründung kann ihrerseits nicht aus einem höheren Prinzip erfolgen, weil das zu einem Regreß führen würde, und wird daher von Kant als eine Begründung aus der Idee des Begründetseins verstanden.

Gegen die relative Begründung spricht, daß sie begrenzt ist in dem doppelten Sinn, daß sie ein Prinzip voraussetzt, das seinerseits nicht begründet wird, und daß ihre Reichweite begrenzt ist, d. h. andere mögen ein anderes Verständnis davon haben, was gut ist, und gegen die absolute Begründung spricht, daß sie sinnwidrig ist. Sind damit nicht alle Möglichkeiten erschöpft, und sollten wir uns nicht, wie es deswegen in der heutigen Ethik mit Ausnahme derjenigen Philosophen, die an der Kantischen Tradition festhalten, üblich ist, entweder mit dem Kontraktualismus begnügen (wie es z. B. Mackie tut) oder mit einem intuitiven Prinzip, dessen Unbegründetheit zugegeben wird (wie z. B. Rawls)?

Was können wir, so könnten Sie mich fragen, mehr wollen? Genau dies ist es, was wir uns klarmachen müssen. Was ist es genau, was die relative Begründung unbefriedigend macht und was durch die Kantische Lösung nur handstreichartig gelöst wurde? Gesucht ist ein Sinn von »gut«, der in dem Sinn allgemeingültig wäre, daß er von allen anerkannt werden könnte. Kant hingegen meinte beweisen zu können, daß es einen Sinn von »gut« gibt, der von allen (auf Grund ihres Vernünftigseins) anerkannt werden muß. Wenn wir diesen Anspruch in der Weise abmildern, daß sich gegebenenfalls zeigen läßt, daß es einen Sinn von »gut« gibt, der von allen nicht anerkannt werden muß, aber doch anerkannt werden könnte und kein anderer, würde ein wesentlicher Schritt über die relativen Begründungen hinaus geleistet sein, und das wäre erreicht, wenn sich zeigen ließe, daß es erstens einen Sinn von »gut« gibt, der sich als allgemein anzuerkennender nahelegt, der plausibel ist, und daß zweitens alle anderen bekannten Vorschläge nicht (oder weniger) plausibel sind.

Dieses ausgezeichnete Konzept des Gutseins scheint nun in Kants *inhaltlicher* Konzeption enthalten zu sein. Es ist also wichtig, in Kants Ethik zwischen dem inhaltlichen Konzept des Gutseins, das er in seinem »kategorischen Imperativ« vorlegt, und der vermeintlichen absoluten Begründung dieses Konzepts in der Idee der Vernunft zu unterscheiden. Daß mir dieser Begründungsversuch schon aus prinzipiellen Gründen verfehlt scheint, habe ich bereits mehrfach zum Ausdruck gebracht, und ich kann die Details auf die ausführliche Darstellung der Kantischen Position verschieben, die ich in den nächsten beiden Vorlesungen nachholen werde. Das Verfehltsein der Begründung einmal zugestanden, muß man sich doch fragen, wieso das inhaltliche Konzept gleichwohl, und zwar unabhängig von aller Begründung, unmittelbar einleuchtet, jedenfalls wenn man es in der sogenannten 2. Formel des kategorischen Imperativs wiedergibt: »Handle so, daß du die Menschheit, sowohl in deiner Person als in der Person eines jeden anderen, jederzeit zugleich als Zweck, niemals bloß als Mittel brauchst.« Von einigen Besonderheiten dieser Formel einmal abgesehen, kann man sagen, daß sie auf den Imperativ »Instrumentalisiere niemanden!« hinausläuft. Man kann dieses Konzept auch als die Moral der universellen Achtung bezeichnen.

Wieso erscheint dieses Konzept, ganz ohne Begründung, so vielen auf Anhieb einleuchtend? Ich habe schon in der 1. Vorlesung darauf hingewiesen, daß die Annahme sinnvoll erscheint, daß es ein, wie Kant es bezeichnet, »gemeines« moralisches Bewußtsein gibt: es wäre dasjenige Verständnis von »gut«, das, wenn man überhaupt ein moralisches Bewußtsein haben will, übrigbleibt, wenn alle transzendenten Prämissen entfallen sind und man gleichwohl am Begriff des Guten und allem, was damit zusammenhängt, festhalten will und das heißt, eine stärkere Position als den Kontraktualismus einnehmen möchte. Die These wäre nun, daß, wie Kant es sich auch selbst, ganz abgesehen von seiner Vernunftbegründung, dachte, das eben bezeichnete Konzept der universellen Achtung diesem Bewußtsein entspricht.

Was dieses Konzept so natürlich erscheinen läßt, ist gerade seine Nähe zu der schwächeren Position des Kontraktualismus. Hier kann uns ein weiterer Rückgriff auf Kant helfen. Obwohl Kant der Auffassung war, daß sein Konzept nur durch die Vernunft zu *begründen* ist, hat er es doch auf eine Weise *erläutert*, die sich eng an den Kontraktualismus anschließt. Erinnern wir uns, daß der Kontraktualismus darin besteht, daß ich mich denjenigen Normen unterwerfe (gegebenenfalls zum Schein), von denen ich will, daß auch alle anderen sich ihnen unterwerfen. Von da ist es ein, wie wir noch sehen werden, gewichtiger, aber doch auch nur kleiner Schritt zu der 1. Formel von Kants kategorischem Imperativ: »Handle nur nach derjenigen Maxime, durch die du zugleich wollen kannst, daß sie ein allgemeines Gesetz werde« (*Grundlegung* 421). Kant schreibt zur Erläuterung (424): »Wenn wir nun auf uns selbst bei jeder Übertretung einer Pflicht Acht haben, so finden wir, daß wir wirklich nicht wollen, es solle unsere Maxime ein allgemeines Gesetz werden, das ist uns unmöglich, sondern das Gegenteil derselben soll vielmehr allgemein ein Gesetz bleiben; nur nehmen wir uns die Freiheit, für uns (oder auch nur für diesmal) zum Vorteil unserer Neigung davon eine *Ausnahme* zu machen.« An dieser Stelle läßt Kant geradezu den Kontraktualisten sprechen: es ist der Kontraktualist, der nicht wollen kann, daß eine solche Maxime ein allgemeines Gesetz werde, denn das wäre für ihn schädlich. Und es ist nun erst die Beurteilung der Ausnahme, die einer sich leistet, der es unerkannt tun kann, die vom Kontraktualismus und von Kant diametral entgegengesetzt beurteilt wird: der Kontraktualismus findet die verborgen bleibende Ausnahme klug, sie ist *gut für* ihn, den einzelnen; Kant findet sie *schlecht*.

Das erlaubt uns, das Verhältnis zwischen dem inhaltlichen Konzept Kants und dem Kontraktualismus auf den Begriff zu bringen: es sind genau dieselben Regeln, die der Kontraktualist und die Kant einzuhalten gebieten, der Kontraktualist aber nur instrumentell (ich halte die Regeln nur ein, damit die anderen sie mir gegenüber einhalten), Kant hingegen schlechthin, und die Begründung lautet: weil es gut ist. Weil Kant gesehen hat, daß er sich genau darin vom instrumentalistisch denkenden Kontraktualisten unterscheidet, hat er die vorhin genannte 2. Formel des kategorischen Imperativs gebracht: sein Verständnis der 1. Formel setzt voraus, daß man die Regeln nicht instrumentell versteht und d. h. sie nicht um der eigenen Ziele willen befolgt, sondern um ihrer selbst willen, wie Kant meist sagt, oder um der anderen willen, wie er es in der 2. Formel zum Ausdruck bringt: die anderen haben von sich aus ein Recht darauf, daß wir uns ihnen gegenüber so verhalten, und indem wir dieses Recht anerkennen, achten wir sie, in Kants Formulierung, als »Zwecke an sich«.

Kants Vorschlag, wie man das Gute zu verstehen habe, besteht also darin, daß derjenige gut ist (im grammatisch absoluten Sinn, d. h. als Mensch, als Kooperationswesen), der an der Idee des Guten festhält, sie aber inhaltlich ausschließlich von den Regeln her versteht, die auch im Kontraktualismus und d. h. in der Goldenen Regel enthalten sind. Können wir dann nicht schon jetzt sagen, daß es zumindest *plausibel* erscheint, denjenigen als gutes Kooperationswesen zu bezeichnen, der die Regeln der Kooperation und ausschließlich diese einhält?

Bevor wir weiter auf das Natürliche dieses Vorschlags reflektieren, müssen wir ihn noch näher präzisieren. Gegenüber dem kontraktualistischen Verständnis der Regeln, die aus der goldenen Regel folgen, müssen sich, sobald man diese Regeln nicht mehr instrumentell versteht, zwei gewichtige Verschiebungen ergeben, und beide liegen auch bei Kant vor. Erstens: wenn ich die Regeln nicht zu meinem Vorteil befolge, sondern um ihrer selbst bzw. der anderen willen, so ist nicht mehr einzusehen, warum das Prinzip dieser Regeln noch in der »ich«-Rede zum Ausdruck gebracht wird, wie es noch in Kants 1. Formel des kategorischen Imperativs geschieht. Kant hat im weiteren Text noch eine andere Formel gegeben, die man gewöhnlich als 3. Formel des kategorischen Imperativs bezeichnet und die besagt, nur diejenige Maxime sei moralisch erlaubt, die »jederzeit aus dem Gesichtspunkte seiner selbst, zugleich aber auch jedes anderen vernünftigen Wesens« verstanden wird (438). Diese Reformulierung legt klar, daß das Wort »ich« auch in der 1. Formel eigentlich so gemeint war, daß dieses »ich« für eine *beliebige* Person steht. Man hat häufig den kategorischen Imperativ deswegen verspottet, weil er, wenn man sich strikt an das »ich« hält, zu allerlei Regeln führen könnte, die sich aus meinen speziellen Bedürfnissen und Gewohnheiten ergeben würden und offensichtlich keinen moralischen Stellenwert haben; diese Mißlichkeit entfällt, sobald man sich klarmacht, daß es sich nur um solche Regeln handeln kann, die aus der Perspektive eines Beliebigen gewollt werden. Wir können jetzt den kategorischen Imperativ (und ich werde von jetzt an von diesem immer im inhaltlichen Sinn sprechen und von der in dem Ausdruck »kategorisch« implizierten absoluten Begründung absehen) in der folgenden Form festhalten: »handle so (allen gegenüber) wie du aus der Perspektive einer beliebigen Person wollen würdest, daß alle handeln.« Im Kontraktualismus spielt die Rücksicht auf eine Beliebigen keine Rolle für die Festlegung der Regeln; welche Regeln gelten, wird (implizit) ausgehandelt.

Die zweite Änderung, die sich gegenüber dem Kontraktualismus ergibt, folgt ebenfalls daraus, daß die Regeln nicht instrumentell verstanden werden. Damit entfällt nämlich die für den Kontraktualismus konstitutive Begrenzung auf diejenigen, mit denen ich in ein Kooperationsverhältnis treten will (wie in der Räuberbande). Wenn nicht das, was mir nützt, maßgebend ist, sondern die Achtung vor den anderen, besteht keine Möglichkeit, daß ich noch bestimmen dürfte, wer die anderen sind. Die Regeln beziehen sich auf alle: sie sind *universell*. Und ebenso muß man die Regeln jetzt notwendig als *egalitär* fassen, da doch eine beliebige Person dafür maßgebend sein soll, welche Regeln gelten. (Dieser Aspekt der Egalität wird später bei der Erörterung des Begriffs der Gerechtigkeit noch näher geklärt werden.)[1]

Das Konzept des Guten, das sich jetzt ergibt, ist also keineswegs, wie es zunächst scheinen könnte, ein verbleibender Kernbestand der traditionellen Konzepte des Guten. Ich hatte darauf hingewiesen, daß Elemente, die zur Goldenen Regel gehören, sich wohl in jedem traditionalistischen Konzept finden lassen. Aber es besteht in diesen Konzepten kein Grund, daß die Regeln universell und egalitär gelten; sie gelten einfach so, wie es von der maßgebenden Autorität geboten wird. Das Konzept des Guten, das sich aus dem nichtinstrumentellen Verständnis der Goldenen Regel ergibt, ist also ein eigenständiges starkes Moralkonzept, das sich von den traditionalistischen Konzepten insbesondere durch eine Reihe von Verboten unterscheiden läßt: das Verbot eines nichtuniversellen und nichtegalitären Verständnisses der Regeln, und ebenso das Verbot, Normen in das Konzept des Guten aufzunehmen, die über den kategorischen Imperativ hinausreichen und das heißt, daß insbesondere die für die traditionalistischen Konzepte des Guten so charakteristischen Normen, die sich auf eigene Lebensführung beziehen (wie z. B. die Sexualkodices), ausgeschlossen werden.

Aber nun müssen wir uns fragen, *warum* dieses Konzept des Guten nicht einfach nur ein Vorschlag ist, und das führt uns zu der Begründungsfrage, wie wir sie jetzt verstehen müssen. Was spricht dafür, daß wir über den Kontraktualismus hinausgehen und, wenn wir das tun, gerade auf dieses Konzept stoßen? Es ist natürlich diese Frage, die eine Begründung erforderlich macht und die Kant zu seiner absoluten Begründung in der Vernunft geführt hat. Woran liegt es, wenn wir eine solche schlichte Begründung verwerfen, daß uns das Konzept gleichwohl nicht willkürlich oder beliebig erscheint?

1 18. Vorlesung.

Hier sehen wir uns nun mit dem Gewebe von Motiven und Gründen konfrontiert, auf die ich schon in der 1. Vorlesung verwiesen habe. Die Frage, die ich eben gestellt habe, hat zwei Komponenten. Die erste ist die Frage: warum müssen oder wollen wir uns überhaupt auf ein Konzept des Guten beziehen? Die zweite ist die Frage, wieso gerade dieses Konzept ein besonders plausibler Kandidat für *das* natürliche Konzept des Guten ist. Die erste Frage kann ich sofort so korrigieren: natürlich müssen wir uns nicht auf ein Konzept des Guten beziehen, weder in der jetzigen Moral noch in irgendeiner Moral, denn wir können immer für den *lack of moral sense* optieren; also kann die Frage nur lauten: warum wollen wir? Und das ist eine Frage nach *Motiven*. Hingegen ist die zweite Frage eine Frage nach *Gründen*.

Beginnen wir mit dieser zweiten Frage! Sie ist eine Frage nach Gründen, weil wir, wenn mehrere Konzepte von »gut« im Widerspruch zueinander stehen, fragen können: und welches Konzept (und d. h. wie zu handeln) ist nun wirklich gut? Meine These, daß auch das Kantische inhaltliche Konzept des Guten nicht *zwingend* ist, hat den präzisen Sinn, daß man nach meiner Meinung nicht sagen kann, daß aus der formalen Idee einer allgemeingültigen Vorzüglichkeit der Menschen als Mitglieder der Gemeinschaft (Kooperationswesen) das Kantische Konzept analytisch folgt. Man kann sich von da aus gut die Differenz zwischen dieser zweiten und der ersten Frage verdeutlichen. Nehmen wir an, das Kantische Konzept folge, wie Kant offenbar selbst meinte, zwingend aus dem Begriff des Guten, dann könnte der Einzelne, dem das vorgehalten wird, immer noch sagen: es mag ja sein, daß das und nur das gut ist, aber was geht mich das an, ich kümmere mich um das, was gut für mich ist. (Das ist die Position des *lack of moral sense* bzw. der sich auf diesen aufbauenden »Moral« des Kontraktualismus, die also sogar dann nicht entfallen würde, wenn sich das Konzept als relativ zum Begriff des Guten analytisch erwiese.)

Aber ich sehe nicht, wie man zeigen will, daß sich das Kantische Konzept aus dem Begriff des Guten analytisch ergeben soll. Es ist lediglich überaus naheliegend, die Rede von »gut (nicht in einer bestimmten Hinsicht, sondern) als Mitglied der Gesellschaft, als Kooperationswesen« so zu verstehen. Hier können verschiedene Plausibilitätsgründe angeführt werden. Den einen habe ich schon genannt: worin sonst soll man das Gutsein als Kooperationswesen suchen als in den Kooperationsregeln, und in diesen, wie sie aus der Perspektive eines Beliebigen erwünscht sind? Vergleichen wir außerdem dieses Konzept des Guten zumindest mit den traditionalistischen Konzepten, so ist dieses das einzige, das Allgemeingültigkeit beanspruchen kann, und wir haben gesehen, daß die Begrenztheit der traditionalistischen Konzepte immer schon im Widerspruch zu der Allgemeingültigkeit beanspruchenden Rede von »gut« steht.

Wir haben daher *gute Gründe*, das Kantische Konzept gegen alle traditionalistischen Konzepte vorzuziehen. Diese erweisen sich jetzt als unplausible Kandidaten für das Gute. Damit ist jedoch noch nicht gesagt, daß es nicht andere, nicht-traditionalistische Konzepte des Guten geben könnte, die ebenfalls plausibel erscheinen könnten. Es genügt nicht, das Kantische Konzept als besonders plausibel hinzustellen. Man muß auch zeigen, daß alle anderen Konzepte nicht plausibel oder weniger plausibel sind. Das kann man natürlich nicht global tun, und ich werde diesen negativen Teil der Plausibilisierung erst in einem späteren Stadium dieser Vorlesungen nachholen.[2] Hier ist nur festzuhalten, daß ein solches Schritt-für-Schritt-Verfahren in der Plausibilisierung deswegen erforderlich ist, weil es für dieses so natürlich scheinende Konzept des kategorischen Imperativs eben keine schlichte Begründung, also gewissermaßen kein Hauruckverfahren gibt, weder als Ableitung aus einem höheren Prinzip (was unsinnig wäre), noch indem dieses Konzept aus dem Begriff des Guten analytisch herausgedröselt würde. Wir können daher nicht mehr sagen, als daß es plausibler, d. h. besser begründet ist als jedes andere; »als jedes andere«, das kann aber nur heißen, als jedes andere, das konkret vorgeschlagen wird. Wir brauchen und können das Konzept des kategorischen Imperativs nicht gegen

2 16. Vorlesung, S. 315 ff.

alle möglichen Vorschläge stark zu machen. Auch das wäre nur möglich, wenn es eine schlichte Begründung gäbe. Nur dann könnte man sagen, daß ein noch plausibleres Konzept nicht vorgeschlagen werden *kann.*

Es sind Plausibilitätsgründe, wie sie eben genannt wurden, die verständlich machen, wieso das Kantische Konzept der Achtung und das heißt des Nichtinstrumentalisierens und die Relevanz der Beurteilung aus der Perspektive eines Beliebigen für das gewöhnliche Moralverständnis, sofern es auf traditionalistische Prämissen verzichtet, so einleuchtend erscheint. Allerdings wird von Philosophen erwartet, dieses Einleuchtende irgendwoher abzuleiten, ähnlich wie Kant es sich dachte, aber warum soll man etwas, das einleuchtet, noch anderswoher ableiten, statt sich einfach über die Stützen klarzuwerden, auf denen diese Plausibilität beruht? Wir neigen dazu, wegen unserer Herkunft aus traditionalistischen Moralen und weil wir als Kinder zuerst in einem zumindest teilweise autoritär verstandenen Moralverständnis groß geworden sind, eine schlichte Begründung von anderswoher (der Vernunft usw.) zu erwarten, analog zur Abstützung durch eine Autorität.

Noch ein letzter Hinweis zur Plausibilisierung des Kantischen Konzepts: Man könnte alle Konzepte des Gutseins einteilen in transzendent vorgegebene einerseits (die moralische Gemeinschaft übernimmt das, worauf sich die wechselseitigen Forderungen beziehen, von der Autorität) und solche, die sich aus der moralischen Gemeinschaft selbst – also quasi immanent – ergeben, andererseits. Ist es in diesem letzteren Fall nicht naheliegend, daß das Wollen oder, wie man auch sagt, die Interessen aller Mitglieder der Gemeinschaft, und zwar in unparteilicher Berücksichtigung, den Maßstab für das Gute abgeben? Genau das ist es, was im Konzept des kategorischen Imperativs formuliert wird. Wenn, so können wir es auch zum Ausdruck bringen, das Gute nicht mehr transzendent vorgegeben ist, scheint nur die Rücksicht auf die Mitglieder der Gemeinschaft, die dann ihrerseits nicht mehr begrenzt werden kann, also auf alle anderen – und das heißt auf ihr Wollen, auf ihre Interessen – das Prinzip des Gutseins abzugeben. Plakativ formuliert: die so verstandene Intersubjektivität tritt an die Stelle des transzendent Vorgegebenen und scheint so den einzig noch verbleibenden Sinn von objektiver Vorzüglichkeit auszumachen. Da die wechselseitigen, auf der inneren Sanktion beruhenden Forderungen (die in Billigung und Tadel zum Ausdruck kommen), die Form einer Moral überhaupt ausmachen, kann man auch sagen: indem nun der Inhalt, auf den sich diese Forderungen beziehen, nichts anderes ist als die Rücksicht auf das, was alle wollen, paßt jetzt der Inhalt zur Form. Diese Formulierung soll keine idealistische Zauberlösung sein, sondern nur auf den besonderen Sachverhalt hinweisen.

Kommen wir nun zur anderen Komponente! Mag dieses Konzept noch so plausibel als Konzept des Guten sein, warum sollen wir uns so verstehen? Hier geht es nicht mehr um die Frage, ob die moralischen Urteile, wie sie sich aus dem Kantischen Konzept ergeben, besser begründet sind als andere, sondern um die Frage, ob man sich als Mitglied erstens einer moralischen Gemeinschaft überhaupt und zweitens als Mitglied derjenigen moralischen Gemeinschaft verstehen will, die durch *dieses* Konzept des Guten bestimmt ist. Diese Frage kann nur noch den Sinn haben, ob wir dazu gute Motive haben. Anders formuliert ist das die Frage, ob wir die Mitgliedschaft in der moralischen Gemeinschaft in unsere Identität aufnehmen wollen. Dieses Wollen ist natürlich normalerweise kein explizites, aber in der philosophischen Reflexion stoßen wir darauf unweigerlich als auf das letzte Fundament, aus dem einfachen Grund, daß es kein absolutes Müssen gibt: auch das grammatisch absolute »muß« kann, wie wir gesehen haben, nicht für ein absolutes Müssen stehen; es steht freilich für ein Müssen besonderer Art, das durch die innere Sanktion der moralischen Gemeinschaft definiert wird, die jedoch ihrerseits nur greifen kann, wenn sie gewollt wird.

Wir haben dieses Wollen als eine notwendige Grundlage aller Moral kennengelernt, es ist jedoch in einer traditionalistischen Moral durch die autoritäre Begründung des Müssens verdeckt, und verdeckt bleibt es natürlich auch in Kants Darstellung, in der die Vernunft an die Stelle der Autorität tritt. Erst wenn das Konzept des Guten nur noch als Möglichkeit hingestellt wird, wie man sich verstehen kann, kommt die Autonomie des Individuums zu voller Geltung. Das Individuum muß sich jetzt fragen können, wenn es so weit reflektiert, ob es die Zugehörigkeit zu der – nunmehr universellen und nicht mehr transzendent begründeten – moralischen Gemeinschaft will, und jedes andere Individuum kann sich das genauso fragen.

Jemandem, der wirklich einen *lack of moral sense* hat oder der aus freien Stücken entschlossen ist auszusteigen und sich auf den Kontraktualismus zurückzuziehen, die Moral erstens überhaupt und zweitens in ihrem Kantischen Verständnis anargumentieren zu wollen, wäre sinnlos. Wir können unserem Freund nur sagen: *take it or leave it.* Und wir können ihm freilich, wenn er den ersten Schritt – zur moralischen Gemeinschaft überhaupt – getan hat, sagen, daß gegebenenfalls nicht nur weitere gute Motive für den zweiten Schritt (das Kantische Konzept) bestehen, sondern daß dieses außerdem, wenn er sich überhaupt auf die Ebene moralischer Urteile gestellt hat, das besser begründete ist (»wenn du überhaupt etwas als schlecht bezeichnen willst, dann dies«).

Dieses Moment von Autonomie ist nicht auszuschalten, jedoch darf man es sich auch nicht als ein dezisionistisches Wollen im freien Raum vorstellen, sondern wir können versuchen, unserem Freund gute Gründe im Sinn von guten Motiven zu geben, sich so zu verstehen. Der Hintergrund, auf den bei der Frage, welches Motiv ich habe, mich als Glied der ideellen moralischen Gemeinschaft und gerade der so verstandenen zu sehen, zurückgegriffen wird, kann natürlich nur noch der der Gesamtheit meiner Motive sein, also derselbe wie bei jeder Frage »wie will ich mich verstehen?«. Wenn unser Gesprächspartner fragt, warum er sich moralisch verstehen *soll*, ist dieses »soll« das sogenannte prudentielle, auf das eigene Wohlergehen bezogene. Das ist also die Stelle, an der die Frage nach dem Moralischen auf diejenige des »Ethischen« in dem von B. Williams angesprochenen Sinn zurückgreifen muß (oben S. 38 f.), in dem die Frage nicht ist »was muß ich?«, bezogen auf die innere Sanktion, sondern »was soll ich?« relativ zu dem, was ich sonst will. Die modern verstandene Frage nach der Moral muß also dort, wo nicht mehr gefragt wird, was gut ist, sondern warum wir das Gute überhaupt als Bezugspunkt in unser Wollen aufnehmen wollen, die Rückwendung zur Frage nach dem Wohlergehen oder Glück wiederaufnehmen, die schon die antiken Philosophen in der Auseinandersetzung mit der damaligen moralischen Skepsis – den sogenannten Sophisten – vollzogen haben. Platon und Aristoteles erkannten, daß man der skeptischen Frage von Seiten dessen, der den *lack of moral sense* vertritt, nur begegnen kann, indem man zu zeigen versucht, daß *gut* zu sein auch das ist, was *gut für mich* ist.

Ich werde daher auf die Glücksproblematik später im Anschluß an Aristoteles zurückkommen[3] und möchte hier nur angeben, inwiefern sich meine Sichtweise von der von Platon und Aristoteles schon strukturell unterscheidet. Erstens kannten die antiken Philosophen das Problem der Begründung der moralischen Urteile als solcher nicht, und sie kannten daher insbesondere das Problem der Auseinandersetzung zwischen verschiedenen Moralkonzepten nicht. Aus diesem Grund reduzierte sich die Begründungsfrage für sie von vornherein auf die Motivationsfrage, so sehr, daß die Frage nach dem sogenannten *summum bonum* (*bonum* wurde verstanden als »gut für mich«) und d. h. nach den obersten Zielen unseres Wollens in der gesamten antiken Ethik geradezu an die Stelle der Frage nach der Moral trat.

Zweitens haben sie den irreduziblen Faktor der Autonomie nicht gesehen; sie meinten daher zwingend darlegen zu können, daß jeder von uns, wenn er sich nur in seinen Motiven durchsichtig ist, in bestimmter Weise (und das heißt dann insbesondere auch: moralisch) verstehen *muß*.

Drittens ist in der Motivationsfrage aus meiner Sicht eine Unterscheidung zu machen, die weder in der antiken noch in der seitherigen Ethik gesehen wurde: für Platon und Aristoteles bedeutete die Motivationsfrage immer schon (und so sieht man es auch heute): welche Motive haben wir, moralisch zu *sein* bzw. zu *handeln*? So wichtig diese Frage ist, so geht es

3 13.-14. Vorlesung.

doch in unserem Zusammenhang um eine vorausgehende Frage: welche Motive haben wir, uns als Mitglieder der moralischen Gemeinschaft zu verstehen, d. h. welche Motive habe ich, mich als einer von allen zu verstehen, die auf das bzw. ein Konzept des Guten hin wechselseitige Forderungen aneinander stellen? Man kann sagen, daß beide Fragen den Sinn haben, warum man sich nicht als Egoist verstehen will, aber wir können, einfach zur besseren Verständigung, denjenigen, der unmoralisch handelt, als Egoisten im gewöhnlichen Sinn bezeichnen, und den Egoisten der an zweiter Stelle genannten, eigentlich vorgängigen Frage als den radikalen Egoisten. Der radikale Egoist ist derjenige, der den *lack of moral sense* vertritt. Der gewöhnliche Egoist unterscheidet sich vom radikalen Egoisten dadurch, daß er aus seiner eigenen Perspektive unmoralisch handeln kann, und er empfindet dann Schuld. Es ist also wichtig zu sehen, daß die Motivationsfrage, wie ich sie zumindest in erster Linie verstehe, nicht die Frage betrifft, ob man moralisch handeln oder sein will, sondern lediglich, ob moralische Normen – sei es überhaupt, seien es die *dieses* Konzepts – für einen gelten sollen.

Wo man also gewöhnlich nur eine Frage sieht, müssen wir drei Fragen unterscheiden: 1. Will ich mich überhaupt moralisch verstehen, will ich, daß die Perspektive des Guten ein Teil meiner Identität sei? 2. Will ich mich auf *dieses* – gegebenenfalls das Kantische – Konzept hin verstehen? 3. Will ich moralisch handeln? Bei allen drei Fragen kann nach den Motiven gefragt werden.

Ich werde auf die Motivationsfragen keine geschlossene, einheitliche Antwort geben und werde auf sie im Verlauf dieser Vorlesungen mehrfach zurückkommen, insbesondere bei der Erörterung der Glücksfrage[4] und dann bei der Darstellung der Motivationsfrage, wie sie sich für Adam Smith stellt.[5] Hier will ich lediglich Teilantworten geben, um an ihnen zu exemplifizieren, wie diese Motivationsfragen überhaupt zu verstehen sind.

4 13.-14. Vorlesung.
5 16. Vorlesung.

Eine erste naheliegende Antwort auf die erste der drei Fragen habe ich bereits in der 1. Vorlesung angedeutet: wenn wir uns nicht als Mitglieder der moralischen Gemeinschaft (egal welcher) verstehen, entfällt die Möglichkeit des Billigens und Tadelns und damit auch die der moralischen Affekte. Ich habe schon in der 1. Vorlesung darauf hingewiesen, daß man das sowohl positiv wie negativ sehen kann. Für den, der es wie Strawson negativ sieht, ist entscheidend, daß dann unsere Beziehungen zu unseren Mitmenschen nur noch instrumentell sein werden. Wir können dann sowohl uns selbst wie die anderen in einem bestimmten Sinn dieses Wortes nicht mehr »ernst« nehmen. Die anderen sind dann nicht mehr Subjekte, mit denen wir moralisch streiten können, sondern nur noch Objekte unseres Verhaltens.

Diese Überlegung zeigt, welchen Stellenwert die Gründe (im Sinn von Motiven) haben, die wir nennen können: man macht sich klar, was sonst alles mit der Entscheidung steht und fällt, und wenn unser Gesprächspartner uns sagt, daß er auch auf diese anderen Aspekte des Lebens gerne verzichtet, ist das Gespräch beendet. Daran wird deutlich, inwiefern die Autonomie ein letztes ist. Es gibt nichts, was zu meinem Leben gehört, das mich zwingt, mich so zu verstehen. Es gibt nur diesen relativen Zwang, daß wenn ich das eine will und dieses an das andere gebunden ist, ich auch das andere wollen muß.

Wie könnte man zweitens aus der Motivationsperspektive für die Annahme eines *bestimmten* Moralkonzepts argumentieren, das heißt für die zweite der vorhin genannten Fragen? Es liegt in diesem Fall nahe, ein Motiv zu nennen, das sich auf die erste und die zweite Frage gleichzeitig bezieht (d.h. was spricht dafür, sich als Mitglied einer und zugleich gerade der so verstandenen moralischen Gemeinschaft zu verstehen?). Ich glaube nicht, daß diese Frage innerhalb eines traditionalistischen Konzeptes gestellt werden kann, in dem überhaupt das Fragen so schwierig ist, denn da ist es ja immer schon eine Vorgegebenheit, daß man sich etwa als Kind Gottes usw. versteht. Sie kann aber sehr sinnvoll mit Bezug auf das Kantische Konzept gestellt werden.

Hier könnten wir unserem Gesprächspartner etwa folgendes zu bedenken geben: »Denke dir, du befindest dich vor einer Weggabelung. Der eine Weg ist der des Egoismus. Der konsequente Egoist handelt ausschließlich nach der Maxime »ich tue nur, was mir gefällt«. Die genau entsprechende Alternative – der andere Weg – ist, daß wir auch auf andere Rücksicht nehmen, und nicht nur, wenn es uns gefällt (»Altruismus«). Der Egoist hat nicht etwa kein Verhältnis zu seinen Mitmenschen, aber das Verhältnis ist ein rein instrumentelles: sie dienen ihm als Mittel zur Befriedigung seiner Bedürfnisse, und das heißt, er versteht sich, im Verhältnis zu den anderen, ausschließlich als Machtmensch; es war insbesondere dieser Gesichtspunkt, in dem Platon im *Gorgias* und in anderen Dialogen im extremen Beispiel des großen Tyrannen die Alternative Moralität versus Amoralität vor Augen stellte. Nur mußt du beachten, daß die altruistische Alternative nicht wählerisch sein kann. In dem Maße nämlich, in dem du es bist, der bestimmt, welche deiner Mitmenschen du berücksichtigen wirst und welche nicht, würdest du ja nach Gutdünken, also aus deiner egoistischen Perspektive, aus deiner Machtvollkommenheit heraus, den Kreis derer festlegen, die zu achten sind. Deswegen kann die Alternative zum Egoismus nur lauten: Rücksicht auf beliebige andere. Das aber ist genau der Gehalt des kategorischen Imperativs.«

Was man hier zu bedenken gibt, ist in einem formalen Sinn ganz ähnlich wie vorhin bei der Überlegung, was dafür spricht, daß man sich überhaupt als Mitglied einer moralischen Gemeinschaft verstehen will. Man kann nur dazu beitragen, die Entscheidungssituation zu klären. Man macht auf Implikationen aufmerksam. Wenn unser Gesprächspartner dann antwortet: »Du hast ganz recht, daß die zwei Wege so aussehen, und es ist eben der Weg des Willens zur Macht, den ich wähle«, so läßt sich dagegen nichts mehr sagen. Wir werden freilich später sehen, daß an dieser Alternative noch mehr hängt[6], aber am Strukturellen wird das nichts ändern.

6 14. Vorlesung.

Hier möchte ich nur noch darauf hinweisen, daß diese motivationale Abstützung des Kantischen Konzepts auch die Plausibilität dieses Konzepts des Guten zusätzlich abstützt. Einmal angenommen, daß die beiden genannten Wege als die Grundalternativen menschlichen Wollens angesehen werden können (Egoismus – Altruismus), ist es bedeutsam, daß der Weg des Altruismus direkt zum Kantischen Konzept führt.

Sie könnten jetzt fragen, warum ich die Moral, und dann gleich in ihrem Kantischen Konzept, nicht von vornherein auf diese einfache Weise eingeführt habe, als Alternative zum Egoismus. Die Art, wie wir etwas einführen, hängt immer davon ab, mit wem wir diskutieren. In der Diskussion mit dem Egoisten hätte ich in der Tat die Vorstufe, die Einführung des Begriffs *einer Moral* überspringen können. Aber da es nun einmal andere Moralkonzepte gibt, hat die Rechtfertigung des Kantischen Konzepts diese beiden Seiten, die Auseinandersetzung mit dem Egoisten und die mit den anderen Moralkonzepten, und nur bei der zweiten hat Begründung den Sinn der Begründung der moralischen Urteile, bei der ersten nur den der Angabe von Motiven.

Ich kann jetzt die in der 1. Vorlesung angedeutete These verständlich machen, daß moralische Normen und Urteile zwar nicht empirisch sind, aber daß sie gleichwohl nicht, was Kant für eine selbstverständliche Folgerung hielt, apriori gelten. Machen wir uns zuerst klar, wie überaus befremdlich Kants These schon an und für sich ist. Sie ist um so befremdlicher, wenn man, wie Kant es in der Tat tut, die Normen (also den kategorischen Imperativ) schon selbst als apriori bezeichnet. Was könnte es für einen Sinn haben, daß *Normen* apriori gültig sind (mit Gültigkeit ist gemeint, daß sie für unseren Willen bestimmend sind bzw. sein können)? Kant hatte in der *Kritik der reinen Vernunft*, was er unter »apriori« versteht, ausschließlich für *Urteile* definiert. Ein Urteil ist apriori, wenn es unabhängig von der Erfahrung wahr oder falsch ist. Wie soll man dann verstehen, daß eine *Norm* einen apriorischen Charakter hat? Und doch tut das Kant sofort schon in der Vorrede zur *Grundlegung*, als ob es das Verständlichste von der Welt wäre.

Nehmen wir also zunächst an, gemeint sei, daß die richtigen moralischen *Urteile* apriori gelten, d. h. apriori wahr sind. Nun weiß man doch aber, daß unter »apriori« nur entweder »analytisch-« oder »synthetisch-apriori« verstanden werden kann. In welchem Sinn sollen die moralischen Urteile apriori gelten? Wenn synthetisch, so müßte, daß so und so zu handeln gut ist, durch eine dritte Instanz begründet sein, die ihrerseits apriori gilt, und es ist unerfindlich, welche das sein sollte. Hingegen hätte die These, daß sie analytisch sind, einen verständlichen Sinn, nämlich den, daß das, was man inhaltlich für gut hält, analytisch aus dem Begriff der objektiven Vorzüglichkeit folgt. Das erscheint jedoch erstens falsch. Zweitens kann man sich allgemein klar machen, daß es sinnwidrig ist, ein bestimmtes moralisches Konzept aus Worterklärungen gewinnen zu wollen. Drittens würde sich unser Dialogpartner von einem solchen Ergebnis unbeeindruckt zeigen: »Es mag ja sein, daß das die einzig denkbare Moral ist, aber was geht mich das an?«

Den letzten Punkt hat Kant durchaus gesehen, und das ist der Grund, warum er nicht die moralischen Urteile, sondern das Verpflichtetsein der Normen selbst (ihre »Gültigkeit«) für apriori gegeben hielt. Ich werde darauf bei der Kantinterpretation zurückkommen. Es bleibt freilich unerfindlich, was hier noch mit »apriori« gemeint sein soll. Worauf nun aber diese Erklärung Kants verweist, ist, wenn mit Gültigkeit das Gewicht gemeint ist, das die Normen für unseren Willen haben, daß die Gültigkeit der Normen deswegen keinen empirischen Sinn hat, nicht weil sie apriori besteht, sondern weil sie von meinem »ich will« abhängt.

Es war lange Zeit in der Ethik ein Topos, gegen den sogenannten naturalistischen Fehlschluß (*naturalistic fallacy*) zu polemisieren. Dieser bestünde eben darin, die moralischen Urteile empirisch begründen zu wollen. Dem ist dann von Hume (und in unserer Zeit erneut in der Tradition von G. E. Moore bis R. Hare) entgegengehalten worden: *aus dem Sein folgt kein Sollen.* Aber was heißt das? Denn *das Sollen* kann doch seinerseits keinen verständlichen absoluten Sinn haben (alles Sollen und alles Müssen ist auf eine Sanktion bezogen). Hingegen gewinnt die Zurückweisung des naturalistischen Fehlschlusses einen verständlichen Sinn, wenn wir ihn jetzt so umformulieren: *aus dem Sein folgt kein Wollen*. Aus dem Umstand, daß irgendetwas so ist wie es ist (auch ich selbst), kann nie zwingend folgen, daß ich das und das will. Es hängt von mir ab, ob ich es will. Das Wollen kann für den Wollenden selbst nie ein vorgefundener, empirischer Tatbestand sein (ein Sein).

Die Zurückweisung des naturalistischen Fehlschlusses und d. h. der Annahme, daß moralische Urteile bzw. die Gültigkeit moralischer Normen empirisch sind, ist also richtig. Steht dieses Faktum erst einmal fest, stellt sich aber die Frage, was dann also die letzte Grundlage der Geltung ist, die moralische Normen für uns haben. Es gibt nur die zwei Möglichkeiten: das Apriori oder das Wollen. Da das Apriori entfällt, bleibt nur das »ich will« übrig, freilich, um es noch einmal zu sagen, nicht ein in der Luft schwebendes, dezisionistisches »ich will«, sondern ein durch Motive abgestütztes: durch sie abgestütztes, aber nicht erzwungenes.

Wer die Frage »will ich zur moralischen Gemeinschaft gehören?« stellt, muß sich also fragen: »wer will ich überhaupt sein, woran liegt mir im Leben, und was hängt für mich davon ab, ob ich mich als zugehörig zur moralischen Gemeinschaft verstehe?« Das dezisionistische Moment muß lediglich deswegen hervorgehoben werden, weil alles, was wir unserem Gesprächspartner bzw. uns selbst auf Grund unseres anthropologischen Wissens an Motiven nennen können, nur zeigen kann, was er alles sonst noch mit der Zugehörigkeit zur moralischen Gemeinschaft über Bord werfen würde. Auf diese Weise läßt sich die Entscheidung rational abstützen, aber nicht ersetzen. Das schon genannte *take it or leave it* läßt sich nicht umgehen.

Und ist es nicht gut so? Muß man sich nicht umgekehrt fragen, warum wir uns das Eingebundensein in Moral am liebsten wie das Eingebundensein in eine Zwangsjacke denken wollen? Es ist dieses selbe Bedürfnis, das dahin drängt, sich die Begründung, wenn sie nicht mehr von einer Autorität abhängt, als eine absolute zu denken und das Müssen ebenso als ein absolutes. Man kann dieses Bedürfnis als Residuum der religiösen Moral ansehen, in der das Müssen als ein transzendent Vorgegebenes erschien, oder ebenso als ein Residuum aus dem kindlichen Moralbewußtsein, in der die elterliche Autorität ähnlich erschien. Die Reflexion auf das dem »ich muß« zugrunde liegende »ich will« läuft nur darauf hinaus, daß wir die zum erwachsenen Menschsein gehörige Autonomie übernehmen. Könnten wir denn wollen – einmal angenommen, daß es nicht ohnehin widersinnig ist –, daß ein solches absolutes Muß in uns eingerammt wäre? Kann ich wollen, daß ein Teil meines Wollens mir selbst entzogen sei?

Das Leben wäre vielleicht einfacher, aber auch unernsthafter, wenn die Moral ein Teil von mir wäre so wie mein Herz oder mein Rückgrat. Sich die Moral so heteronom zu denken, zeugt von einem Mangel an Vertrauen erstens in das eigene So-Sein-Wollen und auch in das So-Sein-Wollen der anderen sowie zweitens an einem Mangel an Vertrauen in die Kongruenz der Moralkonzepte, die sich für mich und die anderen ergeben. Aber was immer man sich wünschen mag, so schwach ist nun einmal die Basis, und es hat sich in der Geschichte immer wieder gezeigt, daß kein Versuch, sie künstlich stärker erscheinen zu lassen als sie ist, die Menschen eher dazu bewegt hat, moralisch zu sein.

Kants *Grundlegung zur Metaphysik der Sitten:* der 1. Abschnitt

Ich habe in der vorigen Vorlesung darzulegen versucht, daß Kants inhaltliches Konzept – der kategorische Imperativ, wie er inhaltlich verstanden wird – die plausible Auffassung des Guten darstellt. Hingegen habe ich meine Zurückweisung von Kants Begründungskonzept – eine absolute Begründung, und das aus einer hochstilisierten Vernunft – bisher nur in abstrakten Überlegungen, noch nicht an Kants Text dargelegt. Es erscheint sinnvoll, in dieser und der nächsten Vorlesung eine geschlossene Interpretation von Kants ethischem Hauptwerk, der *Grundlegung zur Metaphysik der Sitten* durchzuführen. Dieses Büchlein ist vielleicht das Großartigste, was in der Geschichte der Ethik geschrieben worden ist, und es ist, wenigstens in seinen ersten zwei Abschnitten, eines der wenigen bedeutenden philosophischen Werke, die wir haben. Gelöst von den formalistischen sogenannten »architektonischen« Zwängen und Skurrilitäten, denen sich Kant nicht nur in der *Kritik der reinen Vernunft,* sondern dann auch, in der zwei Jahre nach der *Grundlegung* geschriebenen, *Kritik der praktischen Vernunft* unterworfen hat, läßt sich Kant hier frei vom Reichtum seines Genies leiten, ebenso phantasievoll wie streng argumentierend. Bei einem Werk dieses Niveaus lernt man auch aus seinen Fehlern.

Die *Vorrede* des Büchleins hat vor allem zwei Aufgaben. Erstens erläutert sie den Titel der Schrift, zweitens sagt sie das Nötige über die Methode. Was den Titel betrifft, so soll es sich »nur« um eine »Grundlegung« handeln, und das soll heißen, daß sich Kant hier nur »die Aufsuchung und Festsetzung *des obersten Prinzips der Moralität*« vorgenommen hat (*Werke* IV 392). Die Ausführung wollte er schon hier einer später auch geschriebenen *Metaphysik der Sitten* vorbehalten (391). Das Wort »Sitten« erläutert Kant nicht, weil er es, wie schon das eben gebrachte Zitat zeigt, einfach gleichbedeutend mit »Moral« verwendet (vgl. oben S. 34). Was aber ist unter einer Metaphysik der Sitten gemeint? Dieser Frage widmet Kant den Großteil der Vorrede. Unter »Metaphysik«, so sagt er, ist die Erörterung eines Gebietes aus Prinzipien apriori zu verstehen (388). Daß das auch für die Moral möglich und notwendig ist, ist die Hauptthese der Vorrede. Hier fällt nun die erste inhaltliche Entscheidung. Kant glaubt sie einfach aus »der gemeinen Idee der Pflicht und der sittlichen Gesetze« entnehmen zu können (389). »Jedermann«, so führt er aus, »muß eingestehen, daß ein Gesetz, wenn es moralisch, d. i. als Grund einer Verbindlichkeit gelten soll, absolute Notwendigkeit bei sich führen müsse«, und eine solche Notwendigkeit könne nur »a priori lediglich in Begriffen der reinen Vernunft« gefunden werden.

Kant bezieht sich hier auf denselben Tatbestand, von dem auch ich in der 2. Vorlesung ausgegangen war, daß in moralischen Urteilen und dann auch in den entsprechenden »Geboten« ein »muß« zum Ausdruck kommt, das absolut erscheint. Ich habe freilich zu zeigen versucht, daß diese grammatisch absolute Verwendungsweise des »muß« nicht für eine praktische Notwendigkeit stehen kann, die tatsächlich absolut ist, da eine absolute praktische Notwendigkeit, wenn man es sich näher überlegt, keinen Sinn ergibt. Kant hält nun aber ohne weiteren Klärungsversuch an dieser scheinbaren »absoluten Notwendigkeit« fest.

Was könnte eine absolut praktische Notwendigkeit, wenn es sie wirklich gäbe, für einen Sinn haben? Darauf antwortet uns Kant wie selbstverständlich: daß sie apriori gelten müsse. Aber das ist auch aus Kants eigener Perspektive keineswegs so klar, wie er vorgibt. Denn Kant hat in der *Kritik der reinen Vernunft* nur gezeigt, daß ein theoretischer Satz (d. h. ein solcher, in dem ein Urteil zum Ausdruck kommt), wenn er absolut notwendig ist, und das heißt immer, wenn seine Wahrheit absolut notwendig ist, apriori wahr sein muß, aber was es heißen kann, diesen ausschließlich für theoretische Notwendigkeit definierten Begriff des »a priori« auf die praktische Notwendigkeit eines Gebotes zu übertragen (in dem als solchem von

Wahrheit gar nicht die Rede ist), und ob er dann überhaupt einen Sinn hat, darüber sagt Kant nichts, ein von seinem eigenen Ansatz her überaus merkwürdiger Tatbestand.

Als ebenso merkwürdig wird man es ansehen müssen, daß Kant, der in der ersten *Kritik* so eindeutig erklärt hat, Urteile können a priori nur entweder auf Grund ihrer Analytizität sein oder müssen sonst synthetisch a priori gelten, auf diesen Unterschied hier überhaupt nicht eingeht. Soll denn, so müssen wir uns fragen, die angebliche Apriorität praktischer Gebote eine analytische oder eine synthetische sein, oder soll dieser Unterschied hier gar nicht gelten? Wir werden später sehen, daß Kant der Auffassung war, daß sich ein Großteil dessen, was sich in der Ethik sagen läßt, tatsächlich a priori analytisch ist, daß er aber überzeugt war, daß dem moralischen Gebot selbst ein synthetisches Urteil a priori zugrunde liegt, aber das wird sich für ihn aus einer so eigentümlichen Problemstellung ergeben, daß man die Selbstverständlichkeit, mit der er den apriorischen Charakter der moralischen Gebote schon hier in der Vorrede in Anspruch nimmt, mit einem Fragezeichen versehen muß. Der wahrscheinlichste Grund dafür, daß Kant hier wie selbstverständlich annahm, daß moralische Urteile a priori gelten müssen, ist der, den er auch sonst anführt: der von mir schon früher genannte, daß sie nicht empirisch sein können, aber ich habe schon gezeigt, daß die Annahme, daß das eine ausschließliche Alternative ist, irrig ist (oben S. 94 f.).

Eine weitere Eigentümlichkeit, auf die man achten muß und die ebenfalls eine solche ist, die sich aus Kants eigener Sichtweise ergibt, ist, daß er an der zitierten Stelle wie selbstverständlich annimmt, daß, wenn die Gebote a priori gelten, sie in der »reinen Vernunft« gründen müssen. Dagegen war es die These der *Kritik der reinen Vernunft* gewesen, daß die synthetischen Urteile a priori ihrem Sinn nach gar nicht in so etwas wie einer reinen Vernunft gründen können, sondern nur in unserem tatsächlichen menschlichen Bewußtsein: die Urteile der reinen Geometrie z. B. gelten a priori, nicht weil es so, wie sie sagen, auf Grund der Begriffe nicht anders sein kann, sondern weil wir Menschen es uns nicht anders vorstellen können. Nur weil es Urteile gibt, die nach Kants Auffassung tatsächlich unabhängig von der Erfahrung, also a priori gelten, die gleichwohl nicht aus reinen Vernunftgründen so gelten, kam er überhaupt darauf, diese merkwürdige Existenz von a priori synthetischen Urteilen zu postulieren, und nun sollen sich die apriorischen Gebote der Moral ausgerechnet aus »Begriffen der reinen Vernunft« ergeben.

Halten wir aber auch das Positive fest: daß Kant so rasch zu Folgerungen gekommen ist, die ihm quasi evident schienen und es doch zweifellos nicht sind, hat seinen Grund darin, daß er von dem phänomenalen unbezweifelbaren Tatbestand des grammatisch absoluten »muß« der moralischen Gebote ausgegangen ist, die er nur nicht näher aufzuklären versucht hat.

Der unausgewiesen in der Vorrede miteingeführte Begriff der Vernunft wird im weiteren Text Kants zuerst zurückgestellt. Im 1. Abschnitt kommt Kant gelegentlich auf ihn zurück, aber er bemüht sich, die Argumentation mit ihm nicht zu belasten. Erst im 2. Abschnitt wird dann der Vernunftbegriff die eigentliche Grundlage bilden, er wird dort aber auch auf eine formal gesehen legitime Weise neu eingeführt werden.

Am Ende der Vorrede gibt Kant eine wichtige Erklärung, welche Methode er im ersten und welche er dann im zweiten Abschnitt befolgen will. Dem dritten Abschnitt kommt eine Sonderstellung zu, auf die ich später zu sprechen kommen werde. Kant greift hier auf eine in jener Zeit geläufige und auf die Mathematik zurückgehende Unterscheidung zwischen analytischer und synthetischer Methode zurück. Diese Unterscheidung hat nichts mit dem Unterschied zwischen analytischen und synthetischen Urteilen zu tun. Unter analytischer Methode ist gemeint, daß man ein komplexes Gebilde vor sich hat, das man auf seine Grundlagen bzw. Prinzipien hin befragt; auf diese wird zurückgegangen, und in diesem Sinn wird »analysiert«. Synthetisch hingegen ist das Vorgehen, wenn man, ausgehend von bestimmten Prinzipien, ein komplex Vorgegebenes von den Elementen her aufbauend (= synthetisch) erklärt. In ähnlicher Weise hat Kant in der Vorrede der *Prole-*

gomena[1] die dortige Methode als eine *analytische* von der *synthetischen* Methode der *Kritik der reinen Vernunft* unterschieden.

Im 1. Abschnitt der *Grundlegung* soll nun die Methode in dem Sinn analytisch sein, daß das gewöhnliche moralische Bewußtsein die Vorgegebenheit bildet, von der aus Kant, wie er am Ende des 1. Abschnittes sagt, analysierend »bis zu ihrem Prinzip« gelangen will (403). Dieses Prinzip wird sich als der kategorische Imperativ herausstellen. Wenn nun die synthetische Methode in der genauen Umkehrung des analytischen Gedankenganges bestünde, so müßte Kant im 2. Abschnitt vom kategorischen Imperativ ausgehen und zeigen, wie sich aus ihm das gewöhnliche Moralbewußtsein ergibt. Aber so schematisch denkt Kant nicht. Eine solche bloße Umkehrung wäre auch unproduktiv. In Wirklichkeit nimmt Kant im 2. Abschnitt einen neuen Ansatz, nämlich beim »praktischen Vernunftvermögen« als solchem (412), und versucht zu zeigen, wie man auch von diesem zum kategorischen Imperativ gelangt. Es ist sinnvoll, diesen Weg als einen synthetischen zu bezeichnen, weil er wirklich von etwas Prinzipiellem, das gleichwohl für das gewöhnliche moralische Bewußtsein nicht auf der Hand liegt, sondern einer philosophischen Einsicht und Unterscheidung bedarf, ausgeht, während der 1. Abschnitt mit Recht als analytisch bezeichnet wird; Kant geht hier freilich nicht von einer allgemeinen Phänomenologie des natürlichen moralischen Bewußtseins aus, sondern von *einem* Aspekt dieses Bewußtseins, von dem er meint annehmen zu können, daß er ihm von jedermann zugestanden würde.

Es ist wichtig, sich beim Gedankengang sowohl des ersten wie des zweiten Abschnittes genau klarzumachen, welchen Anspruch die Argumentation jeweils erhebt. Man darf philosophische Texte nie so lesen, als bestünden sie in einer Aneinanderreihung von Ideen oder Thesen, es sind keine Bilderbü-

---

1 Werke IV 263. – Natürlich ist das Vorgehen sowohl bei der synthetischen wie bei der analytischen Methode ein analytisches in dem anderen Sinn von analytischen Urteilen oder Begriffszusammenhängen.

cher, sondern es werden argumentative Ansprüche erhoben. Es könnte z. B. sein, daß sich der kategorische Imperativ in der Methode des 1. Abschnittes begründen ließe – aber dann nur relativ zum »gemeinen Moralverständnis« – und in der Methode des 2. Abschnitts nicht, oder umgekehrt. Wir werden freilich sehen, daß die Begründung auf beiden Wegen nicht funktioniert, was wiederum offen läßt, daß, wie ich in der vorigen Vorlesung zu zeigen versuchte, der kategorische Imperativ gleichwohl seinen Sinn behält. Wenn man für solche Unterschiede kein Sensorium hat, ist es besser, wenn man die Beschäftigung mit philosophischen Texten seinläßt.

Der 1. Abschnitt ist ein Glanzstück gedanklichen Aufbaus und philosophischer Argumentation und steht als solches bei Kant einzig da. Dieser Text ist so durchkonstruiert, daß Kant aus einem einzigen Satz, mit dem er den ersten Absatz fanfarenmäßig eröffnet und den er im 8. Absatz (397) noch etwas modifiziert, in den folgenden Absätzen 9-16 drei Sätze analytisch entwickelt, aus denen sich dann im Absatz 17 (402) dem Anspruch nach der kategorische Imperativ ebenfalls analytisch ergibt. (Ich gehe davon aus, daß Sie mir im weiteren an Hand des absatzweise durchnumerierten Textes von Kant folgen.)

Der erste Satz lautet: »Es ist überall nichts in der Welt, ja überhaupt auch außer derselben zu denken möglich, was ohne Einschränkung für gut könnte gehalten werden, als allein ein *guter Wille*« (393). So wie Kant mit diesem Satz beginnt, könnte es den Anschein haben, er habe die logische Qualität einer These. Aber im Absatz 8 (397) sagt Kant, daß dieser Begriff »schon dem natürlichen gesunden Verstande beiwohnt und nicht sowohl gelehrt als vielmehr nur aufgeklärt zu werden bedarf«, und nach dem, was wir über die in diesem 1. Abschnitt zu befolgende Methode gehört haben, wissen wir auch, daß der Satz gar nicht anders gemeint sein kann. Und ich behaupte nun: Kants Anspruch, in diesem Satz einen Wesenszug des gewöhnlichen Verständnisses von Moral dingfest gemacht zu haben, ist vollkommen berechtigt. Der Satz entspricht auch genau dem Hinweis, den ich selbst an den Anfang meiner Überlegungen zum Sinn eines moralischen Urteils gestellt habe: so wie Kants in der Vorrede erfolgter Hinweis auf die eigentümliche »Notwendigkeit«, die mit einem moralischen Gebot gemeint wird, im Ansatz identisch ist mit meinem Hinweis auf den grammatisch absoluten Sinn des moralischen »muß«, so ist die jetzige Erklärung, daß es sich bei moralischen Urteilen um das einzige Gute, das ein solches »ohne Einschränkung« ist, im Ansatz identisch mit meinem Hinweis auf den grammatisch absoluten Sinn, in dem wir in moralischen Urteilen von »gut« und »schlecht« reden.

Man könnte nun freilich einwenden wollen, daß ich dieses »gut« nur auf Handlungen und Personen bezogen habe, während Kant sagt, gut ohne Einschränkung sei allein »ein guter Wille«. Aber beides läuft auf dasselbe hinaus, und Kants Formulierung ist die präzisere. Wenn wir eine Handlung moralisch beurteilen, ist es der die Handlung bestimmende Wille, was wir moralisch beurteilen. Wenn wir zu einer Handlung gezwungen werden oder wenn sie zu unvorhersehbaren Folgen führt, auf die unser Wille keinen Einfluß hatte, sind wir für sie nicht moralisch verantwortlich. Wenn wir eine Person als Person und nicht hinsichtlich dieser oder jener Leistungen (als Koch, Geiger usw.) beurteilen, ist es immer ihr Wollen, was wir beurteilen. Das haben schon Platon und Aristoteles durch folgende Beobachtung zum Ausdruck gebracht: wenn ein Mensch hinsichtlich einer bestimmten Fähigkeit gut ist, hat er immer auch die Fähigkeit zum Gegenteil. Was z. B. einen Arzt zum Heilen befähigt, befähigt ihn auch zum Töten. Er kann das eine wie das andere, je nachdem, was er will. Hier ist es nicht der Wille, was beurteilt wird. Hingegen sagen wir bei einem guten *Menschen*, daß er unfähig ist zum Gegenteil, eben deswegen, weil er dann das Gegenteil *wollen* würde. Natürlich kann er von seinen *Fähigkeiten* her auch das Gegenteil, aber *er* – sein Wollen – ist unfähig dazu.[2]

Könnte er auch das Gegenteil wollen, so hätte er keine feste Willensdisposition zum Moralischen; was als Wille erschienen war, wäre eher eine Anwandlung gewesen, eine Kaprize. Eine

2 Vgl. Platon, *Hippias Minor;* Aristoteles, *Nikomachische Ethik* VI, 1140b22-24.

feste Disposition, in einer bestimmten Weise zu wollen, ist das, was man *Charakter* nennt. Der Charakter wäre daher das einzige, was dem Willen den Anspruch streitig machen könnte, daß man nur von ihm sagen könne, daß er »ohne Einschränkung« gut ist. Aber diese Alternative besteht für Kant nicht. Gleich im nächsten Satz von Absatz 1 verwendet er selbst das Wort »Charakter«, und er meint natürlich: wenn der Wille das einzige ist, was in diesem besonderen Sinn als gut bezeichnet werden kann, so ist damit die feste Willensdisposition gemeint, also der Charakter. Das steht auch hinter meinem früheren Hinweis, es sei nicht die einzelne Handlung, die wir moralisch beurteilen, sondern die Person (S. 56). Nun ist ein guter Charakter das, was man traditionell als Tugend bezeichnet. Es wäre daher ein Mißverständnis, wenn man meinen würde, daß bei Kant die Tugend kein Grundbegriff ist. Daß bei Kant die Rede von Tugenden, im Plural, keine Rolle spielt, hat einen anderen Grund. Es liegt daran, daß er ein einziges Moralprinzip hat und daß es deswegen auch nur eine einzige entsprechende Willensdisposition gibt, also nur die Tugend, nicht Tugenden. Daß es für Kant unnötig war, von Tugenden zu sprechen, im Plural, hat allerdings noch einen anderen Grund, auf den ich erst später eingehen werde.

Das einzige, was man an Kants Aussage kritisieren kann, ist die etwas mißverständliche Formulierung, der gute Wille sei das einzige, was ohne *Einschränkung* für gut gehalten werden könne, denn diese Formulierung legt das Mißverständnis nahe, diese Auszeichnung im Sinne von »rein«, »unverwässert« zu verstehen. Auch die Erläuterungen, die Kant im folgenden gibt, könnten dieses Mißverständnis nähren. Es könnte so klingen, als ob alles andere, was gut sein kann, mitunter auch schlecht sein kann. Kant hätte sich unmißverständlicher ausgedrückt, wenn er gesagt hätte, es handelt sich um verschiedene *Weisen* des Gutseins, wie ich es zum Ausdruck brachte, als ich sagte, es gibt einen grammatisch absoluten Sinn von »gut« und daneben verschiedene relative. Natürlich hätte es Kant nicht gelegen, sich in dieser Weise sprachlich auszudrücken, aber aus dem, was er sagt, geht gleichwohl hervor, daß alle anderen Weisen von »gut« nicht nur graduell geringere sind, sondern *wesensmäßig* andere, weil hier von »gut für« die Rede ist.

Aber das wären nur mögliche Mißverständnisse. Das einzig Sachliche, was man hier Kant zum Vorwurf machen kann, ist, daß er genauso wie bei der absoluten Notwendigkeit das Gutsein, das er als »uneingeschränkt« bezeichnet und das unmißverständlicher als »irrelativ«, »unbedingt« zu bezeichnen wäre, nur konstatiert, nicht weiter aufzuklären versucht. An der jetzigen Stelle, wo er nur das Selbstverständnis des »gemeinen Verstandes« artikulieren will, braucht man das freilich von ihm nicht zu verlangen.

Der einzige Fehler, der sich bei ihm einschleicht, ist, daß er in Absatz 7 (396) sagt, der Wille sei zwar »das höchste«, aber »nicht das einzige und ganze« »Gut«. Schon diese substantivische Form ist merkwürdig. Von »Gütern« sprechen wir eigentlich nur bei relativ Gutem. Was Kant hier sagen will und was er dann in der *Dialektik* der *Kritik der praktischen Vernunft* (3. Hauptstück) aufnimmt, ist, daß es doch noch etwas anderes außer dem guten Willen (der Tugend) gibt, was zum »ganzen Gut« gehört; zwar nicht die vorher aufgezählten Glücksgüter, die nur relativ gut sind und auch schlecht sein können, wohl aber »die Glückseligkeit«. Hier erklärt also Kant nun doch, daß das moralisch Gute nur ein wenn auch ausgezeichneter Teil eines umfassenderen Guten sei. In diesem Fall wäre das moralisch Gute nicht, wie ich es dargestellt habe, schon in seinem Begriff (und sogar in seiner Grammatik) von *allen* anderen Redeweisen über Gutes unterschieden. Das würde voraussetzen, daß es einen einheitlichen Gattungsbegriff des Guten gäbe, unter den sowohl das moralisch Gute wie die Glückseligkeit fiele, und obwohl Kant das in der *Kritik der praktischen Vernunft* zu zeigen versucht, erscheint der Versuch verfehlt.

Daß Kant überhaupt auf diese merkwürdige Idee kam, hängt mit dem tradierten Begriff eines *summum bonum* zusammen, der auf Aristoteles zurückgeht. Aristoteles hatte am Anfang der *Nikomachischen Ethik* diesen Begriff eines obersten und umfassenden Guten *(agathon)* mit dem Glück gleichgesetzt und als das definiert, worum es einem Menschen letztlich und im ganzen geht. Das ist ein gewiß sinnvoller Begriff, aber indem Aristoteles dafür den Terminus »höchstes Gut« verwendete, machte er einen Gebrauch des Wortes »gut«, der sich in der natürlichen Sprache nicht findet, weder in der damaligen noch in der heutigen. Es ist auch zu beachten, daß Platon, an den sich Aristoteles in der Sache eng anschließt, das Wort noch nicht so verwendete. Wenn Platon nach *dem Guten* fragte, fragte er, was für jemanden zuträglich ist, d. h. für sein Wohlergehen, aber das Wohlergehen selbst wurde noch nicht selbst als »das Gute« bezeichnet. Für Platon blieb daher das Gute (im Sinn des Zuträglichen) ein relativer Begriff; der grammatisch absolute Begriff des Guten, also der spezifisch moralische Begriff des Guten, kommt – als Begriff – weder bei Platon noch bei Aristoteles vor, obwohl er im gewöhnlichen griechischen Sprachgebrauch durchaus vorhanden war. Das lag daran, daß die moralphilosophische Strategie von Platon und Aristoteles darin bestand zu zeigen, daß das Moralische *gut für mich* ist; deswegen erschien es terminologisch ratsam, für das Moralische als solches ein anderes Wort, das im griechischen Sprachgebrauch ebenfalls geläufig war, zu verwenden: to *kalón,* das Schöne; vgl. z. B. Platon, Staat VI, 505d.

Nun braucht man es natürlich Aristoteles (und den antiken und späteren Traditionen, die sich an ihn anschlossen) nicht zu verwehren, eine solche neue Verwendungsweise, die sich in der natürlichen Sprache nicht findet, als *terminus technicus* einzuführen. Es kommt nur darauf an, daß dieser Begriff dann von dem üblichen Sinn der grammatisch absoluten Verwendung von »gut« klar unterschieden bleiben muß: der neue Begriff steht für das, was eine einzelne Person letztlich und im ganzen will (und man mag das nun als »das Gute« oder »das ganze Gute« bezeichnen oder auch nicht), während die in der Sprache vorkommende absolut verwendete Rede von »gut« für das steht, was eine Handlung bzw. den Charakter einer Person objektiv vorzüglich macht, zu einem Gegenstand des allgemeinen Lobs. Letzteres paßt, wie wir gesehen haben, als Sonderfall in die Bedeutung des sonstigen attributiven Gutseins, die ebenfalls auf ein objektives Hochschätzen zurückweist.

Nun kann man natürlich entweder so, wie Kant es in der *Kritik der praktischen Vernunft* getan hat, oder anders, Bezüge zwischen den zwei Bestimmungen herzustellen versuchen, aber sie fallen nicht unter einen einheitlichen Oberbegriff. Daß es so sein könnte, hat sich für Kant nur durch die aristotelische Tradition nahegelegt, die nicht sachlich, aber sprachlich merkwürdig ist. Was daran zu beklagen ist, ist lediglich, daß dadurch das schon durch die Formulierung des ersten Satzes des Abschnittes nahegelegte Mißverständnis verstärkt worden ist, daß dieses irrelative Gute nur graduell und nicht grundsätzlich von allen anderen Begriffen von »gut« unterschieden ist. Da das jedoch im weiteren Text des 1. Abschnittes keine Auswirkungen hat, genügt es, darauf hingewiesen zu haben. Zusammenfassend bin ich der Meinung, daß die im ersten Satz des 1. Abschnittes ausgesprochene Feststellung eine einwandfreie Wiedergabe einer Grundcharakteristik allen moralischen Bewußtseins ist, und es bleibt abzuwarten, wie Kant meinen kann, daraus allein Folgerungen zu ziehen, die bis zum kategorischen Imperativ führen.

Die Absätze 1 und 2 dienen nur zur Erläuterung dieses Gedankens, daß wir nur vom Willen sagen können, daß er gut schlechthin ist. Erst in Absatz 3 erfolgt ein weiterer Schritt, der nun diesen Grundgedanken ein Stück weiter analysiert. Kant betont hier, daß wir nur das Wollen moralisch beurteilen, das ein Handeln bestimmt, und unser Urteil nicht davon abhängig ist, ob das Handeln auch Erfolg hat. Freilich hebt er, um Mißverständnisse zu vermeiden, hervor, daß mit dem guten Willen hier nicht nur der »bloße Wunsch« gemeint ist, sondern der Wille »unter Aufbietung aller Mittel, soweit sie in unserer Gewalt sind« (394). Sollte der so verstandene Wille gleichwohl nichts ausrichten, »so würde er« – so lautet der berühmte Satz – »wie ein Juwel doch für sich selbst glänzen als etwas, das seinen vollen Wert in sich selbst hat.« Wir werden sehen, daß Kant auf Grund einer bestimmten Überlegung diese Auffassung in Absatz 14 wesentlich verschärfen wird; erst dort ergibt sich der Gegensatz zum Utilitarismus. Die im jetzigen Absatz vertretene Auffassung ist hingegen Gemeingut aller Moralkonzepte überhaupt (mit Ausnahme jener primitiven, die überhaupt noch nicht den Wert der Absicht verstanden haben und nur nach den Konsequenzen urteilen).[3] Auch der Utilitarist müßte mit Absatz 3 übereinstimmen: auch eine konsequenzenrelative Ethik wie der Utilitarismus kann den Willen nur danach beurteilen, ob er alles getan hat, was in seiner Macht stand.

Die Absätze 4 bis 7 bilden eine Anmerkung, die nicht zur Argumentation selbst gehört. Kant setzt hier voraus, daß alle Anlagen in der Natur zweckmäßig sind, was für ihn mehr eine naheliegende Annahme als eine ausgewiesene Prämisse ist, und behauptet dann, im Anschluß an pessimistische Vorstellungen seiner Zeit, daß die Vernunft in ihrer instrumentellen praktischen Verwendung im allgemeinen mehr Schaden anrichte als Nutzen und der bloße Instinkt uns besser geleitet hätte; beide diese Prämissen einmal vorausgesetzt, sei es naheliegend, daß »die Natur« uns die Vernunft nicht »in anderer Absicht als Mittel«, sondern als Selbstzweck zur Ermöglichung der Moral gegeben habe. Der Gedankengang ist eher abstrus und bildet keinen Bestandteil der Argumentation des Abschnittes, aber es ist interessant, daß Kant hier wie selbstverständlich die Vernunft, noch dazu in einer absoluten Verwendung, einführt, obwohl doch von einer solchen weder in der bisherigen noch in der weiteren Argumentation des 1. Abschnittes die Rede ist.

In Absatz 8 bereitet sich Kant für das eigentliche analytische Vorgehen vor. Zu diesem Zweck setzt er den Begriff der Pflicht an die Stelle des Begriffs des guten Willens. Dieser Schritt kann auf den ersten Blick überraschen, ist aber einwandfrei, weil der Begriff der Pflicht, wie Kant mit Recht sagt, den »eines guten Willens, obzwar unter gewissen subjektiven Einschränkungen und Hindernissen, enthält«. Mit »enthält« ist gemeint »logisch impliziert«. »Pflicht« steht für die schon in der Vorrede angesprochene praktische Notwendigkeit (Verbindlichkeit). Was Kant in Absatz 8 sagt, ist einfach: das Gute ist Pflicht, und was er mit den »gewissen subjektiven Ein-

3 Vgl. J. Piaget, *Les jugements morales chez l'enfant*, Paris 1932, 2. Kapitel.

schränkungen« meint, erläutert er später im 2. Abschnitt so: ein heiliges Wesen handelt ohnehin gut, hier braucht daher von einem Müssen nicht gesprochen zu werden; bei uns Menschen aber, die auch anders handeln könnten (das sind die »Einschränkungen«), ist das Gute das, wozu wir verpflichtet sind. Kants Aussage, daß der Begriff der Pflicht (natürlich nicht irgendeiner Pflicht, sondern der so verstandenen Pflicht: das Gute als ein gesolltes) den Begriff des uneingeschränkt Guten logisch enthält, ist daher exakt. Außerdem werden wir sehen, daß nichts in der nun folgenden Argumentation vom besonderen Begriff der Pflicht abhängt und die einzelnen Schritte sogar klarer sind, wenn sie immer auf den Ausgangsbegriff des Guten zurückbezogen werden.

Kant stellt nun drei »Sätze« auf, den ersten in den Absätzen 9-13 (397-9), den zweiten in Absatz 14 (399 f.) und den dritten in den Absätzen 15-16 (400 f.). Über den logischen Zusammenhang dieser drei Sätze sagt Kant nur, der dritte sei eine »Folgerung aus beiden vorigen« (400). Das ist jedoch nicht syllogistisch zu verstehen. Der dritte Satz zieht lediglich das Fazit aus den beiden vorigen, die ihrerseits beide aus dem grundlegenden ersten Satz des 1. Abschnitts folgen sollen. Wir werden zu fragen haben, wieweit die Folgerungen zwingend sind.

Der erste Schritt betrifft das Motiv, aus dem heraus eine Person handeln muß, wenn ihr Wille gut ist und d. h. wenn sie moralisch handelt. Diese Frage ist über Kant hinaus von grundsätzlicher Bedeutung, und ich bin auf sie in meiner eigenen Exposition bisher noch nicht eingegangen.

Sieht man sich das Stück genauer an, stellt man fest, daß Kant in zwei Schritten vorgeht. Der erste erfolgt in Absatz 9, der zweite in den Absätzen 10-13 und ist weitaus radikaler. In Absatz 9 macht Kant die in aller Ethik seit Aristoteles übliche Unterscheidung zwischen einer bloß »pflichtmäßigen« Handlung und einer Handlung »aus Pflicht«. Bloß pflichtmäßig handelt z. B. der Kaufmann – so Kants Beispiel –, der sein Publikum ehrlich bedient, aber nicht aus »Grundsätzen der Ehrlichkeit« und daher nicht »aus Pflicht«, sondern »in eigennütziger Absicht«. Das ist die Motivation des Kontraktualisten. Er will ehrlich erscheinen, weil das für ihn vorteilhaft ist.

Kant kann nun mit Recht beanspruchen, daß der Satz, daß nur das Handeln aus Pflicht, nicht schon das pflichtmäßige Handeln gut ist, unmittelbar aus seinem Ausgangssatz, daß nur der Wille uneingeschränkt gut sein kann, folgt. Nicht die Handlung als solche ist gut, sondern nur diejenige, die von einem entsprechenden Willen und d. h. dem entsprechenden Motiv geleitet ist. Ich muß so zu handeln (z. B. ehrlich) um seiner selbst willen wollen, sonst handle ich, um es in meiner Terminologie zu sagen (S. 76), nur quasi-moralisch, nicht moralisch.

Dieser erste Schritt erscheint einwandfrei, er ist auch nicht kontrovers, und Kant gelingt es tatsächlich, ihn analytisch aus dem ersten Satz – über das Gute – abzuleiten. Hingegen ist der nächste Schritt kontrovers und führt zu Kants berüchtigtem »Rigorismus«. Kant gibt hier drei Beispiele, aber es genügt (und ist auch wegen Besonderheiten der beiden anderen Beispiele sinnvoller), daß wir uns nur an das zweite halten. In dem Beispiel des Kaufmanns, das Kant in Absatz 9 gegeben hatte, hat er außer der einen Motivation »aus Pflicht« und der anderen »aus eigennütziger Absicht« noch eine dritte unterschieden: »aus unmittelbarer Neigung«. Von ihr konnte beim Kaufmann abgesehen werden, weil sich hier »nicht annehmen« lasse, daß der Kaufmann zu den Käufern eine unmittelbare Neigung habe, obwohl es gewiß mitunter so sein kann. Das Beispiel des Absatzes 11 handelt nun von »Wohltätigkeit«. Hier ist die eigennützige Absicht, die beim Kaufmann so natürlich ist, ebenfalls denkbar, wird aber von Kant gar nicht erwähnt, weil diese Möglichkeit für das, was er zeigen will, nicht wichtig ist, hingegen kommt es bei der Wohltätigkeit sehr häufig vor, daß wir sie nicht aus Pflicht, sondern »aus unmittelbarer Neigung« ausüben.

Hier scheinen sich nun die moralischen Intuitionen zu scheiden. Viele würden sagen: nur wenn wir aus Neigung und d. h., wie Kant sagt, »Teilnahme« oder Mitleid jemandem helfen, können wir sagen, daß *wir* ihm helfen, während Kant die entgegengesetzte Auffassung vertritt, daß unsere Hilfe nur dann eine moralische ist, wenn sie nur aus Pflicht und nicht aus Neigung geschieht oder, weniger kraß formuliert, wenn die Neigung zumindest keinen Einfluß auf unsere Motivation ausübt. »Gesetzt also«, schreibt Kant, »das Gemüt jenes Menschenfreundes wäre vom eigenen Gram umwölkt, der alle Teilnehmung an anderer Schicksal auslöscht, ... und nun, da keine Neigung ihn mehr dazu anreizt, risse er sich doch aus dieser tödlichen Unempfindlichkeit heraus und täte die Handlung ohne alle Neigung, lediglich aus Pflicht, alsdann hat sie allererst ihren echten moralischen Wert« (398).

Es ist dieser »Rigorismus« Kants, wie er häufig genannt wird, der vielen abstoßend erscheint. Aber Intuitionen gegen Intuitionen zu setzen, kann uns in der Sache nicht weiterbringen. Es kommt darauf an zu sehen, wo genau die Alternativen liegen, und dabei wird auch zu fragen sein, ob es, wie Schiller meinte, innerhalb der prinzipiellen Position von Kant eine Alternative gab. Ich möchte vorab eine zu einfache Erklärung für die hier erforderlichen Überlegungen ganz ausschließen und dann von einer zweiten zeigen, daß sie auch noch zu einfach ist und es verhindern würde, auf den Kern der hier anstehenden Problematik einzugehen.

Die Erklärung, die wir uns ganz versagen sollten, ist, daß Kant ein Kind seiner Zeit war und daß es ein bestimmter preußischer und pietistischer Geist ist, der aus ihm spricht. Nicht, daß eine solche historische Erklärung nicht auch ihre Richtigkeit hat, aber sie wäre in einer grundsätzlichen philosophischen Überlegung substanzlos, weil wir dann Kants Auffassung lediglich *ad acta* legen würden und unsererseits von ihr nichts lernen könnten. Wir dürfen doch nicht vergessen, daß die These, mit der wir es hier zu tun haben, nach Kants eigenem Anspruch eine analytische Folge aus jenem ersten Satz des Abschnitts ist, der als angemessene Teilbeschreibung des gewöhnlichen moralischen Selbstverständnisses erschien.

Die zweite Erklärung, die schon eine philosophische wäre und zweifellos einen Teil der Wahrheit enthält, wäre, daß Kant in einer Tradition stand, die eine scharfe Unterscheidung zwischen einem sogenannten »höheren«, von der Vernunft bestimmten, Begehrungsvermögen und einem »niedrigen«, sinnlichen Begehrungsvermögen (den Neigungen) macht, also zwischen einem vernünftigen und einem sinnlichen Wollen, und daß die Auffassung, daß ein Handeln aus »unmittelbarer Neigung« nicht als ein moralisch gutes angesehen werden kann, eine einfache Konsequenz dieser Auffassung ist. Bedenken wir jedoch, daß Kant, jedenfalls im strengen Teil der bisherigen Ableitungen, von Vernunft noch gar nicht gesprochen hat.

Die einzigen Begriffe, die bisher gefallen sind, sind die des Guten und der Pflicht. Auch bei der Rede von Pflicht sollten wir uns den leichten Ausweg versagen, Kants Auffassung einfach in einen Zusammenhang mit preußischem Pflichtbewußtsein zu stellen. Auch das hätte zwar eine gewisse Berechtigung. Wir müssen aber daran festhalten, daß für Kant Pflicht lediglich moralische Verbindlichkeit bedeutet und daß mit ihr einfach dasjenige »muß« gemeint ist, das mit dem Begriff des Guten verbunden ist. Weitere Konnotationen, denen zufolge jemand bereit ist, aus Pflicht zu handeln, wenn er die Disposition hat, einer Autorität zu folgen – man denke an das Extrembeispiel Eichmann! – sind hier ganz fernzuhalten, denn das »muß«, das für einen Befehlsempfänger maßgebend ist, hat nichts mit der praktischen Notwendigkeit zu tun, die für jemanden aus dem moralisch Guten folgt.

Und nun können wir uns klarmachen, warum Kants Auffassung tatsächlich zwingend aus seinem ersten Satz zu folgen scheint. Uneingeschränkt gut, so hatten wir gesehen, kann nur der gute Wille sein. Daraus folgte zwingend, daß Handlungen nur gut sein können, die nicht nur pflichtmäßig sind, sondern aus Pflicht und d. h. um des Guten willen geschehen. Wenn jetzt weiter gesagt wird, daß der Wert der Handlung nicht zusätzlich von Neigungen beeinflußt sein könne, so heißt das nur, daß eben überhaupt keine weiteren Faktoren eine Rolle spielen können, mit anderen Worten daß nur diejenige Handlung gut sein kann, deren einziges Motiv die Pflicht (das Gute) ist, oder, vorsichtiger formuliert: es können zwar weitere Motive (Neigungen) im Spiel sein, aber für die moralische Bewertung der Handlungen kann nur eine Rolle spielen, ob das moralische Motiv maßgebend war.

Ist diese Überlegung zwingend? Wenn ja, wenn also Kants Auffassung, weit entfernt, Ausdruck einer historischen Idiosynkrasie zu sein, als so naheliegend erscheint, werden wir umgekehrt uns selbst fragen müssen, wie wir unsere eigenen entgegengesetzten Intuitionen begründen können. Am einfachsten lassen sich diese Intuitionen wahrscheinlich auf folgenden Nenner bringen. Wer Kants Auffassung der moralischen Motivation als abstoßend und kalt empfindet, könnte sagen: »Wenn sich jemand einem anderen gegenüber moralisch verhält, schätzen wir das viel mehr, wenn er es um des anderen willen tut, als wenn er es nur aus Pflicht tut.« Das Motiv wäre also die Rücksicht auf den anderen statt die Pflicht. Kant würde nun aber zurückfragen: »Was heißt es, daß er es um des anderen willen tut?« Zwei Antworten erscheinen möglich. Entweder: »weil ich ihm gerade zugetan bin oder Mitleid mit ihm habe.« Oder: »weil er ein Mensch ist.« Es ist nun nur die erste Antwort, die Kant meint, wenn er von »Neigung« spricht. Man hat dann eine spezielle Neigung zu diesem Menschen.

Die zweite Antwort hingegen stellt keine Gegenthese zu Kants Auffassung dar. Denn bisher ist ja noch nichts darüber gesagt, worin das Gute bzw. die Pflicht besteht, und wir werden später sehen, daß eine bestimmte Auffassung des kategorischen Imperativs (es ist Kants 2. Formel) gerade so verstanden werden kann, daß, wenn wir etwas um des Imperativs (um der Pflicht) willen tun, wir es tun, weil der andere *ein Mensch* ist. Vorgreifend (aber auch schon auf der Basis des in der letzten Vorlesung Gesagten) können wir sagen: es ist diese Universalität, die Kant bei seinem Insistieren auf der Pflicht als Motiv sichern will.

Aber mit dieser Argumentation wird sich der Gegner nicht zufriedengeben. Es gibt, wird er zu bedenken geben, zwei verschiedene Möglichkeiten, sich zu einem anderen moralisch zu verhalten, unabhängig von den eigenen besonderen Neigungen und nur weil er ein Mensch ist: entweder weil ich es soll – »aus Pflicht« – oder aus Menschenliebe, und das heißt, aus Affekt, Mitleid, Neigung, die nun aber eine Art universeller Neigung wäre, die auch im christlichen »Liebe deinen

Nächsten, denn er ist wie du« gemeint ist. Das eigentümlich Kalte und Rigoristische der Kantischen Ethik, so wird der Kontrahent fortfahren, scheint darin zu bestehen, daß Kant nicht nur die parteiischen Affekte ablehnt, womit er ganz recht tue, sondern die Affektivität überhaupt.

Damit sind wir am Zentrum der Kontroverse angelangt, was sich auch daran zeigt, daß ich keine Antwort von Kant selbst mehr ins Feld führen kann, sondern einen Dritten in den Dialog einbeziehen muß. Dieser wird vorweg geltend machen, daß diese Kritik gewiß Kants Beispiel (die Wohltätigkeit betreffend) trifft und auch Kants Position überhaupt, daß sie aber die Argumentation Kants an dieser Stelle an sich nicht treffen kann, da sie es ja noch offen läßt, ob das Gute nicht in der vom Gegner geforderten affektiv bestimmten Weise gemeint sei. Was auf jeden Fall, so wird unser Freund zu bedenken geben, zu Kants Gunsten gesagt werden muß, ist, daß wir an der Pflicht – der Verbindlichkeit – als Motiv festhalten müssen, weil diese zum Begriff der Moral (des »uneingeschränkt Guten«) gehört. Was an Kants Zurückweisung der Neigung auf jeden Fall übrigbleiben müsse, wenn die Idee der Moral überhaupt erhalten bleiben soll, ist, daß das Gutsein etwas ist, was vom Willen *gefordert* wird. Wir mögen denjenigen moralisch am höchsten schätzen, der nicht anders kann als moralisch handeln und für den das moralische Handeln (das heißt aber: das Geforderte) etwas Selbstverständliches und Spontanes ist, aber die Spontaneität könne nicht als solche das Motiv des Handelns sein. Die Spontaneität könne nicht selbst zum Handlungsprinzip werden. Was an Kants Abwehr der Neigung unbedingt festgehalten werden müsse, sei, daß es beim moralischen Handeln nicht die Neigung als solche sein könne, was uns bestimmt. Denn was Kant mit Neigung anspreche, sei der unmittelbare, natürliche Affekt, den wir gerade haben, und der kann so oder auch so sein und hat als solcher insbesondere nicht den geforderten universalistischen Charakter.

Die einzige Möglichkeit, von Kant abzuweichen, ist also, nicht den Affekt an die Stelle der Pflicht zu setzen, wie Schopenhauer das dann tun wird, sondern das Handeln aus Pflicht selbst als ein affektives zu verstehen. Die Neigung kann nicht als solche bestimmend sein, sondern nur, sofern sie bereits eine moralisch gebildete und insofern auch universalisierte Neigung ist. Es ist diese Möglichkeit, die Kant wegen seiner anthropologischen Voraussetzung einer unüberbrückbaren Trennung zwischen sinnlichem und höherem (»vernünftigem«) Begehrungsvermögen als Widerspruch erscheinen mußte.

Um diese Möglichkeit gleichwohl auszuloten, müssen wir uns verdeutlichen, was letztlich hinter den Intuitionen des Kant-Gegners steht, und das heißt erstens, warum wir das affektiv spontane moralische Handeln besonders schätzen, und zweitens, worauf die Kantische Auffassung hinausläuft, die wir jetzt nur als *eine* Auslegung dessen ansehen dürfen, was sich ihm in seinem analytischen Schritt ergeben hat.

Was die zeitgenössischen Kritiker an der Kantischen Auffassung bemängelt haben, insbesondere Schiller und dann auch der junge Hegel, ist, daß Kant die menschliche Natur in zwei Teile auseinandergerissen habe, und das ist nicht nur ein philosophisches Problem, sondern bedeutet moralisch gesehen, daß es nicht mehr der ganze Mensch ist, der moralisch handelt. Wenn ich nur so handle, weil es mir geboten ist, bin es dann überhaupt noch ich, dieses affektive Wesen, der handelt?

Man kann nun aber in der Skepsis an der Kantischen Auffassung noch weitergehen. Wenn wir Humes These beherzigen, daß überhaupt nur Gefühle (also Neigungen) handlungsbestimmend sein können, dann würde sich Kants Annahme, daß das Gebot als affektfreies handlungsbestimmend sein kann, als Fiktion erweisen, und man müßte geltend machen, daß es überhaupt nur ein Affekt sein kann – wir könnten ihn als den spezifisch moralischen Affekt bezeichnen –, was uns ein handlungsbestimmendes Bewußtsein des Guten gibt. Um das an der Formulierung zu explizieren, die ich in der vorigen Vorlesung für den kategorischen Imperativ gegeben habe – Rücksicht auf beliebige andere nehmen bzw. einen Menschen zu achten, einfach weil er ein Mensch ist –, so wäre das eine Maxime, die wir entweder *affektiv empfinden* müssen, derart, daß wir uns nur wohlfühlen, wenn wir uns so verstehen, oder die anderenfalls für uns nichts wäre: *lack of moral sense* (*sense!*).

Von hier aus müßte uns jetzt Kants eigene Interpretation dessen, was es heißt, aus Pflicht handeln zu wollen, wenn ihm die affektive Basis entzogen wird, in eine eigentümlich schwerelose Sphäre zu entschwinden scheinen. Was gäbe der affektfrei verstandenen Pflicht noch eine motivationale Kraft? Und so ist es verständlich, daß z. B. die Psychoanalyse versucht hat, das so verstandene Sollen auf unbewußte Triebkräfte, die ihm ihre Schubkraft verleihen, zu hinterfragen. Kant gelingt es nur dadurch, solche Zweifel abzuschneiden, daß er die Pflicht motivational in der reinen Vernunft verankert. Der Schritt, den Kant an dieser Stelle im 1. Abschnitt mit seiner bestimmten Auslegung vollzieht, ist also letztlich nur einsichtig, wenn man sowohl die Begründung des Guten in der reinen Vernunft, die er im 2. Abschnitt vornimmt, als auch insbesondere die sogar ihm selbst fast halsbrecherisch erscheinende Gründung der Motivation des moralischen Willens in dieser selben reinen Vernunft, die er dann im 3. Abschnitt der *Grundlegung* vornehmen wird, schon mit im Auge hat. Ich kann das an dieser Stelle nur notieren. Kants Schritt ist in der Auslegung, die er ihm gibt, nicht inkonsistent, aber er ist erstens nicht zwingend, und wir können zweitens schon jetzt sehen, welche große Beweislasten Kant hier auf sich nimmt.

Der Altmeister der Kant entgegengesetzten Auffassung ist Aristoteles. Für Aristoteles kann nur der gut sein, der in seinen Affekten, Kantisch gesprochen also in seinen Neigungen, auf das Gute ausgerichtet ist. Diese moralische Neigung hat der Mensch nach Aristoteles nicht von Natur, aber auch nicht aus einer göttlichen Eingabe oder aus einer bloßen Vernunft, sondern er gewinnt sie in der Erziehung, in der Sozialisation.[4] Aristoteles muß freilich sagen »in der richtigen Erziehung«, und das scheint in einen Zirkel zu führen oder jedenfalls dem Individuum seine Autonomie zu nehmen. Man kann jedoch sagen: daß der Mensch ohne sozialisierende Hilfestellungen das moralisch Gute nicht erreichen kann, heißt nicht, daß er nun je nach Erziehung zu einem beliebigen Guten geführt werden kann, sondern es soll ja *sein* Gutes sein, und wenn er

4 Vgl. Nikomachische Ethik I 10 und II 1.

auf die richtige Weise erzogen ist, wird er in der Lage sein, selbst entscheiden zu können, ob er sich so verstehen will. So jedenfalls läßt sich die aristotelische Auffassung in die Frage »warum will ich zu einer Moral und gerade zu dieser Moral gehören?«, wie ich sie entwickelt habe, einbauen.

In gewisser Weise zwischen Aristoteles und Kant steht Schiller in der Auffassung, die er in seiner Abhandlung *Anmut und Würde* entwickelt hat. Schiller versteht sich als Kantianer und ist es auch in allen wesentlichen Annahmen, wie ihm sogar Kant selbst zugestanden hat.[5] Schillers Position könnte daher, wenn sie konsistent ist, zeigen, daß sogar dem Kantianer eine Option offen gestanden hat, die Kant nicht wahrgenommen hat. Im Gegensatz zu Hume und Aristoteles glaubt Schiller mit Kant, daß es eine reine praktische Vernunft gibt, die sowohl darüber entscheidet, was gut ist, als auch als Motiv für den guten Willen maßgebend ist. Daß also das Prinzip des guten Willens nicht nur nicht, was selbstverständlich ist, von den Neigungen vorgegeben sein kann, sondern daß es auch nicht, wie der Aristoteliker meint, als eine ausgezeichnete Neigung (Affektdisposition) verstanden werden kann, das alles gesteht Schiller Kant zu. Er sieht nur nicht ein, warum die Vernunft nicht unsere Affektivität so soll durchbilden können, daß, soweit möglich, »Vernunft und Sinnlichkeit – Pflicht und Neigung – zusammenstimmen«[6], so daß dann der Mensch »einig mit sich selbst ist« (87).

Man wird natürlich Schiller seinerseits fragen müssen, warum das so sein soll. Darauf lassen sich aus Schillers Text zwei mögliche Antworten geben. Entweder man nimmt an, für Schiller gebe es neben dem Moralprinzip ein zweites Gebot, nämlich das eben genannte: »einig mit sich selbst zu sein«, und es ist zweifellos dieses Prinzip, das dann von Hegel aufgegriffen worden ist. Aber man muß das nicht wie ein zweites Prinzip verstehen. Schiller schreibt: »So gewiß ich nämlich überzeugt bin . . ., daß der Anteil der Neigung an einer freien Handlung für die reine Pflichtmäßigkeit dieser Handlung

5 *Werke* VI, 23.
6 F. Schiller, *Werke* (hrsg. von L. Bellermann), Bd. 8.

nichts beweist, so glaube ich eben daraus folgern[7] zu können, daß die sittliche Vollkommenheit des Menschen gerade nur aus diesem Anteil seiner Neigung an seinem moralischen Handeln erhellen kann. Der Mensch nämlich ist nicht dazu bestimmt, einzelne sittliche Handlungen zu verrichten, sondern ein sittliches Wesen zu sein.« Diesem letzten Satz hätte natürlich Kant zugestimmt, aber für Schiller versteht sich dieser Satz vom vorigen her, und das heißt: es kommt darauf an, mit seinem ganzen affektiven Wesen moralisch zu sein. Es soll der Mensch, und nicht nur etwas in ihm, moralisch sein.

In dem Maße, in dem das Moralische (die »Vernunft«) die natürliche Affektivität durchdringt, wird der Mensch *spontan* moralisch handeln, und indem der Mensch »wie von selbst« moralisch handelt, bewirkt dieses freie Spiel der Kräfte den Eindruck von »Anmut«. Aber es gibt auch Situationen, in denen das Moralische unweigerlich Opfer von unserer natürlichen Affektivität fordert, insbesondere wo es unserem »Erhaltungstrieb« Abbruch tut. Es gibt also sinnliche Empfindungen, die mit dem Moralischen nicht nur nicht harmonieren können, sondern ihm entgegengesetzt bleiben müssen. Was der Mensch hier erreichen kann, ist nur Selbstbeherrschung (103), »Ruhe im Leiden« und das heißt »Würde«. »Wo also die sittliche Pflicht eine Handlung gebietet, die das Sinnliche notwendig leiden macht, da ist Ernst und kein Spiel, da würde uns die Leichtigkeit in der Ausübung vielmehr empören als befriedigen; da kann also nicht Anmut, sondern Würde der Ausdruck sein. Überhaupt gilt hier das Gesetz, daß der Mensch alles mit Anmut tun müsse, was er innerhalb seiner Menschheit verrichten kann, und alles mit Würde, welches zu verrichten er über seine Menschheit hinausgehen muß.« (107). Je nach den Möglichkeiten, die die verschiedenen Situationen hergeben, ist also entweder Anmut (Harmonie) oder Würde (Widerstreit) geboten; wie uns eine spielerische Haltung in einer Situation, die ihrem Sinn nach einen Widerstreit enthält, em-

---

7 Daß das »ebendaraus« folgt, stimmt natürlich nicht; die Begründung des Nachsatzes ist, daß der (affektiv bestimmte) *Mensch* pflichtmäßig handeln soll.

pören muß, so wirkt derjenige, der etwas Moralisches dort, wo es spontan möglich ist, mit Würde vollzieht, »lächerlich« oder »verächtlich«.

Schillers Maxime ist also: soviel Anmut wie möglich, soviel Würde wie nötig. Die Position erscheint überzeugend, weil die Handlung in beiden Fällen »aus Pflicht« geschieht, und das heißt: das bestimmende Motiv ist immer das Moralische, im Bereich der Würde ausschließlich wie bei Kant, im Bereich der Anmut nicht ausschließlich, aber doch so, daß die zusätzliche Motivation des Affekts nicht das Was, sondern nur das Wie bestimmt.

Was ist es nun genau, was wir durch Schiller gewonnen haben? Schiller hat in die Motivationsfrage eine Differenzierung eingeführt, die weder bei Kant noch bei Aristoteles vorhanden ist und die unabhängig davon richtig und wertvoll scheint, ob man das Moralprinzip selbst, wie Schiller mit Kant annimmt, jenseits der Affektivität meint ansiedeln zu müssen, oder ob man es mit Aristoteles seinerseits als einen ausgezeichneten Affekt versteht. Was Schiller gegenüber Aristoteles neu einbringt, ist, daß er klärt, wie sich der Mensch, wenn er moralisch gut ist, gegenüber der *Gesamtheit* seiner Affekte verhalten soll. Es ist diese Frage, aus der sich die Differenzierung in anmutig-moralisches und würdig-moralisches Verhalten ergibt. Auch der würdig moralisch Handelnde handelt, wie er handeln soll, spontan: für Kant, weil er eben von der Vernunft bestimmt ist; für Aristoteles (wenn er das Problem so gesehen hätte), weil der Teil seiner Affektivität, die seinen moralischen Charakter ausmacht, ihn bestimmt, auch wenn das impliziert, daß ein anderer Teil seiner Affektivität widerstrebt; und auch Schiller hätte sagen können, obwohl er es nicht tut, daß der würdig Handelnde, der letztlich von der Vernunft bestimmt ist, so zu handeln, zugleich von einem Teil seiner (von der Vernunft durchdrungenen) Affektivität so bestimmt ist.

Was von Kants Auffassung allemal erhalten bleibt und worin sich ebenso Schiller wie Aristoteles mit ihm einig sind, weil es zwingend zum Begriff des moralischen (»uneingeschränkt guten«) Handelns gehört, ist, daß nur dasjenige

Handeln als moralisch und also als gut zu bezeichnen ist, das ausschließlich aus der moralischen Motivation bestimmt ist, wie immer man meint (nur darin unterscheiden sich die drei Philosophen), daß sich die moralische Motivation zur Affektivität und zur Totalität der Affekte verhält.

Nun ist freilich die Rede von »der moralischen Motivation« immer noch mehrdeutig, und hier stoßen wir auf eine weitere Reihe von Fragen, die in diesem Zusammenhang beirren können. Es ist offenbar zweierlei, moralisch zu handeln, weil man gut sein will (I), oder weil das Gute das ist, was man will (oder am meisten will) (II). Hier besteht keine Differenz zwischen Aristoteles und Kant. Für beide hat nur derjenige einen guten Willen, der unmittelbar das Gute will. Ein solcher versteht sich zwar so (als ein das Gute Wollender), aber das *zeigt* sich lediglich in seinem Handeln, und das ist nicht das, was er *will*. Das Handeln, das das Motiv hat, ein Guter zu sein (I), steht dem Handeln nahe, das das Motiv hat, sich als ein Guter zu zeigen (III), und das ist das, was man als Pharisäismus bezeichnet. Nur die Motivation des Handelns, das geradezu das Gute als Motiv hat (II), läßt sich auch äquivalent so umformulieren, daß man den bestimmten Gehalt, der in der Konzeption des Guten liegt, als Motiv nennt, so daß zum Beispiel, in dem besonderen Fall, daß es sich um die Moral des kategorischen Imperativs handelt, man auch einfach sagen kann: er handelt so aus Achtung für den Menschen. Es ist instruktiv sich klar zu machen, daß diese Umformulierung im anderen Fall (I) nicht möglich ist. Man könnte nicht sagen »er handelt so, weil er ein solcher sein will, der aus Achtung für den Menschen handelt«, denn mit dem »aus« wird ja das Motiv genannt; man kann aber nicht das Motiv (A) haben, jemand zu sein, der aus einem bestimmten anderen Motiv (B) handelt, außer in einem Selbsterziehungsprozeß, in dem man sich als solcher ausbilden will (A), der aus dem Motiv B handeln *wird*, und das ist natürlich eine sinnvolle Möglichkeit. Sonst könnte man nur das Motiv A haben, jemand zu sein, der so handelt *wie* jemand, der aus dem anderen Motiv B handelt.

Kants Insistenz, daß nur der moralisch handelt, der aus Pflicht handelt, könnte leicht so erscheinen, als ob er die moralische Motivation im Sinn von (1) verstehe. Aber das wäre ein völliges Mißverständnis. Nicht derjenige handelt nach Kant moralisch, der aus Pflicht handeln will, sondern nur derjenige, der aus Pflicht handelt. (In der Terminologie, die Kant nachher verwenden wird, ist nur derjenige gut, für den die Vernunft bzw. das Gesetz unmittelbar den Bestimmungsgrund seines Handelns abgibt.)

So wie ich selbst den Begriff der Moral dargestellt habe, ergibt sich noch eine weitere Komplikation. Wir haben gesehen, daß das Gute etwas ist, was seinem Begriff nach wechselseitig gefordert wird, und daß diese Forderung – die praktische Notwendigkeit – durch die innere Sanktion von Empörung und Scham abgestützt wird. Das konnte von Kant nicht gesehen werden, weil er den Begriff des Sollens – der praktischen Notwendigkeit – ungeklärt ließ. Aber handle ich mir, so könnten Sie mir entgegenhalten, durch diese Auffassung nicht eine zusätzliche Komplikation ein? Denn jetzt entsteht eine weitere Gabelung in der möglichen Motivation: handelt der moralisch Handelnde so, wie er handelt, weil das gut ist, oder um die innere Sanktion zu vermeiden? Ich finde es schwer, diese Frage zu entscheiden. Auch für Aristoteles erweist sich jemand dadurch als moralisch motiviert, daß er der moralischen Scham fähig ist. Andererseits könnte man sagen: nur derjenige handelt eigentlich gut, der nur so handelt, weil es gut ist (bzw., im speziellen Fall der Moral des kategorischen Imperativs, weil er die Menschen achtet), ohne daß die mögliche Sanktion eine Rolle spielt. Beachten Sie andererseits, daß ja die Sanktion eine innere ist, daß sie also nur für denjenigen wirksam ist, für den so zu handeln schlecht ist, der also nicht so zu handeln in seine Identität aufgenommen hat.

Ich muß zugeben, daß die Problematik, wie ich sie sehe, eine zusätzliche Komplikation enthält, aber das liegt an der Sache selbst: wir können sie nicht einfacher machen als sie ist. Adam Smith hat mit Recht darauf hingewiesen, daß der Gute nicht so handelt, wie er handelt, weil er andernfalls getadelt würde und auf Empörung stieße – der faktische Tadel und die faktische Empörung spielen für den Guten keine Rolle –, wohl aber gehört zur moralischen Motivation, daß er selbst sein

Handeln anderenfalls für *tadelnswert* und *empörend* hält.[8]
Aber selbst wenn uns dasjenige moralische Handeln als das
reinste erscheint, bei dem für den Betreffenden die innere
Sanktion keine Rolle spielt, wenn er also einfach um des Guten
will und also etwa nur aus Achtung für die anderen so handelt,
gehört die innere Sanktion doch zum Begriff des moralisch
Guten; es ist im Gegensatz zu den anderen Formen des attributiv Guten (ein guter Sänger usw.) einfach nicht möglich,
dieses ausgezeichnete attributiv Gute (ein guter Mensch) anders zu definieren als unter Einbeziehung der wechselseitigen
Forderungen. Im übrigen entspricht dieses Ergebnis wahrscheinlich der psychologischen Wirklichkeit: es erscheint
kaum möglich, die beiden Motivationen zu trennen. Halte ich
mein Versprechen, weil ich die Person achte, oder weil ich
mich anderenfalls schämen oder verachten würde? Man
könnte sagen, beides ist so gut wie identisch.

Nach diesem langen Exkurs zur moralischen Motivation
(die natürlich zu unterscheiden ist von der Motivation *zur*
Moral) können wir in der Interpretation des Kantischen Textes
fortfahren. In Abschnitt 14 stellt Kant den 2. Satz auf, der seiner Meinung nach analytisch aus dem grundlegenden ersten
Satz des 1. Abschnittes folgt. Das ist der entscheidende Schritt
des ganzen 1. Abschnittes. Der Satz lautet: »Eine Handlung
aus Pflicht hat ihren moralischen Wert nicht in der Absicht,
welche dadurch erreicht werden soll, sondern in der Maxime,
nach der sie beschlossen wird, hängt also nicht von der Wirklichkeit des Gegenstandes der Handlung ab, sondern bloß von
dem Prinzip des Wollens, nach welchem die Handlung unangesehen aller Gegenstände des Begehrungsvermögens geschehen ist« (399 f.).

Wenn Kant hier sagt »nicht in der Absicht«, so ist mit »Absicht« natürlich das Beabsichtigte gemeint, der Zweck. Nun
könnte man meinen, daß alles Handeln zweckbezogen ist (und
Kant wird das später sogar selbst zugeben, 427). Der Grund,
warum Kant das hier für das moralische Handeln leugnen
muß, ist etwas, was er nicht ganz explizit macht, aber in der

8 Vgl. meine 16. Vorlesung.

Tat logisch zwingend aus dem grundlegenden ersten Satz des 1. Abschnittes zu folgen scheint. Ist nämlich der Wille selbst das einzige, was »uneingeschränkt gut« sein kann, dann kann, ob er gut ist oder nicht, nicht davon abhängig sein, daß er einen bestimmten Zweck realisiert, denn dann müßte dieser Zweck – der »Gegenstand der Handlung« – in einem vorgängigen – und dann allemal auch »uneingeschränkten« – Sinn gut sein, und das widerspräche dem Satz, daß es nichts geben kann, was uneingeschränkt gut ist, »als allein ein guter Wille«.

Das ist auch der Grund, warum Kant in diesem Satz den Begriff der *Maxime* einführen muß. Um diesen Begriff ist in der Literatur viel gerätselt worden, aber weder seine Bedeutung ist schwer zu verstehen noch die Notwendigkeit seiner Einführung an dieser Stelle. Sowohl in einer Anmerkung zu Absatz 15, die eigentlich schon an dieser Stelle stehen müßte, als auch in einer entsprechenden Anmerkung im 2. Abschnitt (421) erklärt Kant, daß er unter Maxime die Regel versteht, die das Wollen (oder Handeln) bestimmt. Wenn es möglich sein soll, daß das Wollen nicht durch einen Zweck bestimmt ist, scheint die einzige Alternative zu sein, daß es durch eine Regel bestimmt ist, und wenn die Regel die des kategorischen Imperativs ist, wird das auch sehr gut verständlich. Soll man dann sagen: manchmal wird der Wille durch Zwecke bestimmt und manchmal durch eine Regel, und das wäre dann die des kategorischen Imperativs? Aber Kant stellt nun dem Leser der *Grundlegung alles* Handeln so vor, daß es nach Regeln erfolge. Dabei wird als Beispiel etwa genannt: ich mache es mir zur Maxime, mich durch ein unwahres Versprechen aus einer Verlegenheit zu ziehen (402 f.). Auch das unmoralische Handeln, offenbar alles Handeln überhaupt, soll jetzt unter Maximen stehen. Das kann den Leser zunächst verwirren. Er wird sich fragen, wie denn die Beziehung des Wollens auf Zwecke zu seiner Beziehung auf Maximen stehe.

Erst in der späten Abhandlung *Die Religion innerhalb der Grenzen der bloßen Vernunft* hat Kant den Sachverhalt geklärt. Hier sagt er: »die Freiheit der Willkür ist von der ganz eigentümlichen Beschaffenheit, daß sie durch keine Triebfeder zu einer Handlung bestimmt werden kann, als nur sofern der Mensch sie in seine Maxime aufgenommen hat (es sich zur allgemeinen Regel gemacht hat, nach der er sich verhalten will).«[9] Das heißt: auch wer sich von irgendwelchen Zwecken (Absichten) bestimmen läßt und das heißt davon, daß *er* gerade *das* jetzt will, läßt sich damit doch vorweg von der allgemeinen Regel bestimmen, immer gerade das zu wollen, was er gerade will und d. h. von der Maxime der »Selbstliebe«[10] (des Egoismus). Kant ist also durch die besondere Schwierigkeit, die sich ihm zunächst nur dadurch ergeben hat, daß der *moralische* Wille nicht primär durch einen Zweck bestimmt werden kann, zu einem neuen Verständnis der »ganz eigentümlichen Beschaffenheit« des menschlichen Wollens vorgestoßen, daß alles menschliche Wollen, noch bevor es irgendwelche bestimmte Zwecke will, und diesem jeweiligen Wollen zugrunde liegend, sich immer schon zu der einen oder anderen Grundmaxime entschieden hat, wobei diese Grundmaximen für Kant nur zwei sein können: die der Moral und die der Selbstliebe. Kant zeigt daher in der Religionsabhandlung auch, daß ebenfalls das Handeln aus Pflicht, obwohl es sich nicht durch einen Zweck bestimmen läßt (den seinerseits die Neigung bestimmt), stets auf Zwecke bezogen ist, »denn ohne alle Zweckbeziehung kann gar keine Willensbestimmung im Menschen stattfinden«.[11]

Damit ist der Zusammenhang zwischen der Art, wie der Wille sich auf Maximen und wie er sich auf Zwecke bezieht, geklärt. Daß alles Wollen überhaupt vor allem Wollen von dem oder jenem ein Wollen ist, wie ich mich selbst verstehen will, scheint mir eine der tiefsten Einsichten der Kantischen Moralphilosophie zu sein. Man kann es dabei dahingestellt sein lassen, ob man die Grundmaxime der »Selbstliebe« immer als eine Entscheidung *gegen* die Moral verstehen soll, wie Kant es tut.[12] Wenn man die Möglichkeit des *lack of moral sense* zu-

9 *Werke* VI, 23 f.
10 A. a. O., 36.
11 A. a. O., 4.
12 Vgl. das ganze 1. Stück der Religionsabhandlung.

läßt, kann man es so nicht sehen, aber Kants These, daß es nur diese zwei Grundmaximen geben kann, wie man sein Leben verstehen will, scheint mir einen hohen Grad an Plausibilität zu haben.

Kehren wir zur These des Absatzes 14 zurück! In der angelsächsischen Ethik der letzten Jahrzehnte war es üblich, moderne Moralsysteme, die von einem einheitlichen Prinzip ausgehen, in deontologische und teleologische zu unterscheiden.[13] Unter einem teleologischen Moralsystem (von Griech. *télos*, Zweck) versteht man ein solches, das eine Handlung genau dann gut oder richtig nennt, wenn es einen bestimmten Zweck fördert. Das setzt voraus, daß der Zweck seinerseits als das einzig uneingeschränkt Gute angesehen wird (weswegen man dann die gute Handlung, um Zweideutigkeiten zu vermeiden, richtig und nicht gut nennt). Der Prototyp eines solchen Moralsystems ist der Utilitarismus. Unter einem deontologischen Moralsystem (von Griech. *déon*, Pflicht) versteht man eine Ethik, die die Güte des Willens nicht von einer vorausgesetzten Bewertung eines Zwecks abhängig macht. Als Prototyp eines solchen Systems wird daher allgemein das Kantische angesehen, und es ist der Absastz 14, in dem Kant genau dieses Konzept statuiert. Die Position, die Kant hier vertritt, kann man auch als seinen eigentümlichen *Formalismus* bezeichnen. Kant selbst sagt: wenn das Prinzip des guten Willens nicht in seiner Absicht liegt, kann er nur »durch das formelle Prinzip des Wollens überhaupt bestimmt werden« (400).

Auch in dieser Hinsicht könnte Kants Position zunächst als abstoßend wirken, während ein teleologisches Prinzip als das natürlichere erscheinen mag. Was mag einleuchtender erscheinen, als daß eine Handlung in dem Maße gut (richtig) ist, in dem sie Schaden vermeidet und Gutes befördert? Aber Gutes für wen? Diese Frage legt sich bei der teleologischen Auffassung sofort nahe. Haben wir diese so zu verstehen, daß das moralisch Gute auf ein relativ Gutes reduziert wird oder daß das unbedingt Gute nunmehr auf eine neue Weise definiert wird? Der Utilitarismus tut beides: der Zweck, an dem mora-

---

13 Vgl. z. B. W. Frankena, *Ethics* (dt. *Analytische Ethik*), 2. Kapitel.

lisches Wollen gemessen werden soll, ist erstens das, was *für* die meisten das Beste ist, und so soll nun zweitens das absolut Gute definiert werden. Aber inwiefern sind nicht beide diese Schritte arbiträr? Ich will die vieldiskutierte Frage, ob das mit der Art, wie wir einzelne Handlungen als gut oder schlecht beurteilen, zusammenstimmen kann[14], beiseite lassen und nur fragen, wie Kant sich zu diesem Vorschlag (denn ist es etwas anderes als ein Vorschlag?) gestellt hätte. Kant hätte natürlich gesagt: wenn jemand irgendeinen Weltzustand als gut bezeichnet, kann das gar keinen anderen Sinn haben, als daß er sich das zum Zweck macht, d. h. daß seine Neigung dahingeht, daß er verwirklicht wird. Wer utilitaristisch urteilt, sagt also einfach, daß es gut für ihn ist, wenn es allen besser geht. Dieses Argument – und ich sehe nicht, was man dagegen einwenden will – besagt, daß die utilitaristische Konzeption strukturell mit Moral nichts zu tun hat, auch wenn sie als solche deklariert wird und in ihren Ergebnissen zum Teil mit unseren moralischen Intuitionen übereinstimmt.

Gegen den Deontologismus seinerseits wird meist ins Feld geführt, daß er zu einem Regelfetischismus führe. Als Kronbeispiel dienen solche Pflichten, die bei Kant tatsächlich eine große Rolle spielen, wie die Pflicht, sein Versprechen zu halten. Kants Position scheint darauf hinauszulaufen, daß, wer einem anderen ein Versprechen gegeben hat, dieses Versprechen nicht aus Rücksicht auf die andere Person halten soll, sondern nur um der Regel willen. Aber bei einer solchen Orientierung an einzelnen Regeln kann man nicht zum Kern der Kontroverse kommen. Kants Position läuft, recht verstanden, auf die Maxime des Altruismus heraus. Diese Maxime besagt: berücksichtige die Interessen der anderen, achte die Rechte eines jeden. Hält man sich also nicht an einzelne Regeln, sondern an das Moralprinzip als solches – was Kant gleich im nächsten Absatz auch »das Gesetz« nennt –, so wird deutlich, daß die Maxime, wie wir eben an Hand der Reli-

---

14 Vgl. z. B. B. Williams, »A critique of utilitarianism«, in: J. J. C. Smart und B. Williams, *Utilitarianism for and against,* Cambridge 1973.

gionsabhandlung gesehen haben, durchaus zweckbezogen ist. Kant wird das dann so aufnehmen, daß er sagt, das Moralprinzip schreibe vor, jeden Menschen als Zweck an sich zu behandeln, eine Formulierung, die wir freilich an ihrer Stelle noch werden klären müssen.

So gesehen entfällt also der scheinbare Gegensatz zwischen Regelbezug und Bezogenheit auf die betroffenen Menschen, und der Regelbezug, der sogenannte Formalismus, sichert lediglich den durchaus erforderlichen Universalismus. Man muß also nach meiner Meinung Kant darin recht geben, daß sein »zweiter Satz« aus dem Ausgangssatz des 1. Abschnittes analytisch folgt und daß ein teleologisches Moralkonzept zu verwerfen ist. Dies zugestanden, müssen wir nun aber beachten, daß die Art, wie Kant seine Alternative zum teleologischen Konzept glaubt aus dem Begriff des Wollens entwickeln zu können, nicht einleuchten kann, ja nicht einmal verständlich ist. Der Wert der moralischen Handlung, so lautet Kants Versuch, seiner prinzipiellen Einsicht einen inhaltlichen Sinn zu geben, könne nur »durch das formelle Prinzip des Wollens überhaupt bestimmt werden«. Es ist aber durchaus nicht zu sehen, inwiefern »das Wollen überhaupt« ein »formelles Prinzip« hat. Was Kant hier vornimmt, ist gewiß höchst ingeniös, denn dieser Vorschlag scheint das einzige zu sein, was ohne Zusatzprämissen aus dem Ausgangssatz des 1. Abschnittes folgen kann, aber das Ergebnis ist leer.

Wir stehen hier vor einem Schritt in Kants Gedankengang, der in seinem methodologischen Stellenwert genau zu beachten ist. Ich vermute, daß Kant selbst zugegeben hätte, daß der Schritt, wie er hier vollzogen wurde, in sich noch nicht einsichtig ist, denn sonst hätte er den 2. Abschnitt der *Grundlegung* nicht schreiben müssen. Erst der Vernunftbegriff, den Kant hier noch gänzlich zurückstellt, weil er im gewöhnlichen Moralverständnis gar nicht enthalten ist, wird es Kant erlauben, von einem formellen Prinzip zu sprechen; es wird das des *vernünftigen Willens* sein, nicht das des Willens überhaupt. Daß die vorgebliche Ableitung des kategorischen Imperativs im 1. Abschnitt, wie sie auf der Grundlage des Absatzes 14 durchgeführt wird, nicht erfolgreich ist, ist also noch kein entscheidendes Argument. Kant hätte selbst sagen können, an dieser Stelle konnte er nur antizipieren. Um so gespannter müssen wir sein, ob die dann allein entscheidende Begründung im 2. Abschnitt einleuchten wird. Alles Gewicht liegt jetzt auf dem Vernunftbegriff.

Unter diesem Vorbehalt können wir zum »dritten Satz« fortschreiten, den Kant in Absatz 15 aufstellt. Er lautet: »Pflicht ist Notwendigkeit einer Handlung aus Achtung fürs Gesetz« (400). Während die beiden ersten Sätze jeweils analytisch aus dem ersten Satz des 1. Abschnittes folgten, ergibt sich der dritte Satz wieder analytisch, aber nunmehr »als Folgerung aus (den) beiden vorigen«. Das ist auch leicht zu sehen. Der erste Satz besagte: eine Handlung ist moralisch gut nur, wenn sie durch die Pflicht (das Gebotene, als das praktisch Notwendige) selbst motiviert wird. Diese reine Motivation durch das Moralische selbst wird jetzt im Begriff der Achtung aufgenommen. Der zweite Satz besagte: das Moralische besteht ausschließlich »im Prinzip des Willens«. Dieses »formelle Prinzip« wird jetzt im Ausdruck »Gesetz« aufgenommen. Moralisch ist also ein Handeln dann und nur dann, wenn es »aus Achtung fürs Gesetz« geschieht. Kants Anspruch, daß der dritte Satz eigentlich nichts Neues bringt, sondern nur die beiden vorigen verbindet, besteht also zu Recht. Zum besseren Verständnis des dritten Satzes ist nur noch darauf hinzuweisen, daß Kant Pflicht hier nicht quasi gegenständlich als das Gebotene versteht, sondern quasi subjektiv als die Handlung aus Pflicht. Auf den schwierigen Begriff der Achtung, den Kant ungewöhnlicherweise nicht primär auf Personen, sondern auf das Gesetz selbst bezieht, was er in der tiefsinnigen 2. Anmerkung zu S. 402 erläutert, brauche ich in unserem Kontext nicht weiter einzugehen. Es genügt, das Wort als Chiffre für die moralische Motivation zu sehen.

In Absatz 17 kommt der Gedankengang des 1. Abschnittes zum Abschluß. Kant glaubt schon jetzt zeigen zu können, daß das Bisherige – und es ist im Wesentlichen die in Absatz 14 eingeführte Rede von einem formalen Prinzip (einem Gesetz, wie in 15 ergänzt wird) des Willens als solchen – genügt, um den kategorischen Imperativ als den Inhalt des Moralischen erweisen zu können. Da, auf Grund von Absatz 14, »nichts als die allgemeine Gesetzmäßigkeit der Handlungen überhaupt übrig« geblieben sei, könne das moralische Gebot nur lauten, »daß ich auch wollen könne, meine Maxime solle ein allgemeines Gesetz werden« (402).

Wäre dieser Schluß gültig, so wäre es Kant gelungen, aus der bloßen, aus dem normalen Moralverständnis entnommenen Prämisse, daß der Wille das einzige sei, was uneingeschränkt gut sein könne, den kategorischen Imperativ abzuleiten. Aber natürlich ist der Schluß nicht gültig. Erstens wissen wir gar nicht, was die Rede des Absatzes 14 von einem »formellen Prinzip des Wollens« überhaupt besagen soll, so daß wir nicht beurteilen können, mit welchem Recht dies jetzt in der Rede von einer »allgemeinen Gesetzmäßigkeit der Handlungen überhaupt« aufgenommen werden könne, und dieser Ausdruck ist an und für sich ebenfalls sei es unverständlich sei es vieldeutig. Und vollends arbiträr erscheint der Schritt von da zu dem viel spezifischeren Ausdruck »daß ich auch wollen könne, meine Maxime solle ein allgemeines Gesetz werden.« Doch wir dürfen die Argumentation hier nicht auf die Goldwaage legen. Wir können sie als bloße Antizipation eines Arguments ansehen, das Kant glaubte nur mit Hilfe des Begriffs der praktischen Vernunft im 2. Abschnitt vorführen zu können.

Der 2. Abschnitt von Kants *Grundlegung zur Metaphysik der Sitten*

Man kann den 1. Abschnitt der *Grundlegung* als einen genialen Versuch ansehen, aus einem zentralen Aspekt des gewöhnlichen Moralverständnisses den kategorischen Imperativ vielleicht nicht abzuleiten, aber nahezulegen. Daß eine Ableitung auf dieser Grundlage unmöglich ist, ergibt sich schon daraus, daß der Aspekt des gewöhnlichen Moralverständnisses, von dem Kant ausgegangen ist, ein Grundzug von einer Moral überhaupt ist und aus ihm schon deswegen das spezifische Moralkonzept des kategorischen Imperativs nicht abgeleitet werden konnte. Freilich bestand für Kant die von mir herausgestellte Differenz zwischen einem Moralverständnis überhaupt und dem, was er als das gewöhnliche Moralverständnis unterstellt und schon ein bestimmtes Moralkonzept ist, nicht. Aber Kant war sich dessen bewußt, daß er das Moralkonzept des kategorischen Imperativs, wenn es überhaupt absolut begründbar sein sollte, nur mit Hilfe seines Begriffs einer reinen praktischen Vernunft begründen könne. Deswegen beginnt der substantielle Teil des 2. Abschnitts der *Grundlegung* (vorausgegangen war ein langer Exkurs darüber, daß die Moral ihren Grund nicht empirisch und folglich (!) nur a priori haben könne, vgl. oben S. 94 f.) mit dem Plan, »das praktische Vernunftvermögen von seinen allgemeinen Bestimmungsregeln an bis dahin, wo aus ihm der Begriff der Pflicht entspringt, verfolgen und deutlich darstellen« zu wollen (412). Die Methode ist jetzt also die synthetische: der Begriff der Pflicht wird nicht mehr vorausgesetzt oder aus vorhandenen Intuitionen analytisch abgeleitet, sondern er soll sich *ergeben*, wenn man nur das praktische Vernunftvermögen ausreichend untersucht.

Was Kant unter praktischem Vernunftvermögen versteht, ist begrifflich nicht ganz eindeutig, obwohl die Art, wie er Sätze der praktischen Vernunft verstanden wissen will, durchaus eindeutig ist. Kant geht von einer etwas schwierigen Satzfolge aus, die genau verstanden werden muß (412): »Ein jedes Ding der Natur wirkt nach Gesetzen. Nur ein vernünftiges Wesen hat das Vermögen, *nach der Vorstellung* der Gesetze, d. i. nach Prinzipien zu handeln, oder einen *Willen*. Da zur Ableitung der Handlungen von Gesetzen Vernunft erfordert wird, so ist der Wille nichts anderes als praktische Vernunft.«

Es ist nicht schwerwiegend, daß Kant die im letzten Satz ausgesprochene Gleichsetzung von Wille und praktischer Vernunft nicht durchhält. Faktisch verwendet er in der *Grundlegung* den Ausdruck »Wille« in einer Zweideutigkeit, die er später in der *Metaphysik der Sitten* so aufgelöst hat, daß er den Ausdruck »Wille« für diese Idee der praktischen Vernunft und d. h. für den bereits von Vernunft bestimmten Willen reserviert und den Ausdruck »Willkür« im gewöhnlichen Sinn des Wollens verwendet, das sowohl vernünftig sein kann als auch nicht.[1]

Schwieriger ist es, genau zu verstehen, was Kant meint, wenn er sagt, vernünftige Wesen können »nach der Vorstellung der Gesetze handeln«. Das klingt so, als seien es dieselben Gesetze und in derselben Formulierung, die vom theoretischen Verstand in der Natur festgestellt und »nach deren Vorstellung« dann vernünftig gehandelt werden kann. Das ist schon deswegen ausgeschlossen, weil dann der kategorische Imperativ, der kein Äquivalent in einem Naturgesetz hat, kein Fall eines praktischen Prinzips wäre, was jedoch, wie sich im folgenden zeigt, eindeutig gemeint ist.

Es sind die sogenannten hypothetischen Imperative, denen jeweils ein Naturgesetz entspricht, aber nie in derselben Formulierung. Die Naturgesetze haben in ihrer einfachsten Gestalt die Form »Immer wenn x, dann y«, z. B. »immer wenn ein Stein (einer bestimmten Größe) auf eine Glasscheibe (von einer bestimmten Art) (mit einer bestimmten Geschwindigkeit, usw.) aufprallt (x), zerbricht die Scheibe (y)«. Erst auf Grund einer Umformung ergibt sich daraus das praktische Prinzip eines hypothetischen Imperativs »wenn du die Scheibe

1 *Werke* VI, 226.

zerbrechen (y) willst, wirf einen Stein (dieser Art usw.) gegen sie (x)«. Aus dem theoretischen Satz »Immer wenn x, dann y« ergibt sich also der praktische Satz »Immer wenn du y willst, tu x«. Die Gesetze, nach »deren Vorstellung« gehandelt werden kann, sind also nicht einmal bei den hypothetischen Imperativen Naturgesetze, gründen sich aber auf solche. Im folgenden Absatz bezeichnet Kant diese praktischen Prinzipien als Vernunftgebote und ihre »Formeln« – also den sprachlichen Ausdruck – als Imperative. Unter »Imperativen« wie unter »Geboten« versteht also Kant ausschließlich solche, die auf Vernunft gründen. An den weiteren Begriff des grammatischen Imperativs oder an soziale Gebote ist natürlich nicht gedacht.

Was heißt es nun aber, daß diese Regeln – sie entsprechen denjenigen, die ich in der 2. Vorlesung als Vernunftregeln bezeichnet habe – »Vernunftgebote« sind? Im 3. Absatz dieser Reihe sagt Kant: diese Gebote »sagen, daß etwas zu tun oder zu unterlassen gut sein würde« (413), und in der Tat: wir können die Formel »Wenn du y willst, tu x« immer auch so umformulieren: »Wenn du y willst, ist es gut x zu tun«. (Wir können hier mit Kant von der Komplikation absehen, daß es meist mehrere Mittel gibt, y zu erreichen, daher dann auch die Formulierung »das Beste« statt »gut« vorkommt.)

Kant schreibt nun an dieser Stelle weiter: »Praktisch *gut* ist aber, was vermittelst der Vorstellungen der Vernunft, mithin nicht aus subjektiven Ursachen, sondern objektiv, d.i. aus Gründen, die für jedes vernünftige Wesen als ein solches gültig sind, den Willen bestimmt« (413). Hingegen hatte Kant am Anfang dieses ganzen Textstückes nahegelegt, daß diese Gesetze deswegen Vernunftgesetze heißen, weil »zur Ableitung der Handlungen von Gesetzen Vernunft erfordert wird« (412). Um nachher Kants Vorschlag, worin der Inhalt des kategorischen Imperativs besteht, beurteilen zu können, ist es wichtig, sich den Unterschied zwischen diesen zwei Erklärungen klarzumachen.

Damit hängt natürlich die Frage zusammen, was überhaupt unter »Vernunft« und »praktischer Vernunft« zu verstehen ist. Kants übliche Charakterisierung der Vernunft ist, daß sie das

Vermögen zu schließen sei, und dieser Auffassung entspricht die zuletzt zitierte Erklärung, die praktischen Regeln seien Vernunftgesetze, weil wir nur durch Vernunft aus ihnen Handlungen »ableiten« können. Charakteristisch für die Vernunft wäre dann, daß sie sich auf allgemeine Sätze und ihre Implikationen bezieht. Aber es gibt einen allgemeineren Begriff von Vernunft, demzufolge sie das Vermögen zur Begründung sei *(rationem reddere)*. Dieser Begriff ist allgemeiner, weil die Begründung eines Satzes (oder einer Handlung) durch andere Sätze und d. h. durch einen Schluß nur eine Form der Begründung ist, die überdies eine relative ist. Es ist nun die zweite, allgemeinere und im gewöhnlichen Sprachgebrauch auch geläufigere Bedeutung von Vernunft (vergleiche insbesondere die entsprechenden Worte in anderen Sprachen: *reason, raison*), die Kant in dem Satz, in dem er das Wort »gut« erklärt, zugrunde legt.

Es spricht nun viel dafür, die Rede von vernünftiger oder rationaler Regel in *diesem* Sinn zu verstehen. Denn worauf es bei einer solchen Regel ankommt, ist, daß sie ein bestimmtes Handeln objektiv begründet, wie Kant hier sagt, und nicht, daß sie nur überhaupt eine Regel ist, aus der einzelne Handlungen abgeleitet werden können. Vernunft in diesem letzteren Sinn würde man auch brauchen um eine Regel wie »immer wenn gepfiffen wird, ist das Gewehr in Anschlag zu bringen« konkret anzuwenden, obwohl wir hier eben nicht sagen könnten, daß es eine Vernunftregel ist, und zwar eben deswegen nicht, weil sie nicht objektiv begründet ist. Ferner macht es auch nur diese weitere Bedeutung von Vernunft verständlich, warum wir nicht erst den Akt der Anwendung, sondern das Gesetz selbst vernünftig nennen. Wir werden jedoch sehen, daß Kant selbst bei der Frage, wie der kategorische Imperativ zu verstehen ist, sich an der anderen Bedeutung orientiert hat.

Bevor sich Kant nun der Frage, worin ein kategorischer Imperativ inhaltlich bestehen kann, zuwendet, muß er zunächst sagen, was unter einem solchen überhaupt zu verstehen ist. Das ist jetzt leicht verständlich, nachdem die Formel eingeführt wurde »wenn du y willst, tu x« = »wenn du y willst, ist es gut (oder das Beste) x zu tun« bzw. (auf Grund des eben Ausgeführten) »wenn du y willst, ist es rational, x zu tun«. Kant nennt Imperative dieser Art hypothetische, weil x zu tun rational nur unter der *Voraussetzung* war, daß man y will. Das führt Kant auf S. 414 dazu, die Möglichkeit eines Vernunftimperativs ohne eine solche Voraussetzung ins Auge zu fassen. Dieser hätte also die Form »es ist gut x zu tun« = »es ist vernünftig, x zu tun«, Punkt und ohne Bedingung.

Es fällt natürlich leicht, die erste dieser zwei Formulierungen zu verstehen, denn genau diese Form haben ja unsere moralischen Urteile, nur habe ich zu zeigen versucht, daß dabei die Worte »gut« und »schlecht« einen ganz anderen Sinn haben als sie es bei Vernunftregeln haben (2. Vorlesung). Ich habe schon dort darauf hingewiesen, daß Kant genau dies nicht meint, und das bringt er hier zum Ausdruck, indem er einen Satz der Form »es ist gut x zu tun« im Sinn von »es ist vernünftig x zu tun« versteht.

Kant führt seinen Vorschlag hier vorsichtig im Konjunktiv ein, aber nur weil er es offenläßt, ob es einen Satz dieser Form geben wird. Für den Leser, der nicht schon mit Kant erzogen worden ist, stellt sich natürlich nicht erst die Frage, ob ein Inhalt für diese Satzform zu finden sein wird, sondern er wird fragen, inwiefern denn diese Satzform überhaupt einen Sinn haben kann. Wir stehen damit erneut vor der Frage, die ich schon in der 2. Vorlesung angesprochen habe. Kant statuiert hier, ohne andere Alternativen auch nur zu nennen, daß seine im ersten Satz des 1. Abschnitts der *Grundlegung* angesprochene Rede von einem »uneingeschränkt Guten« den Sinn von »rational geboten« hat, obwohl dagegen zu halten ist, daß diese Rede von einer Handlung, die an und für sich vernünftig sein soll, und nicht nur relativ zu etwas, gar keinen Sinn hat.

Wir stehen hier an der entscheidenden Stelle, an der Kant glaubt zeigen zu können, daß das uneingeschränkt Gute des Moralischen zu begründen und d. h. absolut zu begründen ist. Ich hatte schon in der 2. Vorlesung gesagt, daß wir uns hier möglichst tolerant verhalten und Kant die Chance einräumen müssen zu zeigen, daß er diesem Satz, der *anscheinend* sinnlos ist, einen Sinn verleihen kann. Kant selbst sieht die methodische Situation natürlich etwas anders: er meint, der Satz sei verständlich, und die Frage sei nur, ob man ihm einen bestimmten einsichtigen und dann natürlich auch zwingenden Inhalt geben könne.

Dieser Frage wendet sich Kant mehrere Seiten später zu und glaubt sie durch eine einfache Überlegung beantworten zu können (420 f.): »Denke ich mir ... einen kategorischen Imperativ, so weiß ich sofort, was er enthalte. Denn da der Imperativ außer dem Gesetze nur die Notwendigkeit der Maxime enthält, diesem Gesetze gemäß zu sein, das Gesetz aber keine Bedingung enthält, auf die es eingeschränkt war, so bleibt nichts als die Allgemeinheit eines Gesetzes überhaupt übrig, welchem die Maxime der Handlung gemäß sein soll ... Der kategorische Imperativ ist also ein einziger und zwar dieser: handle nur nach derjenigen Maxime, durch die du zugleich wollen kannst, daß sie ein allgemeines Gesetz werde.«

Kant gibt also hier eine inhaltlich identische Antwort, wie er sie schon in Absatz 17 des 1. Abschnittes gegeben hat (oben S. 130). Nur mußte er dort auf die an und für sich unverständliche Idee eines Gesetzes des »Wollens überhaupt« zurückgreifen, während er sich jetzt auf den Begriff eines praktischen Vernunftgesetzes stützen kann, dessen Sinn zumindest bei den hypothetischen Imperativen einwandfrei war. Nehmen wir nun einmal mit Kant an, daß ein solches Gesetz auch für den Fall eines kategorischen Imperativs – bei dem das Gesetz also »keine Bedingung enthält, auf die es eingeschränkt« ist – verständlich sei! Die Folgerung, die Kant im zweiten Satz des obigen Zitats zieht, daß, wenn die Bedingung (also der wenn-Satz) entfällt, nur »die Allgemeinheit eines Gesetzes überhaupt« übrigbleibe, ist dann gleichwohl eindeutig ein *non sequitur*. Denn es wäre, wenn solche nicht-hypothetischen Imperative überhaupt sinnvoll wären, selbstverständlich denkbar, daß sie verschiedene inhaltliche Gesetze darstellten, wie man sich leicht an der sinnvollen, angeblich äquivalenten Form der entsprechenden Wertsätze klarmachen kann: »so und so zu handeln (oder zu sein) ist gut«. Für eine Tugendethik ist es sogar selbstverständlich, daß es mehrere solcher Sätze gibt.

Also das Argument, das Kant tatsächlich gibt, ist gewiß

falsch. Wahrscheinlich spielte jedoch bei Kant die Vorstellung mit, daß gemäß der einen der vorhin genannten Bedeutungen von Vernunft – als Vermögen zu schließen – und des für ihn damit eng verknüpften Gedankens, daß die Vernunft das Vermögen der Prinzipien ist[2], aus der bloßen Vernünftigkeit sich so etwas wie »die bloße Gesetzmäßigkeit überhaupt« (402) ergibt. Dieser Ausdruck ist freilich an und für sich so unbestimmt, daß er alles und jedes bedeuten könnte und einen bestimmten Sinn erst in der Formulierung des kategorischen Imperativs selbst gewinnt, die Kant am Ende des obigen Zitats gibt, eine Formulierung, die also gewiß nicht aus dem vorausgegangenen Gedanken *folgt*.

Erinnern wir uns jetzt an die zwei Bedeutungen von »Vernunft«, die ich vorhin unterschieden habe (S. 133 f.). Kant scheint sich in seiner Begründung des kategorischen Imperativs an die *eine* Bedeutung zu halten. Da es aber doch um eine *Begründung* gehen soll, wäre es viel naheliegender gewesen, er hätte sich an die *andere* Bedeutung gehalten. Man hätte dann den kategorischen Imperativ etwa folgendermaßen begründen können: »Uneingeschränkt gut ist eine Handlung, wenn sie gegenüber jedermann zu begründen wäre, und das hieße: wenn ihr jedermann zustimmen könnte.« Eine solche Fassung des kategorischen Imperativs kommt Kants 3. Formel des kategorischen Imperativs sehr nahe, aber der Idee nach gehört der Gedanke, den kategorischen Imperativ in dieser Weise zu begründen (absolut begründet wäre, was gegenüber jedermann begründbar ist), in die Diskursethik. Kant selbst ist auf die Idee, den kategorischen Imperativ mittels eines solchen »kommunikativen« Vernunftbegriffs zu begründen, nicht gekommen, und wir werden bei der Erörterung der Diskursethik in der nächsten Vorlesung sehen, daß auch diese Idee undurchführbar ist.

Bleiben wir erst einmal bei Kant selbst, so können wir jetzt feststellen, daß sein Versuch, dem Gedanken eines kategorischen Imperativs im Sinne eines Imperativs aus reiner (nichtrelativer) Vernunft, der schon an und für sich nicht recht ver-

---

2 Vgl. *Kritik der reinen Vernunft* B 356.

ständlich war, einen bestimmten Inhalt zu geben, gescheitert ist, und gescheitert ist damit auch – von dem eben angedeuteten Hoffnungsschimmer der Diskursethik einmal abgesehen – Kants Gedanke, die Moral absolut (als eine Konsequenz der Idee einer reinen praktischen Vernunft) zu begründen.

Das heißt natürlich nicht, daß der kategorische Imperativ, wie Kant ihn in der sogenannten ersten Formel am Ende des zitierten Textes formuliert, keinen guten Sinn hat. Ich habe ja in der 5. Vorlesung zu zeigen versucht, daß er in der Tat den naheliegendsten Sinn darstellt, den man dem Begriff des moralisch Guten – der objektiven Vorzüglichkeit des Menschen als Kooperationswesen – geben kann. Nur begründen läßt er sich nicht so, wie Kant es sich dachte, und damit ist die eine Lücke, die ich bei meiner These, daß er sich überhaupt nicht begründen läßt, offenlassen mußte, nämlich diejenige, die sich auf den Vernunftbegriff bezog, geschlossen.

Auf eine bedeutsame Eigentümlichkeit in der Formulierung des kategorischen Imperativs muß ich noch hinweisen, die allemal nicht aus dem vorhergehenden Text abzuleiten ist. Kant sagt mit Recht, ich müsse *wollen können*, daß die Maxime, nach der ich handle, ein allgemeines Gesetz werde. Es ist natürlich klar, daß das Wollen, um das es sich hier handelt, das ganz gewöhnliche, noch vormoralische, das eigeninteressierte Wollen ist, denn moralisch ist ja erst das Wollen, sofern es sich durch den kategorischen Imperativ bestimmen läßt. Das Wollen, das innerhalb der Formulierung des Imperativs vorkommt, ist also noch nicht das moralische. Und der gemeinte Sachverhalt ist auch klar. Z. B. wollen wir nicht – auf Grund unseres Eigeninteresses –, daß uns andere ein Leid zufügen, und daraus folgt, daß wir nicht »wollen können«, daß die (z. B. von mir gerade befolgte oder erwogene) Maxime, einem anderen Leid zuzufügen, wann immer es mir paßt, »ein allgemeines Gesetz« werde, denn das hieße ja, daß mir dauernd alle, wann immer es ihnen paßt, Leid zufügen würden.

Kant war dieser erforderliche Rückbezug in dem angeblich rein apriorischen kategorischen Imperativ auf das empirische Wollen offenbar ein Dorn im Auge, weswegen er ihn in der *Kritik der praktischen* Vernunft sogar wegließ. Er formuliert den kategorischen Imperativ dort so: »Handle so, daß die Maxime deines Willens jederzeit zugleich als Prinzip einer allgemeinen Gesetzgebung gelten könne« (§ 7). In der *Grundlegung* ist er angemessener vorgegangen. Hier erklärt er, daß es manche Maximen gebe, z. B. sein Versprechen zu brechen, die als allgemeines Gesetz »nicht einmal ... *gedacht* werden« können, »weit gefehlt, daß man noch *wollen* könne, es sollte ein solches werden« (424). Aber bei anderen ist es durchaus möglich, sich zu denken, daß das allgemein geschehe (z. B. daß Menschen sich wechselseitig Schaden zufügen), aber »doch unmöglich, zu *wollen*«, daß es geschehe. Daß Kant auch in der *Grundlegung* meinte, daß denjenigen moralischen Geboten, die sich auf die Undenkbarkeit ihrer Universalisierung gründen, eine höhere Dignität eigne, muß damit zusammenhängen, daß in ihnen kein Rückbezug auf das eigeninteressierte empirische Wollen enthalten schien (denn daß die so begründeten Gebote die Klasse der sogenannten »vollkommenen« Pflichten definieren[3], war, wie wir noch sehen werden, ein Irrtum). Kants Formulierung »weit gefehlt, daß man noch wollen könne ...« ist bemerkenswert. Denn warum sollten wir nicht etwas Unrealisierbares wenigstens wollen (oder wünschen) können? Worauf, so wird man doch fragen müssen, kommt es bei der moralischen Bewertung sogar der ersten Klasse der unmoralischen Maximen eigentlich an: daß man ihre Universalisierung nicht denken kann oder daß man sie nicht wollen kann?

Darauf nun scheint uns Kant im nächsten Absatz eine Antwort zu geben, die eindeutig auf das Nichtwollenkönnen weist. Es ist die Stelle, auf die ich mich bereits in der 5. Vorlesung bezogen habe (S. 81). Kant sagt hier, daß wir – ohne Unterschied, um welche der beiden eben genannten Pflichtarten es sich handelt – »wirklich nicht wollen«, daß eine unmoralische Maxime allgemeines Gesetz werde. Und man kann nun, wie ich es schon in der 5. Vorlesung getan habe, sagen, daß Kant *hier* die wirkliche Grundlage des kategorischen Imperativs nennt, während die angebliche Ableitung aus einer reinen praktischen Vernunft eine fiktive Begründung war.

3 Vgl. die Anmerkung zu S. 422.

Diese wirkliche Grundlage besteht, wie ich schon sagte, darin, daß Kant eine Moral vorschlägt, die inhaltlich den Regeln des Kontraktualismus entspricht, aber sich von diesem darin unterscheidet, daß die Regeln nun um ihrer selbst bzw. der Betroffenen willen und universell befolgt werden, und dies hat seinerseits seine Basis erstens darin, daß wir alle den Kontraktualismus aus Selbstinteresse tatsächlich akzeptieren, und daß es zweitens naheliegt, daß, wenn wir uns auf eine »natürliche« Weise moralisch verstehen, wir uns auf ein Konzept des Gutseins hin verstehen, das so bestimmt ist. Daß der kategorische Imperativ es gleichwohl erlaubt, auch seine inhaltliche Basis über die kontraktualistischen Inhalte hinaus zu erweitern, werden wir später im Anschluß an Adam Smith sehen.[4]

Damit habe ich die eigentliche Auseinandersetzung mit Kants Ethik, die zur Abstützung meiner eigenen Auffassung erforderlich schien, zu Ende gebracht, und ich könnte die Kantinterpretation abschließen, wenn der weitere Gedankengang des 2. Abschnitts der *Grundlegung* nicht noch wichtige Gedanken enthielte, manchmal tiefsinnig und allemal, auch wenn man nicht zustimmen kann, lehrreich.

Ich werde in drei Schritten vorgehen. Zuerst werde ich die zwei weiteren Formeln des kategorischen Imperativs behandeln, die ich schon in der 5. Vorlesung kurz erwähnte. Danach werde ich auf die berühmten vier Beispiele eingehen, deren richtiges Verständnis eine prinzipielle Bedeutung hat, und schließlich werde ich auf den Anfang des 3. Abschnitts eingehen, in dem sich eine weitere Schwachstelle von Kants Versuch, die Moral auf die Vernunft zu gründen, bei der Frage nach der Möglichkeit einer Motivation aus Vernunft deutlich machen läßt.

Die 2. Formel für den kategorischen Imperativ lautet: »Handle so, daß du die Menschheit, sowohl in deiner Person als in der Person eines jeden anderen, jederzeit zugleich als Zweck, niemals bloß als Mittel brauchst« (429). Wie kommt Kant zu dieser Formulierung, und wie hängt sie mit der ersten Formel zusammen?

4 15. Vorlesung.

Der Grundbegriff, auf den Kant diese zweite Formel aufbaut und der in ihr selbst nicht vorkommt, ist der des »Zwecks
an sich selbst«. Wir werden sehen, daß dieser Begriff letztlich
ein Unbegriff ist, daß daraus jedoch für die zweite Formel kein
Nachteil entsteht.

Die Größe eines Philosophen zeigt sich oft daran, daß er
eine Sache nicht so leicht wie möglich darstellt und auch
scheinbare Widersprüche nicht scheut. Nachdem Kant im
1. Abschnitt der *Grundlegung* erklärt hat, daß »eine Handlung
aus Pflicht ihren moralischen Wert nicht in der Absicht, welche dadurch erreicht werden soll«, also nicht im Zweck haben
kann, sondern nur im formellen Prinzip des Willens selbst
(oben S. 123), überrascht er den Leser in dem verwickelten
Absatz, der die 2. Formel vorbereitet (427), mit der Erklärung,
daß ein Zweck durchaus auch »durch bloße Vernunft gegeben«
sein kann und wir deswegen zwischen «Zwecken, die sich ein
vernünftiges Wesen als Wirkungen seiner Handlung nach Belieben vorsetzt (materiale Zwecke)« und »objektiven« Zwek-
ken unterscheiden müssen, »die für jedes vernünftige Wesen
gelten«. Er setzt hier also voraus, was er explizit erst in der
Religionsabhandlung so formuliert, daß »ohne alle Zweckbeziehung ... gar keine Willensbestimmung im Menschen stattfinden kann« (oben S. 125).

Aber was haben wir uns unter einem solchen »objektiven
Zweck« überhaupt vorzustellen? Die übliche Erklärung, die
Kant von »Zweck« gibt[5], läuft darauf hinaus, daß ein Zweck
seinem Sinn nach nur das sein kann, was er hier als subjektiven
Zweck bezeichnet, was »sich ein vernünftiges Wesen als Wirkung seiner Handlung nach Belieben vorsetzt«. Wir stoßen
also auf zwei Fragen: erstens, was haben wir uns unter einem
objektiven Zweck überhaupt vorzustellen? Und zweitens, angenommen es gäbe einen solchen, warum sah sich dann Kant
gleichwohl sowohl im 1. Abschnitt der *Grundlegung* wie in
einer analogen Betrachtung in den ersten Paragraphen der *Kritik der praktischen Vernunft* gezwungen, auf die Form des
Wollens zurückzugreifen und diese gegenüber der »Materie«

5 Vgl. *Kritik der Urteilskraft*, § 10.

(dem Gegenstand des Wollens) als das einzig moralisch Relevante herauszustellen?

Auf die erste Frage antwortet Kant im nächsten Absatz: »Gesetzt aber, es gäbe etwas, dessen Dasein an sich selbst einen absoluten Wert hat, was, als Zweck an sich selbst, ein Grund bestimmter Gesetze sein könnte...« (428), und er setzt das im dann folgenden Absatz in derselben thetischen Form mit der Behauptung fort: »Nun sage ich: der Mensch und überhaupt jedes vernünftige Wesen existiert als Zweck an sich selbst.« Er erläutert das dann so, daß er seine berühmte Unterscheidung zwischen Personen und Sachen vornimmt, derart, daß Sachen Wesen sind, die nur einen relativen Wert haben, nämlich für unser Wollen, während Personen Wesen sind, deren Existenz einen »absoluten Wert« hat. Kant spricht später auch vom »inneren Wert, d. i. Würde« (435).

Es ist bemerkenswert, daß Kant sich offenbar außerstande sah, diesen Gedankengang anders als durch eine Reihe von Behauptungen durchzuführen. Was, so muß sich der Leser fragen, soll ein Zweck an sich sein, ein Zweck, der nicht wesentlich relativ zu einem Wollen gedacht wird, und was ein absoluter Wert, der ebenfalls nicht als relativ zu einem Wollen oder einer Schätzung zu verstehen ist? Widerspricht beides nicht dem Sinn von »Zweck« und »Wert«?

Erst im nächsten Absatz unternimmt Kant einen Versuch, den Gedanken verständlich zu machen und zugleich auch die Begründung des Prinzips, das sich daraus ergeben soll, zu geben. »So«, schreibt er – nämlich als »Zweck an sich selbst« – »stellt sich notwendig der Mensch sein eigenes Dasein vor; sofern ist es also ein *subjektives* Prinzip menschlicher Handlungen. So stellt sich aber auch jedes andere vernünftige Wesen sein Dasein zufolge eben desselben Vernunftgrundes, der auch für mich gilt, vor; also ist es zugleich ein objektives Prinzip« (429).

Dieses Argument ist natürlich ein Fehlschluß. Daraus, daß jeder sein eigenes Dasein sich auf eine bestimmte Weise vorstellt und daß jeder andere das gleiche »subjektive Prinzip« hat, folgt niemals ein »objektives Prinzip« im Sinne Kants, das darin bestehen müßte, daß nun jeder die Existenz eines jeden (und nicht nur seine eigene) so vorstellen müßte. Wie kommt Kant außerdem zu der Annahme, daß sich jeder sein eigenes Dasein als Zweck an sich vorstellt? Wenn Zweck an sich, wie Kant es bisher getan hat, von vornherein als »objektiver Zweck, welcher für jedes vernünftige Wesen gilt« definiert wurde, so kann sich niemand seine eigene Existenz eher als die aller anderen in dieser Weise vorstellen. Mit Bezug worauf, so müssen wir fragen, konnte Kant mit Recht eine besondere Art von Beziehung eines Individuums auf seine eigene Existenz in Anspruch nehmen? Was Kant hier, unklar freilich, im Auge hatte, war, daß für jeden Menschen sein *Endzweck* seine eigene Existenz ist. Das Phänomen, auf das Kant hier verweist, ist dasjenige, was Heidegger (und Aristoteles vor ihm) im Auge hatte, wenn er sagte, daß das, worum es einem Menschen letztlich geht, sein eigenes Sein sei. Aber dieser äußerste Zweck, so sehr er sich auch von anderen Zwecken unterscheidet, ist doch immer noch ein subjektiver Zweck und wird daher von Kant mit Recht als »subjektives Prinzip« bezeichnet: er ist Gegenstand unseres Wollens. Daraus nun, daß für jeden Menschen sein letzter (subjektiver) Zweck seine eigene Existenz ist, folgt an und für sich überhaupt kein objektives Prinzip, und mit Endzweck ist eben nicht das angesprochen, was Kant meint, wenn er von »Zweck an sich« spricht.

So eingängig also Kants Äußerungen sind, wissen wir immer noch nicht, was ein Zweck an sich ist und wieso sich daraus ein praktisches Vernunftprinzip ergibt. So werden wir einen anderen Weg zum Verständnis einschlagen müssen, den Kant sowohl am Ende des ersten Absatzes dieser Reihe andeutet (428 oben) als auch am Ende des dritten Absatzes (428) und schließlich noch einmal am Anfang des vierten. Hier argumentiert Kant jedesmal so, daß er sagt: wir müssen einen Zweck an sich annehmen, wir müssen annehmen, daß der Mensch einen absoluten Wert hat, weil sonst der kategorische Imperativ in seiner 1. Formel nicht gelten könnte. So gesehen wird verständlich, wieso Kants Versuche, die 2. Formel des kategorischen Imperativs direkt zu begründen, so thetisch blieben. Die eigentliche Begründung der 2. Formel ist, daß sie in der 1. Formel impliziert ist. Das sagt Kant explizit an späterer Stelle (438): »Denn daß ich meine Maxime im Gebrauch der Mittel zu jedem Zwecke auf die Bedingung ihrer Allgemeingültigkeit als eines Gesetzes einschränken soll (1. Formel), sagt ebensoviel als: das Subjekt der Zwecke, d. i. das vernünftige Wesen selbst muß niemals bloß als Mittel, sondern als oberste einschränkende Bedingung im Gebrauche aller Mittel, d. i. jederzeit zugleich als Zweck, allen Maximen der Handlungen zum Grunde gelegt werden« (2. Formel) (438).

Kant macht also darauf aufmerksam, daß wenn man den kategorischen Imperativ in seiner 1. Formel nicht kontraktualistisch versteht, sondern als Moralprinzip, darin impliziert ist, daß die Mitmenschen für uns letztlich bestimmend sind, daß wir um ihretwillen handeln (2. Formel).

Freilich scheint die Rede von einem Zweck an sich immer noch rätselhaft. Einen Fingerzeig gibt Kant jedoch im selben Abschnitt, in dem der eben zitierte Satz steht: ein Zweck an sich darf nicht als ein »zu bewirkender Zweck«, sondern muß als »selbständiger Zweck, mithin nur negativ gedacht werden« (437). Auch das bleibt freilich kryptisch. Widerspricht die Idee eines selbständigen Zweckes nicht dem Begriff eines Zweckes? Die Erläuterung, der Zweck müsse hier »nur negativ gedacht werden«, kann uns jedoch weiterhelfen. Wir brauchen jetzt nur den an und für sich entbehrlichen Ausdruck »Zweck an sich« wegzulassen und können uns darauf beschränken, den Imperativ in der 2. Formel negativ zu formulieren: »gebrauche den Menschen niemals bloß als Mittel«. Was Kant also sagen will, wenn er sagt, daß der Imperativ in der 1. Formel die 2. Formel impliziert, ist, daß, wenn wir uns in der Weise der 1. Formel zu anderen verhalten, das impliziert, daß wir sie nicht instrumentalisieren. Wie ich es auch in meiner eigenen Darstellung in der 5. Vorlesung gezeigt habe, läuft der kategorische Imperativ also auf das Gebot hinaus: instrumentalisiere niemanden! Das kann man auch positiv wenden, indem man sagt: achte ihn als Rechtssubjekt! Oder man kann auch mit Kant sagen: achte ihn in seiner »Würde«!

Können wir dann aber nicht genausogut sagen: achte ihn als einen Zweck an sich, bzw. als ein Wesen, das einen absoluten

Wert hat? Aber durch diese Ausdrücke wird das, was uns geboten wird, durch eine angebliche Qualität, die den Menschen schon an sich zukomme, scheinbar unterbaut und dadurch wird das Gebot fälschlich ontologisiert. Es ist nicht sinnvoll zu sagen: den Menschen kommt an und für sich zu, Zweck an sich zu sein oder einen absoluten Wert und das heißt Würde zu haben. Das bleiben leere Worte, deren Sinn nicht ausweisbar ist. Hingegen kann man sagen: indem wir einen Menschen als ein Rechtssubjekt achten und d. h. als ein Wesen, demgegenüber wir absolute Pflichten haben, *verleihen* wir ihm Würde und einen absoluten Wert. Dann sind absoluter Wert und Würde auf diese Weise definiert und nicht als etwas Vorhandenes vorausgesetzt. Und man kann nun natürlich auch den Ausdruck »Zweck an sich« so definieren, aber es ist gewiß besser, ihn ganz wegzulassen; von dem, was Kant sagen will, geht dadurch nichts verloren.

Wenden wir uns jetzt der 2. Formel des kategorischen Imperativs in ihrem besonderen Wortlaut zu! Warum sagt Kant, wir müssen so handeln, daß wir den anderen (von den Pflichten gegenüber sich selbst will ich erst einmal absehen) »jederzeit *zugleich* als Zweck, niemals *bloß* als Mittel« brauchen? Wird hier nicht zuviel zugestanden, indem doch impliziert wird, daß wir den anderen durchaus auch als Mittel behandeln dürfen, wenn wir ihn nur zugleich als Zweck berücksichtigen? Ich meine jedoch, daß Kant hier eine meisterhafte Formulierung gelungen ist. Jemanden überhaupt nicht als Mittel zu gebrauchen, wäre eine absurde Forderung. Wenn ich z. B. einen Vertrag mit einem anderen abschließe oder ihm etwas abkaufe, gebrauche ich ihn als Mittel für meine Zwecke, und warum sollte das verboten sein, wenn ich ihn nur zugleich als – ja als was gebrauche? Hier legt sich wieder die unangemessene Formulierung »als Zweck an sich« nahe. Aber sie ist an und für sich wertlos, weil sie kein Kriterium an die Hand gibt, wie ich dann handeln muß. Erst in den Beispielen, die Kant gibt, wird deutlich was wir hier einzusetzen haben. In der zweiten Beispielgruppe sagt Kant, der andere müsse »in meine Art, gegen ihn zu verfahren, einstimmen« können (430), und es ist diese Formulierung, die wir oben einsetzen können. Ich darf jemanden als Mittel für meine Zwecke gebrauchen, wenn er seinerseits in die Handlung einstimmen kann, also z. B. wenn der Vertrag fair ist. Im 4. Beispiel sagt Kant: »das Subjekt, welches Zweck an sich selbst ist, dessen Zwecke müssen ... auch soviel möglich meine Zwecke sein« (430). Das können wir so umdrehen, daß wir definieren: wir verhalten uns gegenüber einem Menschen als Zweck an sich genau dann, wenn wir Rücksicht auf seine Zwecke nehmen (freilich bleibt offen: in welchem Ausmaß). Das heißt nun, daß der Ausdruck »Zweck an sich« jetzt entfallen kann, und wir brauchen jetzt auch nicht mehr nur das vage negative Gebot »instrumentalisiere den anderen nicht!« zu verwenden, sondern das hat jetzt den positiven Sinn: berücksichtige die Zwecke der anderen! So ergibt sich: alle Zwecke sind jeweils subjektive Zwecke, die meinen oder die eines anderen, doch auch der kategorische Imperativ ist auf Zwecke bezogen, nicht auf die Fiktion von Zwecken an sich, sondern auf die ganz gewöhnlichen subjektiven Zwecke der anderen, aber es handelt sich jetzt um den »objektiven (moralisch gebotenen) Zweck«, der darin besteht, *die Zwecke der anderen zu berücksichtigen.* Dieser Zweck ist in der Tat, wie Kant behauptet, »formal«, weil er sich aus dem formalen Prinzip des kategorischen Imperativs in der 1. Formel ergibt.

Die 3. Formel des kategorischen Imperativs tritt in zwei Formen auf, die H. J. Paton als Formel 3 und Formel 3a bezeichnet hat.[6] In der ersten dieser zwei Formeln wird der Aspekt der »Autonomie des Willens« betont (433), und sie lautet: »Alles aus der Maxime seines Willens als eines solchen zu tun, der zugleich sich selbst als allgemein gesetzgebend zum Gegenstand haben könnte« (432). Das ist eigentlich nur eine Variante der 1. Formel, allerdings jetzt mit der besonderen Betonung eines Aspektes, der seit dem Absatz 14 des 1. Abschnittes feststeht, daß sich der kategorische Imperativ aus der Form des Willens selbst (d. h. des vernünftigen Willens) ergibt. Kant gibt dem jetzt die besondere Pointe, daß der vernünftige Wille keiner fremden Instanz, sondern nur sich selbst ge-

6 H. J. Paton, *The Categorical Imperative*, London 1947; dt. *Der kategorische Imperativ*, Berlin 1962, 17. und 18. Kapitel.

horcht. Aber wenn Kant hier von der Autonomie des Willens spricht, müssen wir uns daran erinnern, daß Kant zwei Willensbegriffe hat (oben S. 132). Als ich in der 5. Vorlesung die Wichtigkeit der Autonomie des Individuums *gegenüber* der Moral hervorgehoben habe, war natürlich lediglich die Eigenständigkeit des Wollens im gewöhnlichen Sinn gemeint, also desjenigen Wollens, das Kant als Willkür bezeichnet. Kants Rede von einer Auto-Nomie (Selbstgesetzgebung) des Willens bezieht sich jedoch auf das Wollen in dem anderen Sinn, in dem der »vernünftige« Wille gemeint ist. So ist es eigentlich nicht der Mensch, der in diesem Sinn autonom ist, sondern nur etwas im Menschen; freilich, wenn das wirklich »die Vernunft« ist, wie Kant meinte, kann man vielleicht sagen, es sei »unser besserer Teil«. Aber diese Auffassung von Freiheit, daß man nur dann frei sei, wenn man bestimmte Bedingungen erfüllt, die sogenannte positive Freiheit, kann nur zu leicht den eigentlichen Sinn von Freiheit und Autonomie verdunkeln.

Also die Formel 3 scheint mir nichts wesentlich Neues herzugeben, und die spezifisch Kantische Rede von Autonomie muß vielmehr mit einem Fragezeichen versehen werden. Viel wichtiger erscheint die Formel 3a, die Kant etwas irreführend wie eine Variante der Formel 3 behandelt. Er führt hier den Begriff eines »Reichs der Zwecke« ein, worunter er das »Ideal« einer »systematischen Verknüpfung« aller vernünftigen Wesen versteht, sofern diese sich »niemals bloß als Mittel, sondern jederzeit zugleich als Zweck an sich selbst behandeln« (433). Das ermöglicht Kant eine Reformulierung des kategorischen Imperativs, derzufolge »ein jedes vernünftige Wesen so handeln (muß), als ob es durch seine Maximen jederzeit ein gesetzgebendes Glied im allgemeinen Reiche der Zwecke wäre« (438). Inwiefern damit ein neuer Aspekt gewonnen wird, wird deutlich, wenn man auf die Erläuterung achtet, die Kant gibt, indem er sagt, der so verstandene kategorische Imperativ gebiete, »seine Maxime jederzeit aus dem Gesichtspunkte seiner selbst, zugleich aber auch jedes anderen vernünftigen als gesetzgebenden Wesens... nehmen zu müssen« (438). Es ist diese Formulierung, die unmittelbar zu der Fassung führt, die ich schon in der 5. Vorlesung vorgeschlagen habe: »handle gegenüber jedermann so, wie eine beliebige Person wollen würde, daß alle handeln« (oben S. 83). Man kann sagen, daß das einfach eine Reformulierung der 1. Formel ist, nun aber so, daß die Frage, wie *ich* wollen kann, daß alle handeln, ersetzt wird durch die Frage, wie ein beliebiger wollen kann, daß alle handeln. Man kann gewiß sagen, daß Kant auch schon die 1. Formel eigentlich so verstanden wissen wollte, so daß die besonderen Fangfragen, die man Kant stellte, indem man besonders auf diesem »ich« herumritt, entfallen.

Zusammenfassend kann man sagen, daß die Formeln 3 und 3a lediglich besondere Nuancen der 1. Formel unterstreichen, so daß die einzigen zwei wirklich verschiedenen Formeln die erste und die zweite sind, von denen aber Kant überzeugend gezeigt hat, daß sie äquivalent sind. Gleichwohl hat Kant betont, daß man gut tue, »in der sittlichen *Beurteilung* immer nach der strengsten Methode« und d. h. nach der 1. Formel (bzw. eben 3a) vorzugehen (436). Das wird besonders deutlich, wenn man ein Problem berücksichtigt, das Kant selbst aus bestimmten Gründen so gut wie ausgeklammert hat, nämlich das der Pflichtenkollisionen. Z. B. ist es geboten, jemandes Leben zu retten, wenn es gefährdet ist, und es ist ebenfalls geboten, nicht zu lügen. Was mache ich, wenn ich jemandes Leben nur retten kann, wenn ich lüge? Darauf hat R. M. Hare eine, wie mir scheint, überzeugende prinzipielle Antwort gegeben:[7] man muß jetzt die Frage, wie eine beliebige Person wollen würde, daß allgemein gehandelt würde, statt auf die einzelnen Maximen auf beide in ihrem Zusammenhang anwenden. Hare hat hier die wichtige Unterscheidung zwischen Universalität und Allgemeinheit gemacht. Jede auch noch so konkrete moralische Frage ist universell in dem Sinn, daß man sich fragt: wie würde jeder beliebige wollen, daß in einer Situation dieses Typs gehandelt werde? In der moralischen Erziehung und Erfahrung beginnen wir, wie Hare mit Recht sagt, mit allgemeinsten einfachen Geboten, und je erfahrener wir werden, desto mehr werden wir gelernt haben, das Univer-

7 R. M. Hare, *Freedom and Reason,* Oxford 1963; dt. *Freiheit und Vernunft*, Düsseldorf 1973, 1.3.

salitätsprinzip auf Situationen anzuwenden, die nicht mehr allgemein im Sinn von abstrakt sind, aber doch universell in dem Sinn, daß es stets um den Situationstypus geht, der immer aus der Perspektive eines Beliebigen zu beurteilen ist. Hierbei ist also immer die 1. Formel leitend, während die 2. Formel zwar eine grundlegende Voraussetzung nennt, aber kein Anwendungskriterium an die Hand gibt. Den potentiellen Mörder, der sein Opfer sucht, behandeln wir nur als Mittel, indem wir ihn belügen (er kann in unser Handeln nicht »einstimmen«), als Mittel um den anderen zu retten, und daß gerade so und nicht umgekehrt vorzugehen ist, ist nur mittels der 1. Formel zu entscheiden.[8]

Ich komme jetzt zu Kants vier Beispielen. Kant hat sie zweimal erörtert, einmal nach der 1. Formel und dann noch einmal nach der 2. Formel des kategorischen Imperativs. Die Funktion dieser Diskussion der Beispiele ist, daß Kant an ihnen zeigen will, daß sich aus dem einzigen Prinzip des kategorischen Imperativs tatsächlich alle Gebote ergeben, die vom

---

8 Kant selbst hat das genannte Beispiel freilich gerade umgekehrt entschieden, mit einer sehr merkwürdigen Argumentation, vgl. seine kleine Abhandlung »Über ein vermeintes Recht aus Menschenliebe zu lügen«, *Werke* VIII, 423-430. – Der prinzipielle Grund, warum für Kant Pflichtenkollisionen kaum eine Rolle spielten, war die Annahme, daß negative Pflichten immer vor positiven Pflichten einen Vorrang haben. Auf diese Weise kann, außer innerhalb konfligierender positiver Pflichten, keine Kollision entstehen, da die negative Pflicht immer auch schon erfüllt ist, wenn die Person nichts tut. Zwischen negativen Pflichten können daher keine Kollisionen auftreten, und jede Kollision zwischen einer negativen und einer positiven Pflicht ist für Kant schon zugunsten der negativen entschieden. Daß die negativen Pflichten im *allgemeinen* gegenüber den positiven stärker zu gewichten sind, kann sich, aus Kants prinzipiellem Ansatz beim kategorischen Imperativ her gesehen, nur aus der (von Hare aufgezeigten) Anwendung des kategorischen Imperativs in seiner 1. Formel auf die ganze komplexe Situation ergeben, aber aus eben diesem kategorischen Imperativ kann sich auch ergeben, daß eine positive Pflicht gegenüber einer negativen den Vorrang hat, wie das rechtverstandene Mörderbeispiel zeigt. Ich komme auf diese Problematik in der 16. Vorlesung zurück.

gewöhnlichen moralischen Bewußtsein anerkannt werden. Dieses Stück ist also in seiner Intention konservativ; es setzt voraus, daß die vom gewöhnlichen Bewußtsein anerkannten Pflichten auch wirklich gelten. Man muß jedoch sagen, daß der Sinn des kategorischen Imperativs auch kritisch und progressiv ist: nicht alle Gebote, die das gewöhnliche Moralverständnis in Kants Zeit oder so wie Kant es aufnahm für gültig hielt, halten vor dem kategorischen Imperativ stand.

Kant teilt alle Pflichten einerseits in negative und positive (sogenannte vollkommene und unvollkommene) und andererseits in Pflichten gegenüber sich selbst und gegenüber anderen ein.[9] Daraus ergeben sich vier Klassen von Pflichten, und jedes Beispiel exemplifiziert eine dieser Klassen. Bei der zweiten Diskussion des zweiten Beispiels bezieht sich Kant explizit auf eine ganze Klasse von Beispielen.

Ich beginne mit den Pflichten gegenüber anderen. Das zweite Beispiel ist den negativen Pflichten gegenüber anderen gewidmet, das vierte der positiven Pflicht (Kant kennt hier nur eine einzige). Das zweite Beispiel ist dasjenige, bei dem Kants Methode auf die geringsten Schwierigkeiten stößt. Er nimmt als Beispiel die Maxime »Wenn ich mich in Geldnot zu sein glaube, so will ich Geld borgen und versprechen, es zu bezahlen, ob ich gleich weiß, es werde niemals geschehen« (422). Kant behauptet nun, daß die Universalisierung dieser Maxime sich, wie er sich ausdrückt, »widersprechen« müßte. Von einem Widerspruch kann nicht eigentlich gesprochen werden, und Kant drückt sich klarer aus, wenn er sagt, daß das die Versprechen »unmöglich« machen würde, weil, wenn die Maxime allgemein befolgt würde, niemand jemandem noch ein Versprechen abnehmen würde. Kant meinte also, daß in diesem Fall die Universalisierung sogar das engere Kriterium erfüllen würde, daß wir sie nicht nur nicht wollen könnten, sondern daß sie gar nicht möglich wäre. Das erscheint nicht besonders plausibel. Die Institution des Ver-

9 Vgl. außer der Anmerkung zu *Grundlegung* 421 insbesondere die »Einleitung zur Tugendlehre« in der *Metaphysik der Sitten*, Werke VI, 379 ff.

sprechens würde erst dann nicht mehr existieren können, wenn jeder *nach Belieben* seine Versprechen einmal halten und einmal brechen würde. Lautet seine Maxime hingegen, daß er sie nur dann brechen will, wenn er in einer besonderen Notlage zu sein glaubt, deren Ausmaß der andere gegebenenfalls nicht kennt, so würde die Universalisierung dieser Maxime nicht dazu führen, daß Versprechen überhaupt nicht mehr geglaubt würden, sondern nur, daß sie nur mit Vorsicht geglaubt würden. Genau das aber ist ja, was wirklich geschieht, und die Institution des Versprechens funktioniert gleichwohl mehr oder weniger gut. Hingegen hätte Kant mit Recht sagen können, daß wir die Universalisierung der genannten Maxime nicht *wollen* können, denn jeder will sich ja auf die Versprechen, die ihm gegeben werden, verlassen können. Wenn diese Überlegung richtig ist, so hätte sich Kant also in der Meinung geirrt, daß das seiner Meinung nach strengere Kriterium der Undenkbarkeit wenigstens in einigen Fällen funktioniert.

Mit Sicherheit hat sich Kant aber auch bezüglich der Klasse geirrt, auf die dieses Kriterium anwendbar ist, falls es überhaupt anwendbar ist. Er meinte, es gelte für alle »vollkommenen«, d. h. negativen Pflichten. Pflichten dieser Art sind alle Pflichten, die darin bestehen, daß etwas nicht getan werden dürfe, also z. B. das Schädigen von anderen. Kant selbst nennt bei der zweiten Erörterung des zweiten Beispiels »Angriffe auf Freiheit und Eigentum anderer« (430). In diesen Fällen ist jedoch klar, daß, wie übertrieben auch immer die Maxime des Übeltäters formuliert würde, sich niemals etwas Undenkbares bei der Universalisierung ergeben würde. Ein Krieg aller gegen alle ist nicht wünschenswert, aber durchaus denkbar. Was Kant hier übersehen hat, ist, daß sein Kriterium der Undenkbarkeit nur bei jenen Pflichten greifen kann, die auf Institutionen bezogen sind. Das sind insbesondere die Pflichten, sein Versprechen zu halten, nicht zu lügen und nicht zu stehlen. Es sind diese Institutionen, die immer ein wechselseitiges Vertrauen implizieren, das verschwinden würde, wenn sie universell verletzt würden.

Das vierte Beispiel ist der positiven Pflicht des Helfens in

Not gewidmet. Hier lautet Kants These, daß ich nicht wollen kann, daß die Maxime des Nichthelfens universalisiert würde, weil dann auch mir, wenn ich einmal in Not gerate, nicht geholfen würde. Gegen dieses Argument gibt es zwei Einwände. Der erste lautet, Kant argumentiere hier kontraktualistisch, und in diesem Fall wäre es nicht eine moralische Regel, sondern eine Klugheitsregel. Das ist jedoch ein Mißverständnis:[10] Kant sagt ja nicht, es sei ratsam, anderen, die sich in Not befinden, zu helfen, weil sie dann wahrscheinlich auch mir unter entsprechenden Umständen helfen würden; sondern daß es moralisch zwingend geboten ist, ihnen zu helfen, ergebe sich daraus, daß ich mir klarmache, daß ich unter entsprechenden Umständen nicht so vernachlässigt werden wollen würde.

Der zweite Einwand ist jedoch eher einschlägig. Man könnte geltend machen, daß viele, die sich in sicheren Verhältnissen wissen, die Universalisierung der Maxime des Nichthelfens nicht zu fürchten brauchen. Oder, wenn das noch zu pragmatisch klingt: es gibt doch Menschen, die zu stolz sind, Hilfe anzunehmen, auch wenn es ihnen noch so schlecht geht. Gilt dann für diese das Gebot nicht?

Das ist die Stelle, an der man sich klarmachen kann, wie wichtig die Richtigstellung ist, die Kant mit der Formel 3a (oben S. 147) vornimmt. Der eben genannte Einwand würde nur für einige Individuen gelten, wenn sie sich fragen »würde *ich* wollen, daß diese Maxime zum allgemeinen Gesetz würde?« Er entfällt, wenn man sich fragt: »Würde es ein Beliebiger wollen?«

Das erste und das dritte Beispiel sind den angeblichen Pflichten gegenüber sich selbst gewidmet. Das erste betrifft das Verbot sich zu töten. Hier lautet Kants Argument, »daß eine Natur, deren Gesetz es wäre, durch dieselbe Empfindung, deren Bestimmung es ist, zur Beförderung des Lebens anzutreiben, das Leben selbst zu zerstören, ihr selbst widersprechen und also nicht als Natur bestehen könne« (422). Dieses

---

10 Das hat insbesondere J. Ebbinghaus in seinem Aufsatz »Deutung und Mißdeutung des kategorischen Imperativs« (vgl. seine *Gesammelten Aufsätze*, 1968, S. 80-96) klargestellt.

Argument ist nicht nur evident ungültig.[11] Man kann sich darüber hinaus grundsätzlich klarmachen, daß sich aus dem kategorischen Imperativ, zumindest in der 1. Formel, unmöglich Pflichten gegenüber sich selbst herleiten lassen, denn es ist ja der Sinn des Imperativs, Handlungen und Unterlassungen gegenüber anderen durch die Überlegung zu gebieten, daß man nicht wollen könnte, daß andere sich einem selbst gegenüber so verhielten. Besonders klar wird das durch die sich an den Kontraktualismus anlehnende Erläuterung, die Kant auf S. 424 gibt und oben S. 81 besprochen wurde.

Als ebenso sophistisch muß man Kants drittes Beispiel zurückweisen. Das Ergebnis ist, daß es, so wie Kant den kategorischen Imperativ versteht, keine Pflichten gegenüber sich selbst geben kann. Es muß freilich zugestanden werden, daß die Argumentation, die Kant für sein erstes Beispiel in seiner zweiten Erörterung, auf der Grundlage der 2. Formel des kategorischen Imperativs, gibt, auf den ersten Blick sehr viel plausibler erscheint. Er schreibt (429): Wenn ein Mensch, »um einem beschwerlichen Zustande zu entfliehen, sich selbst zerstört, so bedient er sich seiner Person bloß als eines Mittels zur Erhaltung eines erträglichen Zustandes bis zum Ende des Lebens. Der Mensch aber ist keine Sache, mithin nicht etwas, das

---

11 Auffällig ist die prononcierte Verwendung des Begriffs der Natur in diesem Argument. Paton hat gemeint (*The Categorical Imperative*, 15. Kapitel), daß ein bestimmtes teleologisches Naturkonzept für Kant maßgebend war, und er interpretiert die sogenannte Formel 1a auf diese Weise. Kant hat jedoch diese Formel (»Handle so, als ob die Maxime deiner Handlungen durch deinen Willen zum allgemeinen Naturgesetze werden sollte«) als eine bloße Variante der 1. Formel und nur zur besseren Veranschaulichung eingeführt. Er macht hier von der in seinen theoretischen Schriften vertretenen Auffassung Gebrauch, daß unter Natur im »formalen« Sinn allgemeine Gesetzmäßigkeit zu verstehen sei. Sich vorzustellen, daß die Maxime zum allgemeinen Naturgesetz werde, ist also nur eine Variante dafür, sie sich als allgemeines Gesetz vorzustellen. Jede andere Interpretation würde Kant den groben Fehler unterstellen, im Übergang der ersten zur zweiten Variante der 1. Formel einen zusätzlichen Faktor eingeschmuggelt zu haben, der nirgends genannt ist.

bloß als Mittel gebraucht werden kann, sondern muß bei allen seinen Handlungen jederzeit als Zweck an sich selbst betrachtet werden. Also kann ich über den Menschen in meiner Person nicht disponieren, ihn zu verstümmeln, zu verderben oder zu töten.«

Dieses Argument, nicht über sich »disponieren« zu dürfen, muß auf diejenigen überzeugend wirken, die christlich denken, und zweifellos hat das auch Kant getan. Aber man muß bezweifeln, daß sich das christliche Argument, daß mein Leben mir von Gott gegeben ist und ich daher nicht frei darüber verfügen darf, noch einen Sinn behält, wenn es säkularisiert wird. Man sieht hier, daß Kant faktisch mit einem schillernden Begriff von »Zweck an sich« operiert. Hier verwendet er ihn so, als ob damit Unverfügbarkeit gemeint sei, aber wir haben gesehen (S. 146), daß Kant ihn im zweiten und vierten Beispiel so verwendet, daß jemanden als Zweck an sich zu behandeln, heißt, seine subjektiven Zwecke zu berücksichtigen. Diese *zwei* Begriffe sind nicht auf einen Nenner zu bringen, und der erste hätte nur in einem theologischen Kontext einen Sinn. Obwohl also dieses zweite Argument für das Verbot des Suizids im Unterschied zum ersten auf den ersten Blick plausibel scheinen kann, muß es ebenfalls zurückgewiesen werden.

An dieser Stelle mag eine grundsätzliche Bemerkung zum Stellenwert der Pflichten gegenüber sich selbst innerhalb der Idee von Moral überhaupt am Platz sein. Viele heutige Ethiker, unter ihnen z. B. Mackie und Habermas, *definieren* »Moral« so, daß sie sich inhaltlich nur auf intersubjektive Verhältnisse, also nur auf Pflichten gegenüber anderen bezieht. Nun kann natürlich im Prinzip jeder ein Wort definieren, wie er will. Wer jedoch den Begriff der Moral so definiert, daß er Pflichten gegenüber sich selbst ausschließt, macht es damit unmöglich, gegenüber Moralen zu argumentieren, die wie z. B. die christliche die Pflichten gegenüber sich selbst sogar als einen wesentlichen Bestandteil enthalten. Ich habe in der 5. Vorlesung zu zeigen versucht, daß das plausible Konzept des Gutseins, das eine nicht-transzendente Moral beansprucht, Pflichten gegenüber sich selbst ausschließt, aber das beruht auf einer moralischen Argumentation. Wenn man schon den Begriff einer Moral so definiert, daß Pflichten gegenüber sich selbst ausgeschlossen sind, verunmöglicht man einen Diskurs mit all denjenigen, die bestimmte Verhaltensweisen zu sich selbst für unmoralisch halten.

Abschließend will ich jetzt noch den Sinn der Frage verständlich machen, die Kant im 3. Abschnitt der *Grundlegung* stellt. Im 2. Abschnitt hatte er zuerst den Begriff eines kategorischen Imperativs – und d. h. eines reinen Vernunftgebots – geklärt und dann auch in den drei Formeln den Gehalt, den der kategorische Imperativ allein haben kann. Er hatte aber bereits vor dem Übergang zur 1. Formel darauf hingewiesen, daß noch ganz ungeklärt sei, ob und wie dieser Imperativ *möglich* sei.

Was meint Kant mit dieser Frage nach der Möglichkeit? Er führt sie auf S. 417 ein und wendet sich zuerst der Frage zu, wie ein hypothetischer Imperativ möglich ist. Es geht, sagt er, um die Frage, wie »die Nötigung des Willens, die der Imperativ ... ausdrückt, gedacht werden könne«. Kants Frage ist also leicht mißverständlich, denn die Frage ist nicht, wie der Imperativ als Gebot gedacht werden könne, sondern wie es zu verstehen ist, daß er für den Willen maßgebend wird.

Bei hypothetischen Imperativen bereitet diese Frage nach Kant keine Schwierigkeit. Denn »wer den Zweck will, will (sofern die Vernunft auf seine Handlungen entscheidenden Einfluß hat) auch das dazu unentbehrlich notwendige Mittel, das in seiner Gewalt ist. Dieser Satz ist, was das Wollen betrifft, analytisch« (417). Um nachher besser verstehen zu können, warum die entsprechende Frage beim kategorischen Imperativ nach Kant so große Schwierigkeiten bereitet, ist es wichtig, daß wir uns die Struktur des Satzes, von dem Kant sagt, er sei analytisch, ganz klar machen. Nennen wir P die Person, x die gebotene Handlung und y den Zweck, so ergibt sich: »P (wenn er sich ausschließlich durch die Vernunft bestimmen läßt) will notwendigerweise x, wenn er y will.« (Von den weiteren hier erforderlichen Zusätzen, daß vorausgesetzt ist, daß P keine Gründe hat, x nicht zu wollen, und daß zugleich von allen übrigen Absichten von P abstrahiert wird, können wir mit Kant absehen.) Natürlich ist die Bedingung, die Kant in dem Klammersatz formuliert, zwingend erforderlich; das unterscheidet ja gerade eine rationale von einer irrationalen Handlung, daß die Person (immer von weiteren Randbedingungen abgesehen), wenn sie den Zweck will, auch das erforderliche Mittel will, *wenn* sie sich von der Vernunft bestimmen läßt.

Wir sehen also, daß Kant mit der Frage nach der »Möglichkeit« der Imperative die im 1. Abschnitt behandelte Frage nach der Motivation des Willens wiederaufnimmt, nur daß sie dort lediglich inhaltlich geklärt worden ist, während er jetzt nach der Möglichkeit einer solchen Motivation fragt. Es ist diese Frage, die für hypothetische Imperative keine Schwierigkeiten bereitet, denn dadurch ist ja ein rationales Wesen definiert, daß, wenn es einen Zweck will und es sich von seiner Rationalität bestimmen läßt, es auch das Mittel will. Es muß sich natürlich nicht von seiner Rationalität bestimmen lassen; man spricht dann von »Willensschwäche«.

Warum soll nun aber die Frage, so gestellt, beim kategorischen Imperativ auf eine besondere Schwierigkeit stoßen? Wir können hier, wie bei der Einführung des kategorischen Imperativs (oben S. 135), den Wenn-Satz (»wenn er y will«) aus der oben genannten Charakterisierung der Sachlage bei den hypothetischen Imperativen einfach weglassen und gewinnen so den Satz: »P, wenn er sich ausschließlich durch die Vernunft bestimmen läßt, will notwendigerweise x.« Warum soll dieser Satz nicht ebenso analytisch sein wie der für die hypothetischen Imperative geltende? Gewiß ist mit Vernunft in diesem Satz die reine praktische Vernunft gemeint, während vorher die Vernunft im gewöhnlichen Sinn gemeint war, aber dieser Unterschied hat ja auch bei der Einführung der beiden Arten der Imperative keine Rolle gespielt, und man muß sich erst einmal darüber wundern, warum es Kant Schwierigkeiten bereitet zu sagen: *wenn* der Mensch durch reine Vernunft bestimmt ist, handelt er so, wie die reine Vernunft gebietet, also moralisch.

Wir werden gleich sehen, daß der 3. Abschnitt selbst hier keine Klarheit bringt. Es ist ausschließlich eine Anmerkung, die Kant an der Stelle im 2. Abschnitt anfügt, aus der zu ersehen ist, wo er die Schwierigkeit sieht. Hier heißt es: »Ich verknüpfe mit dem Willen, ohne vorausgesetzte Bedingung aus irgendeiner Neigung, die Tat a priori, mithin notwendig... Dieses ist also ein praktischer Satz, der das Wollen einer Handlung nicht aus einem anderen, schon vorausgesetzten analytisch ableitet..., sondern mit dem Begriffe des Willens eines vernünftigen Wesens unmittelbar als etwas, das in ihm nicht enthalten ist, verknüpft« (420). Auch dieser Text macht das Problem noch nicht ganz klar, denn im ersten Satz und im ersten Halbsatz des zweiten beschreibt Kant lediglich, was wir schon wissen, und der letzte Halbsatz ist nicht ganz exakt, denn warum soll man, die Möglichkeit einer reinen praktischen Vernunft einmal vorausgesetzt, nicht sagen, daß genau dies »im Begriffe des Willens eines vernünftigen Wesens« enthalten ist?

Gleichwohl ist es der erste Satz dieser Anmerkung, der Kants Schwierigkeit verständlich macht. Was hier in Wirklichkeit im Spiel ist, ist eine anthropologische Voraussetzung, daß nämlich Menschen nur auf Grund von Neigungen handeln. Es mag verblüffen, daß Kant damit also die Voraussetzung Humes, daß nur Gefühle handlungsbestimmend sein können, teilt. Hume hat daraus die natürliche Konsequenz gezogen, daß die Vernunft als solche nie handlungsbestimmend sein könne. Kant *will* aber, daß die Vernunft als solche handlungsbestimmend sein könne, und so gewinnt er, wie schon in der *Kritik der reinen Vernunft* mit Bezug auf das Kausalitätsprinzip, eine scheinbare Überwindung Humes unter gleichzeitiger Anerkennung von dessen Einsicht, nur mittels eines *salto mortale,* und zwar in beiden Fällen durch den Rückgriff auf einen vermeintlichen synthetischen Satz apriori.

Sehen wir uns jetzt noch einmal den formalisierten Satz an, wie ich ihn vorhin angegeben habe: »P, wenn er sich ausschließlich durch die Vernunft bestimmen läßt, will notwendigerweise x«, so können wir jetzt sehen, daß Kant diesen Satz gar nicht bestreitet, sondern daß er lediglich in Frage stellt, wie sich denn P ausschließlich durch die Vernunft – ohne Neigungen – bestimmen lassen kann. Daß der Mensch, wenn er sich von der reinen Vernunft bestimmen läßt, notwendigerweise x wollen wird, ist in der Tat analytisch; das eben ist ja im 2. Abschnitt gezeigt worden. Aber daß er sich von der reinen Vernunft bestimmen lassen kann, muß auf Grund der Hume-schen (und dürfen wir nicht ergänzen: auf Grund der einzig einsichtigen?) Auffassung über menschliche Motivation wie ein Wunder erscheinen. Wir sehen, eine welch unerhörte theoretische Beweislast Kant durch die Idee eines Handelns aus reiner praktischer Vernunft auf sich genommen hat, eine Beweislast, die die heutigen Vertreter einer Vernunftmoral gar nicht mehr sehen: nicht nur, daß ein Satz, der angibt, daß etwas zu tun an und für sich und nicht nur relativ rational ist, so schwer (und nach meiner Meinung: unmöglich) einsichtig zu machen ist, sondern daß nun auch die entsprechende Motivation gegen das anthropologisch Verständliche verstößt und Kant zu einem apriori synthetischen Satz greifen läßt, der ihn nun seinerseits zu der Annahme zwingen wird, der Mensch könne nur moralisch sein, wenn er zugleich als Glied einer übersinnlichen Welt verstanden wird. Kant war sich wenigstens darüber im Klaren, wie abstrus die Zusatzprämissen sind, die eine Vernunftmoral (wenn man einmal davon absieht, daß die Idee ohnehin sinnwidrig ist) voraussetzen muß.

Der synthetisch praktische Satz a priori, von dem Kant im 2. Abschnitt der *Grundlegung* zweimal spricht (420 und 440), muß also darin bestehen, vom Sinnenwesen Mensch zu zeigen, daß es gleichwohl durch reine Vernunft bestimmt werden kann. Es ist diese Aufgabe, der Kant sich im 3. Abschnitt zuwendet. Aber am Anfang des dritten Absatzes des 3. Abschnittes wird diese Aufgabe zunächst völlig falsch beschrieben (447): »Indessen ist das letztere doch immer ein synthetischer Satz: ein schlechterdings guter Wille ist derjenige, dessen Maxime jederzeit sich selbst als allgemeines Gesetz betrachtet, in sich enthalten kann, denn durch Zergliederung des Begriffs von einem schlechthin guten Willen kann jene Eigenschaft der Maxime nicht gefunden werden.« Dieser Satz zeigt, wie unsicher sich Kant hinsichtlich dieser für ihn letztlich zentralen Frage war, denn genau das, wovon er in diesem Zitat sagt, daß es nicht möglich sei, hat er im 1. Abschnitt getan: durch Zergliederung des Begriffs von einem schlechthin guten Willen hat er jene Eigenschaft der Maxime, »sich selbst als allgemeines

Gesetz zu betrachten«, zu begründen versucht. Genau das sollte ja der analytische Teil des ethischen Geschäfts sein, das auch noch den 2. Absatz umfaßt.

Glücklicherweise wirkt sich dieser Lapsus im weiteren Text nicht aus. Im nächsten Satz weist Kant darauf hin, daß es das Eigentümliche eines synthetischen Satzes ist, daß es ein Drittes geben müsse, wodurch der Subjekt- und der Prädikatbegriff verbunden werden müssen. Subjekt- und Prädikatbegriff sind in unserem Fall der Mensch einerseits und die reine praktische Vernunft andererseits, und nun erklärt Kant, daß es »der positive Begriff der Freiheit« sei, der dieses Dritte darstelle und die erforderliche Verbindung ermögliche. In den beiden ersten Absätzen des 3. Abschnitts hat Kant erklärt, der Wille sei dann negativ frei, wenn er »unabhängig von fremden ihn bestimmenden Ursachen wirkend sein kann«, und diese Freiheit sei dann zugleich positiv, wenn sie eine eigene Gesetzmäßigkeit enthalte, also in diesem Sinn autonom sei. Der Wille ist also in diesem Sinn frei, wenn er frei von der Sinnlichkeit (den Neigungen) ist und zugleich durch eine eigene Gesetzmäßigkeit – der reinen Vernunft – bestimmt ist.

Das Ergebnis ist also: nur wenn der Mensch als frei in diesem eher phantastischen Sinn gedacht werde, könne er durch reine Vernunft bestimmt sein. Da es in der Erfahrungswelt eine Freiheit dieser Art nicht gibt, muß nun angenommen werden, daß der Mensch, sofern er moralisch handeln können soll, Glied einer übersinnlichen Welt ist, und die *Möglichkeit,* daß dem so sei, glaubt Kant in der *Kritik der reinen Vernunft* gezeigt zu haben.

Aber hat Kant damit eigentlich gezeigt, was er glaubte zeigen zu müssen? Sogar bei den hypothetischen Imperativen war der Mensch doch frei, sich von der Vernunft bestimmen zu lassen oder nicht. Was für den kategorischen Imperativ hätte gezeigt werden müssen, war, daß der Mensch durch reine Vernunft bestimmt werden *kann.* Was Kant jetzt aber gezeigt hat, ist: wenn der Mensch frei (in Kants besonderem Sinn, also frei von Sinneneinflüssen) ist, *ist* er durch reine Vernunft bestimmt, *muß* er durch sie bestimmt sein. Man scheint dann nur ergänzen zu können: und wenn er es nicht ist, *kann* er durch reine Vernunft nicht bestimmt sein. Der Mensch fällt jetzt in zwei Teile, Vernunft- und Sinnenwesen, auseinander.

Geht damit nicht dasjenige »kann«, diejenige Freiheit, die eine Freiheit ist, moralisch oder nicht moralisch zu sein, verloren? Der Freiheitsbegriff, den Kant im 3. Abschnitt der *Grundlegung* verwendet, ist die Freiheit des sogenannten Willens, nicht der sogenannten Willkür, und das ist nicht das, was wir unter Freiheit gewöhnlich verstehen, eine Ja-Nein-Freiheit, sondern eine Freiheit von (der Sinnlichkeit), die zugleich eine Freiheit zu (zur Vernunft) ist. Daß Kant sich damit auch das eigentliche Freiheitsproblem, das nicht (in seiner Terminologie) den »Willen«, sondern die »Willkür« betrifft, verbaut hat, gehört nicht mehr in den Kontext unserer Problematik. In der Religionsabhandlung hat Kant das Problem, das er sich hier eingehandelt hat, wie er die Freiheit im gewöhnlichen Sinn in seine »intellektuelle« Freihheit einbauen kann, gesehen, aber nicht gelöst (vgl. auch die *Kritik der reinen Vernunft*, B 570-85). Wie sehr sich der »positive« Freiheitsbegriff mißbrauchen läßt, hat sich dann vor allem bei Hegel gezeigt, für den die eigentliche Freiheit zur eigentlichen Notwendigkeit wurde[12], ein Gedanke, der in Kants Konzept schon vorbereitet ist. Man muß sich aber vor allem klarmachen, daß diese gesamte Problematik einer Vernunftfreiheit als einer Freiheit von den Neigungen ein Problem ist, das ausschließlich eine Folge (und dann freilich eine notwendige Folge) der Idee war, sich das Moralkonzept, das Kant herausgestellt hat, als in einer reinen Vernunft begründet zu denken.

12 Vgl. mein *Selbstbewußtsein und Selbstbestimmung*, S. 349 f.

Die Diskursethik

Ich habe in der 2. Vorlesung die Auffassung vertreten, daß moralische Regeln sich nicht als Vernunftregeln verstehen lassen, und in der 4. und 5. Vorlesung habe ich zu zeigen versucht, daß moralische Regeln sich nicht in einem absoluten Sinn begründen lassen und insbesondere nicht im Rekurs auf einen angeblichen absoluten Vernunftbegriff. In der vorigen Vorlesung habe ich zu zeigen versucht, daß, so wertvoll die Idee des kategorischen Imperativs ist, Kants Versuch, ihn als Vernunftprinzip zu verstehen und ihm eine absolute Vernunftbegründung zu geben, als gescheitert angesehen werden muß. Damit ist natürlich nicht ausgeschlossen, obwohl auf Grund meiner vorgängigen grundsätzlichen Bedenken unwahrscheinlich, daß sich die moralischen Regeln auf andere Weise als bei Kant als auf Vernunft begründet erweisen ließen.

Es gibt in der Gegenwart einige solcher Versuche. Einer ist der von A. Gewirth[1], der jedoch auf einem besonders leicht durchschaubaren Trugschluß aufgebaut ist und auf den sich angelsächsische Autoren, die den Vernunftansatz diskreditieren wollen, besonders gerne beziehen.[2] Der interessanteste zeitgenössische Versuch einer absoluten Vernunftbegründung der Moral, der auch die größte Popularität gewonnen hat, ist jedoch der diskursethische. Ich hatte schon in der vorigen Vorlesung Anlaß, auf eine solche Variante aufmerksam zu machen (S. 137 f.). Die Diskursethik, besonders in der Form, die sie durch Apel und Habermas gewonnen hat, wird inzwischen überall auf der Welt diskutiert und verdient schon deswegen eine Erörterung. Die Diskurs- oder kommunikative Ethik ist ein spezifisch deutsches Phänomen der ausgehenden 60er und der 70er Jahre. Außer von Apel und Habermas und ihren

---

1 A. Gewirth, *Reason and Morality*, Chicago 1978.
2 Vgl. z. B. B. Williams, *Ethics and the Limits of Philosophy* S. 55 f. und A. MacIntyre, *After Virtue* 66 f.

Schülern (Wellmer, Böhler, Kuhlmann und andere) sind auch von F. Kambartel und in der sogenannten Erlanger Schule von P. Lorenzen und W. Kamlah und ihren Schülern (Mittelstrass, Lorenz, Schwemmer und anderen) ähnliche Konzepte vorgetragen worden.[3] Ich werde mich hier jedoch auf Apel und Habermas beschränken und mich an die zwei für dieses Thema wichtigsten Abhandlungen von Habermas halten: »Wahrheitstheorien« (1973) und »Diskursethik – Notizen zu einem Begründungsprogramm« (1983). Wie genau Apel und Habermas wechselseitig aufeinander gewirkt haben, übersehe ich nicht. Apel scheint eher der Schrittmacher gewesen zu sein, insbesondere mit seiner Abhandlung »Das Apriori der Kommunikationsgemeinschaft und die Grundlagen der Ethik« (1967), aber er hat das Konzept durch transzendentale Ansprüche, die Habermas abgelehnt hat, überfrachtet, und die Durchführungen von Habermas erscheinen mir klarer und konturierter.

In der Abhandlung »Wahrheitstheorien« hat Habermas sein Konzept in den Rahmen einer allgemeinen Wahrheitstheorie gestellt, derzufolge das Kriterium der Wahrheit der Konsens der Argumentierenden ist. Ich habe diese Theorie im allgemeinen und in ihrer besonderen Anwendung aufs Ethische ausführlich kritisiert[4] und will das hier nicht wiederholen. Wichtig ist, daß Habermas der Auffassung ist, daß Argumentieren eine wesentlich kommunikative Angelegenheit ist. Deswegen ist für ihn der eigentliche Ort der Argumentation der intersubjektive Diskurs. Diejenigen Sprachregeln, die speziell

3 Im Januar 1970 fand in Erlangen ein Treffen statt, an dem außer den Erlangern Habermas, Apel, Wellmer, Kambartel und einige andere teilnahmen (auch ich) und in dem man sich in den Grundanschauungen konsensuell bestätigt hat. Ich habe ebenfalls in meiner ersten Vorlesung über Ethik (in Heidelberg im WS 1967/68) ein kommunikatives Begründungskonzept vertreten, das auch noch in dem dritten meiner Vorträge »Probleme der Ethik« nachwirkt.

4 Am ausführlichsten in meinem Aufsatz »Sprache und Ethik«, den ich 1978 geschrieben, aber erst in meinen *Philosophischen Aufsätzen* im deutschen Original veröffentlicht habe (1992). Vgl. dort S. 295-314.

zur Kommunikation und insbesondere zum Diskurs gehören, nennt Habermas im Unterschied zu den semantischen Regeln (den Regeln der Bedeutung) pragmatische Regeln. Er ist nun der Auffassung, daß alle nicht rein logischen Regeln (diese sind semantisch begründet), die für eine Argumentation maßgebend sind, einen spezifisch pragmatischen Charakter haben.

Der nächstliegende Einwand gegen eine Konsenstheorie der Wahrheit ist, daß nicht ein beliebiger Konsens als Kriterium der Wahrheit angesehen werden kann, sondern nur ein qualifizierter. Das wird von Habermas anerkannt. Aber während man meinen könnte, daß diejenigen Regeln, die diese Qualifikation ausmachen, die semantischen Regeln sind, die für die Bedeutung und daher auch für die Verifikation bestimmend sind, ist seine These, daß die für die Verifikation relevanten Regeln Regeln der Art des Konsensus selbst sind, also pragmatischen Charakter haben. Nur derjenige Konsens sei als Wahrheitskriterium zulässig, der unter idealen Bedingungen zustande komme, die Habermas als die Bedingungen der »idealen Sprechsituation« bezeichnet. Vernunft wird jetzt pragmatisch so definiert, daß ein Konsens dann vernünftig ist, wenn er in einer idealen Sprechsituation zustande kommt.[5] Die ideale Sprechsituation wird von Habermas durch eine Reihe von Grundregeln definiert, deren Einhaltung die Bedingung dafür ist, daß von einem echten Diskurs gesprochen werden kann.[6]

Freilich wird man sich fragen, was macht denn einen echten Diskurs aus? Wird das dekretiert oder welches sind nun ihrerseits die Kriterien? Eine gewisse Antwort gibt Habermas dadurch, daß er zwischen trivialen und nichttrivialen Bedingungen unterscheidet. Als triviale Bedingungen werden genannt erstens, daß alle Teilnehmer dieselben Chancen, sich am Gespräch zu beteiligen, haben müssen und, zweitens, daß sie die gleiche Chance zur Kritik usw. haben müssen. Ich meine, daß das in der Tat echte Diskursregeln sind, sie sind es aber nur

5 »Wahrheitstheorien«, in: H. Fahrenbach (Hrsg.), *Wirklichkeit und Reflexion*, Festschrift für W. Schulz, S. 257.
6 A. a. O., S. 255 f.

deswegen, weil sie sichern, daß, wenn eine Argumentation, von der ich nicht sehe, daß sie an sich diskursiv (kommunikativ) ist, zwischen mehreren Personen stattfindet, Machtfaktoren, die die Argumentation verzerren könnten, ausgeschaltet werden. Die für den echten Diskurs geltenden Regeln würden darin bestehen, daß sie sichern, daß die zwischenmenschliche Situation die Argumentation nicht stört. Die spezifisch pragmatischen Regeln hätten dann also nur einen prohibitiven, eliminativen Charakter, und woran dieser gemessen würde, wäre die nicht-pragmatische Argumentation.

Als »nicht trivial« bezeichnet Habermas zwei weitere Bedingungen, die insbesondere für den moralischen Diskurs wichtig werden. Auch sie dienen dazu, Machtfaktoren zu beseitigen. Der 3. Bedingung zufolge sollen alle Sprecher »gleiche Chancen haben... ihre Einstellungen, Gefühle und Intentionen zum Ausdruck zu bringen.« Entscheidend ist jedoch die 4. Bedingung, derzufolge »zum Diskurs nur Sprecher zugelassen sind, die als Handelnde (!) die gleiche Chance haben... zu befehlen und sich zu widersetzen, zu erlauben und zu verbieten« usw. Ein Gespräch über moralische Fragen zwischen Herrn und Sklaven, Arbeitgeber und Arbeitnehmer, Vater und Sohn würde also die Bedingungen der idealen Sprechsituation verletzen.

Aber solche Diskurse, so möchte man einwenden, finden doch durchaus statt. Sie wären dann jedoch, so würde uns geantwortet werden, keine echten Diskurse (in einer »idealen Sprechsituation«). So eine Definition von »echtem Diskurs« hat natürlich einen guten Sinn, nur läuft sie darauf hinaus, daß wir definieren: wir wollen nur einen solchen Diskurs einen echten Diskurs nennen, der unter gleichgestellten Personen, unter egalitären Bedingungen stattfindet. Die Bedingungen sind jetzt nicht nur egalitär hinsichtlich der Beteiligung am Diskurs, sondern sie setzen voraus, daß die Personen auch im praktischen Leben gleichgestellt sind. Das heißt nun aber, daß ganz bestimmte moralische Regeln, nämlich universalistische egalitäre Regeln vorausgesetzt werden. Dürfen wir aber denn eine bestimmte Moral als Bedingung für Diskurse überhaupt und für moralische Diskurse im besonderen voraussetzen?

Wir können das natürlich tun, nur ist es dann trivial, daß dasjenige Moralprinzip, das in dem so institutionalisierten Diskurs herauskommt, seinerseits egalitär usw. sein wird. Will man diejenigen moralischen Ergebnisse, die sich auf diese Weise ergeben, gemäß der Definition der Vernunft durch die ideale Sprechsituation, als vernünftige bezeichnen, so ist das ein Zirkel. Was unter Vernunft zu verstehen ist, ist in diesem Fall durch die Bedingungen der idealen Sprechsituation *gesetzt* worden. Habermas meinte, auf diese Weise eine Ethik im Sinn des Kantischen Konzepts, für das das Universalisierungsprinzip grundlegend ist, begründen zu können, aber er hat es in Wirklichkeit vorausgesetzt. Außerdem muß man den spezifisch pragmatischen und diskursiven Charakter dieses Zirkelbeweises zurückweisen. Dieselbe Bedingung, die Habermas für seinen »echten Diskurs« postuliert hat, könnte man für jede »echte moralische Argumentation« in Anspruch nehmen. Eine moralische Argumentation wäre genau dann echt, wenn sie das Kantische Moralkonzept voraussetzen würde.

Überprüfen wir das vielleicht übereilte Ergebnis an der etwas veränderten Version der späteren Abhandlung. Hier nimmt sich Habermas eine doppelte Aufgabe vor: erstens soll, was er wieder das Universalisierungsprinzip nennt (abgekürzt »U«) auf pragmatischer Grundlage als zwingend geltend begründet werden. Was er als Universalisierungsprinzip bezeichnet, ist in etwa identisch mit Kants kategorischem Imperativ[7],

---

7 Diese Auffassung, was mit Universalisierungsprinzip gemeint ist, ist nicht selbstverständlich. R. M. Hare hat ein solches Prinzip in einem wesentlich schwächeren Sinn angesetzt, demzufolge jemand, wenn er ein moralisches Urteil fällt, qualitativ genau gleiche Situationen moralisch gleich beurteilen muß. Dieses auf der bloßen Semantik der normativen Ausdrücke wie überhaupt aller Prädikate beruhende Prinzip gilt jedoch für jede Moral überhaupt. Es schließt keineswegs aus, daß Menschen verschiedener Art inegalitär beurteilt werden oder daß die Norm in dem Sinn nicht universell anzuwenden ist, daß die moralischen Regeln lediglich auf die Gruppe bezogen werden. Hare hat jedoch fälschlich angenommen, daß bereits dieses Prinzip, das lediglich *Konsistenz* garantiert, zu einer egalitären und universellen Moral im Sinn des kategorischen

so daß ich also, was das inhaltliche Konzept von Habermas betrifft, mit ihm einig gehe und nur bezweifle, daß man dafür eine Begründung mittels einer kommunikativ definierten Vernunft geben kann. Zweitens soll gezeigt werden, daß auch ein spezifisch diskursethischer Grundsatz »D« gilt, demzufolge alle inhaltlichen moralischen Fragen auf der Basis eines Konsenses geregelt werden müssen, der in einem »realen« Diskurs der Betroffenen zustande kommen muß.[8]

Der erste Schritt unterscheidet sich von dem Vorgehen in dem frühen Aufsatz dadurch, daß die Bedingungen der idealen Sprechsituation nicht mehr so postulatorisch eingeführt werden; Habermas will zeigen, daß »es sich bei den Diskursregeln nicht einfach um Konventionen handelt, sondern um unausweichliche Präsuppositionen« der Argumentation überhaupt (S. 100). Habermas schließt sich hier eng an Apel an und folgt ihm in der Behauptung, daß wir einen »performativen Widerspruch« begehen, wenn wir diese Regeln nicht »unterstellen«.

Die Rede von einem performativen Widerspruch ist in der analytischen Philosophie eingeführt worden, um die spezielle Art von Widerspruch zu charakterisieren, der bei solchen Aussagen wie »Es regnet, aber ich glaube es nicht« gegeben ist. Dieser Satz, wenn er von einer bestimmten Person ausgesprochen ist, drückt wirklich einen Widerspruch aus: die Person behauptet etwas und nimmt im zweiten Satzteil ihre Behauptung zurück. Aber das hängt natürlich mit der Verwendung

Imperativs führt, freilich mit einer weiteren Differenzierung, die ich hier übergehen kann. Diese Moral enthält ein substantielles Prinzip, das aus rein semantischen sprachlichen Regeln so wenig begründet werden kann, wie die Diskursethiker es aus angeblichen pragmatischen Sprachregeln begründen können. Zur Kritik an Hare vgl. meinen Aufsatz »Sprache und Ethik«, *Philosophische Aufsätze*, S. 292-94. Eine klare Unterscheidung zwischen den genannten zwei Weisen, wie von Universalisierbarkeit gesprochen werden kann, findet man bei Mackie, *Ethics,* 14.

8 »Diskursethik – Notizen zu einem Begründungsprogramm«, in: *Moralbewußtsein und kommunikatives Handeln*, Frankfurt 1983, S. 76, 101 f.

des Wortes »ich« zusammen. Angenommen es ist z. B. Peter L., der hier gerade spricht, dann führen die beiden Sachverhalte, die in den beiden Teilsätzen zum Ausdruck kommen, wenn sie von einer anderen Person formuliert werden, zu keinem Widerspruch: »Es regnet, aber Peter L. glaubt es nicht.«

In ähnlicher Weise – ich gestehe, daß ich nicht ganz verstehe, wie – meinten nun offenbar Apel und Habermas, daß es auch spezifisch pragmatische Widersprüche gibt, die ebenfalls als performative Widersprüche zu bezeichnen wären. Als Beispiel bringt Habermas folgenden Satz: »Nachdem wir die Personen A, B, C von der Diskussion ausgeschlossen... hatten, konnten wir uns endlich davon überzeugen, daß N zu Recht besteht« (101). Ich bezweifle, daß das ein Widerspruch ist, performativ oder nicht; das hängt jedoch davon ab, wie genau man das Wort »sich überzeugen« versteht. Nehmen wir aber an, Habermas habe darin recht, so ist der Widerspruch natürlich genauso gegeben, wenn wir die angenommene pragmatische Situation eines »Diskurses« in Form einer bloßen Argumentation wiedergeben: »Nachdem ich die Gründe A, B, C von meinen Überlegungen ausgeschlossen hatte, konnte ich mich endlich davon überzeugen, daß N zu Recht besteht.« Der Widerspruch, falls er besteht, hängt also einfach an der Bedeutung des Wortes »sich überzeugen«, er ist ein gewöhnlicher semantischer Widerspruch und hängt an nichts spezifisch Pragmatischem.

Stellen wir jedoch dieses Bedenken zurück! Die eigentliche These von Apel und Habermas ist, daß die Bedingungen der idealen Sprechsituation, also der Art, wie sie schon in »Wahrheitstheorien« genannt waren, die Dignität von Regeln haben, die, wenn sie verletzt würden, einen performativen Widerspruch ergäben. Angenommen, es gelänge, das zu zeigen, dann wäre schärfer, als das in dem früheren Aufsatz geschehen ist, dargelegt, inwiefern ein Diskurs, der diese Regeln verletzt, unvernünftig ist. Er wäre in derselben Weise unvernünftig wie mein Satz »Es regnet, aber ich glaube es nicht« unvernünftig wäre: widersprüchlich, inkonsistent. Dies einmal angenommen, müßte dann das Prinzip U, wenn es sich zwingend aus diesen Regeln ergäbe, als in der Tat absolut begründet gelten, denn das hieße ja dann, daß jeder, der das Prinzip innerhalb eines Diskurses leugnete, sich pragmatisch widersprechen würde. Gelänge es, dies zu zeigen, so wäre der kategorische Imperativ auf eine noch zwingendere Art durch reine Vernunft begründet, als selbst Kant es sich erträumt hatte, denn dann wäre ja erwiesen, daß dieses Moralkonzept aus dem (freilich pragmatisch verstandenen) Satz vom Widerspruch selbst folgt.

Das also ist das Programm. Sehen wir uns nun die Durchführung an! Habermas zählt (S. 97-99) wieder die verschiedenen Diskursregeln bzw. Diskursbedingungen auf, die zur Charakterisierung der idealen Sprechsituation genannt waren. Dabei hält er sich allerdings an eine Wiedergabe seiner eigenen Position, die R. Alexy in einem Aufsatz gegeben hatte, und das mag dazu geführt haben, daß Habermas diejenige Bedingung, die in »Wahrheitstheorien« die entscheidende war, fallenläßt. Es ist aber auch möglich, daß Habermas sich jetzt dessen bewußt war, daß diese Bedingung so stark wäre, daß der von mir genannte Zirkelvorwurf unvermeidlich würde.

Die einzige für das Moralische relevante Regel lautet jetzt: »Jeder darf seine Einstellungen, Wünsche und Bedürfnisse äußern« (99). Diese Bedingung entspricht lediglich der dritten der in »Wahrheitstheorien« genannten Bedingungen. Soll man nun wirklich sagen, daß in einem Diskurs, in dem diese Regel verletzt wird, ein (pragmatischer) Widerspruch begangen wird?

Aber wir können das auf sich beruhen lassen. Entscheidend ist, daß man sofort sieht, daß diese Bedingung, welchen Status sie auch immer haben mag, viel zu schwach ist, um zu irgendwelchen moralischen Prinzipien zu führen, geschweige denn zu U. Nehmen wir an, ein Potentat sitzt im Kreise seiner Sklaven und gibt ihnen nicht nur alle anderen Rederechte (insbesondere die von Habermas genannten 3.1 und 3.2), sondern auch das Recht 3.3, ihre »Einstellungen, Wünsche und Bedürfnisse« zu äußern. Daraus kann überhaupt nichts folgen, und wenn der Potentat, nachdem alle sich geäußert haben, Normen festlegen will, so können diese auf die Wünsche seiner Untergebenen so weit Rücksicht nehmen oder auch nicht, wie er will.

Vielleicht werden Sie das für eine irreführende Persiflage halten. Was Habermas meine, sei natürlich, daß dem Potentaten keine besonderen Rechte zur Festsetzung der Normen zustünden, bzw. es gebe gar keinen Potentaten, sondern die Normen müßten von allen Beteiligten, die da ihre Wünsche geäußert haben, gemeinsam festgelegt werden. Aber dann stellt sich doch die Frage: wie sind bei dieser Festlegung die Machtverhältnisse verteilt? Wird vorausgesetzt, daß sie gleich sind, dann haben wir die 4. Bedingung von Wahrheitstheorien, und in *diesem* Fall ergibt sich die egalitäre Moral in der Tat.

So wird das Dilemma deutlich, vor dem die angebliche diskursethische Begründung der egalitären Moral steht. *Entweder* die 4. Bedingung von »Wahrheitstheorien« wird weggelassen, dann folgt normativ überhaupt nichts, *oder* sie wird (explizit oder implizit) wiederaufgenommen, dann ist das Argument ein Zirkel. Eine dritte Möglichkeit gibt es nicht.

Doch sehen wir, wie Habermas selbst vorgeht! Er kommt zu folgender Folgerung: »Wenn jeder, der in Argumentationen eintritt, u. a. Voraussetzungen machen muß, deren Gehalt sich in Form der Diskursregeln (3.1) bis (3.3) darstellen läßt; *und wenn wir ferner mit gerechtfertigten Normen den Sinn verbinden, daß diese gesellschaftliche Materien im gemeinsamen Interesse der möglicherweise Betroffenen regeln,* dann läßt sich jeder, der den ernsthaften Versuch unternimmt, normative Geltungsansprüche *diskursiv* einzulösen, auf Verfahrensbedingungen ein, die einer impliziten Anerkennung von U gleichkommen« (103).

Als Prämissen sollen jetzt also nicht nur die Diskursregeln (3.1) bis (3.3) gelten, sondern als weitere Prämisse wird der Satz eingeschleust, den ich in Kursiv gesetzt habe. Dieser Satz ist aber einfach eine Reformulierung von U selbst. Die Folgerung, die Habermas vornimmt, hat also die logische Form: Aus erstens 1.3 bis 3.3 und zweitens U folgt U. Streicht man den in Kursiv gesetzten Satz, folgt nichts. Läßt man ihn stehen, dann ergibt sich eine Tautologie der Form »wenn q und p, dann p«, und dabei spielen die angeblich unausweichlichen pragmatischen Präsuppositionen 3.1 bis 3.3 nicht einmal mehr eine Rolle.

Unmittelbar anschließend wendet sich Habermas seinem Prinzip D zu. Mir ist nicht ganz klar, ob er meint, dieses Prinzip des »realen Diskurses« aus Bedingungen herleiten zu können, die er für ähnlich zwingend hält wie die Bedingungen, die nach seiner Meinung zum Prinzip U führen. Es werden aber keine solchen Bedingungen genannt. Habermas stellt lediglich fest: »Alle Inhalte, auch wenn sie noch so fundamentale Handlungsnormen berühren, müssen von realen (oder ersatzweise vorgenommenen advokatorisch durchgeführten) Diskursen abhängig gemacht werden... Eine Moraltheorie, die sich... in inhaltliche Bereiche erstreckt, muß als ein Beitrag zu einem unter Staatsbürgern geführten Diskurs verstanden werden« (104).

Ich habe schon in meinem Aufsatz »Sprache und Ethik« darauf hingewiesen, daß Habermas hier zwei Sphären ineinanderschiebt, die unterschieden gehören: die moralische und die politische. Wenn er von einem »unter Staatsbürgern geführten Diskurs« spricht, handelt es sich offenbar um einen demokratischen Diskurs, wie wir ihn, und dies freilich auf der *Grundlage* moralischer Überzeugungen, überall dort fordern, wo mehrere Menschen sich auf Regeln einigen müssen, die ihr gemeinsames Handeln betreffen. Hier herrscht das Mehrheitsprinzip, ein vollständiger Konsens ist im allgemeinen nicht möglich, und das Ergebnis hat den Charakter einer kollektiven Dezision, für die das moralisch begründete Prinzip gilt, daß die Stimmen aller Beteiligten gleich viel gelten. Es wäre merkwürdig, daß diese Prozedur auch für moralische Normen gelten soll; freilich sehen wir uns häufig gezwungen, auch über moralische Fragen – natürlich nur, wo diese einen politischen bzw. rechtlichen Stellenwert gewinnen sollen, wie z. B. bei der Abtreibungsfrage – durch Abstimmung zu entscheiden, und natürlich kann auch über die Verfassung einer Politie nur durch eine (wegen ihrer Gewichtigkeit evtl. qualifizierte) Abstimmung entschieden werden. Alle diese Entscheidungen haben dann aber den Sinn eines Kompromisses, und Kompromisse sind auch im alltäglichen Miteinander erforderlich, aber das heißt dann eben, daß die Beteiligten die Fragen entweder als nichtmoralische definieren oder erkannt haben, daß sie sich moralisch nicht einigen können. Habermas scheint nun aber der Meinung zu sein, daß moralische Fragen durch einen Konsens entschieden werden können bzw. sollen, der einerseits die Form eines politischen Konsenses hat, aber andererseits nicht einen Kompromiß und eine kollektive Dezision, sondern einen vollständigen Konsens darstellen soll. Ich halte das für ein hölzernes Eisen.

Die Annahme, daß konkrete moralische Fragen durch einen realen Diskurs entschieden werden können oder gar sollen, erscheint nicht nur unbegründet, sondern auch abwegig. Gewiß ist es wichtig, die eigenen moralischen Überzeugungen dadurch zu überprüfen, daß man sie zur Diskussion stellt, genauso wie seine theoretischen Überzeugungen. Hier gilt das einfache Prinzip, daß andere mich auf Fehler und evtl. Perspektiven aufmerksam machen können, die ich nicht gesehen habe. Nun meint aber Habermas, daß der Diskurs gerade mit den von einer moralischen Entscheidung Betroffenen stattfinden soll, während doch das Umgekehrte der Fall ist, weil die von einer moralischen Entscheidung Betroffenen unweigerlich parteiisch sind, während wir an einer unparteiischen Klärung interessiert sein müssen.

Ich will zwei Beispiele geben. Nehmen wir an, zwischen zwei Ehepartnern besteht eine wechselseitige Treueverpflichtung, und einer ist dem anderen gleichwohl untreu geworden. Dann entsteht für denjenigen, der den Seitensprung getan hat, das moralische Dilemma, ob er das – aus Achtung – dem anderen sagen soll oder ob er es ihm – aus Schonung – verschweigen soll. Soll er nun in einem »realen Diskurs« mit dem anderen darüber zu Rate gehen, welchen Weg er einschlagen soll? Man sieht, daß in diesem Fall ein realer Diskurs sogar unmöglich ist, weil mit der Entscheidung, den anderen in die moralische Überlegung einzubeziehen, das Dilemma bereits zugunsten einer der beiden Alternativen entschieden ist.

Als zweites Beispiel kann uns eine Phantasiesituation dienen, die häufig zur Kritik des Utilitarismus verwendet wird. In einer Klinik befinden sich fünf Patienten, die alle dringend eine

Organtransplantation brauchen, um überleben zu können, außerdem ein Patient zu einem Checkup, der alle erforderlichen Organe hat, und dem Arzt ist es unmöglich, die Organe anderswo herbeizuschaffen. Soll die Frage, ob der Gesunde zugunsten der fünf anderen geopfert werden soll, mit den sechs Betroffenen beraten werden? Hier zeigt sich, wie problematisch moralische Entscheidungen unter Beteiligung der Betroffenen sind. Jeder der sechs möchte am Leben bleiben, und wenn jeder von seinen Interessen ausgeht, wird sich eine Mehrheitsentscheidung ergeben, die offensichtlich unmoralisch erscheint. Nun ist es natürlich möglich, daß auch die fünf, die Transplantationen brauchen, so moralisch denken, daß sie auf die unmoralische Mehrheitsentscheidung verzichten, aber zu diesem Ergebnis hätte der Arzt viel unangefochtener alleine kommen können oder, wenn er doch im Zweifel war, hätte er lieber andere zu Rate gezogen, die nicht betroffen waren.

Gibt es überhaupt außerhalb des Politischen Situationen, in denen moralische Entscheidungen besser in einem realen Diskurs mit den Betroffenen getroffen werden? Es scheint einen wirklich wichtigen, aber auch nur diesen Grund zu geben, der die Heranziehung der Betroffenen häufig erforderlich macht, nämlich dann, wenn wir ihre Wünsche und Bedürfnisse nicht kennen. Es ist dieser Aspekt, der in der Regel 3.3 im zweiten Aufsatz von Habermas genannt wird (oben S. 168). Und zwar gibt es einen moralischen Grund, der seinerseits nicht diskursiv zu erörtern ist, sondern sich aus dem kategorischen Imperativ ergibt, der uns dazu verpflichtet, bei Hilfestellungen die Betroffenen selbst sagen zu lassen, was sie wollen, und darüber hinaus die Hilfe als Hilfe zur Selbsthilfe zu verstehen: es ist das Gebot der Anerkennung der Autonomie. Aber wenn ich vor einem moralischen Dilemma stehe, bin ich zwar, sofern besondere Wünsche und Bedürfnisse von anderen betroffen sind, dazu verpflichtet, diese von ihnen zu erfahren (sofern das möglich ist; in meinem Beispiel der Ehepartner ist es nicht möglich), aber die moralische Entscheidung muß ich selbst treffen. Nur im Fall eines gemeinsamen Unternehmens mit moralischen Implikationen (und der Staat ist der ausgezeichnete Fall eines solchen), hat natürlich kein einzelner das Recht, die anderen zu entmündigen und für sie zu entscheiden; die Entscheidung ist dann aber eine politische und muß gemeinsam, gegebenenfalls durch einen Kompromiß erfolgen. Das ist gerade die Folge einer moralischen Norm, die ihrerseits so wenig diskursiv begründet ist wie irgendeine andere moralische Norm.

Damit sind die zwei Behauptungen von Habermas, erstens daß sich der kategorische Imperativ aus einer spezifisch diskursiv zu verstehenden Vernunft (falls es eine solche gäbe) begründen läßt, zweitens daß auch die Anwendung des kategorischen Imperativs im Diskurs mit den Betroffenen erfolgen muß, nicht nur so, wie er sie faktisch durchgeführt hat, widerlegt, sondern es ist auch prinzipiell gezeigt, daß eine solche Begründung unmöglich ist und daß die diskursive Anwendungsmaxime im allgemeinen abwegig ist.

Es gibt jedoch noch ein Argument für eine kommunikativ begründete Moral, das bei Habermas nicht vorkommt (aus guten Gründen, wie wir gleich sehen werden) und das auf den ersten Blick eine starke Plausibilität zu haben scheint. Ich meine dasjenige, das ich schon bei der Kantinterpretation gestreift habe (oben S. 137): Es könnte naheliegen zu meinen, daß wir im Bereich des Moralischen nicht einfach Sätze zu begründen (auszuweisen) haben, sondern Handlungen, und man könnte nun meinen, daß in diesem Fall eine Handlung nur begründet (im Sinne von ausgewiesen) ist, wenn wir sie gegenüber den Betroffenen und d. h. dann letztlich gegenüber jedermann begründen können. Weiterhin könnte man sagen, daß eine Handlung (und dann auch der entsprechende Satz) nur ausgewiesen ist, wenn er *gegenüber* den Betroffenen begründet werden kann, und *das heißt:* wenn sie der Handlung (bzw. dem entsprechenden Satz) *zustimmen* können. Es gäbe dann also ein Begründetsein, das seinem Sinn nach ein Begründetsein-gegenüber-x ist, und dieses gewinnt seinerseits seinen Sinn aus der korrelativen Zustimmung von x.

Man kann sich diese Idee an einem Beispiel verdeutlichen, das einen grundsätzlichen Charakter hat. Einige Menschen tun sich kooperativ zusammen – z. B. in eine Politie, in einem Staat – und schließen einige andere Menschen, die sich in ihrem

Machtbereich befinden, entweder von einigen oder allen Rechten, die sie sich selbst zugestehen, aus; wenn sie die anderen von allen Rechten ausschließen, sind es Sklaven. Nun kann man sagen: die Entrechteten, und seien sie auch nur benachteiligt (man denke an irgendwelche Minderheiten) werden diesen Zustand gegebenenfalls hinnehmen müssen, einfach auf Grund der Machtverhältnisse, aber sie werden ihm nicht zustimmen, und dieser Umstand, daß sie ihm nicht zustimmen, heißt eben, daß er *ihnen gegenüber* nicht begründet werden kann und daß er insofern illegitim und, wenn man Vernunft fettgeschrieben so definieren will, eben unvernünftig, irrational ist.

Diese Überlegung klingt ansprechend, hat jedoch ihren schwachen Punkt in der zweideutigen Verwendung der Rede von »Zustimmung«. Denn man muß jetzt doch fragen, *was für* eine Zustimmung gemeint ist. Ist nur von derjenigen Nichtzustimmung der Benachteiligten die Rede, die implizieren würde, daß sie genau dann zustimmen würden, wenn sie nicht benachteiligt wären? In diesem Fall haben die Benachteiligten jedoch einen bestimmten moralischen Maßstab im Auge, der die Bedingung für ihre Zustimmung ausmachen würde, und das wiederum hieße, daß der Zustand nicht deswegen illegitim ist, weil sie ihm nicht zustimmen, sondern daß sie ihm nicht zustimmen, weil er illegitim (benachteiligend) ist. In diesem Fall ist aber das Kriterium eben nicht die Zustimmung als solche, sondern die egalitäre Moral.

Wäre hingegen von einer Zustimmung einfachhin die Rede, was hinderte dann die Benachteiligten, mehr zu fordern als was gerecht ist? Jeder könnte sagen, er stimme letztlich nur dem Zustand zu, der für ihn der optimale ist, also z. B. dem, in dem er alle Macht hat. Wenn hingegen die Benachteiligten nicht die neuen Herren sein wollen, sondern nur Gleichstellung fordern, handelt es sich schon um eine qualifizierte Zustimmung.

Das heißt dann aber, daß die Zustimmung *als solche* für die Beurteilung des Zustandes als eines ungerechten, als Benachteiligung gar nicht wesentlich ist. Jeder Nichtbetroffene kann ihn ebenso als ungerechten erkennen wie ein Betroffener. Daß

Ungerechtigkeiten den Betroffenen selbst *faktisch* (aber keineswegs immer) eher und empfindlicher *auffallen,* ist freilich ein empirisches Faktum, und es hat denselben Grund, warum die Beteiligten im vorher diskutierten Fall, bei der Entscheidung moralischer Dilemmata, in die sie selbst verwickelt sind, zur Beurteilung *weniger* geeignet sind: in beiden Fällen ist wichtig, daß der Betroffene Partei ist, und es erscheint ebenso naheliegend, daß dem Betroffenen eine Benachteiligung rascher und empfindlicher auffällt, wie daß er ungeeigneter ist als ein Nichtbetroffener, seine Benachteiligung gegenüber der Benachteiligung eines anderen abzuwägen.

Daß die Benachteiligten im Vergleich zu den Bevorzugten die Ungerechtigkeit leichter erkennen, weil sie sie selbst spüren, macht verständlich, daß es scheinbar plausibel ist zu sagen, ein Verhalten sei ungerecht, wenn der Betroffene ihm nicht zustimmen kann. Und es ist auch durchaus sinnvoll zu sagen, daß wir das Verhalten dann *ihm gegenüber* nicht begründen können. Aber das hat jetzt die prinzipielle Bedeutung verloren, die es zunächst zu haben schien. Denn die definitorischen Äquivalenzen laufen jetzt nicht mehr so, wie das Argument sie hinstellte, sondern umgekehrt. Dem Argument zufolge ist eine Handlung gegenüber x begründet genau dann, wenn x ihr zustimmen kann; die Möglichkeit der Zustimmung entscheidet also über die Gerechtigkeit. In Wirklichkeit aber wird die legitime Zustimmung ihrerseits durch die Gerechtigkeit definiert, und diese definiert dann auch, wann die Handlung gegenüber x begründet werden kann.

Ich kann das auch so ausdrücken: eine Handlung läßt sich gegenüber x (gemäß einem bestimmten Moralkonzept) begründen, genau dann, wenn die Handlung x betrifft *und* (in diesem Moralkonzept) begründet ist. Die Hoffnung, daß mittels des Begriffs des Begründens-gegenüber-x doch eine absolute praktische Begründung möglich sei, scheitert also daran, daß dieser Begriff seinerseits entweder direkt oder indirekt über die qualifizierte Zustimmung ein Gerechtigkeitskonzept voraussetzt.

Es lohnt sich auch zu beachten, daß der Rückgriff auf die Zustimmung nicht einmal das egalitäre Gerechtigkeitskonzept gegenüber anderen bevorzugt. In einer Gesellschaft, in der ein nichtegalitäres Gerechtigkeitskonzept nicht nur faktisch praktiziert, sondern von den Betroffenen für richtig gehalten wird (im Begriff ihres geglaubten Guten verankert ist), wird auch derjenige, der, gemessen an einem egalitären Gerechtigkeitskonzept, benachteiligt wird, diesem Zustand zustimmen. Die Tatsache, daß es so natürlich erscheint, daß der Betroffene gerade dann *moralisch* nicht zustimmen kann, wenn er sich auf Grund eines egalitären Gerechtigkeitskonzepts als ungerecht beurteilt ansieht, hängt also nicht an dieser kommunikativen Situation als solcher, sondern folgt daraus, daß das egalitäre Gerechtigkeitskonzept zu demjenigen Begriff des Guten gehört, der aus den in der 5. Vorlesung angegebenen Gründen so natürlich erscheint; außerdem werden wir noch bei der Klärung des Gerechtigkeitsbegriffs sehen, daß der Gleichheit (dem Egalitären) ein Primat zukommt, das egalitäre Gerechtigkeitskonzept also dasjenige ist, das übrigbleibt, wenn alle weiteren (gegebenenfalls transzendenten) Gesichtspunkte, die eine Ungleichheit begründen können, entfallen. Mit der spezifisch kommunikativen Situation hat das nichts zu tun.

Der Grund, warum dieses an der Oberfläche so plausibel scheinende Argument für eine spezifisch kommunikative Begründung ebenfalls scheitert, liegt in der Zweideutigkeit des Zustimmungsbegriffs. Das ist wahrscheinlich der Grund, warum dieses Argument bei Habermas nicht vorkommt und höchstens am Rande mitschwingt. Denn wir haben ja gesehen, daß Habermas bereits in »Wahrheitstheorien« erkannt hat, daß der Konsens, um den es sich handeln muß, ein qualifizierter zu sein hat (oben S. 163). Hat man das einmal erkannt und will man gleichwohl noch eine spezifisch diskursive Begründung erreichen, ist ein Schritt, wie wir ihn bei Habermas finden, der Rückgriff auf eine »ideale Sprechsituation«, erforderlich, der dann freilich, nur auf einer, wenn man so will, höheren Ebene dieselben Zirkelschlüsse reproduziert, wie sie im eben erörterten Argument enthalten sind.

Die Mitleidsethik; Tiere, Kinder, ungeborenes Leben

Die Kritik, die ich in den letzten drei Vorlesungen an Kant und an der Diskursethik durchgeführt habe, betreffen nur ihren Anspruch, das inhaltliche Konzept des kategorischen Imperativs begründen zu können, und das durch einen jeweils verschieden verstandenen Rekurs auf »Vernunft«. In der inhaltlichen Vorstellung, wie man sich die Moral zu denken habe, bin ich mir mit Kant und der Diskursethik einig; hier unterscheide ich mich von diesen Philosophen nur dadurch, daß sie wie selbstverständlich von *der* Moral sprechen, während ich meine, daß es sich um diejenige Moral handelt, die sich als die plausibelste erweist, *wenn* man traditionalistische Prämissen vermeidet und sich gleichwohl mit dem Kontraktualismus, der keine Moral im eigentlichen Sinn ist, nicht zufrieden geben will.

Von der Kritik an fehlerhaften Versuchen, dasjenige Moralkonzept zu begründen das ich für das plausible halte, ist natürlich die Kritik von Moralkonzepten zu unterscheiden, die ich für unplausibel halte. Von den verschiedenen modernen Versuchen, die ich in der 4. Vorlesung genannt habe, habe ich sowohl die Mitleidsethik von Schopenhauer als auch den von Hume ausgehenden Utilitarismus nur kurz erwähnt. Ich habe in der 5. Vorlesung darauf hingewiesen, daß ein wesentlicher Teil der Plausibilisierung des inhaltlichen Prinzips, das ich für das vertretbare halte und das mit dem Kantischen identisch ist, darin besteht, zu zeigen, daß und warum andere moderne Vorschläge unplausibel sind. Ich werde in der heutigen Vorlesung Schopenhauers Ethik erörtern, da sie, ausgehend von einem natürlichen Affekt, der Kantischen Ethik diametral entgegengesetzt ist, und das gilt auch für ihren Begründungsanspruch, wenn man bei ihr überhaupt von einem solchen sprechen kann. Obwohl ich die Auffassung vertreten werde, daß Schopenhauers Konzept nicht nur ein unplausibles ist, sondern überhaupt kein Moralkonzept, enthält sein Insistieren auf dem Mitleid einen wichtigen Beitrag. Auch der Utilitarismus läßt sich von dieser Grundlage her verstehen, obwohl er historisch anders entstanden ist (vgl. unten S. 323 f.). Beiden Ethiken ist die ausschließliche Orientierung an den Gefühlen derer, denen gegenüber moralische Verpflichtungen bestehen, gemeinsam, und damit hängt zusammen, daß beide auch die Tiere miteinbeziehen.

Gegen Ende seiner *Preisschrift über die Grundlage der Moral* legt Schopenhauer dem Leser ein Beispiel als *»experimentum crucis«* vor (§ 19). Jemand hatte einen anderen töten wollen, aber im letzten Moment nimmt er von seinem Vorhaben Abstand, nicht aus prudentiellen Gründen, sondern aus moralischen, und die Frage, die Schopenhauer dem Leser vorlegt, ist, welche moralische Motivation er überzeugend findet. Würde es überzeugend scheinen, wenn er uns sagte, er hätte es nicht getan, weil die Maxime seines Handelns sich dann nicht universalisieren ließe? Oder weil er den anderen dann nicht zugleich als Zweck an sich behandelt hätte? Schopenhauer nennt noch eine Reihe anderer Motive, die sich auf andere Moralkonzepte beziehen, und stellt ihnen dann allen die Antwort gegenüber: ich habe es nicht getan, weil »mich Mitleid ergriff... es jammerte mich seiner.« »Jetzt frage ich jeden redlichen und unbefangenen Leser: Welcher... ist der bessere Mensch?... Welcher... ist durch ein reineres Motiv zurückgehalten worden? – Wo liegt demnach das Fundament der Moral?«

Nach Schopenhauer ist das ausschließliche Fundament der Moral das Mitleid. Ob wir, was dabei herauskommt, überhaupt noch als Moral bezeichnen dürfen, werden wir klären müssen, es ist jedenfalls im Gegensatz zum Kontraktualismus und analog zu Kant eine Position des desinteressierten Altruismus. Schopenhauer sieht, ähnlich wie ich es am Ende der 5. Vorlesung getan habe, die beiden gegensätzlichen Möglichkeiten des Handelns des Menschen im Egoismus und im Altruismus (§§ 14-15). Schopenhauer vertritt auch zweifellos eine spezifisch moderne, aufgeklärte Position: er verwirft jede transzendente Begründung und die Pflichten gegenüber sich selbst. Es erscheint ihm selbstverständlich, daß inhaltlich gesehen – was er das »Prinzip« der Ethik nennt – die einzigen zwei Grundsätze der Moral die zwei eng zusammengehörigen Imperative sind: *Neminem laede; immo omnes, quantum potes, juva* (»Schade niemandem, sondern hilf allen, soweit du kannst«). Er stellt diese mit Recht in enge Verbindung mit der goldenen Regel (§ 7). Er ist sich mit Kant darin einig, daß zwischen pflichtmäßigem Handeln und Handeln aus moralischer Motivation unterschieden werden muß – wir befolgen die beiden Imperative meist sei es auf Grund »der gesetzlichen Ordnung«, sei es »um des guten Namens willen« (§ 13) –, und so ist die für ihn entscheidende Frage, wie die moralische Motivation zu verstehen ist.

Als Vernunft, sagte Kant; als Mitleid, sagt Schopenhauer. In der Kantkritik, die den größeren Teil seiner Schrift ausmacht, verwirft er ähnlich, wie ich es getan habe, sowohl die Idee einer reinen praktischen Vernunft – hier stellt er sich ebenso, wie ich es getan habe, auf den Standpunkt Humes – als auch die Rede von einem absoluten Sollen, die er als eine »*contradictio in adjecto*« bezeichnet, deren »Ursprung in der theologischen Moral« liege (§ 3). Allerdings verwirft er dann auch den kategorischen Imperativ inhaltlich, weil er angeblich auf Egoismus beruhe. Dieser Teil seiner Kritik ist eindeutig irrig; er beruht auf jener Verwechslung, die von Ebbinghaus richtiggestellt worden ist (vgl. oben S. 152).

Jedenfalls ergibt sich, daß Schopenhauer mit Kant, schon was den Inhalt der Moral betrifft, nur teilweise übereinstimmt. Das ist zunächst daran zu sehen, daß der kategorische Imperativ weiter reicht als das Prinzip »*Neminem laede* usw.«. Das zeigt sich insbesondere an denjenigen Normen, die ich als Kooperationsregeln im engeren Sinn bezeichnet habe: man soll sein Versprechen halten, man soll nicht lügen. Man könnte hier für Schopenhauer und gegen Kant plädieren mit dem Argument, daß diese Normen wirklich nur gelten, wenn sie jemanden konkret schädigen. Das ist jedoch fragwürdig. Ist z. B. heimliches Steuerhinterziehen nicht unmoralisch?

Bleiben wir jedoch bei den auf eine bestimmte Person bezogenen Handlungen und Unterlassungen! Schädigen wir jemanden nicht, wenn wir ihn hintergehen und er es nicht merkt und ihm außerdem kein realer Schaden entsteht? Jedenfalls dann nicht, wenn Wohlergehen und Schaden im Sinn von »Wohl und Wehe« verstanden werden (§ 16, Punkt 3), also wenn Schaden nur im Leiden faßbar wird. Wie ist es z. B., wenn ich jemanden hintergehe, ohne daß er es merkt? Die Auskunft, er *würde* leiden, wenn er es erführe, kann nicht befriedigen. Das ist aber nicht einmal das Entscheidende. Warum denn würde er leiden? Es liegt nahe zu sagen, weil er sich nicht geachtet fühlen würde. Das ist ja auch der Grund, warum es für den anderen noch schlimmer ist, wenn er sich vorstellen muß, ich habe ihn hintergangen und er erfährt es nicht. In diesem Fall leidet aber der andere, *weil* er nicht geachtet worden ist. Dieses Leiden und der entsprechende Schaden setzen also bereits die moralische Norm voraus und begründen sie nicht. Die Norm, die anderen zu achten, reicht weiter als sie nicht zu schädigen und allemal weiter als ihnen kein Leid zuzufügen.

Auch entfiele z. B. eine Verpflichtung ein Versprechen einzuhalten, das am Sterbebett gegeben wurde.

Wenn wir uns freilich in solchen Vergleichen nicht auf intuitive Voraussetzungen darüber stützen wollen, was als unmoralisch angesehen wird, könnte man sagen: soweit zeigt der Vergleich nur, daß die beiden Prinzipien teilweise zu ungleichen Normen führen. Man könnte dann als Schopenhauerianer geltend machen, diejenigen Regeln, die sich aus dem kategorischen Imperativ (oder der goldenen Regel) ergeben, sind, sofern sie über das Prinzip, niemanden leiden zu lassen, hinausreichen, keine »echten« Moralprinzipien. Wir hätten einfach zwei verschiedene Ausdeutungen des Altruismus.

Schopenhauers Moralprinzip gerät jedoch in weitere Schwierigkeiten, sobald wir uns nicht an einzelne Normen halten, sondern an eine komplexe Handlungssituation denken, in der verschiedene einfache Normen im Spiel sind, und allemal wenn es sich um die Interessen mehrerer Personen handelt. Hier haben wir gesehen, daß der kategorische Imperativ das Kriterium an die Hand gibt, daß so entschieden werden soll, wie ein Beliebiger wollen würde, daß in einer Situation dieses Typs gehandelt werde. Es ist dieser Zusammenhang, in dem sich die Stärke des Kantischen Prinzips zeigt, das sich also keineswegs, wie Schopenhauer meint, auf einen leeren Formalismus reduzieren läßt, der sich aus dem Vernunftprinzip ergäbe. Schopenhauers Prinzip »*Neminem laede* usw.« gibt hingegen überhaupt kein Abwägungskriterium an die Hand; es reicht – in *dieser* Beziehung – nicht weiter als Kants 2. Formel (vgl. oben S. 149).

Beide Schwierigkeiten zeigen auch, daß Schopenhauers Prinzip (wie dann natürlich auch seine Auffassung von der Motivation) für eine politische Ethik vollständig unbrauchbar ist. In der politischen Ethik geht es fast immer darum, zwischen den Interessen mehrerer abwägen zu müssen, und außerdem um Rechte, die zum Teil wiederum vorausgesetzt werden müssen, wenn behauptet wird, daß jemand, dem sie nicht gewährt werden, daran leidet, so z. B. beim Recht auf politische Partizipation.

Spätestens hier werden wir uns fragen müssen, was denn umgekehrt *für* Schopenhauers inhaltliches Prinzip – seine bestimmte Auffassung von Altruismus – spricht, denn er hat dieses ja zunächst nur thetisch eingeführt. (Ähnlich werden wir verfahren müssen, wenn wir die Kantische Auffassung des Altruismus mit der utilitaristischen vergleichen werden.) Die Antwort kann natürlich nur lauten, daß man das eben an dem »*experimentum crucis*« sehe, das ich anfangs angeführt habe. *Wenn* wir eine gute Tat oder die Enthaltung von einer schlechten nur dann als moralisch beurteilen, wenn sie aus Mitleid geschieht, dann scheint zu folgen, daß auch nur diejenigen Handlungstypen inhaltlich gut sein können, die aus dieser Motivation folgen.

Wenn es dem Ansatz von Schopenhauer gelingen könnte, im Rekurs auf das Mitleid die Grundlage der Moral einsichtig zu machen, ließe sich sagen, daß sein Ansatz dem Kantischen überlegen sei, trotz aller inhaltlichen Schwierigkeiten, weil dann eine »natürliche« Basis der Moral gefunden wäre.

Es wäre natürlich zu simpel, wenn man Schopenhauers Ansatz dem Kantischen so entgegenstellen wollte, als stünden sich hier ein Ansatz beim Rationalen einem Ansatz beim Gefühl gegenüber. Wir haben gesehen, daß der Kantische Ansatz seinen Sinn behält, wenn man sein angeblich rationales Fundament wegläßt, und auf der anderen Seite ist Schopenhauers Ansatz nicht ausreichend bezeichnet, wenn man ihn als gefühlsmäßig beschreibt. Hier sind zwei Unterscheidungen erforderlich. Erstens die zwischen einem moralischen Prinzip, das uns gefühlsmäßig motiviert, und einem moralischen Prinzip, das selbst von einem bestimmten Gefühl bestimmt wird. Im ersteren Fall ist das moralische Gefühl, um das es sich handelt, eben jenes, das das moralische Prinzip bejaht: so war es bei Aristoteles, so bei Hutcheson, den Kant im Auge hatte, als er gegen die Idee eines moralischen Gefühls polemisierte, und so auch bei mir: nach meiner generellen Auffassung von »einer Moral« handelt jemand aus moralischer Motivation, wenn das Gefühl, das ihn leitet, das Gefühl für das Gute im Sinn dieser Moral ist, nach meiner speziellen Auffassung derjenige, der aus Achtung für die Menschen handelt. Für Schopenhauer entfällt der Begriff des Guten; das Gefühl, auf das er zurückgreift, ist weder ein Gefühl für das Moralische noch das moralische Gefühl für die Menschen. Es ist ein Gefühl, das unabhängig von der Moral empirisch vorgegeben ist und seinerseits bestimmt, was als moralisch anzusehen ist. Wenn ein Gefühl diese Funktion übernehmen kann, erscheint es naheliegend, daß es das Mitleid ist, obwohl das nicht zwingend ist; bei Adam Smith ist das Mitleid nur ein spezielles sympathetisches Gefühl. Diese Einengung auf das Negative – Mitgefühl für Leid – ist Schopenhauer bewußt und erscheint, wenn das natürliche Mitgefühl als solches schon das Fundament der Moral sein soll (was es bei Adam Smith nicht sein wird), auch plausibel.

Die eigentliche Schwierigkeit dieses Ansatzes liegt jedoch darin, daß, wie ich schon in der 4. Vorlesung gesagt habe, das Mitleid als natürliches Gefühl lediglich mehr oder weniger vorhanden ist. Es gibt wohl Menschen, die jedem Leid gegenüber spontan mit Mitleid reagieren, aber die meisten tun das nur partiell, und bei manchen ist der umgekehrte Affekt der Schadenfreude und der Freude an Grausamkeit stärker vorhanden als das Mitleid.

Kann denn aber ein solches natürlich vorgegebenes und in verschiedenen Graden vorhandenes Gefühl überhaupt Grundlage für ein Verpflichtetsein sein? Sind wir verpflichtet zum Mitleid? Man kann gewiß sagen, wir sollen diesen Affekt als einen generalisierten ausbilden. Aber was sollte uns dazu motivieren, wenn wir nicht eine moralische Sichtweise schon voraussetzen?

Schopenhauer ist an diesem Punkt nicht ganz konsistent. Er spricht, insbesondere in § 17, von einer Maxime und einem Grundsatz, er verwendet hier auch die Wörter »Recht« und »Pflicht«, und in der Tat ist ja sein Prinzip *neminem laede* usw.« ein imperativisch formulierter Grundsatz. Auf der anderen Seite schreibt er in § 13: »Man wird mir vielleicht entgegensetzen wollen, daß die Ethik es nicht damit zu tun habe, wie die Menschen wirklich handeln, sondern die Wissenschaft sei, welche angibt, wie sie handeln *sollen*. Dies ist aber gerade der Grundsatz, den ich leugne, nachdem ich im kritischen Teile dieser Abhandlung genugsam dargetan habe, daß der Begriff des *Sollens,* die *imperative Form* der Ethik, allein in der theologischen Moral gilt. außerhalb derselben aber allen Sinn und Bedeutung verliert.« Schopenhauer kann also nicht von einem moralischen Sollen sprechen, weil er erstens mit Recht Kants Sollensbegriff verwirft und weil zweitens für ihn nur Formen des Sollens übrigbleiben, die durch äußere Sanktionen bestimmt sind, wie religiöse, kontraktualistische oder juristische; die Idee einer inneren Sanktion, die auf Grund eines gemeinsamen Konzeptes des Gutseins übernommen wird, kennt er nicht. Das erscheint konsequenter, als wenn er mitunter von Maximen und Grundsätzen spricht. Das heißt dann aber: die Ethik hat sich nach Schopenhauer einfach darauf zu beschränken zu konstatieren, daß es neben egoistischen Handlungen auch solche gibt, die uneigennützig sind, und das sind eben diejenigen, die durch Mitleid motiviert sind.

Kann man das noch Moral nennen? Man kann es natürlich, wenn man will. Wenn freilich Moral als ein Normensystem verstanden wird, wie es sogar der Kontraktualismus ist, kann man es nicht mehr, und wenn für eine Moral ein Konzept des

Guten grundlegend ist, kann man es allemal nicht. Es ist nicht mehr sinnvoll zu sagen, daß man so sein soll oder muß, und man kann nicht mehr davon reden, daß etwas wechselseitig gefordert würde. Auch Tadeln und Billigen ist nicht mehr sinnvoll. Schopenhauer scheint dem auch selbst dadurch Rechnung zu tragen, daß er nicht von Begründung, sondern von dem »Fundament« der Moral spricht. Das moralische Verhalten wird nicht begründet, sondern es hat lediglich, wenn es vorkommt, das Mitleid als Grundlage.

Dann hat sich aber Schopenhauers Konzept so weit vom gewöhnlichen moralischen Verständnis entfernt, daß man fragen wird, wieso es gleichwohl, z. B. in dem als »experimentum crucis« genannten Beispiel, eine so starke Plausibilität zu haben scheint. Hat Schopenhauer nicht recht, daß wir nur diejenige Handlung als eine »echt moralische« ansehen, die nicht aus einem Prinzip, sondern spontan aus der unmittelbaren Teilnahme erfolgt?

Das führt uns zu dem Problem zurück, auf das ich in der 6. Vorlesung bei Kant eingegangen bin. Wir wissen jetzt schon, daß es sich, wenn wir Schopenhauer und Kant vergleichen, nicht um eine schlichte Gegenüberstellung von Vernunft und Affekt handeln kann. Bei Kant mußte ich die Vernunft sowohl als Inhalt wie als Motivation des Moralischen verwerfen, aber es blieb das Sichbestimmenlassen durch das Gutsein und das moralische Prinzip, eine Perspektive, die freilich als affektive verstanden werden mußte und die sich zugleich, gemäß Kants 2. Formel des kategorischen Imperativs, als Achtung für die Menschen verstehen ließ. Achtung bedeutet Anerkennung als Rechtssubjekt, aber diese Achtung ist selbst etwas Affektives und etwas, was man dem anderen affektiv zu verstehen gibt, indem man ihn ernst nimmt (deutlicher faßbar in der entgegengesetzten Haltung, wenn wir den anderen erniedrigen und ihm auch das zu verstehen geben). Wenn es nun speziell darum geht, ein Leiden des anderen zu lindern oder zu verhindern, impliziert die Achtung, daß wir uns, zumindest normalerweise, affektiv zu diesem Leiden verhalten und das heißt mitleidend.

Hier also liegt die Basis für die Plausibilität von Schopenhauers Beispiel – ein mitleidloser Mensch kann nicht gut sein –, aber auch für die Grenzen seiner Plausibilität. Denn wenn das Mitleid als solches bestimmend ist und es nicht in der affektiven Achtung vor dem Menschen, die zugleich eine Achtung vor allen Menschen und insofern eine prinzipielle Haltung ist, abgestützt ist, ist es nur ein natürlich vorhandenes, mehr oder weniger starkes Gefühl, das als solches moralisch richtungslos ist. Nicht nur, daß das Mitleid uns, wo wir mit moralischen Rechten, die nicht im Leiden gründen, sondern auf denen höchstens ein Leiden seinerseits sich gründen kann, im Stich läßt, es kann auch keinerlei Orientierung geben, wo wir es sogar innerhalb seines eigenen Bereichs mit mehreren Personen zu tun haben. Und so ist es natürlich auch möglich, daß wir aus Mitleid moralisch falsch handeln: wenn wir uns ausschließlich vom Leiden des Gegenüber leiten lassen, können wir gegen seine anderen Rechte verstoßen und können insbesondere gegen die Rechte anderer verstoßen.

Kants Ablehnung der »Neigungen« gründete sich auch darauf, daß die natürliche Affektivität, die nicht von irgendwoher anders bestimmt ist, kein Maß in sich trägt. Daher wird man auch bei jenen moralischen Verhaltensweisen, die überhaupt entscheidend durch Mitleid bestimmt sein können, erwarten müssen, daß es sich nicht um ein zufälliges Mitleiden handelt, sondern um Mitleid als eine generelle Disposition, eben diejenige, derzufolge wir von jemandem sagen, er *sei* ein mitleidiger Mensch, *a compassionate person*. Es ist diese Disposition, von der man sagen kann, daß sie auszubilden mit zur moralischen Erziehung gehört.

Ein sich eng an Schopenhauer anschließender, aber doch von ihm signifikant abweichender Vorschlag ist jüngst von Ursula Wolf gemacht worden. Sie möchte den moralischen Standpunkt als den des »generalisierten Mitleids« verstehen.[1] Doch auch ein generalisiertes Mitleid bleibt für alle moralischen Fragen, die nicht nur oder nicht primär auf Leiden bezogen sind, sowie für diejenigen, die mehrere betreffen, kompaßlos. Hier

1 U. Wolf, *Das Tier in der Moral,* Frankfurt 1990, III §§ 5-6.

wiederholen sich nur dieselben Schwierigkeiten wie bei Schopenhauer.

Wie kann man aber überhaupt dazu kommen, die Idee eines generalisierten Mitleids als den moralischen Standpunkt zu deklarieren? Die Universalisierung, auf die Wolf hier zurückgreift, gibt das Mitleid als natürlicher Affekt nicht her, obwohl es natürlich Menschen gibt, die von ihrer natürlichen Disposition her im allgemeinen mitleidig sind, ebenso wie andere, die im allgemeinen mitleidlos sind. Aber was Wolf will, ist offenbar, es nicht einfach bei Schopenhauers Auffassung zu belassen, daß es in der Welt ein gewisses Maß an Mitleid *de facto* gibt und ebenso ein gewisses Maß an Gleichgültigkeit und Grausamkeit, sondern Mitleid zu haben soll ein »generalisierter« *moralischer* Standpunkt sein, wir *sollen* aus Mitleid handeln. Aber zu dieser universalistischen Perspektive kommt sie nur, weil sie zuerst – im ersten Teil des 3. Kapitels – von vorhandenen Ansätzen zu einer Moral der universellen Achtung ausgeht, um dann, im Anschluß an Ausführungen von J. Shklar, die Leidensfähigkeit »als das einzige, was wir tatsächlich mit allen Menschen teilen« hinzustellen (S. 73). Aber die Frage ist nicht, was wir mit allen Menschen *teilen* (da gibt es alles Mögliche), sondern was es ist, worauf uns eine Moral allen Menschen gegenüber *verpflichtet,* und das ist bei einer Moral der universellen Achtung die nicht mehr durch transzendente Prämissen eingeschränkte Idee des Guten. Diese ist in sich auf Universalität bezogen, das Mitleid hingegen nicht, und man kann dem Mitleid die Universalität nicht einfach aufpropfen. Deswegen ist Schopenhauers Konzept konsistenter als die Position von Wolf. Das Mitleid hat, wenn wir schon einmal auf einem universell-normativen Standpunkt stehen, einen wichtigen Stellenwert, aber man kann aus ihm selbst nichts Universelles und Normatives herauszaubern.

Die Orientierung am Mitleid hat bei Schopenhauer wie bei Wolf dazu geführt, daß auch die Tiere in die Moral einbezogen werden. Bei Wolf geschieht das so, daß sie den Satz, in dem sie sagt, daß die Leidensfähigkeit das ist, was wir mit allen Menschen teilen, so fortsetzt, daß wir sie auch mit allen Tieren teilen, und das ist natürlich der Fall. Aber da Wolfs Annahme, daß die Tatsache der Leidensfähigkeit schon an und für sich moralisch ausschlaggebend ist, falsch ist (sie kann bestenfalls eine notwendige Bedingung sein), und da das Mitleid von sich aus überhaupt keine normativ universalisierende Ausrichtung hat, ihre Universalisierung erst vom moralischen Standpunkt gefordert werden kann, müßten wir die Frage der Einbeziehung der Tiere in das Universum der Moral neu überdenken, ohne sie von unseren Intuitionen her, die an dieser Stelle bei vielen sehr kompromißlos in die eine oder in die andere Richtung gehen, dogmatisch entscheiden zu wollen.

In der 5. Vorlesung habe ich zu zeigen versucht, daß sich beim Wegfall von transzendenten Prämissen das Verständnis dessen, was es heißt, gut zu sein, universalisiert, aber diese Universalisierung muß sich natürlich auf ein Prädikat beziehen: wir können nicht sagen, wir sind allen gegenüber moralisch verpflichtet (das hieße ja: allen Wesen gegenüber überhaupt), sondern nur allen so-und-so. Soll das nun heißen, allen Menschen gegenüber? Soll die Zugehörigkeit zu einer biologischen Spezies moralisch entscheidend sein? Das konnte sie nur auf Grund bestimmter transzendenter Prämissen sein, wie der biblischen Schöpfungsgeschichte (der Mensch wurde an einem eigenen Tag geschaffen, er war nicht eine Spezies) und der in ihr enthaltenen These von der Gottebenbildlichkeit. Aus dem Gedankengang in der 5. Vorlesung ergab sich: diese universelle Verpflichtung besteht allen kooperationsfähigen Wesen gegenüber. Das führt auch zu Schwierigkeiten, auf die ich noch gleich zu sprechen kommen werde, erscheint aber als erster Schritt korrekt. So ließ sich die Moral als Konzept des Guten auf der inhaltlichen Grundlage der Goldenen Regel verstehen, und in diesem Sinn konnte ich sagen, daß bei der so verstandenen universalistischen Moral Form und Inhalt zusammenfallen: die Totalität derjenigen, die wechselseitige Forderungen aneinander stellen können – die »Subjekte« der Moral –, ist identisch mit der Totalität derjenigen, denen gegenüber wir moralisch verpflichtet sind – die »Objekte« der Moral. Nur gegenüber diesen Wesen ist *Achtung* möglich. Es ist tautologisch zu sagen: die Moral der universellen Achtung erstreckt sich auf alle Wesen, die man achten kann. Ziemlich genau diese

Auffassung hat auch Kant vertreten, da für ihn diejenigen Wesen »Zwecke an sich« sind, die moralisch handeln können (oder könnten); deswegen betrifft die Moral für ihn subjektiv wie objektiv alle »Vernunftwesen« und reicht insofern im Prinzip weiter als die Klasse der Menschen (er dachte an Engel, heute spricht man von Marsmenschen und dergleichen). Daß sie dann auch als enger gesehen werden könnte als die Klasse der Menschen (zu der auch Kleinkinder, Idioten, Foeten gehören), ist ein gravierendes Problem, das Kant sich nicht gestellt hat.

Lassen wir erst einmal die Menschen, die nicht kooperationsfähig sind und also keine Subjekte der Moral, beiseite und konzentrieren uns auf den begrifflich einfacheren Fall der Tiere. Der Utilitarismus, Schopenhauer und heutige Philosophen wie Wolf sagen: die Tiere sind einzubeziehen, weil auch sie leidensfähig sind.[2] Das bleibt aber – außer bei Schopenhauer, der gar keine Moral im eigentlichen Sinn entwickeln will – rein thetisch. Von meiner Position aus wäre so zu argumentieren: Erster Schritt: die Moral der universellen Achtung verlangt, daß wir uns universell mitleidig verhalten. Zweiter Schritt: wenn wir das Mitleid universell ausbilden, müssen wir

2 Der Utilitarismus, wenigstens in der Ausgestaltung von Bentham, war hier noch eindeutiger als die Mitleidsmoral, weil er das Moralische unmittelbar so definiert, daß es in der größtmöglichen Reduktion von Leiden besteht, daher Bentham sagen konnte: »The question is not, Can they *reason?* nor, Can they *talk*, but Can they *suffer?*« (*An Introduction to the Principles of Morals and Legislation*, 17. Kap.) Es erscheint mir nicht selbstverständlich, daß wir überall da, wo wir aus theoretischen Gründen annehmen können, daß ein Tier leidet, auch mitleiden können, und die Norm würde sich dann nicht auf Mitleid aufbauen. Mitzuleiden scheint nur bei Tieren möglich, die ein für uns identifizierbares Schmerzverhalten haben, also Wirbeltiere und insbesondere Säugetiere. Schon bei Insekten wird es schwieriger, vgl. jedoch R. Musil »Das Fliegenpapier«, in *Nachlaß zu Lebzeiten*, Hamburg 1957, S. 11-13. Die umstandslose Erweiterung der Mitleidsmoral bei Wolf auf alle Tiere, von denen wir lediglich auf Grund theoretischer Kenntnisse ihres Nervensystems annehmen können, daß sie leidensfähig sind, erscheint mir zweifelhaft.

es auf alle Wesen beziehen, mit denen es überhaupt möglich ist mitzuleiden. Der zweite Schritt erscheint einwandfrei: wenn wir das Mitleid universell ausbilden, müssen wir es auch auf die Tiere beziehen (oder jedenfalls auf diejenigen, mit denen wir mitempfinden können, vgl. die letzte Anmerkung). Aber aus dem ersten Schritt folgt zwingend nur, daß wir die Mitleidsdisposition so erweitern, wie es das Universum der moralischen Achtung verlangt.

Wird jedoch, so kann man sagen, die Mitleidsdisposition erst einmal innerhalb der Welt der Achtung universell ausgebildet, ist es nur natürlich, an den Grenzen dieser Welt nicht stehenzubleiben, sondern sie auf alle Wesen, die leiden können, auszudehnen. Daher erscheint es auch fast selbstverständlich, die Forderung, nicht grausam zu sein, nicht auf Menschen einzuschränken; ein Mensch, der Tieren gegenüber mitleidlos ist, *ist* mitleidlos. Diese Ausdehnung ist also äußerst naheliegend, aber man muß sehen, daß es eine Ausdehnung ist, und aus dem kategorischen Imperativ folgt sie nicht; ich sehe nicht, wie man mehr sagen kann, als daß sie sehr naheliegend ist; man kann nicht zeigen, daß sie von einer Moral der Achtung her zwingend ist.

Mir scheint, daß diese Überlegungen sowohl zeigen, inwiefern viele Menschen dazu neigen, die Moral umstandslos auf Tiere auszudehnen als auch, warum viele andere das ablehnen. Der häufige Vorwurf der Tierethiker, die Abwehr so einer Ausdehnung sei analog zu der früheren Ablehnung der Aufhebung der Sklaverei oder zu Rassismus und Sexismus, hätte ein Gewicht nur, wenn sich von der Sache her zeigen ließe, daß eine solche Ausdehnung zwingend ist, und das ist nur von den fragwürdigen Ansätzen des Utilitarismus und der Mitleidsmoral möglich, nicht von der inhaltlich eng mit der goldenen Regel und dem Kontraktualismus verbundenen Moral der universellen Achtung.

Aus der eben vorgelegten Überlegung ergibt sich eine natürliche Aufklärung, daß und wie über die Tierethik gestritten wird. (Wir werden später wiederholt sehen, daß die Moral der universellen Achtung zwar einen unstrittigen Kern hat, daß es aber naiv wäre zu erwarten, daß alle moralischen Fragen auf die eine oder andere Weise entschieden werden könnten, als sei nur die Antwort zu finden, die im Himmel bereitliegt.) Erstens ist es naheliegend, daß die allgemeine Ausbildung der Mitleidsdisposition innerhalb der moralischen Welt dann auch über diese hinausgeht, aber man kann nicht begründen, daß es so sein muß. Zweitens ist es naheliegend, daß Menschen, die von Natur aus generell mitleidig sind, auch die Tiere in die Moral einbeziehen wollen. Schließlich muß man drittens darauf hinweisen, daß manche Menschen, insbesondere manche Kinder (bei vielen anderen Kindern ist es genau umgekehrt: eine ungehemmte Grausamkeit gegenüber Tieren) mit Tieren sogar mehr Mitleid haben als mit Menschen, vielleicht weil sie sich mit der wehrlosen Kreatur besonders identifizieren.[3] Es ist dann verständlich, daß bei den generell mitleidigen Menschen der Wunsch entsteht, auch alle anderen Menschen davon überzeugen zu wollen, daß sie, die diese Gefühle in dieser Stärke nicht teilen, Tiere nicht leiden lassen *dürfen,* nunmehr aus moralischen Gründen und d. h. mit der moralischen Sanktion.

In Wirklichkeit scheint aber das, was uns hindert, Tiere leiden zu lassen, eben die Sanktion *dieses* (natürlichen) Gefühls zu sein, nicht die spezifisch moralische Sanktion. Diese kann nur hinzugewünscht werden, genauso wie andere Verbote hinzugewünscht werden können und wie überhaupt in traditionalistischen Moralkonzepten viele Inhalte (und Moralobjekte) über den moralischen Kernbereich hinaus enthalten waren, während es bei derjenigen Moral, die einen Begriff des Guten übrigbehält, der nur auf das gleich gewichtete Wollen derer, die zur moralischen Gemeinschaft gehören, verweist, als willkürlich erscheinen kann, zusätzliche Inhalte (und Moralobjekte) einzuführen.

3 So berichtet L. Kohlberg (»From Is to Ought«, in T. Mischel, *Cognitive Development and Epistemology,* New York 1971, S. 192) von seinem vierjährigen Sohn: »One night I read to him a book of Eskimo life involving a seal-killing expedition. He got angry during the story and said: ›You know, there is one kind of meat I would eat, Eskimo meat. It's bad to kill animals, so it's all right to eat them.‹«

Dies ist in meinen Augen das entscheidende Argument. Eine traditionalistische Moral konnte beliebige zusätzliche Gehalte aus ihrer jeweiligen transzendenten Begründungsquelle her legitimieren. In der Moral, die nur noch auf den natürlichen Begriff des Guten zurückgreift, ist die Mitaufnahme von Wesen, die in keiner Weise als Mitglieder einer moralischen Gemeinschaft verstanden werden können, als Objekte von Pflichten verständlich, aber nicht zwingend zu machen. Und daraus ergibt sich genau die Situation, die wir im moralischen Bewußtsein unserer Zeit haben: manche wünschen es, andere sehen es nicht ein. Zweifellos wird der ganze Sinn einer natürlichen (plausiblen) Idee des Guten, die universell einsichtig sein sollte, *wenn* man weder einen *lack of moral sense* hat noch transzendente Annahmen macht, verwässert, wenn solche Zusatzgehalte gefordert werden. Daraus könnte sich nur ein neuer Relativismus ergeben, und dieser ist zu vermeiden, wenn diejenigen, die die Aufnahme der Tiere in die Moral als Pflichtobjekte fordern, sich die Grundlage ihrer Forderung und deren Status klarmachen: obwohl Mitleid zur Moral gehört, kann das Mitleid, wie ich zu zeigen versucht habe, als solches nicht die Grundlage der Moral sein, es sei denn, man verschiebt den Sinn von »Moral« derart, daß die Aufnahme der Tiere in »die Moral« gerade nicht den Zweck erreicht, der gewünscht war, weil dann zur Moral nicht mehr die wechselseitigen Forderungen gehören.

Der mitleidige Mensch wird sich mit dieser Argumentation nicht zufrieden geben, und ich glaube auch nicht, daß sie ausreicht. Es erscheint einleuchtend, daß Grausamkeit ein einheitliches Phänomen ist und als solches moralisch zu ächten ist (als »Laster«). Das Verhältnis Mensch–Tier müßte neu geklärt werden. Wir gehören in eine umfassendere Gemeinschaft der leidensfähigen Kreatur, aber auch der Natur überhaupt. Diese Zusammengehörigkeit ist nicht eine moralische, aber sie kann Folgen für unser Moralverständnis haben, die nicht befriedigend geklärt werden können, bevor die Art dieser Zusammengehörigkeit nicht befriedigend geklärt wird. Hier stehen wir noch vor einem Rätsel unseres Selbstverständnisses, das man nicht durch einen Gewaltstreich in die eine oder andere Richtung, die dann doch nur die schon gleich Denkenden überzeugen kann, zu lösen versuchen sollte.

In ihrem Aufsatz »Brauchen wir eine ökologische Ethik?« erklärt Ursula Wolf, daß die Rücksicht auf die Natur im weiteren Sinn nur instrumentell, aber nicht moralisch verstanden werden kann, weil »der Gegenstandsbereich« der Moral »die leidensfähigen Wesen sind.«[4] Damit stoßen wir auf dieselbe apodiktische These, die Wolf in ihrem Buch vertritt. Und hier steht dann einfach Intuition gegen Intuition. Albert Schweitzer hat mit seinem Konzept von der »Achtung vor dem Leben«[5] eine umfassendere und gestufte These vertreten. Wolf sieht nicht, daß sie sich in derselben Begründungsnot befindet wie solche Thesen, die den Objektbereich der Moral noch über die Tiere hinaus erweitern wollen. Daß das Mitleid die Grundlage der Moral ist, ist nicht nur mit dem kategorischen Imperativ – dem »plausiblen« Konzept des Guten – nicht zu vereinbaren, sie läßt sich auch aus keinem anderswie definierten Begriff von Moral verständlich machen, es sei denn man definiert das Moralische geradezu durch Mitleid, und was sich dabei ergibt, haben wir bei Schopenhauer gesehen.

Zum Schluß muß ich mich der Frage zuwenden, welchen moralischen Status wir denjenigen Menschen einräumen müssen, die nicht oder noch nicht kooperationsfähig sind und insofern noch keine möglichen Subjekte innerhalb der moralischen Gemeinschaft sind. Ich will mich dabei auf Kleinkinder und Föten beschränken. Zugegebenermaßen ist das der einfachere Fall (vgl. unten S. 376 f.).

In der zeitgenössischen Ethik, die sich mit den Fragen der Tiere, Kleinkinder und Föten befaßt, herrscht eine Auffassung vor, derzufolge die Frage, ob ein Wesen als ein Objekt moralischer Pflichten und gegebenenfalls welcher Pflichten anzusehen ist, von bestimmten *Eigenschaften* abhängt, so daß sich dann bestimmte Klassen ergeben: die Klasse der Wesen, die fühlen können, die Klasse derjenigen, die nicht fühlen können,

4 Prokla (Zeitschrift für politische Ökonomie und sozialistische Politik) 17 (1987), S. 166.
5 *Kultur und Ethik,* München 1923.

die Klasse derjenigen, die rational und autonom sind. Man glaubt, daß dieser Rekurs auf Eigenschaften die einzige Alternative sei zu dem Ansatz, der die Klasse der Wesen, denen gegenüber wir moralische Pflichten haben, durch die Zugehörigkeit zur biologischen Spezies Mensch definiert.

Geht man hingegen davon aus, daß zum Wesen von einer Moral überhaupt schon von ihrer Form her (das wechselseitige Fordern, gut zu sein) eine *Gemeinschaft* kooperativer Wesen gehört, und daß sich, damit zusammenhängend, auch das, was ich das plausible Konzept des Guten genannt habe, auf eine Gemeinschaft bezieht, die Gemeinschaft aller kooperationsfähigen Wesen, so liegt es nahe, auch die Einbezogenheit der nicht kooperationsfähigen Menschen in die Moral aus ihrer gegebenenfalls partiellen Zugehörigkeit zu dieser Gemeinschaft zu verstehen. Natürlich ist auch die Fähigkeit zur Kooperation eine Eigenschaft, aber sie unterscheidet sich doch von den vorhin genannten dadurch, daß sie einfach die Bedingung nennt, zu einer Gemeinschaft und gegebenenfalls moralischen Gemeinschaft zu gehören.

Hingegen war auch die Zugehörigkeit zur Spezies – im Unterschied zur schlichten oder partiellen Zugehörigkeit zu einer oder der Gemeinschaft – eine (nicht Gemeinschafts-bezogene) Eigenschaft. Bei dieser Orientierung an Eigenschaften wird die Frage, ob man ein mögliches Objekt der moralischen Verpflichtungen ist, von der Frage, ob man ein mögliches Subjekt mit Verpflichtungen ist, losgelöst betrachtet. Dieser Ansatz müßte uns insbesondere bei den Kindern in eine Sackgasse führen, denn dann würden wir uns vor die Alternative gestellt sehen, Kleinkinder entweder als Objekte der Moral auszuschließen, weil sie noch nicht kooperieren können, oder, wenn sie eingeschlossen werden sollen, wäre die einzige Grundlage: weil sie zur Spezies Mensch gehören, oder: weil sie leidensfähige Wesen sind.

Der andere, vom Sinn einer Moral und insbesondere einer nicht-transzendenten Moral so viel naheliegendere Ansatz bei der Gemeinschaft läßt den moralischen Status der Kinder ganz anders fassen. Denn es liegt jetzt nahe zu sagen: jede Gemeinschaft besteht, auf Grund des biologischen und kulturellen

Tatbestandes des allmählichen Wachsens und Hineinwachsens der Nachkommenden, teils aus den erwachsenen Mitgliedern und teils aus denen, die sich auf dem Weg dahin befinden. Auch das Kleinstkind tritt vom Zeitpunkt seiner Geburt an in einen Kommunikationsprozeß mit den Mitgliedern der Gemeinschaft, der es allmählich und ohne Zäsuren schließlich dahin bringt, daß es kooperationsfähig ist und sich als eigenverantwortliches Glied der Gemeinschaft verstehen kann. Der Anfang dieses Kommunikationsprozesses ist noch nicht verbal, führt aber, auf eine wiederum allmähliche Weise, die uns intuitiv verständlich ist, aber sich schwer auf einen Begriff bringen läßt, in die verbale Kommunikation über. Auch Tiere können mit uns averbale Kommunikationsprozesse eingehen, die jedoch nicht in verbale einmünden und schon gar nicht in die Kooperationsfähigkeit, während Kleinkinder, die schon sehr früh ganz spezifische Formen der Kommunikation eingehen wie das Lächeln, beim Ausbleiben dieser Kommunikationsprozesse zugrunde gehen.[6] Kinder sind daher von der Geburt an sich allmählich entwickelnde Subjekte der moralischen Gemeinschaft und daher von Anfang an als vollgültige Objekte der moralischen Verpflichtung anzusehen. Die übliche Auffassung, daß die Geburt die entscheidende Zäsur ist, ist so naheliegend, weil hier tatsächlich gleich der Kommunikationsprozeß einsetzt (»gleich, nicht sofort«, könnte man sagen, daher das den sofort nach der Geburt erfolgenden Infantizid noch offen ließe).

Der Unterschied zwischen geborenen und ungeborenen Kindern scheint darin zu bestehen, daß das ungeborene Kind sich zwar auch bereits in einem Wachstumsprozeß befindet, der in der Fähigkeit zu kooperieren zu seinem Ende kommen wird, daß dieser Prozeß aber noch keinen kommunikativen Charakter hat; das Kind gehört noch nicht in dem Sinn »dazu«, daß es sozialisiert wird. Es ist unterwegs dazu, geboren zu werden, und insofern auch indirekt, aber eben nur indirekt, dazu, ein volles Mitglied der Gesellschaft zu sein. Während ein Kind bereits »einer von uns« ist, ein sich einso-

6 Vgl. die bekannten Untersuchungen von René A. Spitz.

zialisierendes Mitglied, ist das ungeborene Kind dies erst nur in dieser indirekten Weise. Dieselbe Ambiguität besteht auch für die Mutter. Sie kann sagen: »es ist mein Kind«, aber auch: »es wird mein Kind sein«; wir bezeichnen die Mutter, und sie empfindet sich als »werdende« Mutter.[7]

Damit hängt zusammen, daß auch die bewußte Identität jeder erwachsenen Person in einem bestimmten Sinn nur bis zur Geburt zurückreicht. »Damals«, so pflegt man zu sagen, »begann mein Leben«. Natürlich bin ich in raumzeitlicher Kontinuität identisch mit dem vorausgegangenen Fötus, aber »meine Geschichte« begann mit der Geburt. Ich kann nicht wollen, daß man mich, als ich schon »auf der Welt« war, getötet hätte, so wenig ich wollen kann, daß man mich gestern oder voriges Jahr getötet hätte (immer vorausgesetzt, daß ich jetzt leben will). Und da das (und jetzt ohne die in der Klammer eben gemachte Einschränkung) allgemein gilt, folgt aus dem kategorischen Imperativ, daß kein geborenes Leben getötet werden darf. Wäre hingegen der Fötus abgetrieben worden, erschiene es merkwürdig zu sagen: dann wäre ich getötet worden; es erscheint korrekter zu sagen: dann wäre verhindert worden, daß dieses Kind, das seither in einer Kontinuität mit meiner Person steht, geboren worden wäre.

Daher scheint es richtig, daß wir die Tötung eines Fötus grundsätzlich anders beurteilen als die eines Säuglings. Daß das seinerseits abgestuft erfolgt, ist ebenfalls naheliegend, weil sich der Fötus graduell dem annähert, daß wir sagen können: er ist einer von uns.

Diese Rede »er ist einer von uns« ist entscheidend für die moralische Betrachtungsweise, wenn es richtig ist, daß Moral etwas wesentlich Gemeinschaftsbezogenes ist. Es ist falsch, diese Rede als prinzipiell parteilich anzusehen. Sie ist es, wenn die Gemeinschaft als eine partikuläre vorausgesetzt wird, aber

---

7 Es ist mir entgegengehalten worden, daß man bereits als werdende Mutter mit dem ungeborenen Kind kommuniziere. Ich meine, daß dann »Kommunikation« metaphorisch verwendet wird, ein Wechselspiel von Aktion und Reaktion, das grundverschieden scheint von der Art, wie die Mutter mit dem Kind nach der Geburt kommuniziert.

sie ist es nicht, wenn sie universalisiert wird und das heißt alle kooperationsfähigen Wesen umfaßt, und das heißt dann auch die verschiedenen Randgruppen der werdenden und der lädierten Mitglieder; auch sie sind Mitglieder. Sie kann aber, weil Moral von ihrem Begriff her ein Kosmos wechselseitiger Forderungen ist, nicht aufgegeben werden, so daß man dann von allen Wesen mit einer bestimmten Eigenschaft spräche. Und obwohl es sinnvoll ist, von der Gemeinschaft aller leidensfähigen Wesen oder aller Lebewesen oder aller Naturwesen zu sprechen und man sich in diesem Sinn durchaus als »zugehörig« empfinden kann, ist das nicht eine moralische Gemeinschaft bzw. eine Gemeinschaft, die sich als moralische verstehen könnte.

Zu der moralischen Gemeinschaft gehören nicht nur die Menschen, sondern auch andere kooperationsfähige Wesen, wenn es solche geben sollte, immer vorausgesetzt, daß sie es in einem Sinn wären, der es ermöglichte, sie und uns als zu *einer* Kooperationsgemeinschaft gehörig zu verstehen.

Die ethische Gegenaufklärung:
Hegel und die Ritter-Schule;
Alasdair MacIntyres *After Virtue*

Der Hauptteil dieser Vorlesung wird einer Auseinandersetzung mit Alasdair MacIntyres *After Virtue* gewidmet sein. Das soll einerseits den konstruktiven Sinn haben, daß wir, indem wir MacIntyres historischem Rückgang folgen, zu Aristoteles geführt werden und mit ihm zu den von mir bisher vernachlässigten und für die Ethik grundlegenden Begriffen der Tugend einerseits, des Glücks andererseits. Die Auseinandersetzung mit MacIntyres Buch hat jedoch primär eine kritische Funktion. Dieses Buch ist das vielleicht durchdachteste einer ganzen Gattung, die nicht nur das Kantische Konzept, sondern die gesamte Versuche einer aufklärerischen Moral verwerfen.

Eine ethische Erörterung, wie ich sie in diesen Vorlesungen vorführe, ist, weil sie nicht einfach ein Konzept vertritt, als sei es schlichtweg begründet oder überhaupt nicht begründbar, sondern es in seinem Plausibilitätsanspruch erklären will, *wesentlich* auf eine Auseinandersetzung mit anderen (im Prinzip allen anderen) Ansätzen angewiesen. Wir können uns jetzt klarmachen, daß sich diese Auseinandersetzung auf verschiedenen Ebenen vollziehen muß, die ihrerseits mit unserer spezifischen historischen Situation zusammenhängen. Die aufklärerische Situation ist erstens ein Ergebnis des Unplausibelgewordenseins der traditionalistischen Ethiken. Das führte zweitens zu einer Mehrzahl von neuen Fundierungsversuchen, die wir alle als Aufklärungsethiken bezeichnen können. Drittens mußte das seinerseits zu einer ethischen Literatur führen, die auf die (vermeintlichen oder wirklichen) Defizite der aufklärerischen Ethiken und auf die (vermeintlichen oder wirklichen) Vorteile derjenigen Moralkonzepte reflektiert, die als traditionalistische den Menschen vorgegeben waren und in denen die Bedeutung des Einzelnen als Individuum noch nicht im Vordergrund stand.

Die kritische Abstützung des von mir als plausiblen modernen moralischen Konzepts oder auch einfachhin als *des plausiblen Konzepts* herausgestellten Vorschlags, den ich in der 5. Vorlesung dargestellt habe, muß demzufolge gegen eine ganze Reihe unter sich wesentlich unterschiedener Ansätze erfolgen. Wie ich schon mehrfach hervorgehoben habe, ist für das Einsichtigmachen der Plausibilität einer Moral, die nicht einfach eine apriorische Evidenz für sich in Anspruch nimmt, die Implausibilisierung aller Alternativen ein wesentliches Element.

Es ergeben sich folgende unter sich klar zu unterscheidende Kritikrichtungen:

Eine Sonderstellung nimmt die Auseinandersetzung mit den verschiedenen Versuchen ein, die sich – wie Kant und die Diskursethik – mit der Plausibilität des kategorischen Imperativs nicht zufriedengeben, sondern für ihn eine absolute Begründung in Anspruch nehmen wollen, noch dazu mit Hilfe eines sonderlichen Begriffs von Vernunft. Auf *dieser* Ebene der Auseinandersetzung wird nicht das inhaltliche Konzept der anderen Positionen verworfen, sondern nur die übermäßigen Begründungsvorstellungen.

Alle weiteren Auseinandersetzungen hingegen laufen darauf hinaus, die anderen Positionstypen inhaltlich zu verwerfen, sie als unplausibel zu erweisen. Hier ergeben sich nun drei verschiedene Ebenen:

1. Die traditionalistischen Moralen haben sich bereits als diskreditiert erwiesen. Da sie von ihren möglichen Begründungsressourcen nur auf eine Autorität rekurrieren können, ist ihre Reichweite auf den Geltungsbereich derer eingeschränkt, die an diese Autorität glauben. Das widerspricht der seinem Sinn nach uneingeschränkten Reichweite der Rede von »gut«. Außerdem erscheint es unvernünftig (im normalen Sinn des Wortes), es einer Autorität zu überlassen, als moralische Inhalte alles dekretieren zu können, was sie will (und wenn für die Autorität gleichwohl Grenzen gelten sollten, müßten diese schon von woanders bestimmt sein). Das ist kein Argument

gegen den *Glauben* als solchen, aber es scheint doch ein zwingendes Argument zu sein, die wechselseitigen Forderungen, die wir in der *Moral* machen, nicht auf einen Glauben stützen zu dürfen. Wie wir uns Menschen gegenüber zu verhalten haben, die gleichwohl traditionalistisch moralisch denken, ist ein schwieriges Problem, das ich in diesen Vorlesungen nicht behandeln werde – es ist letztlich ein Problem der angemessenen Erziehung, bei der man sich wie bei jeder richtigen Erziehung immer auch selbst in Frage stellen muß –, aber eine traditionalistische Position als solche muß jetzt als grundsätzlich diskreditiert gelten.

2. Die wichtigste Auseinandersetzung, mit der sich das rechtverstandene Kantische Konzept konfrontiert sieht, ist diejenige mit anderen aufklärerischen Konzepten, d. h. mit solchen, die keine transzendenten Annahmen machen und sich gleichwohl mit dem Kontraktualismus, der gewissermaßen die aufklärerische Minimalposition ist, nicht begnügen. Sie ist die wichtigste, weil es nur solche Konzepte sein könnten, die dem Kantischen Konzept seinen Anspruch streitig machen können, das plausibelste, das am besten begründete zu sein. Auf dieser Ebene ist meine Auseinandersetzung mit der Mitleidsmoral in der vorigen Vorlesung zu verstehen, und auf sie werde ich in allgemeinerer Form in der 16. Vorlesung zurückkommen, in der ich insbesondere auch den Utilitarismus einbeziehen werde.

3. Es gibt nun aber auch moderne und zeitgenössische Versuche, die aufklärerischen Ethiken und Moralkonzepte im ganzen zurückzuweisen. Diese antimodernen Positionen haben alle den Sinn, auf Defizite aufmerksam zu machen, die in einer spezifisch modernen, aufklärerischen Moral als solcher gegenüber einer traditionalistischen Moral gegeben scheinen. Ich werde ethische Positionen dieser Art als konservative bezeichnen, obwohl das Wort »reaktionär« von der Sache her besser passen würde, aber diese Redeweise hätte eine unpassende pejorative Konnotation: es gehört zum Sinn dieser Positionen, nicht traditionalistische Konzepte *festzuhalten* (*conservare*) oder ihrerseits stark zu machen, sondern die aufklärerischen Ansätze im Rekurs auf Defizite zu kritisieren, die

sie gegenüber den traditionalistischen Moralkonzepten haben oder zu haben scheinen.

Es ist wichtig, sich den Unterschied zwischen dem, was ich als traditionalistische Positionen bezeichne, und dem, was ich mit konservativen Positionen meine, klarzumachen. Wer in einer traditionalistischen Moral steht, *glaubt* an die für sie geltende Autorität. Die konservative Position dagegen ist ihrerseits eine spezifisch moderne Erscheinung, weil sie, so wenig wie die aufklärerischen Positionen, an eine Autorität *glaubt*, sondern lediglich auf die Vorteile des Autoritären reflektiert; sie ist daher entweder instrumentalistisch oder nostalgisch. Die konservativen Positionen sind nicht voraufklärerisch wie die traditionalistischen, sondern antiaufklärerisch, und da die Vorteile, auf die sie hinweisen, die im Eingebettetsein in einer Moral liegen und ihrerseits den Glauben voraussetzen, ist es schwer zu sehen, was sie, sofern sie nicht einfach in den Glauben zurückkehren wollen, positiv ins Auge fassen.

In Deutschland gibt es eine kontinuierliche Tradition dieser Art seit Hegel, und sie ist in einer spezifisch Hegelschen Variante insbesondere durch Joachim Ritter und seine Schüler (vor allem O. Marquard und H. Lübbe) wieder aufgenommen worden. In der angelsächsischen Ethik waren Richtungen dieser Art in den 50er bis 70er Jahren kaum vertreten, die Ethik ist weitgehend entweder utilitaristisch gewesen oder von Kant nahestehenden Autoren wie Hare, Rawls, Dworkin und Ackerman vertreten worden, aber in den 80er Jahren hat sich eine Strömung geltend gemacht, die auch als konservativ zu bezeichnen ist und deren wichtigstes Stichwort »*communitarianism*« ist. Sie bleibt in engerer Diskussion mit der liberalen Tradition von Rawls und anderen und hat nicht die eigentlich instrumentalisierende Stoßrichtung gewonnen, wie sie insbesondere in der Ritterschule festzustellen ist. Als unter sich sehr verschiedene Vertreter lassen sich insbesondere M. Sandel, Ch. Taylor und als vielleicht herausragende Figur A. MacIntyre nennen.

Machen wir uns zuerst klar, worin die verständlichen Schwierigkeiten zu sehen sind, in denen sich das Kantische Konzept und auch die übrigen aufklärerischen Positionen gegenüber einer traditionalistischen Moral befinden. In einer traditionalistischen Moral ist das Individuum geborgen wie das Kind in der Familie. Es sieht sich nicht auf sich als Individuum zurückgeworfen. Auf die moralischen Normen muß es nicht reflektieren, sondern sie sind ihm vorgegeben. Das erklärt, wieso für alle Kritiker an der ethischen Aufklärung diese drei Gesichtspunkte im Vordergrund stehen: 1. Das Individuum scheint auf eine »natürliche« Weise zur Gemeinschaft zu gehören. 2. Die Autonomie des Individuums hat keinen herausragenden Stellenwert. 3. Was gut ist, ist vorgegeben. Darüber hinaus werden Autoren wie MacIntyre geltend machen, daß das Individuum gar keine Begründungsressourcen für ein Moralkonzept hat; und zeigt, so kann man fragen, die deplorable relativistische Lage, in der wir uns heute befinden, nicht, daß das aufklärerische Projekt tatsächlich gescheitert ist?

Dieser Frage werde ich mich im Anschluß an MacIntyre zuwenden. Reflektieren wir jedoch zuerst über die eben genannten drei Punkte allgemein! Sie alle scheinen darauf hinauszulaufen, daß eine traditionalistische Moral für den Gläubigen leichter und unangefochtener ist. Müssen wir nicht entgegenhalten, daß das zwar wahr ist, daß es aber dem Sinn der Rede von »gut« ebenso wie aller Allgemeingültigkeit beanspruchenden Äußerungen widersprechen würde, nicht bereit zu sein, sie zu hinterfragen? Es mag in der Tat in vieler Hinsicht eine unangefochtenere Existenz sein, in einer gleichsam kindlichen Moral zu leben, in der wir glauben mögen, daß alles vorgeschrieben ist, wie man sein muß, aber wir sind nun einmal autonome Wesen, und sowohl im historischen Prozeß wie in der Einzelentwicklung gelangen wir in ein Stadium, in dem wir vor der Wahl stehen, unsere Situation anzunehmen, wie sie ist, oder zu regredieren. Selbst wenn sich zeigen ließe, daß in der Aufklärung nur noch der Kontraktualismus und überhaupt keine Moral im eigentlichen Sinn mehr möglich wäre, wäre das dann unsere Situation. Der Glaube läßt sich nicht instrumentalisieren.

Wie steht es nun mit dem konservativen Vorwurf, wie er schon von Hegel, aber auch im Kommunitarianismus erhoben wird, die aufklärerische Moral sei individualistisch? Es gibt Autoren, die die individualistische Voraussetzung sozialhistorisch in Frage stellen, und es ist natürlich richtig, daß der

Individualismus ein modernes Phänomen ist und mit dem sozioökonomischen System des Kapitalismus zusammenhängt. Wenn man jedoch mit diesem Hinweis den prinzipiellen Ansatz beim Wollen der Individuen in der aufklärerischen Moral – der Einwand würde gegen alle diese Moralen gleich lauten, egal ob man kantianisch oder utilitaristisch oder schopenhauerianisch denkt – in Frage stellen will, wird ein genetischer Fehlschluß begangen. Es ist in derselben Weise wahr, daß bestimmte sozioökonomische Bedingungen empirische Voraussetzungen sein mögen dafür, daß wir die ethischen Fragen grundsätzlich stellen können, wie daß bestimmte andere genetische Bedingungen erfüllt sein müssen, wenn ein Individuum z. B. zählen lernen können soll. Daß ein Kind ein bestimmtes Alter haben muß, um zählen zu können, relativiert den Begriff der Zahl nicht. Ebensowenig relativiert sich die Rede von »gut«, wenn man einmal verstanden hat, daß damit nicht nur ein wechselseitiges Fordern, sondern ein allgemeingültiger Anspruch verbunden ist und daß der letzte Rekurs aller moralischen Auseinandersetzungen nur auf das Wollen der Individuen Bezug nehmen kann.

Der Einwand, daß ein bestimmtes, gegebenenfalls modifizierbares Menschenbild vorausgesetzt ist, wenn wir die ethische Frage grundsätzlich – ohne transzendente Prämissen – stellen, erscheint richtig, wenn als einzig denkbares Ergebnis der Kontraktualismus ins Auge gefaßt wird (dieser setzt in der Tat voraus, daß jeder Einzelne nur an sich selbst interessiert ist). Der Einwand ist jedoch falsch, wenn der Rückgriff auf das Wollen und letztlich die Autonomie der Einzelnen jenen methodischen Sinn hat, ohne den vorgegebene Normen überhaupt nicht hinterfragt werden können. Es wird hier meist fälschlich unterstellt, daß der Rückgriff auf die Autonomie des Individuums impliziert, daß angenommen werde, daß das Individuum ein vorsoziales Wesen sei und als ließe sich dann das Soziale nur, wie es im Kontraktualismus der Fall ist, als eine instrumentelle Kooperation denken. Der methodische Sinn des Rückgangs auf das Wollen der Einzelnen – aller Einzelnen – und ihrer Autonomie ist lediglich, daß nichts als bloß vorgegeben akzeptiert wird; das Individuum soll sich sein soziales

Wesen, von dem durchaus zugestanden wird, daß es zu ihm wesentlich gehört, bewußt aneignen können, aber es soll es auch in dem Maße abstoßen können, in dem es es als illegitim erkennt oder sich mit ihm nicht identifizieren kann. Die methodische Bedeutung des aufklärerischen Rekurses auf die Individuen liegt lediglich darin, daß das Wollen der Individuen der einzig denkbare nicht-transzendente Berufungshintergrund ist, von dem her Praktisches begründbar ist. Darin liegt nicht, daß die Individuen nicht eben erkennen können, daß soziale und intersubjektive Zusammenhänge zu ihrem eigenen letzten Selbstverständnis gehören. Das einzige, was für eine aufklärerische Position inhaltlich ausgeschlossen ist, ist, daß die Individuen, wie Hegel will, eine supraindividuelle Entität anerkennen, die in sich wertvoll ist und von der sie, die Individuen, erst ihren Wert beziehen sollten; das ist ausgeschlossen, denn von woher sollte, ohne transzendente Prämissen, der angebliche Eigenwert dieses Ganzen, das mehr wäre als die Summe der Teile, in seiner Werthaftigkeit ausgewiesen werden? Es könnte nur als solches arbiträr gesetzt sein, und das Argument, daß so eine Auffassung gerade den Individuen zugute käme, weil ihr Leben, wenn sie sich als Teile eines Ganzen verstünden, leichter, weil geborgener und fragloser, wäre, ist eigentümlich verquer, weil es dann doch wieder gerade ein bestimmter Wert der Individuen selbst wäre, auf den rekurriert würde, der aber seinerseits nicht ausgewiesen wäre.

Damit sollen die erheblichen Beschwernisse, die die Aufklärung mit sich bringt, besonders wenn sie das allgemeine Bewußtsein und die Kultur im ganzen bestimmt, nicht geleugnet werden, Beschwernisse, die so groß werden könnten, daß sie die Kultur zerstören könnten. Aber die Aufklärung ist nicht rückgängig zu machen, allemal nicht durch instrumentelle Argumente, die ihrerseits aufklärerisch, aber nicht mehr moralisch sind. Weil nun aber die Aufklärung diese Beschwernisse mit sich führt und eine Ausgewogenheit des Individuums in seinem Verhältnis zu sich und den Normen in der Phase der Autonomie erst auf einer höheren Ebene der Reflexion möglich ist, kehren die konservativen Argumente wie in Wellen immer wieder und finden eine verständliche Resonanz.

Ich werde, bevor ich mich dem Buch von MacIntyre zuwende, die Positionen Hegels und der Ritterschule nur an Hand einiger Stichworte holzschnittartig vorstellen, weil uns eine wirkliche Interpretation bei Hegel viel zu weit führen würde und sie mit Bezug auf die Ritterschule als nicht ausreichend lohnend erscheint.[1]

Hegels großes Stichwort ist »Sittlichkeit«. Das Wort »Moralität« hat er für das Kantische Moralkonzept reserviert, dessen besondere Charakteristik er im Ausgehen von der bloßen »Sujektivität« gesehen hat. Demgegenüber steht Sittlichkeit für Hegel für eine Moralität, deren Normen von den Gemeinschaftsmitgliedern wesentlich als in ihrer Geltung vorgegeben angesehen werden. In der *Phänomenologie des Geistes* hat Hegel die Sittlichkeit noch im Anschluß an das vorsophistische griechische Moralbewußtsein etwa im Sinn dessen gesehen, was ich als traditionalistische Moral bezeichnet habe. Aber in seinen Spätwerken, der *Rechtsphilosophie* und der *Enzyklopädie*, steht die »Sittlichkeit« systematisch hinter der »Moralität«, womit zugleich zum Ausdruck gebracht werden soll, daß es eine Sittlichkeit geben kann, die höher ist als die Moralität im Kantischen Sinn und durch diese hindurchgegangen ist. Hegels Idee ist, daß die so verstandene Sittlichkeit, seinem theoretischen Ansatz gemäß, die Subjektivität der Freiheit mit der »Objektivität« (Vorgegebenheit) der Sitten verbindet. Aber er versteht das Objektive, das dann der Staat ist, als das »Substantielle« (*Rechtsphilosophie* §§ 257 f.) und die Individuen als dessen »Akzidenzen« (§ 145). Die »Einrichtungen« des Staats sind »die an und für sich seienden Gesetze«, d. h. sie gelten unbedingt: sie haben »eine absolute, unendlich festere Autorität und Macht als das Sein der Natur« (§ 146). Was dann noch unter Freiheit verstanden werden soll, erklärt Hegel so: »In der Pflicht befreit das Individuum sich

---

1 Zu Hegel vgl. meine Ausführungen in *Selbstbewußtsein und Selbstbestimmung* S. 345 ff. Ich habe Hegels ethische Auffassungen von seinen Frühschriften bis zur *Rechtsphilosophie* in einer Berliner Vorlesung »Die Ethik bei Hegel und Marx« (WS 1980/81) ausführlich dargestellt und kritisiert.

zur substantiellen Freiheit« (§ 149). »Die wahrhafte sittliche Gesinnung« ist »das Vertrauen« (in den Staat und seine Institutionen) (*Enzyklopädie* § 515). So »vollbringt« die Person »ohne die wählende Reflexion (!) ihre Pflicht« (*Enzyklopädie* § 514). Die »Tugend« ist »die einfache Angemessenheit des Individuums an die Pflichten der Verhältnisse, denen es angehört (!), Rechtschaffenheit« (*Rechtsphilosophie* § 150).

Von den vorhin hervorgehobenen Ideen der konservativen Ethik vertritt also Hegel erstens – in seinem Begriff der Sittlichkeit und den daraus sich ergebenden Charakterisierungen von Tugend, Pflicht usw. – die *Vorgegebenheit* der Normen; zweitens vertritt er eine extreme These der Priorität des Sozialen vor dem Individuellen, an der die heutigen Neohegelianer nicht mehr festhalten: a) daß das Vorgegebene nicht nur die Sitten usw. sind, sondern »der Staat«, und b) daß der Staat das substantielle Ganze ist, die Individuen wie Akzidenzen aufzufassen sind – »ob das Individuum sei, gilt der objektiven Sittlichkeit gleich, welche allein das Bleibende und die Macht ist« (*Rechtsphilosophie* § 145 Zusatz), c) im Gegensatz zu den zeitgenössischen deutschen Hegelianern begründet Hegel seine Position zumindest explizit nie mit dem instrumentellen Gewinn, der sich aus ihr für die Individuen ergeben soll; explizit begründet er sie aus seinem System: Einheit von Subjektivität und Objektivität. Freilich in dem Umstand, daß die sogenannte Objektivität faktisch eindeutig die Oberhand gewinnt, wie aus den Zitaten ersichtlich ist, wird wohl eine zusätzliche Bewunderung für Macht und Realität ersichtlich, und wie eine echte Ausgewogenheit zwischen Subjektivität und Objektivität auf *dieser* Ebene aussähe (auf einer anderen und weiterweisenden werden wir sie später noch bei Hegel finden), ist schwer zu sehen. Hegel war jedoch von Anfang seines Philosophierens an von der Überzeugung durchdrungen, daß die moderne Welt von einer »Entzweiung« zwischen Subjektivem und Objektivem bestimmt sei und daß es darum gehe, diese zu »versöhnen«.[2]

2 Vgl. *Differenz des Fichteschen und Schellingschen Systems der Philosophie*, *Werke* (Suhrkamp) II, S. 20-22.

Die Begriffe von Entzweiung und Versöhnung hat nun Joachim Ritter in einer eigentümlichen neuen Wendung aufgenommen. Sein Motto lautete »Versöhnung von Herkunft und Zukunft«. Während die Opposita, die Hegel entzweit findet und vereinen will, in seinem systematischen Ansatz wohlbegründet sind, ist der Stellenwert der Begriffe von Herkunft und Zukunft zunächst weniger klar. Hier muß man sehen, daß Ritter und seine Schule nicht mehr systematisch denken, sondern nur noch historisch, vorausgesetzt, daß man das in der Philosophie überhaupt kann. »Herkunft« steht für Tradition, »Zukunft« für Fortschritt, und Fortschritt wird nicht mehr, wie in der Aufklärung, moralisch verstanden, als Fortschritt eines aufgeklärten moralischen Bewußtseins und des Wohlergehens der Menschen, sondern nur noch als Fortschritt der modernen Ökonomie. Die politischen und sozialen Ideen der Moderne werden nur noch als Annex der modernen Ökonomie verstanden und nicht mehr ihrerseits wertend betrachtet. Das entspricht einem heute üblichen Verständnis von »Fortschritt«, wenn man etwa von »entwickelten« und »unterentwickelten« Ländern spricht. Das Charakteristische für Ritters Konzept und das seiner Schule ist jedoch, daß sie sich für die spezifisch moderne moralische Problematik blind gemacht haben, was zur Folge hatte, daß nunmehr das Werthafte im ganzen in die »Herkunft« verlegt wird. Das also ist der Sinn der Rede von einer »Versöhnung von Herkunft und Zukunft«. Der Part des Herkunftsbezugs soll in der Pflege der Traditionen bestehen. Die Pflege der Traditionen wird als »Kompensation« für die Defizite des ökonomisch-technischen Fortschritts verstanden.[3]

Dieses Konzept ist natürlich ein totgeborenes Kind. Denn so wichtig zweifellos die Vermittlung der vielen partikulären

3 Vgl. hier insbesondere O. Marquard, »Über die Unvermeidlichkeit der Geisteswissenschaften« (1986) und meine Kritik in meinem Aufsatz »Die Geisteswissenschaften als Aufklärungswissenschaften«, *Philosophische Aufsätze*, 453 ff. Zum Kompensationsbegriff bei Ritter, Marquard und Lübbe vgl. G. Lohmann, »Neokonservative Antworten auf moderne Sinnverlusterfahrungen«, in: R. Faber (Hrsg.), *Konservatismus in Geschichte und Gegenwart*, Würzburg 1991.

kulturellen Traditionen mit der universellen Kultur der Moderne ist, so wird sie doch gerade verunmöglicht, wenn man erstens die moralische Komponente der Moderne als solche ausblendet und wenn man zweitens nicht sieht, daß die primäre moralische Aufgabe der Moderne in der ihrerseits moralisch zu verstehenden Ablösung – nicht von den Traditionen, aber von ihrem traditionalistischen Geltungscharakter besteht. Wie sollen sich denn die verschiedenen Kulturen untereinander moralisch verständigen, wenn sie als einzige moralische Ressource ihre partikuläre Tradition haben?

Worauf es jedoch in unserem Zusammenhang ankommt, ist die völlige inhaltliche Entleerung des Moralischen, die dieses Konzept impliziert. Diese Entleerung ist schon in Hegels Begriff der Sittlichkeit vorgezeichnet, derzufolge die Tugend in der »einfachen Angemessenheit des Individuums an die Pflichten der Verhältnisse« besteht, »denen es angehört«. Tugend besteht also nicht in einer prinzipiellen Haltung unabhängig von den Verhältnissen. Der einzige Rekurs, eine solche Haltung zu bestimmen, bestand für Hegel in der Kantischen Moralität, auf die die Sittlichkeit sich noch aufbauen sollte. Entfällt dieser Rückbezug, bleibt nur noch das übrig, was ich von Hegel vorhin zitiert habe. Indem nun in der Ritterschule das Moralische oder Sittliche überhaupt kein eigenes systematisches Thema mehr ist, sondern einfach für das steht, was uns aus der Herkunft – den Traditionen – vorgegeben ist, wird den aufklärerischen Moralen nicht eine konservative gegenübergestellt, sondern das Vorgegebene an und für sich verklärt, nicht weil es das und das ist (oder weil man an eine entsprechende Autorität glaubte), sondern *weil* es *vorgegeben* ist. Wie man im Nachnazideutschland so philosophieren konnte, bleibt das Geheimnis dieser Autoren. Hermann Lübbe erklärt in dem pädagogischen Manifest »9 Thesen ›Mut zur Erziehung‹«: »Wir wenden uns gegen den Irrtum, die Schule könne Kinder ›kritikfähig‹ machen, indem sie sie dazu erzieht, keine Vorgegebenheiten unbefragt gelten zu lassen.«[4]

4 Vgl. meine ausführliche Kritik in *Ethik und Politik*, Frankfurt 1992, S. 17-26.

Da es, soweit ich sehe, im Umkreis der Ritter-Schule keinen Versuch gibt, die Aufklärungsethik – sei es in der speziellen Kantischen Version, sei es in einem weiteren Sinn – einer Kritik zu unterziehen, geschweige denn eine Alternative zu entwickeln, liefert sie keinen Anhaltspunkt für eine systematische Auseinandersetzung. Hingegen findet sich eine umfassende Kritik der Aufklärungsethik, in eins mit einem Versuch, durch historische Reflexion zu einer Alternative zu kommen, in Alasdair MacIntyres Buch *After Virtue*.[5] Dieses Buch lohnt eine ausführliche Auseinandersetzung. Die Auseinandersetzung mit MacIntyre wird historisch zu Aristoteles[6] und systematisch zum Tugendbegriff[7] führen. Wir werden schließlich sehen, daß die Aufklärungsethik selbst im Rückgriff auf den Tugendbegriff erweitert werden muß, auf eine Art, in der sie bereits von Adam Smith vertieft worden ist.[8]

MacIntyre steht methodisch der deutschen Tradition näher als der angelsächsischen Ethik: er ist der Auffassung erstens, daß jede Moral historisch zu verstehen ist, und zweitens, daß man jede Moral nur als die Moral ihrer Zeit und d. h. soziologisch als Moral einer bestimmten gesellschaftlichen Konstellation sehen kann: zwei sehr fragwürdige Voraussetzungen.

In gewisser Weise setze natürlich auch ich die ethische Problematik als historische an, und ich stimme auch mit MacIntyres allgemeinster Charakterisierung der historischen Situation, in der wir uns heute befinden, überein: unsere Gegenwart ist dadurch ausgezeichnet, daß wir – das sieht MacIntyre gegen Hegel und die deutschen Neohegelianer richtig – nicht mehr durch Vorgegebenes bestimmt sind und uns letztlich individualistisch verstehen. Freilich sind sich MacIntyres Bewertung dieser Situation und meine eigene diametral entgegengesetzt, und so ist auch die Konsequenz, die sich für die ethische Reflexion ergibt, eine bei ihm und bei mir entgegen-

---

5 London 1981. Dt.: *Der Verlust der Tugend*, Frankfurt 1987. Ich zitiere nach der 2. Ausgabe (1985) des englischen Originals.
6 Vgl. die 12. und 13. Vorlesung.
7 Vgl. die 11. Vorlesung.
8 Vgl. die 15. Vorlesung.

gesetzte. Ich bewerte, und zwar rein von der Tiefe, die die Begründungsproblematik der Moral dadurch gewinnt, die Situation der individuellen Autonomie positiv; sie zwingt uns, das Problem der Moral frei von traditionell vorgegebenen Prämissen zu stellen. MacIntyre bewertet sie negativ, weil er der Auffassung ist, daß es einen Begriff des moralisch Guten, der frei von Traditionen und vorgegebenen Funktionen ist, nicht gibt.

Diese soziale Einbindung des Moralischen erscheint am Anfang des Buches als bloße These, seine Begründung gibt MacIntyre erst später. Sie gründet sich auf eine spezifische Interpretation der aristotelischen Tradition und auf einen funktionalen Begriff des Guten. Darauf wird noch zurückzukommen sein.

MacIntyre kritisiert also die modernen individualistischen Moralkonzepte nicht einfach von einem andersartigen Konzept her, das dann als Dogma vorausgesetzt wäre, sondern die Kritik ergibt sich für ihn dem Anspruch nach intern: die jeweiligen heutigen und dann auch die zurückliegenden aufklärerischen Ethiken erweisen sich, so meint er, als nicht nur in sich inkohärent, sondern als Rückstände früherer Positionen, die letztlich zur aristotelischen Tradition zurückführen. MacIntyres Sicht der Geschichte der Ethik ist also eine spezifisch verfallstheoretische, im Prinzip ähnlich wie Heideggers Sicht der Seinsgeschichte.

Wenn ich sage, daß auch meine Sicht eine historische ist, so ist sie das natürlich nicht so grundsätzlich wie die von MacIntyre. Für mich wie für jede aufklärerische Ethik ist das Spezifische unserer historischen Situation, daß sie es erlaubt und erzwingt, das Problem der Moral ahistorisch zu stellen, eine Auffassung, die MacIntyre natürlich, wenn alle Moral auf Traditionen bezogen ist, absurd erscheinen muß.

Es wird nun also darauf ankommen, die Art, wie MacIntyre seine Verfallsgeschichte durchführt, zu klären. Wie schwierig eine so grundsätzliche These von der Einheit von Moral und gesellschaftlicher Konstellation sowie Moral und Geschichte ist, wie er sie vertritt, kann man sich schon vorweg klarmachen. Ich habe bereits in der 1. Vorlesung darauf hingewiesen, daß es leicht ist zu verstehen, was es heißt, eine Moral in 3. Person soziologisch und historisch zu erklären – so läßt sie sich scheinbar entlarven und relativieren –, daß es aber kaum denkbar ist, wie man schließlich diejenige Moral, die man selbst glaubt begründet in Anspruch nehmen zu können (in 1. Person), ihrerseits soziologisch und historisch verstehen kann.

Wir werden noch sehen, inwiefern MacIntyre glauben konnte, daß sich zumindest die soziologische These auch im Positiven durchhalten lasse (seine Theorie der *practices*). Die historische These hingegen läßt er dann im Positiven stillschweigend fallen. Im zweiten Teil des Buches wird er, im Anschluß zwar an die aristotelische Tradition, aber doch eigenständig, ein Konzept des Moralischen, der »Tugenden« entwerfen. Bei dieser Modifikation des im Aristotelismus historisch Vorgegebenen läßt er sich nun notgedrungen einfach von seinen eigenen Intuitionen leiten. Dieser letzte Schritt seiner Verfallsgeschichte ist kein historischer mehr. Auch darin ist seine Verfallsgeschichte freilich derjenigen von Heideggers Verfallsgeschichte des Seins ähnlich. In beiden Fällen erfolgt der Rückgang nicht zu einem goldenen Zeitalter, der Ursprung ist nicht als solcher unmodifiziert maßgebend, sondern wird seinerseits für die Gegenwart zurechtgerückt. Dieser Schritt erscheint bei MacIntyre nicht erst im Inhaltlichen, sondern schon prinzipiell und methodisch problematisch. Denn da er zumindest im Expliziten an der historischen These festhält, geschieht dieser letzte Schritt ohne entsprechende Reflexion und setzt sich daher dem Vorwurf der Arbitrarität aus.

Es ist nun gerade die Arbitrarität der Standpunkte, die MacIntyre als Charakteristik des *vorhandenen heutigen* moralischen Bewußtseins glaubt herausstellen zu können. Das heutige moralische Bewußtsein und dessen Reflex in der Philosophie ist für ihn die Endphase der Verfallsgeschichte. Wir haben, so meint er, kein einheitliches moralisches Konzept mehr, von dem aus argumentiert werden kann. Diese These versucht MacIntyre auf drei Ebenen zu erhärten. Auf der ersten gibt er Beispiele von widersprüchlichen Antworten auf moralische Fragen unserer Zeit, die er für irreduzibel hält. Diese Unauflösbarkeit der moralischen Standpunkte findet –

das ist die zweite Ebene – ihre philosophische Entsprechung im Emotivismus, und dann auch im Existentialismus. Auf einer dritten Ebene wird diese Orientierungslosigkeit durch eine Deutung der sozialen Realität unterbaut, in der sich nach MacIntyre nicht nur alle menschlichen Bezüge auf Manipulation reduzieren, sondern sogar die Differenz zwischen einem instrumentellen zwischenmenschlichen Verhältnis und einem nichtinstrumentellen, in dem Menschen als Zwecke respektiert würden, in Vergessenheit gerate (23).

Ich will kurz auf jede dieser drei Inkriminierungen eingehen. Die Beispiele, die MacIntyre für widersprüchliche moralische Standpunkte nennt, beziehen sich auf Pazifismus, Abtreibung und entgegengesetzte Kriterien für Gerechtigkeit. Nehmen wir an, diese Kontroversen seien wirklich so unauflöslich, wie MacIntyre behauptet, was wäre damit bewiesen? Die starke These von der Arbitrarität der moralischen Standpunkte hätte MacIntyre nicht dadurch erweisen können, daß einige Fragen in der zeitgenössischen Diskussion kontrovers sind, sondern daß alle es sind, oder alle wichtigen. Ich werde später zeigen, daß diejenigen gegensätzlichen Auffassungen von Gerechtigkeit in der Moderne, die MacIntyre anführt, ihrerseits auf einer Annahme von gleichen Rechten beruhen, die ihnen (im Unterschied zu traditionalistischen Gerechtigkeitskonzepten) gemeinsam ist.[9] Allgemein läßt sich sagen: ein Grundsatz wie der Kantianische der universellen Achtung impliziert, daß eine Menge Möglichkeiten als unmoralisch ausscheiden, er braucht jedoch kein vollständiges positives Entscheidungsverfahren zu enthalten. Das hieße dann, daß es ein durchaus einheitliches modernes Moralverständnis geben kann, das jedoch an seinen Rändern wichtige Fragen offenließe. Es ist dies, glaube ich, was der Wirklichkeit des modernen moralischen Bewußtseins entspricht. Daß es in der Moderne einen Kernbereich der Moral gibt, der allemal – noch vor der verbreiteten starken Kantianischen Annahme – unkontrovers ist, scheint ohnehin offenkundig: es ist der des Kontraktualismus. Bezeichnenderweise geht MacIntyre im ganzen

9 18. Vorlesung.

Buch auf die kontraktualistische Moral nicht ein; da sie einen gemeinsamen Kernbereich aller Moralen bildet, wäre damit MacIntyres These von der grundsätzlichen Historizität aller Moral zumindest partiell von vornherein relativiert. Über diesen Kernbereich hinaus scheint es jedoch noch einen weitgehenden Konsens im Sinn des Kantischen Prinzips zu geben, wie etwa an der wenigstens verbalen universellen Übereinstimmung über mindestens einen Teil der Menschenrechte ersichtlich ist; auch die Menschenrechte werden von MacIntyre in seinem Buch nicht erwähnt.

Merkwürdigerweise ist MacIntyre, wo er die traditionalistischen Moralkonzepte behandelt, besonders bei der Darstellung der Moral im klassischen Athen, auf den Tatbestand eines unauflöslichen Widerspruchs positiv eingegangen (142), und er verrät uns nicht, warum er in dieser Hinsicht die moderne Moral und die traditionelle nach zweierlei Maß mißt. Darüber hinaus hätte man erwartet, daß MacIntyre, nachdem er sein eigenes, am Aristotelismus orientiertes Moralkonzept entwickelt hat, gezeigt hätte, daß dieses Konzept die Differenzen auflösen kann, die in der Moderne offen bleiben. Da er das nicht tut – und man kann sich leicht klarmachen, daß es auch gar nicht möglich wäre –, bleiben die von ihm herausgestellten Differenzen als solche stehen, die nicht nur für das zeitgenössische Moralbewußtsein offenbleiben, sondern echte offene Fragen darstellen.

Hier kann ich gleich zur dritten Ebene von MacIntyres Kritik an der Gegenwart übergehen. Man wird MacIntyre leicht zugestehen können, daß im modernen Leben, wie z. B. in der von MacIntyre besonders hervorgehobenen Bürokratisierung ebenso wie in der kapitalistischen Wirtschaft, instrumentelles und manipulatives Handeln vorherrschend werden, aber folgt daraus die massive These, die MacIntyre darauf aufbaut, daß das moderne Bewußtsein das *Sensorium* für den Unterschied zwischen einem instrumentellen Verhalten und einem solchen, in dem die Menschen als »Zwecke an sich« respektiert werden, abhanden gekommen ist? Die moderne Rede von Menschenrechten z. B. ist ohne diese Unterscheidung gar nicht verständlich. Inwiefern kann MacIntyre auch annehmen, daß der Leser seines Buches das Problem, auf das er angesichts der weitgehenden Instrumentalisierung unseres Lebens und Verhaltens hinweist, überhaupt verstehen kann, wenn er doch ein Kind seiner Zeit ist, ja wieso versteht er es selbst? Muß man nicht vielmehr sagen, daß, was in der verkürzten Kantischen Formel vom Menschen als Zweck an sich gemeint ist, gerade ein spezifisch modernes Konzept ist? Ist es ein Zufall, daß wir uns darüber mit einer von Kant stammenden Formel verständigen? Wenn das so ist, so läßt sich schon jetzt antizipieren, daß MacIntyre in Wirklichkeit von einem spezifisch modernen moralischen Potential Gebrauch macht, das er nachher, im Rückgang auf die aristotelische Tradition, nicht mehr einholen können wird.

Der Emotivismus, den MacIntyre auf der zweiten Ebene seiner Kritik behandelt, besteht insbesondere in der von Ayer und Stevenson herausgearbeiteten These, daß, wenn wir etwas als gut und speziell moralisch gut bezeichnen, damit gemeint sei: »Ich billige es; tu du es auch.« Wertsätze sollen dem Emotivismus zufolge einerseits das eigene »pro«-Gefühl zum Ausdruck bringen und es andererseits bei denen, zu denen gesprochen wird, induzieren.[10]

Hier wendet MacIntyre mit Recht ein (S. 13), daß im Billigen ein objektiver Anspruch des Begründetseins erhoben wird und der moralisch Urteilende sich nie so versteht, daß er nur eine subjektive Präferenz zum Ausdruck bringt. Nicht gerecht ist hingegen der weitere und häufig erhobene Einwand gegen den Emotivismus, daß er den Tatbestand moralischer Argumentationen und Begründungen leugne. Die subjektive These des Emotivismus bezieht sich nur auf die Prinzipien eines jeweiligen Moralkonzepts, und wie zwischen den Prinzipien verschiedener moralischer Konzepte argumentiert werden kann, ist eine Frage, die ich freilich grundlegend wichtig finde, die aber in sonstigen Ethiken kaum berücksichtigt wird und in den traditionalistischen Moralen, auf die MacIntyre zurückgreift, schon gar nicht.

10 Vgl. besonders den grundlegenden Aufsatz von Ch. Stevenson, »The Emotive Meaning of Ethical Terms«, Mind 1937, abgedruckt in: Stevenson, *Facts and Values*, New Haven 1963, 10-31.

MacIntyre versucht nun seine Kritik am Emotivismus in der Weise in seine Kritik am zeitgenössischen Moralverständnis einzubauen, daß er behauptet, der Emotivismus sei als Widerspiegelung des willkürlichen heutigen Moralverständnisses zu verstehen, er habe sich jedoch selbst mißverstanden, indem er seine These für eine angemessene Interpretation von moralischen Urteilen überhaupt, auch in früheren Zeiten, in denen sie noch ihren normalen Begründungsanspruch gehabt hätten, halte. Das kann nicht überzeugen, denn aus der Perspektive des Emotivismus ließe sich einwenden, daß gerade alle älteren Moralkonzepte nur einen partiellen Begründungsanspruch hatten und ihr Prinzip unbegründet voraussetzten. Aber auch auf den vorhin erwähnten richtigen Einwand, daß der Emotivismus den Sinn der moralischen Urteile falsch interpretiere, könnte von seiten des Emotivismus mit einer »error-theory« im Sinne von Mackie geantwortet werden: die moralisch Urteilenden glauben fälschlich an etwas Objektives. MacIntyre hat es sich mit dem Emotivismus zu leicht gemacht. Dieser ist nicht einfach deskriptiv zu verstehen, sondern als Entlarvungstheorie. Gewiß hat MacIntyre recht, daß wer dem Emotivismus zustimmt, die moralische Sprache redlicherweise fallen lassen müßte. Aber auch das wäre durchaus im Sinn des Emotivismus.

Wenn es stimmt, was ich in der 5. Vorlesung behauptete, daß es ein modernes moralisches Bewußtsein gibt, das ein bestimmtes Prinzip hat, nämlich das, das Kant artikuliert hat, dann müßte man MacIntyres These dahingehend abschwächen, daß der Emotivismus nicht das naive moderne Moralbewußtsein widerspiegele, sondern lediglich die Desorientierung der modernen Moralphilosophie, freilich auch die des neben dem bestimmten Moralbewußtsein verbreiteten Gefühls des Relativismus. Und wenn sich am Ende auch MacIntyres eigenes Moralkonzept als arbiträr herausstellen sollte, hätte der Emotivismus auch MacIntyre selbst eingeholt.

Aber auch darüber hinaus sollte man den Emotivismus ernst nehmen. Er ist in genau dem Maße im Recht, als es nicht gelingt, den in Werturteilen enthaltenen Begründungsanspruch einzulösen. Für ästhetische Urteile erscheint er allemal einleuchtend, und wenn es sich als richtig erweisen sollte, daß das moderne Moralverständnis an seinen Rändern unbestimmt ist, müssen moralische Kontroversen in diesen Bereichen als emotiv erscheinen. Das ist nicht etwas, was sich historisierend relativieren läßt.

Die Orientierungslosigkeit und Arbitrarität des heutigen Moralbewußtseins und der heutigen Moralphilosophie führt nun MacIntyre in seinem ersten Schritt rückwärts in der Geschichte auf den angeblichen »Zusammenbruch« der Aufklärungsphilosophie zurück. Er beginnt mit Kierkegaard (39 ff.). Indem Kierkegaard in *Entweder Oder* den Sprung von der ästhetischen zur ethischen Existenz als eine Entscheidung darstelle, gebe er den rationalen Charakter der Moral preis, und insofern dann die ethische Existenz sich als eine rationale verstehe, widerspreche er sich sogar selbst. Beide Vorwürfe sind zurückzuweisen. Mit Kierkegaard tritt in der Tat das voluntative Moment im Ethischen in den Vordergrund. Es ist aber kein Widerspruch, das Ethische immanent als rational anzusehen und gleichwohl zu behaupten, daß der Schritt *zum* Vernünftigen (wenn man denn mit Kant das Ethische so verstehen will) als voluntativ und seinerseits nicht mehr als begründbar anzusehen sei. Es wäre ein weiterer Schritt in der Betonung des voluntativen Momentes, das Ethische auch immanent nicht mehr als rational anzusehen; das wäre die Auffassung, die ich selbst vertrete.

MacIntyre sieht richtig, daß das ethische Konzept Kierkegaards auf Kant zurückweist, und wendet sich diesem als nächstem zu. MacIntyre sympathisiert sichtlich mit Kants Zweck-an-sich-Formel des kategorischen Imperativs, aber er behauptet, Kant gebe keine guten Gründe für dieses Prinzip an (46). Er zählt dann mehrere der bekannten Fangfragen gegen die 1. Formel des kategorischen Imperativs auf, die eigentlich unter dem Niveau dieses Buches sind. Erst im folgenden Kapitel versucht MacIntyre in einer Kritik an A. Gewirth zu zeigen, daß man die Moral nicht aus der Vernunft begründen könne (66 f.). Mit dieser These stimme ich natürlich überein. Aber es ist eines, zu zeigen, daß man das Kantische inhaltliche Konzept nicht aus der Vernunft begründen könne, und etwas ganz anderes, das inhaltliche Konzept als solches zu verwerfen. Für mich war entscheidend, daß Kants inhaltliches Konzept sein Gewicht unabhängig von Kants Begründung hat, und es ist eine der wesentlichen Schwächen von MacIntyres Buch, daß es Kants inhaltliches Konzept überhaupt nicht erörtert.

Statt dessen unternimmt MacIntyre im 6. Kapitel nach einer Kritik auch des Utilitarismus einen Rundumschlag gegen die Begriffe der *Rechte* und der *Güter*, die er mit Recht als Grundbegriffe der modernen Ethik identifiziert. Er erklärt beide Begriffe schlankweg für »Fiktionen«. Bezüglich der Rechte wiederholt MacIntyre einfach den alten Einwand Benthams; es gibt in der Tat keine Naturrechte, sondern Rechte werden gesetzt, aber sie werden dadurch zu keinen Fiktionen, es sei denn, man erklärt alles für eine Fiktion, was nicht von Natur aus gegeben ist. Ebensowenig folgt aus der richtigen Kritik an einem einheitlichen Begriff der Güter, wie er im Utilitarismus besonders Benthams vorausgesetzt war, daß man in der Ethik überhaupt auf die Rede von Gütern und Übeln verzichten könne. Auch Kant setzt natürlich implizit ein Konzept von dem, was für Menschen gut und insbesondere übel ist, voraus.[11]

Nachdem MacIntyre glaubt, die Haltlosigkeit aller ethischen Konzepte der Aufklärung nachgewiesen zu haben, setzt er zu seinem nächsten und entscheidenden Schritt in seiner Verfallsgeschichte an: die Inhalte, an denen die verschiedenen Ethiken der Aufklärung orientiert waren, seien in ihrem Ursprung und infolgedessen ihrem Sinn unverstandene Überbleibsel der durch das Christentum angereicherten aristotelischen Tradition, sie weisen daher von sich aus dorthin zurück und lassen sich nur durch den Rückgang auf diese Tradition in ihrem substantiellen Sinn verstehen (51 f.). Diese These, für MacIntyres historischen Gedankengang – seine Verfallsgeschichte – zentral, ist die wohl am schwächsten begründete des ganzen Buches, und MacIntyre widerspricht sich auch selbst,

---

11 Vgl. hier insbesondere auch die Position von B. Gert in *Moral Rules*. Gert geht geradezu von einer Liste der Übel aus.

wenn er später zugibt, daß diejenige antike Position, auf die die Aufklärer zurückgegriffen haben, vor allem die der Stoa war. Hätte MacIntyre sich überhaupt mit dem Inhaltlichen insbesondere von Kants Position konfrontiert, hätte er sehen müssen, daß ihr Hintergrund überhaupt kein historischer ist, sondern, wie wir gesehen haben, der Kontraktualismus. Das ist bei Kant selbst so deutlich greifbar, daß es schwer verständlich ist, wie man es übersehen kann.

MacIntyre gibt keine konkreten Anhaltspunkte für seine merkwürdige These, die aristotelische Tradition bilde das inhaltliche Reservoir für die Konzepte der Aufklärungsethik, und es gibt wohl auch keine. So schwerwiegend dieser Schwachpunkt aus MacIntyres eigener verfallsgeschichtlicher Perspektive erscheinen muß, kann man MacIntyres Rückgang auf den Aristotelismus immerhin unabhängig von dieser These ernst nehmen. Es könnte ja sein, daß sich, unbeschadet aller falsch gesehenen historischen Zusammenhänge, zeigen ließe, daß, wie MacIntyre meint, das Konzept der aristotelischen Tradition stärker ist als die Konzepte der Aufklärung. Freilich können dann die immanent historischen Rückverweise nicht mehr maßgebend sein. Man müßte dann auf ein sachliches Kriterium zurückgreifen, und wir werden noch sehen, welches dieses Kriterium für MacIntyre ist.

Vorweg steht jedoch für ihn fest, daß das Aufklärungsprojekt so gründlich gescheitert ist, daß es als Alternative zur aristotelischen Tradition gar nicht mehr in Frage kommt. MacIntyre gibt daher dem 9. Kapitel, das als das letzte des ersten Teils des Buches angesehen werden kann, den Titel »Nietzsche oder Aristoteles?« Nietzsche habe den schon bei Kierkegaard festzustellenden Rückzug auf den Willen radikalisiert, und er stelle auch die sowohl gegenüber dem Emotivismus wie gegenüber dem Existentialismus grundsätzlichere voluntativ-subjektivistische Position dar. Auch diese Einschätzung von Nietzsche gegenüber dem Emotivismus muß fragwürdig erscheinen. MacIntyre meint, daß nur Nietzsche bereit war, die moralische Sprache zu verändern. Aber wir haben schon gesehen, daß man vielmehr die Haltung des Emotivismus als Bereitschaft zur Veränderung der Sprache sehen kann, und der

Emotivismus ist die eigentlich skeptische Position, während Nietzsche an der Rede von Werten festgehalten hat und nun lediglich eine »Umwertung aller Werte« vornehmen wollte. Gewiß hat Nietzsche richtig gesehen, daß eine rationale Begründung einer Moral nicht möglich ist und daß wir auf unser Wollen zurückgeworfen werden. Aber daraus machte er eine neue Metaphysik, als ob das einzige, was nun übrigbliebe, darin bestünde, daß der Wille auf sich selbst und das heißt auf seine Steigerung ausgerichtet sein könne: Wille zur Macht, und dieser soll seinerseits die Quelle neuer Wertsetzungen sein.

Versteht man hingegen das Zurückgeworfenwerden auf das eigene Wollen vorurteilsfrei, so hat es nicht den Sinn, daß nun das Wollen als solches zu seinem eigenen Inhalt werde, sondern daß man sich auf die Frage verwiesen sieht: was ist es, was ich will? Der Wille wird nicht auf sich als isolierte Kraft zurückgeworfen, sondern zurückgeworfen werden wir auf unsere Gefühle, Wünsche, Motive. Die Frage »was will ich, wie will ich leben?« läuft auf die alte, in der Tat aristotelische Frage zurück: »was kann mich glücklich machen?«, und es ist, wie wir später sehen werden, diese Frage, die gerade auf die Moral zurückverweisen kann.

Nietzsche hat nun den Willen zur Macht als Grundlage für eine angeblich höhere Moral genommen, die »Herrenmoral«: gut ist, was uns, die »Vornehmeren«, stärker macht. MacIntyre sieht richtig, daß Nietzsche sich dabei auch von der Moral der heroischen Sagen inspirieren ließ, aber der Versuch, so ein Konzept in die Moderne zu transponieren, ist haltlos, weil wir keine traditionell vorgegebenen Rangkriterien haben, und die Moral der Vornehmeren daher nur noch zu einer Moral der Stärkeren werden kann.

Nietzsches Position ist ein Vorläufer des Faschismus, aber auch schon im Ansatz ist sie, wenn man sie denn, wie MacIntyre will, als Alternative sehen will, lediglich eine moralisch verbrämte Alternative zur Moral. Nicht »Nietzsche oder Aristoteles« lautet die Alternative, sondern »Macht oder Moral«, wie ich das ansatzweise in der 5. Vorlesung zu zeigen versucht habe. Die Option für die Macht ist die Option für den *lack of moral sense*.

MacIntyres Rekurs auf Nietzsche bedeutet natürlich nicht, daß ihm diese Position sympathisch ist, aber er konnte seiner Auffassung, daß das »Projekt« der Aufklärung »zusammenge-brochen« sei, besonderen Nachdruck verleihen, indem er meint, die einzige ehrliche Position, die dem Individualismus noch verbleibe, sei Nietzsche. Neben Aristoteles und Nietz-sche gebe es »keine dritte Alternative« (118). Und so sei die »Schlüsselfrage«: »kann die Ethik des Aristoteles oder etwas ihr ähnliches doch noch vindiziert werden?«. Das ist das Thema des zweiten Teils von MacIntyres Buch.

Bei der eben zitierten Frage muß man die Einschränkung »oder etwas ihr ähnliches« unterstreichen. Denn MacIntyre hat nun erstens gegen das spezielle Konzept des Aristoteles eine Reihe von Vorbehalten (52, 162 f.), von denen der stärkste die angebliche metaphysische Teleologie des Aristoteles ist (wir werden in der 12. Vorlesung sehen, daß das ein Irrtum ist und daß die wirklichen Bedenken Aristoteles gegenüber an-ders anzusetzen sind); zweitens möchte er die aristotelische Ethik nur als den zentralen Knotenpunkt einer Tradition der Tugenden sehen, die MacIntyre im homerischen Zeitalter bzw. überhaupt in den verschiedenen heroischen Zeitaltern beginnen läßt (10. Kapitel) und die über die Moral Athens (11. Kapitel), Aristoteles selbst (12. Kapitel) und die Veränderungen des Mittelalters (13. Kapitel) bis hin zur Aufklärung führen. Dieser – im einzelnen sehr lesenswerte – historische Durch-gang ergibt jedoch für MacIntyre nur, daß es mindestens fünf untereinander teilweise überlappender, im Ganzen aber wi-dersprüchlicher Tugendethiken gibt (183), und es ist diese verwirrende Situation, die MacIntyre im 14. Kapitel zu einem Schritt führt, der von seiner historisierenden Perspektive aus als *tour de force* erscheinen muß: er entwirft ein sich angeblich an Aristoteles anlehnendes, aber historisch freischwebendes eigenes Konzept über die »Natur der Tugenden«.

Dieses Konzept ist nun auch inhaltlich ziemlich merkwür-dig. MacIntyre definiert die Tugenden nicht, wie Aristoteles und die ganze folgende Tradition, als diejenigen Dispositio-nen, die uns dazu befähigen, das Menschsein als solches im Miteinander vorzüglich zu vollziehen, sondern als die Dispositionen, die uns dazu befähigen, *bestimmte Tätigkeiten*, die er *practices* nennt, vorzüglich zu vollziehen. Als *practice* versteht er eine kooperative Tätigkeit, die nicht instrumentell auf ein ihr äußerliches Gut gerichtet ist, sondern um ihrer selbst willen vollzogen wird. Als Beispiele werden Spiele wie Schach und Fußball genannt, außerdem Künste, Wissenschaften und auch das Familienleben, schließlich »Politik im aristotelischen Sinn«. Aber Spiele stehen besonders im Vordergrund. Es ist bei einem Spiel besonders gut deutlich zu machen, daß insbesondere die Tugend des Nichtschwindelns erforderlich ist, wenn man spielt um des Spiels willen und nicht um anderer Zwecke willen, die durch das Gewinnen erreicht werden sollen (188). Der kooperative Charakter, der angeblich allen diesen *practices* eignen soll, ist bei den Tätigkeiten des Künstlers und des Wissenschaftlers schwerer zu erkennen. Und bei der »Politik im aristotelischen Sinn« fragt man sich, ob hier nicht eine andere Dimension eintritt, da es sich ja nun um eine Weise des Miteinanderlebens im ganzen handelt und nicht mehr um begrenzte kooperative Tätigkeiten wie Spiele; aber das für diese Dimension Spezifische wird nicht herausgearbeitet.

MacIntyre betont freilich, daß der (wohl nicht besonders deutlich definierte) Begriff der *practices* noch nicht an und für sich genüge, sondern daß zwei weitere Dimensionen hinzukommen müssen, die im folgenden (15.) Kapitel ausgeführt werden: erstens, die *practices* müssen sich in ein Lebensganzes fügen, und zweitens müsse man sehen, daß die Institutionen, in denen die *practices* ausgeübt werden, die Träger von Traditionen seien (222). Diese Ergänzungen werfen aber mehr neue Fragen auf, als daß sie die bisherigen Unsicherheiten lösen würden. So einleuchtend MacIntyres Überlegungen sind, daß alle menschlichen Handlungen immer im Zusammenhang eines Lebensganzen zu sehen sind (der Kritik MacIntyres an der üblichen atomistischen Handlungstheorie ist zuzustimmen), so führt doch diese Orientierung am Einzelleben aus dem Kontext des Miteinander – der »Politik im aristotelischen Sinn« – wieder heraus, und wenn MacIntyre betont, daß es in den gemeinsamen Tätigkeiten um ein gemeinsames Gut gehe (*the common good*) und daß die Tugenden von daher verstanden werden müssen (219), so bleibt das eine bloße These, und die Rede vom gemeinsamen Gut wird nicht näher ausgeführt. Das Ergebnis ist, daß sich ein Tugendkatalog ergibt, der primär an den *practices* ausgerichtet ist und durch die weiteren Dimensionen nur punktuell ergänzt wird.

Damit scheint MacIntyres Konzept entschieden hinter Aristoteles' eigenes Konzept, wie wir es in den Vorlesungen 12 und 13 kennen lernen werden, zurückzufallen, und es kommt jetzt darauf an zu verstehen, was MacIntyre in diese merkwürdige Richtung gedrängt hat. Zwei Gesichtspunkte scheinen mir dabei ausschlaggebend gewesen zu sein.

Wir haben gesehen, daß MacIntyre die gegenwärtige Kultur als eine nur noch instrumentelle interpretiert hat. Das hat ihn offenbar dazu geführt, nach einer Klasse von Betätigungen Ausschau zu halten, die wir um ihrer selbst willen tun, und so ergab sich sein Ansatz bei den *practices*. Hier hat sich aber eine Zweideutigkeit in der Unterscheidung zwischen Instrumentellem und Nichtinstrumentellem fatal ausgewirkt. Wir können natürlich einerseits solche Handlungen, die wir nur als Mittel für anderes vollziehen, von denjenigen unterscheiden, die wir um ihrer selbst willen vollziehen, bzw. wo wir Zwecke so verfolgen, daß wir gleichzeitig die Mittel um ihrer selbst willen wollen (der Geigenspieler z. B. spielt, um besser zu werden, aber er spielt gleichzeitig einfach um zu spielen). Das ist natürlich eine wichtige Unterscheidung, nur ist sie nicht die *moralisch* wichtige. Diese bezieht sich auf das Miteinander, und hier müssen wir unterscheiden, *andere Menschen* nur als Mittel zu behandeln oder, in der Kantischen Formulierung, zugleich als »Zweck an sich«. In dieser zweiten Unterscheidung wird nicht einfach die erste auf das Miteinander bezogen, denn bei der ersten geht es überhaupt nicht um »Zwecke an sich«, sondern einfach zum Zwecke: diese werden definiert als das, was ein einzelner, auch wenn er sich im Miteinander versteht, um seiner selbst willen will. Wenngleich nun nebenbei auch bei den *practices* andere Menschen eine Rolle spielen und dabei nicht einfach instrumentalisiert werden, so ist doch die Idee, andere Menschen als Zwecke an sich zu achten, eine umfassendere und grundlegendere, die keineswegs von den *practices* her verstanden werden kann. Für diese Idee ist nun freilich der Begriff der Rechte fundamental, den MacIntyre in seiner Kritik der Aufklärung glaubte über Bord werfen zu können. Für das also, was MacIntyre im Blick hat, hat in Wirklichkeit die Aufklärung eine definitive Klarstellung gegeben, und der Rekurs auf eine aristotelische Tugendlehre, geschweige denn ihre Einschränkung auf *practices*, gibt keine Begrifflichkeit her, die diese Idee einholen könnte.

Der zweite Grund, warum MacIntyre glaubte auf *practices* eingehen zu müssen, ist in einem anderen Aspekt seiner Kritik der heutigen Kultur zu finden. Ein zentraler Gesichtspunkt seiner Kritik am Individualismus ist, daß die Menschen sich nicht mehr durch die bestimmten Rollen definieren, die sie in der Gesellschaft haben. MacIntyre übersieht, daß es ein entscheidender Fortschritt bereits im klassischen Griechentum und dann bei Aristoteles war, so wie er diese Positionen selbst darstellt, daß sie die Tugenden nicht mehr Rollen-spezifisch sahen, sondern als Tugenden des Menschen als Menschen (132 f.). Daß ein Mensch sich in der Moderne nicht mehr Rollen-relativ *definiert*, heißt nicht, daß er sich nicht in Rollen *versteht*.

MacIntyre meinte nun aber, daß es zum Begriff des Guten überhaupt gehört, daß er funktionsspezifisch verstanden werden müsse (58). Was es heiße, daß ein Mensch gut ist, müsse sich aus seiner jeweiligen Rolle so natürlich ergeben, wie, was es heiße, daß eine Uhr gut ist, sich aus der Funktion einer Uhr ergibt (»»man‹ stands to ›good man‹ as ›watch‹ stands to ›good watch‹«, 57). Wir werden sehen, daß MacIntyre sich hier zu Unrecht auf Aristoteles beruft. Aristoteles hat richtig gesehen, daß die Tugenden des Menschen gerade nicht analog zu den Tugenden von Gegenständen oder Tätigkeiten verstanden werden können, die funktional auf bestimmte Zwecke hin verstanden werden. Das war nun aber der Grund, warum MacIntyre glaubte, noch hinter Aristoteles zurück auf die Moral der homerischen Kultur zurückgreifen zu müssen (vgl. insbesondere 126 f.). Mir scheint seine Rollen-bezogene Interpretation sogar dieser Moral überzogen. Es ist richtig, daß der homerische

Kriegerkönig eine bestimmte Rolle ausführte und daß es um das gute Vollziehen dieser Rolle ging, aber das war keine beliebige Rolle, und deswegen bezieht sich Homer ausschließlich auf die Tugenden der Kriegerkönige und ihrer Frauen, weil nämlich sie, gewiß noch in dieser Rolle, aber eben doch schon das Menschsein als solches exemplarisch darstellten. Es war nun diese falsche Orientierung am Funktions- und Rollenbegriff, die MacIntyre dazu führte, das Gutsein des Menschen in spezifisch definierten *practices* zu suchen.

Es wäre ein Mißverständnis des Potentials des Kantischen Konzepts, wenn man meinen würde, daß es die Pflicht zur guten Ausführung der jeweiligen Rolle nicht enthielte. Es ist zwar richtig, daß das bei Kant selbst nicht erscheint, wir finden es jedoch in der Kant durchaus nahestehenden Durchführung bei B. Gert unter dem Begriff *duty*.[12] Gert meint hier mit »Pflicht« nicht die moralische Pflicht als solche, sondern die Pflicht, die jeweilige Aufgabe, die jemand in einem kooperativen Zusammenhang übernommen hat, gut zu erfüllen. Man wird sogar sagen müssen, daß Pflichterfüllung in diesem Sinn bereits eine notwendige Komponente der Quasimoral ist (auch in einer Räuberbande wird von jedem verlangt, daß er die von ihm übernommene oder ihm zugewiesene Funktion gut erfüllt). Dieser Pflichtbegriff ist Rollen-bezogen, aber nicht Rollen-spezifisch. Er bezieht sich auf die *jeweilige* Rolle und läßt sich daher universell formulieren. Pflicht in diesem Sinn spielt natürlich eine entscheidende Rolle in jedem bürokratischen System. Jeder Bürger erwartet gemäß dem kategorischen Imperativ moralisch von allen Staatsdienern, daß sie ihre jeweilige Rolle gut erfüllen.

Im Gegensatz zu dem platten Optimismus der Ritterschule endet MacIntyre in einem tiefen Pessimismus, auch wenn er sich gegen diese Deutung verwahrt (262). Das moralische Leben, wie es sich ihm ergeben hat, könne in einer modernen Gesellschaft nicht verwirklicht werden, und so sei das einzige, was verbleibe, der Rückzug in kleine *communities*, und – so der letzte Satz des Buches – wir müssen »auf einen neuen –

---

12 *The Moral Rules*, 6. Kapitel, S. 121 ff.

gewiß sehr verschiedenen – heiligen Benedikt warten« (263). Daß MacIntyre zu so einem Ergebnis kommt, sollte nun an und für sich kein Einwand sein, obwohl aus MacIntyres eigener Perspektive, derzufolge die gesellschaftliche Realität einer Zeit und ihr moralisches Bewußtsein eine Einheit bilde, ein solcher Einwand naheläge. Es ist ja durchaus denkbar, daß auch dasjenige moralische Bewußtsein, das nach meiner Auffassung das spezifische der Moderne ist, dasjenige, das im kategorischen Imperativ seinen Ausdruck findet, ebenfalls an der kapitalistischen, bürokratisch-großstaatlichen und international zersplitterten Realität der Gegenwart scheitert.[13] Die Auffassung, zu der der Hegelianismus neigt, daß eine Moral »ihre Zeit in Gedanken gefaßt« und daß alles weitere »eitles Sollen« sei, kann ihrerseits keine moralische sein. Angepaßtheit ist Prinzipienlosigkeit und kann kein Kriterium für ein richtiges moralisches Konzept sein.

Wir können also MacIntyres Konzept nur immanent kritisieren. Seine Argumentation gegen die aufklärerischen Ethiken im allgemeinen und gegen das Kantische Konzept im besonderen erwies sich, außer was die vermeintliche Vernünftigkeit von Kants Konzept betrifft, als haltlos. Ich konnte auch zeigen, daß es scheinbar eine Kant nahestehende Vorstellung des Nicht-Instrumentellen ist, was unklar hinter MacIntyres eigener Idee steht, so daß seine eigene Position sich unbewußt letztlich der Aufklärung verdankt. Aber die Gegenposition, die MacIntyre entwickelt, ist wegen ihrem funktionalistischen Ausgangspunkt als genuin moralischer Ansatz überhaupt zurückzuweisen. Die Moral hat es ihrem Sinn nach mit der objektiven Vorzüglichkeit des Menschen als kooperativem Wesen überhaupt zu tun, nicht mit der Vorzüglichkeit bestimmter Funktionen oder Rollen: eine traditionalistische Moral kann diese Vorzüglichkeit als Mensch freilich nach Rollen differenziert denken, aber das ist für eine moderne Moral un-

---

13 Vgl. meinen Aufsatz »Perspektiven auf den Dritten Weltkrieg: Kurzfristige und langfristige Interessen« (1987), in: *Nachdenken über die Atomkriegsgefahr und warum man sie nicht sieht*, 2. Auflage, Berlin 1988, S. 115 ff.

möglich, weil sie über kein Begründungspotential verfügt, das verschiedenen Menschen verschiedene Stellen und Rollen innerhalb eines gesellschaftlichen Ganzen als vorgegeben zuordnen könnte.

Freilich findet sich die zuletzt genannte Konsequenz bei MacIntyre nicht. Aber wenn wir uns jetzt fragen, inwiefern meine Metakritik an MacIntyre charakteristisch auch für andere Moralkonzepte des konservativen Typus sein könnte, so wäre ein solcher Inegalitarismus eine naheliegende Konsequenz des funktionalistischen Ansatzes. Eine moderne Moral, d. h. eine solche ohne traditionalistische Vorgegebenheiten in ihrem Begründungspotential, ist notgedrungen individualistisch und egalitär, und d. h. sie muß sowohl die Hegelsche Vorstellung ablehnen, daß das Ganze mehr ist als die Summe der Teile, sowie die damit leicht verbindbare Vorstellung, daß verschiedene Menschen, je nach ihrer Stellung in diesem Ganzen, in verschiedenem Sinn einen moralischen Wert haben können.

Tugenden

In den ersten 5 Vorlesungen habe ich meine Auffassung der Ethik dargelegt und zu zeigen versucht, wie man das Kantische Konzept von Moral plausibilisieren kann. In den Vorlesungen 6 bis 10 habe ich verschiedene andere Ansätze teils aus formalen (Vorlesungen 6-8), teils aus inhaltlichen Gründen (9-10) kritisiert. Alle philosophische Reflexion erfolgt in einem Hin und Her zwischen der Klärung eigener Vorstellungen und der Auseinandersetzung mit Vorstellungen anderer: die sogenannte hermeneutische Methode. Im folgenden (in den Vorlesungen 11-15) werde ich jedoch die Reihenfolge umkehren: ich werde bei einigen der offengebliebenen Themen von der Interpretation historisch vorgegebener vorhandener Ansätze ausgehen und mich von da aus zu eigenen Klärungen vortasten.

Inhaltlich wird es sich um zwei Komplexe handeln. Erstens habe ich die Problematik der Motivation, sich als Mitglied der moralischen Gemeinschaft zu verstehen, in der 5. Vorlesung nur angedeutet. Schon dort wies ich darauf hin, daß sie im Zusammenhang mit der Frage nach dem Glück aufzunehmen sein wird, in den sie insbesondere von Aristoteles gestellt wurde.

Das Zweite wird die Frage betreffen, ob das Konzept des kategorischen Imperativs so, wie Kant es inhaltlich vom Kontraktualismus aus entwickelt hat (und wie ich es bisher ebenfalls dargestellt habe) ausreicht. Weist, so kann man fragen, das Kantische Grundprinzip, der kategorische Imperativ also, d. h. die Frage »Wie will man, aus der Perspektive eines Beliebigen, daß alle handeln (oder sind)?« nicht über das Set der kontraktualistischen Handlungsregeln hinaus? Wir werden sehen, daß Adam Smith, ausgehend von einem Prinzip, das dem Kantischen entspricht, eine solche umfassendere Theorie des Moralischen entwirft. Dabei ist freilich entscheidend, daß das, was aus der Perspektive eines Beliebigen gewünscht wird, nicht nur bestimmte *Handlungen* sind, sondern *Haltungen* und das heißt Seinsweisen. Deswegen habe ich den kategorischen Imperativ vorhin so formuliert, daß er dieser Möglichkeit Rechnung trägt: wie wünscht man, daß alle handeln *oder sind*? Der Begriff der Seinsweise, der hier maßgebend ist, entspricht dem traditionellen Begriff des Charakters, und für einen guten Charakter steht traditionell der Terminus »Tugend«.

In MacIntyres Rückgang auf die aristotelische Tradition spielte der Tugendbegriff eine grundlegende Rolle. Ich habe in der vorigen Vorlesung zu zeigen versucht, wie MacIntyres eigener Versuch, den Tugendbegriff im Rückgang auf den der Funktion zu verstehen, ein Mißverständnis des Aristoteles darstellt und außerdem in die Irre führt. Aber damit will ich nicht die grundsätzliche Intention von MacIntyre, die auch bei mehreren anderen zeitgenössischen Ethikern festzustellen ist, den in der modernen Ethik lange vernachläßigten Tugendbegriff wiederaufzugreifen, diskreditieren. Ich halte es zwar nicht für aussichtsreich, wie MacIntyre eine Tugendmoral gegen die modernen Regelmoralen stark machen zu wollen, wohl hingegen erscheint es sinnvoll und, wie wir sehen werden, sogar notwendig, die Regelmoral durch eine Tugendmoral zu ergänzen. Es ist ein Unternehmen dieser komplementären Art, das wir bei Adam Smith finden werden. Vor allem wird es wichtig sein, von vornherein nur solche Tugendbegriffe als integrationsfähig in das Kantische Konzept anzusehen, die universell und aus der Perspektive eines Beliebigen forderbar sind.

Beide Komplexe, das des Glücks und das der Tugenden, lassen sich am sinnvollsten von Aristoteles her vorbereiten. Bei Aristoteles bilden sie sogar eine einheitliche Problematik, in einer Weise freilich, die eher verwirrend ist und von der Sache her sich als nicht sinnvoll erweisen wird, obwohl Zusammenhänge nicht geleugnet werden können.

Den aristotelischen Problemansatz und dann auch seine Tugendlehre darzustellen (12. und 13. Vorlesung) ist auch um seiner selbst willen sinnvoll, auch gegen die Mißverständnisse, die sich bei MacIntyre ergeben haben. Die aristotelische Konzept ist jedoch voller Schwierigkeiten, und MacIntyres Idee, daß man heute unmittelbar auf sie aufbauen könnte, wird sich als abwegig erweisen. Wir werden jedoch in der Tugendlehre des Aristoteles einen Ausgangspunkt gewinnen, von dem aus es sinnvoll sein wird, sowohl die Glücksproblematik und von daher den Zusammenhang zwischen Wohlergehen und Moral im Anschluß an moderne Problemstellungen aufzunehmen (14. Vorlesung) als auch die Tugendlehre von der universalistischen Basis aus, die ihr Adam Smith gegeben hat, für das Kantische Moralkonzept fruchtbar zu machen (15. Vorlesung).

In der heutigen Vorlesung will ich eine vorgängige Verständigung über den Tugendbegriff vornehmen. Aus ihr muß der Sinn dieses Begriffs hervorgehen sowie was unter einer spezifischen Tugendmoral zu verstehen ist oder unter Komponenten einer solchen. Die erste Frage muß lauten, was es denn überhaupt ist, wodurch sich eine Tugendmoral von einer Regelmoral unterscheidet. Hier werden sich wiederum verschiedene Problemzusammenhänge ergeben, die ihrerseits unterschieden werden müssen. Eine solche vorgängige Klärung des Tugendbegriffs erscheint sogar für eine angemessene Aristotelesinterpretation erforderlich und kann nicht aus dieser selbst gewonnen werden, weil Aristoteles diesen Begriff bereits in einer Weise in *Nikomachische Ethik* 1, 6 einführt, in der er mit Zweideutigkeiten spielt, die normalerweise übersehen werden und die auseinandergehalten werden müssen.

Das Wort »Tugend«, wenn es philosophisch verwendet wird, dient zur Übersetzung des griechischen Wortes *areté*. *areté*, eng verknüpft mit Wörtern, die zu »gut« gehören – der griechische Superlativ zu »gut« (*agathon*) lautet *ariston* – steht für jede Form von vorzüglicher Eigenschaft. Was MacIntyre übersehen hat, ist, daß im Griechischen *areté*, ebenso wie *agathon* (und unser »gut«), von vornherein nicht nur für Güte im funktionalen Sinn verwendet wird (und auch nicht nur in dem früher herausgestellten »technischen«, S. 52), sondern auch für das So-Sein, das moralisch gebilligt wird.[1] Obwohl

---

1 Vgl. etwa den Sprachgebrauch bei Theognis, z. B. v. 147 und *passim*.

also im Griechischen nichts natürlicher ist, als von der »Tugend« eines Gebrauchsgegenstandes oder eines Turners zu sprechen, heißt das nicht, daß, wenn von den Tugenden der Menschen als Menschen gesprochen wird, dies funktional verstanden wird; gemeint sind die *billigenswerten* (lobenswerten) Charaktereigenschaften.

Was hingegen MacIntyre richtig sieht, ist, daß auch die modernen Regelethiken keineswegs auf den Tugendbegriff verzichtet haben (232 f.). Auch für sie besteht die Tugend im Charakter, d. h. in einer festen Willensdisposition, und zwar derjenigen Willensdisposition, das Gute zu wollen (vgl. oben S. 105), das für sie freilich seinerseits durch eine Regel definiert ist (so etwa bei Kant, aber auch im Utilitarismus). Da also in der Moderne die Tugend durch die feste Willensdisposition definiert ist, der Regel gemäß zu handeln, durch die das Gute bestimmt ist, gibt es etwa für Kant erstens nur *eine* Tugend, und zweitens ist das der Grund, warum der Tugendbegriff sekundär wird (so MacIntyre richtig 233).

Was also für eine Tugendethik charakteristisch sein müßte, ist, daß das Gutsein nicht auf Regeln *reduzierbar* ist. Wann ist das der Fall? Man könnte erstens darauf hinweisen, daß in Tugendethiken immer eine Mehrzahl von Tugenden vorkommt, aber wir können auch eine Mehrzahl von Regeln haben, ohne daß sie sich aus einem einheitlichen Prinzip ergeben, wie im Alten Testament. Wir werden also unterscheiden müssen zwischen Prinzip und Regeln, wobei wir jetzt unter Prinzip immer den für das ganze Moralkonzept einheitlichen Gesichtspunkt ansehen können, wie es z. B. bei Kant der kategorische Imperativ ist. Nun ist zu beachten, daß es durchaus denkbar ist, daß unter dem Prinzip nicht Regeln oder nicht nur Regeln stehen, sondern Tugenden. Eben das werden wir bei Adam Smith finden. Smith hat im unparteilichen Beobachter ein ähnliches Prinzip wie den kategorischen Imperativ: der unparteiliche Beobachter billigt das, was aus der Perspektive von irgendeinem wünschenswert ist, und dies braucht eben keineswegs ein Regel-geleitetes Handeln zu sein, sondern es kann ein So-Sein sein, eine Haltung oder Einstellung, also eine Tugend. Natürlich ist auch ein So-Sein im Sinn einer Charaktereigenschaft (z. B. Liebenswürdigkeit, Großzügigkeit, Versöhnlichkeit) immer eine Handlungsdisposition. Was verbietet es dann, die Handlungsdisposition durch eine Regel zu definieren?

Die einfachste Antwort, die wir auch bei Adam Smith finden[2], ist: ihre Überkomplexität. Wir werden jedoch sehen, daß der eigentliche Grund tiefer liegt, und zwar deswegen, weil es sich, wie sich schon bei Aristoteles zeigen wird, bei Haltungen, die wir zueinander haben können, wie z. B. Liebenswürdigkeit oder Höflichkeit, nicht um Handlungen im gewöhnlichen Sinn handelt, die durch beabsichtigte Wirkungen definiert sind, sondern um das, was Aristoteles als *energeiai* (Tätigkeiten) bezeichnet. Damit wird zusammenhängen, daß die Tugenden positive Pflichten sind. Das gilt eben z. B. für die genannten Tugenden, wie z. B. die der Großzügigkeit (wir werden noch sehen, warum sich die Großzügigkeit nicht auf die Regel, anderen zu helfen, reduzieren läßt). Nur wenn man sieht, daß für eine Tugendethik die positiven Pflichten ein Gewicht erhalten, das sie für die Regelethiken nicht hatten, wird verständlich, warum eine Überkomplexität entsteht. Um die Dinge nicht schon am Anfang zu kompliziert zu machen, will ich jedoch von diesem zusätzlichen Aspekt der Haltungen statt Handlungen und der sich daraus ergebenden Wucherung der positiven Pflichten absehen und mich zunächst nur an den einfachen Tatbestand der Überkomplexität halten. Was jeweils moralisch richtig ist, schreibt Adam Smith, ist derart diffizil und differenziert, daß wir es unangemessen simplifizieren, wenn wir es unter Regeln zu bringen versuchen. Hier kommt der für Aristoteles so wichtige Begriff der praktischen Urteilsfähigkeit (*phronesis*) herein. Nur derjenige, der ein gutes Augenmaß hat, der gut urteilen kann, kann im Einzelfall erkennen, wann und wie etwa großzügig zu handeln ist. Gleichwohl kann dieses Urteil unter einem Prinzip stehen, wie bei Adam Smith: was der gut Urteilende im Einzelfall richtig erkennt, ist, ob man aus der Perspektive eines Beliebigen gerade so handeln oder sich so verhalten muß.

2 *Theory of Moral Sentiments*, 3. Teil, 4. Kapitel.

Nun scheint klar, daß diejenigen Handlungsgebote, die für die Quasimoral des Kontraktualismus maßgebend sind, keine derartige Komplexität aufweisen: hier sind die einfachen Regeln zu befolgen, den anderen nicht zu schaden, sein Versprechen zu halten und ihnen gegebenenfalls zu helfen. Nur die zuletzt genannte Pflicht ist unbestimmt (eben weil sie eine positive ist) und könnte auf Augenmaß angewiesen sein, aber da sie im Kontraktualismus eher ein Randphänomen ist und die Kontrahenten sich über ihr Ausmaß aufeinander einspielen können, kann man sich gegen diese schwache Stelle immunisieren. Da nun Kant sein Prinzip auf die kontraktualistischen Inhalte aufgebaut hat, finden wir also *hier* den Grund, warum das Kantische Moralkonzept eine Regelethik ist.

Das ist im Utilitarismus anders. Denn das utilitaristische Prinzip ist nicht nur ein Beurteilungsprinzip, sondern es enthält der Idee nach (obwohl das natürlich faktisch undurchführbar ist) ein Entscheidungskalkül, welche Handlung die moralisch geforderte ist. Im Utilitarismus ist also das Prinzip zugleich die konkrete Regel, und hier können daher Tugenden prinzipiell keinen eigenständigen Platz haben. Kants Moral ist hingegen eine Regelmoral nicht, weil sie auf einem Prinzip gründet, sondern weil das Prinzip als ein solches gedacht ist, das sich auf die Inhalte des Kontraktualismus bezieht, oder, um es inhaltlich deutlicher auszudrücken, weil Kant sich das Prinzip als ein solches gedacht hat, das auf eine Weise konkretisiert wird, die erlaubt, die verbotenen Maximen und d. h. Handlungsregeln *aufzuzählen*. Daß die Kantische Moral sich ausschließlich als Regelmoral ausgebildet hat, liegt also daran, daß auch Kant, obwohl er die komplexen Handlungssituationen, denen sich der Utilitarismus seinerseits durchaus gestellt hat, nicht ins Auge gefaßt hat, der Auffassung war, daß sich die verbotenen und gebotenen Handlungen *spezifizieren* lassen. Das heißt dann aber, daß die Kantische Moral, entgegen der geläufigen Meinung, nicht deswegen einer Regelmoral ist, weil sie ein einheitliches Beurteilungsprinzip hat, und das wiederum besagt, daß sich das Kantische Prinzip durchaus über die Regelmoral hinaus erweitern ließe, wie wir es dann bei Adam Smith finden werden.

Weil nun aber die kontraktualistische Moral den unzweifelhaften inhaltlichen Minimalbestand aller Moral bildet, erscheint es mir unausweichlich, das *onus probandi* umgekehrt zu sehen als wie es bei MacIntyre erscheint, nämlich von der Regelmoral auszugehen und die Tugendmoral nur als Ergänzung der Regelmoral ins Auge zu fassen. Daß MacIntyre glaubte umgekehrt vorgehen zu sollen, hatte zwei Gründe. Der erste, der historische, entfällt, erstens weil MacIntyres Verfallsgeschichte sich als falsch erwiesen hat; zweitens weil unsere historischen Anfänge in dieser Hinsicht gespalten sind: die griechische Moral war eine Tugendmoral, die jüdische eine Regelmoral; und drittens, weil das historisch Frühere nicht das sachlich Primäre sein muß. MacIntyres zweiter und sachlicher Grund war seine falsche Auffassung vom moralisch Guten als eines funktional Guten und die ebenfalls falsche Annahme, daß die Griechen die Tugenden funktional verstanden hätten.

Bei MacIntyre erwies sich der Tugendbegriff als eine selbstgestellte Falle. Geht man nicht von einem bestimmten (und möglichst von einem universellen) Prinzip aus, führt der Tugendbegriff zu immer neu variierenden Tugendlisten, und so ergab sich bei MacIntyre die historisierende Desorientierung, die er dann durch den Gewaltstreich seiner Neudefinition der Tugenden zu lösen versuchte.

Ein zusätzlicher Grund, warum es mir richtig erscheint, die Regelmoral als grundlegend anzusehen, ist, daß eine am Tugendbegriff orientierte Moral unfähig ist, die Gesetze des Staates moralisch zu beurteilen. Gesetze sind Regeln, und diejenigen modernen Ethiker, die eine Neigung haben, sich wieder *primär* am Tugendbegriff zu orientierten, neigen daher auch einer ausschließlichen Individualethik zu, daher auch MacIntyre die politische Dimension der modernen Moral so gut wie ganz übergangen hat. (Es kann natürlich sein, daß ein Staat ein guter nur sein kann, wenn auch seine Bürger bestimmte Tugenden ausbilden – ich werde darauf noch zurückkommen –, aber das läßt sich dann ebenso als Ergänzung zu der guten Verfassung und den guten Gesetzen verstehen, wie die Tugendmoral überhaupt nur als Ergänzung der Regelmoral verstanden werden kann.)

Es kommt nun eine weitere und sehr folgenreiche Komplikation beim Tugendbegriff ins Spiel. Eine Tugend ist eine gute Willensdisposition, aber das kann den doppelten Sinn haben, daß sie gut für einen Zweck, insbesondere für die eigenen Zwecke ist, oder gut an sich, moralisch gut. In der Darstellung des Tugendbegriffs, die mir unter den zeitgenössischen die eindringlichste zu sein scheint, in der von v. Wright[3], werden die Tugenden in solche, die sich auf das eigene Wohl beziehen, und in solche, die sich auf das Wohl der anderen beziehen, eingeteilt. Diese Gliederung geht auf Hume zurück, wir finden sie ähnlich bei Philippa Foot.[4] In dieser Gliederung liegt bereits eine Systematisierung unter ein Prinzip, die so weit geht, daß sie hart an den Rand der Entbehrlichmachung des Tugendbegriffs führt. Für v. Wright wie für Hume ist das allgemeine Prinzip der Tugenden das utilitaristische, daß sie nützlich sind: die Tugenden sind die nützlichen Willensdispositionen. Wie Aristoteles sieht v. Wright jede dieser Tugenden als eine Haltung der Beherrschung der entsprechenden Affekte, aber im Unterschied zu Aristoteles gibt die Orientierung am Nützlichen ein einheitliches Kriterium an die Hand. Als die wichtigsten auf das eigene Wohl bezogenen Tugenden ergeben sich Mut und Mäßigung, als die primären auf das Wohl anderer bezogenen Tugenden Wohlwollen und Gerechtigkeit.

Das zeigt nun, daß die Orientierung am Tugendbegriff es nahelegt, die Rede von Tugenden über das Moralische hinaus zu erweitern, und für heutige Ethiker, die im Sinn des »Ethischen« von Bernard Williams denken (oben S. 38), ist das eine weitere Attraktion, und diese Attraktion wird noch erhöht, wenn man sich, wie MacIntyre, an der zweideutigen aristotelischen Rede vom »Guten« orientiert, in der nicht mehr klar zwischen dem unterschieden wird, was gut ist und was gut für mich ist.

Auch abgesehen von Tendenzen, die bestimmte Ethiker wie Williams und MacIntyre verfolgen, wird nun aber deutlich,

---

3 *The Varieties of Goodness*, 7. Kapitel.
4 »Virtues and Vices«, in ihrem Buch *Virtues and Vices*, Oxford 1978, S. 1-18.

daß der Begriff der Tugend als guter Charaktereigenschaft für die andere vorhin genannte Problematik – die des Glücks oder Wohlergehens – auch dann grundlegend wird, wenn man sie unabhängig von der Moral sieht. Das wird z. B. an den vorhin genannten Tugenden des Mutes und der Mäßigung erkennbar. Rein von einer Glückstheorie her gesehen könnte man sagen: es gibt bestimmte Charaktereigenschaften (wie eben Mut und Mäßigung) deren Ausbildung eine notwendige Bedingung dafür ist, daß es jemandem, ganz egal welche Ziele er im einzelnen hat, wohlergehen kann.

Hier kündigt sich also bereits die Zweideutigkeit an, in der dann der Tugendbegriff bei Aristoteles erscheinen wird. Es ist deswegen unabdingbar, daß wir, um den Verwirrungen zu entgehen, die bei Aristoteles entstehen, die zwei Tugendbegriffe, d. h. die zwei Begriffe von »guter Charaktereigenschaft« begrifflich klar unterscheiden. Das Kriterium, das ich vorhin im Anschluß an v. Wright und Hume genannt habe, ist für diesen Zweck nicht ausreichend, weil es mit der Unterscheidung zwischen »nützlich für mich« und »nützlich für andere« bereits ein bestimmtes Moralkonzept – das utilitaristische – voraussetzt, ebenso wie ein bestimmtes Konzept davon, was für den einzelnen gut ist. Die formale Charakterisierung von »einer Moral«, die ich in der 3. Vorlesung gegeben habe, erlaubt eine Definition von »moralischer Tugend«, die nicht strittig sein sollte: eine Charaktereigenschaft ist moralisch gut, wenn sie (aus der Perspektive derer, die sie so beurteilen) lobenswert ist. Von Tugend in diesem eindeutig moralischen Sinn können wir dann die anderen guten Charaktereigenschaften als diejenigen unterscheiden, die (wiederum natürlich aus der Perspektive derer, die sie so einschätzen) zuträglich für die Person sind, die sie hat.

Ist diese begriffliche Differenzierung erst einmal vollzogen, so bleibt es uns natürlich unbenommen, auch die zuträglichen Charaktereigenschaften als moralische anzusehen, nur ist jetzt deutlich, daß das nicht einfach eine analytische Konsequenz ist, sondern davon abhängt, ob wir denjenigen, der die für ihn selbst nützlichen Charaktereigenschaften nicht hat, tadeln. In traditionalistischen Moralen war das zweifellos der Fall, und auch uns erscheint es naheliegend zu sagen, daß derjenige, der feige ist oder sich nicht mäßigen kann, d. h. seine Affekte nicht kontrollieren kann, tadelnswert und gegebenenfalls verachtenswert ist. Das würde aber heißen, daß wir nun doch auch innerhalb der modernen Moral Pflichten gegenüber sich selbst anerkennen müßten. Die Gründe, warum solche Pflichten mindestens im Kantischen Konzept nicht begründbar schienen, waren erstens, daß nicht zu sehen schien, wie sie sich aus dem zugrunde gelegten Prinzip, dem des kategorischen Imperativs, ergeben können sollten, und zweitens, daß dies gegen die Autonomie des Individuums zu verstoßen schien.

Wenden wir uns zuerst diesem zweiten Argument zu! Hier legen sich zwei Gedankengänge nahe. Erstens wäre vor einer Überstrapazierung des Autonomiegedankens zu warnen: man muß unterscheiden, was moralisch und was strafrechtlich auszuschließen ist. Rechtlich gesehen darf aus einer modernen Sicht jeder mit seinem eigenen Leben tun, was er will, solange er nicht das Wohl anderer präjudiziert. Muß dasselbe für die moralische Beurteilung gelten? Die z. B. sich nicht mäßigen wollende Person wäre ja frei zu sein, wie sie will, nur wäre ihr Verhalten tadelnswert. Es würde freilich merkwürdig klingen, wenn man sagen wollte, es sei empörend, wenn sich jemand unkontrolliert verhält. Vielleicht verwenden wir das Wort »empörend« in dritter Person nur, wenn wir in zweiter Person von »Grollen« sprechen, also wo ein anderer negativ betroffen ist. Aber auch wenn wir nicht über ihn empört wären, würden wir ihn tadeln und verachten. Ich werde das gleich noch genauer klären können.

Der zweite Gedankengang wäre, daß man in einer modernen Moral allemal nur solche Tugenden und Laster mit Bezug auf das eigene Leben anerkennen dürfte, die einen Anspruch auf Universalität haben, und das können nur solche Charaktereigenschaften sein, die zu haben zuträglich oder schädlich für eine Person ist, ganz egal welche Ziele sie haben mag. Das trifft auf die zwei von v. Wright genannten selbstbezogenen Kardinaltugenden zu. Hingegen müßte man von solchen »Tugenden«, wie sie MacIntyre z. B. aus dem Tugendkatalog von Benjamin Franklin berichtet (183), wie etwa Fleiß und Gewinnstreben, sagen, daß sie nur hypothetisch zuträglich sind, nämlich abhängig von bestimmten Zielen, die sich der einzelne setzt. Das hieße: die speziellen Ziele, die sich der einzelne setzt, sind moralisch neutral, sie bleiben auch aus moralischer Perspektive ganz in der Autonomie des einzelnen. Das würde eine sinnvolle Unterscheidung innerhalb der selbstbezogenen Tugenden bzw. Laster erlauben: solche, die lediglich notwendige Bedingungen für bestimmte Lebenskonzepte darstellen, oder auch solche, die auf bestimmte, moralisch neutrale soziale Konventionen bezogen sind, auf der einen Seite, und auf der anderen solche, die notwendige Bedingungen für beliebige Zielsetzungen, beliebige Lebenskonzepte sind; nur die letzteren könnten gegebenenfalls als moralische angesehen werden, d. h. im negativen Fall einen Anspruch auf Tadel und Verachtung haben.

Das ist gewiß eine wichtige Differenzierung. Aber noch ist kein Argument genannt, warum auch diese engere Gruppe von selbstbezogenen Tugenden innerhalb eines Kantischen Konzepts als moralische angesehen werden sollten. Hier legt sich noch eine ganz andere begriffliche Revision nahe. Ich habe in der 2. und 3. Vorlesung vorausgesetzt, daß in der grammatisch absoluten Verwendung der Wortgruppe von »muß« und in der grammatisch absoluten Verwendung der Wortgruppe von »gut« zwar verschiedene Nuancen zum Ausdruck kommen, daß sie aber koextensiv sind. Nun scheinen aber der Sprachgebrauch und die entsprechenden Verhaltensweisen darauf hinzudeuten, daß die grammatisch absolute Verwendung von »gut« über die des »muß« hinausreicht. In der absoluten Verwendung von »muß« steckt immer die wechselseitige Forderung, und wo diese verletzt wird, sind wir empört, grollen, empfinden Schuldgefühle. Es ist aber durchaus naheliegend, daß wir jemanden *als Menschen* (und nicht als Koch usw.) als gut oder schlecht beurteilen, ohne daß diese spezifisch moralischen Gefühle impliziert sind. Es liegt nahe, das Gefühl der Verachtung so zu definieren, und das entgegengesetzte positive Gefühl ist die Bewunderung. Wir können zwar Menschen auch in ihrer Eigenschaft als Koch oder Pianist bewundern, es ist aber auch durchaus sinnvoll, einen Menschen als Menschen

– und gleichwohl ohne jede moralische Konnotation – zu bewundern. Wir sind etwa der Meinung, daß er sein Leben auf eine exemplarische Weise führt, daß er selbstbezogene Charaktereigenschaften ausgebildet hat, die man sich auch selbst wünschen würde.

Von hier aus ließen sich nun auch die negativen selbstbezogenen Affekte der »zentralen« Scham und des Schuldgefühls, die ich bisher als ununterschieden angesehen habe, sinnvoll differenzieren. Die Scham ist das Gefühl eines Selbstwertverlustes, sie ist also wesentlich auf das Bewußtsein bezogen, »nicht gut« zu sein; dieser Affekt reicht daher so weit, wie es sinnvoll ist, sich als »nicht gut« zu empfinden, angefangen mit Eigenschaften, für die man selbst nichts kann – man schämt sich eines körperlichen Defekts, man schämt sich auch für schlechte Verhaltensweisen derer, zu denen man sich zugehörig weiß – über die Scham darüber, Fähigkeiten, die einem wichtig sind, nicht gut zu vollziehen (der schlecht spielende Geiger) bis hin zu dem, was ich bisher undifferenziert zentrale Scham genannt habe und das jetzt so formuliert werden kann, daß man sich als verächtlich empfindet, und dies seinerseits ließe nun die zwei Formen zu, sein Verhalten als moralisch schlecht – empörend – zu empfinden oder aber lediglich als tadelnswert, verächtlich. Was die moralische Scham von dem jetzt weiteren Begriff der zentralen Scham unterscheidet, ist das Schuldgefühl. Das positive Korrelat der zentralen Scham ist (auf andere bezogen) die Bewunderung als Mensch, und nur wo sich Scham mit Schuldgefühl verbindet, hat sie den spezifisch moralischen Sinn. Die Scham ist auf »nicht gut« bezogen, das Schuldgefühl auf die Verletzung des »muß«.

Aber nicht nur reicht die zentrale Scham weiter als die Schuld, nicht nur die grammatisch absolute Verwendung von »gut« weiter als die grammatisch absolute Verwendung von »muß«, sondern auch das Umgekehrte ist der Fall: es besteht eine Überlappung. Auch das »muß« und d. h. das, was ich die innere Sanktion genannt habe, kann weiter reichen als die Begründung durch »gut/schlecht«. Es war dieses Kriterium, wodurch ich in der 2. Vorlesung, ohne schon diese weitere Konsequenz zu ziehen, die konventionellen von den moralischen Regeln unterschieden habe. Wahrscheinlich beruht auch das, was wir als irrationales Schuldgefühl empfinden, auf einer inneren Sanktion, die uns unerklärlich ist, weil sie sei es überhaupt nicht mit einer Bewertung oder jedenfalls nicht mit einer bewußt nachvollziehbaren verbunden ist.

Diese Differenzierung zwischen »muß« und »gut« – beide im grammatisch absoluten Sinn verstanden –, also zwischen der Dimension der Bewunderung als Mensch, der auf der negativen Seite die Verachtung entspricht, und der Dimension des speziell moralischen Tadels, zu der Empörung, Groll und Schuldgefühl gehören, behält auf jeden Fall ihren guten Sinn, auch wenn sich zeigen ließe, daß die selbstbezogenen Grundtugenden (die nicht auf spezielle Lebenskonzepte bezogen sind) moralisch zu verstehen sind.

Sind sie es? Erstens könnte man sagen: wer diese Tugenden nicht hat, kann auch nicht moralisch verantwortlich handeln. Das bekannte Beispiel, das sich beliebig variieren läßt, ist das des Menschen, der sich im Alkoholgenuß nicht kontrollieren kann und deswegen andere gefährdet. Der Grund, warum diese selbstbezogenen Untugenden als unmoralisch angesehen würden, wäre also ein indirekter: wer Charaktereigenschaften hat, die ihn daran hindern, sich überhaupt verantwortlich zu verhalten, ist auch nicht in der Lage, sich anderen gegenüber verantwortlich zu verhalten.

Aber man könnte bezweifeln, daß sich dieses Argument auf alle selbstbezogenen Tugenden anwenden läßt, die man als universale in Anspruch nehmen kann. Wie steht es z. B. mit der Tugend der Ataraxie, der Gelassenheit, die sich wohl jeder wünscht, obwohl nicht in dem Extrem der Apathie? Möglich, daß sich auch hier ein analoges indirektes Argument konstruieren ließe. Wir werden jedoch sehen, daß Adam Smith ein ingeniöses und, wie ich meine, überzeugendes Argument entwickelt hat, wie sich die universellen selbstbezogenen Tugenden direkt aus dem kategorischen Imperativ und d. h. von vornherein als solche des intersubjektiven Verhaltens verstehen lassen (15. Vorlesung).

Die *Nikomachische Ethik* des Aristoteles: die Schwierigkeiten des Ansatzes

Im Unterschied zu Kants *Grundlegung zur Metaphysik der Sitten* ist es bei der *Nikomachischen Ethik* des Aristoteles gar nicht selbstverständlich, wovon sie eigentlich handelt. Ich habe schon früher darauf hingewiesen, daß der Ausdruck »Ethik«, der im Griechischen für »Charakterlehre« steht, wenig aufschlußreich ist (S. 34). Aber so wie Aristoteles in den ersten 5 Kapiteln des 1. Buches sein Thema expliziert, scheint die Fragestellung doch klar zu sein. Die Frage ist nach dem höchsten und umfassenden Gut für den einzelnen. Auch in dieser Rede von »dem Guten« liegt eine sprachliche Schwierigkeit, auf die ich früher aufmerksam gemacht habe (S. 106 f.), aber das braucht uns nicht zu stören. Was gemeint ist, ist klar. Wir können die Frage, ohne das Wort »das Gute« zu verwenden, so wiedergeben: was ist es, was wir Menschen letztlich und im Ganzen im Leben wollen? Aristoteles erläutert das, indem er erklärt, die Trivialantwort auf diese Frage lautet: daß es einem gut geht (*eu prattein*) (1095a19). Die Frage ist also: wann sagen wir von einem Menschen, daß es ihm wohl ergeht? Als eine weitere Trivialantwort auf diese Frage nennt Aristoteles »das Glück«, *eudaimonia* (1095a18). Es ist bezweifelt worden, ob dieses griechische Wort am besten mit »Glück« übersetzt wird, aber ich glaube nicht, daß wir fehlgehen, wenn wir es tun, denn worauf es ankommt, ist, daß das, was mit diesem Wort zum Ausdruck gebracht wird, als selbstverständliche Trivialantwort auf die Frage »was will ich im Leben?« erscheint. So will es Aristoteles verstanden wissen (1095a17 f.). Alle, so sagt er, stimmen darin überein, daß sie glücklich sein wollen und daß sie wollen, daß es ihnen gut geht, und die Frage ist nun: *worin* sehen sie das Glück? Oder: wie ist es zu bestimmen?

Soweit scheint also klar zu sein, daß die aristotelische Abhandlung, die unter dem Titel »Ethik« steht, nicht eine Ethik oder Moraltheorie wäre, sondern eine Glückstheorie. Aber man muß natürlich fragen: warum war es für Aristoteles wichtig, nach dem Glück zu fragen? Und hier kommt nun doch sofort die Moral herein. Die Frage des Aristoteles ist zwar, worin das Glück besteht, aber sie ist nicht so unschuldig wie sie klingt, denn die Absicht ist zu zeigen, daß das Glück im Sich-moralisch-Verstehen besteht, und dabei muß natürlich auch etwas darüber gesagt werden, worin die Moral besteht. Es wäre daher auch wiederum nicht falsch zu sagen, daß das Buch eine Ethik in unserem Sinn ist, also eine Philosophie der Moral, aber es ist natürlich wichtig zu sehen, daß und warum die Frage nach der Moral in dieser Weise indirekt – über die Frage nach dem Glück – gestellt wird.

Aristoteles ist hier ganz Schüler von Platon. Platon hat relativ wenig zum Verständnis dessen beigetragen, worin die Moral besteht, weil ihm das von der Tradition her mehr oder weniger selbstverständlich schien, und die ganze Problematik konzentrierte sich für ihn auf die Auseinandersetzung mit den sogenannten Sophisten, den Aufklärern und Skeptikern seiner Zeit, die gegen die Unterwerfung unter die tradierte Moral das Leben des Wohlergehens, des Genusses und der Macht ausspielten. So konzentrierte sich für Platon die Frage nach der Moral auf die Frage, ob wir gute Motive haben, moralisch zu sein. Da die Sophisten ihre Gesprächspartner vor die Frage stellten, warum sie denn bereit seien, für moralische Werte auf ihr Glück zu verzichten, ließ sich Platon seine Fragestellung zugunsten der Moral in der Weise von seinen Gegnern vorgeben, daß er zu zeigen versuchte – besonders im *Gorgias* und im *Staat* –, daß gerade das moralische Leben das einzig glückliche Leben ist.

Der Idee nach schlägt Aristoteles denselben Weg ein, aber während Platon in seinen Streitgesprächen immer von vornherein explizit sagt, daß es um das Verhältnis von Glück und Moral geht, ist der Gedankengang in der *Nikomachischen Ethik* weniger durchsichtig. Statt wie Platon zu zeigen, daß das eine die Bedingung für das andere ist, werden beide Themen ineinandergeschoben.

Allerdings knüpft der erste Schritt, den Aristoteles macht

(in Kapitel 1, 3), auch methodisch noch eng an Platon an; er läßt ihn dann aber fallen, um in 1, 6 einen ganz neuen und den für ihn entscheidenden Ansatz zu machen. In 1, 3 verfolgt Aristoteles eine Methode, die er auch in anderen Zusammenhängen häufig anwendet, indem er zunächst fragt: was ist denn die Meinung der Leute über das Glück? Es ergeben sich, wenn man die Lebensweise der Menschen betrachtet, drei Antworten: manche suchen das Glück offenbar im Genuß, andere im kontemplativen Leben, und wiederum andere im politischen Leben, in dem man auf Ruhm aus ist, und Ruhm verweise auf Tugend. Platon wäre nun der inneren Dialektik dieser Lebenskonzepte nachgegangen; es wäre ja dann etwa, aus Platons Sicht, zu zeigen gewesen, daß das Leben, das auf Genuß aufgeht, ein Mißverständnis sei und daß das tugendhafte Leben das einzige sei, das Wohlbefinden ermögliche. Platon hätte sich also auf die Antworten seiner Gesprächspartner eingelassen und wäre ihren Konsequenzen und eventuellen Widersprüchen nachgegangen, und – so können wir fragen – ist das nicht der einzig richtige Weg, können wir etwas anderes tun?

Aristoteles meint es offenbar, denn er verzichtet auf ein solches dialogisches Verfahren, er läßt die drei Lebenskonzepte so stehen und versucht das Problem in 1, 6 in einem ganz neuen Ansatz sozusagen von der Sache her anzugehen. Platon der Dialogautor (möglicherweise nicht Platon der Lehrer der Akademie) hätte wohl gesagt, das Problem von der Sache her anzugehen und nicht in Auseinandersetzung mit den vorhandenen Meinungen, sei unmöglich, und ich meine, er hätte recht gehabt. Denn es gibt hier keine Sache, die für sich vorläge; die Sache, um die es sich hier handelt – das Glück – ist uns nur subjektiv und infolgedessen in Meinungen vorgegeben.

Der Neuansatz in 1, 6 geschieht abrupt, und von dem richtigen Verständnis des Bruchs zwischen den ersten 5 Kapiteln und diesem sechsten und der diffizilen Schrittfolge der ersten 30 Zeilen dieses Kapitels hängt die angemessene Einschätzung des moralphilosophischen Ansatzes des Aristoteles ab.

Zuerst kann man scheinbar nur entsetzt sein. Aristoteles erklärt nämlich: bei allen Dingen, die eine Funktion haben (*ergon*), sei die Erfüllung der Funktion das Gute, und, so läßt sich ergänzen, wir nennen die Dinge in dieser Hinsicht gut und schlecht. Und da nun auch die Menschen nicht untätig sind und offenbar eine Funktion haben, muß das, was ein Leben als gut erscheinen läßt, die gute Ausführung dieser Funktion sein (1097b24-33).

Es ist natürlich diese Stelle, auf die MacIntyre hereingefallen ist mit seiner Vorstellung, Aristoteles verstehe das moralisch Gute, die Tugenden, in einem funktionalen Sinn. Aber die Stelle ist weit über MacIntyre hinaus in großen Teilen der Aristotelesinterpretation und Aristotelestradition zum Ausgangspunkt der Vorstellung geworden, Aristoteles baue seine Idee vom Moralischen auf das auf, was er für die Natur des Menschen halte. Dann wäre also die *Sache*, auf die Aristoteles im Gegensatz zu den geläufigen Vorstellungen zurückgegangen wäre, eine Vorstellung von der Funktion und d. h. der Natur des Menschen. Das führte zu der Idee, daß hier ein metaphysisches Konzept vorliege, und wir haben schon früher gesehen (S. 70 f.), wie finster der Rekurs auf eine vorgebliche Natur ist, in die versteckterweise alles mögliche Normative hineingedacht wird, das dann als moralische Folgerung herausgezaubert werden soll.

In der aristotelischen Tradition ist 1,6 die entscheidende Stelle, in der Aristoteles für die Berufung auf eine menschliche Natur hergehalten hat, die »metaphysische Teleologie«, wie MacIntyre sie nennt. Sehen wir nun zu, wie der Text wirklich zu verstehen ist und wo die wirklichen Schwierigkeiten liegen.

Zunächst einmal ist der Bruch zwischen den Kapiteln 1-5 einerseits und 6 andererseits unleugbar. Statt von den Meinungen, die sich die Menschen über ihr Gut (im Sinn von Glück) machen, will Aristoteles, wie ich es nannte, von der Sache ausgehen. Die Sache, das müßte dann aber doch heißen: der Sinn des Glücks. Statt dessen wird hier ein ganz anderer Begriff von »das Gute« unterschoben. »Das Gute«, wie es in den ersten Kapiteln gemeint war, war, wie Aristoteles es im ersten Satz des 1. Kapitels sagt, das, wonach wir streben. Es wäre noch verständlich, wenn er nun, wie er es an einer späteren Stelle tut (III, 6), an die Stelle dessen, wonach faktisch gestrebt wird, das

»Erstrebenswerte« gesetzt hätte, das, was wir »in Wahrheit wollen« (1113a23). Auch das wäre ein Sprung, in dem ein metaphysisches Konstrukt zu vermuten wäre. Aber in 1,6 greift Aristoteles sogar auf einen ganz anderen Sinn der Rede von »dem Guten« zurück: »das Gute« nicht im Sinne dessen, wonach wir streben oder (vielleicht, nach III,6) streben sollten, sondern »das Gute« im Sinn dessen, wozu etwas da ist.

Dieser zweifellos zunächst sophistisch wirkende Schritt geht auf eine Stelle am Ende des 1. Buchs von Platons *Staat* zurück, wo Sokrates seinen Gesprächspartner Thrasymachos mit derselben vermeintlichen Gleichung des Guten als des Gewollten mit dem Guten als dem Bezweckten verwirrt hat. Der Vordialog mit Thrasymachos endet mit der scheinbaren Niederlage des Thrasymachos, die durch diese Gleichung bewirkt wurde, aber da Platon diese Gleichung nicht wieder aufnimmt, scheint es ziemlich klar, daß es sich um eine jener absichtlichen ironischen Verdrehungen handelt, mit denen in den sokratischen Dialogen der Leser zum Nachdenken angeregt werden soll. Es handelte sich also bei Platon um einen nicht ernst gemeinten Taschenspielertrick, und kann Aristoteles dieses Sophisma zur Basis seiner Ethik gemacht haben wollen?

Offenbar ist Aristoteles der Auffassung gewesen, daß er dem, was zunächst als ein *quid pro quo* erscheinen muß, einen vernünftigen Sinn geben konnte. Dazu muß man zwei Zusatzannahmen berücksichtigen, die für Aristoteles in diesem Zusammenhang feststanden und von denen er zumindest die erste an dieser Stelle auch, wenngleich nur andeutungsweise, nennt. Fragt man nach dem »Wozu« der »Leistung« (*ergon*) eines Lebewesens, so ist diese nicht im normalen funktionalen Sinn zu verstehen, so wie wenn wir sagen, die Axt sei zum Spalten von Holz da oder das Auge zum Sehen. Das Lebewesen ist nicht für etwas anderes da wie Axt oder Auge, sondern seine »Funktion« besteht nur in der Selbsterhaltung. Fragen wir bei einem Lebewesen nach seinem Wozu, so besteht dieses einzig im Leben und im gut Leben.[1] Das also ist die »metaphysische«

---

1 Vgl. zum obigen, insbesondere zum Kontrast mit Axt und Auge, *De Anima* II,1. In *Nik. Ethik* 1, 6 ist die These, daß das *ergon* – die

Annahme, die Aristoteles macht, und sie scheint als solche sowohl richtig wie harmlos zu sein; insbesondere ist in ihr nichts versteckt Normatives unterstellt (bisher).

Die zweite Zusatzannahme ist, daß nach Aristoteles das, wonach ein Lebewesen, aber insbesondere der Mensch letztlich *strebt*, sein Leben bzw. Sein ist.[2] Wonach wir alle streben, ist zu leben und gut zu leben. Das scheint ebenso trivial zu sein wie die These der ersten Kapitel, daß wir danach streben, daß es uns gut geht. Mit der These, daß es uns dabei um unser Leben geht – eine These, die Heidegger in dem Satz aufgenommen hat, daß es dem Menschen um sein Sein geht –, wird lediglich betont, daß das erfragte Wohlergehen sich auf das Leben im ganzen beziehen soll. Dasselbe ist aber auch schon in der Rede von »Glück« enthalten.

Mit diesen zwei Zusatzannahmen ist, was zunächst als Bruch zwischen den ersten 5 Kapiteln und dem sechsten erscheinen mußte, geheilt. Denn wenn die Funktion des Lebewesens und speziell des Menschen im Leben und gut Leben besteht und zu leben und gut zu leben das ist, was wir allemal erstreben, scheint das Gute, wonach jetzt gefragt wird, identisch zu sein mit dem Guten, von dem vorher die Rede war. Man könnte sogar sagen: was Aristoteles hier darlegt, ist lediglich das, was den in 1,3 erwähnten drei Lebensweisen unausgesprochen zugrunde lag: es sind drei Ausgestaltungen des guten Lebens.

Diese Interpretation erlaubt es, den Neuansatz von 1,6 in die Fragestellung der ersten 5 Kapitel zu integrieren. Die Frage bliebe weiterhin: worin besteht das Glück, in dem subjektiven Sinn der ersten Kapitel, in denen die Frage war, was es heiße, daß es jemandem gut geht. Oder soll jetzt Glück in einem irgendwie objektiven Sinn verstanden werden, so daß nicht das Gefühl des Menschen darüber entscheidet, wann er glücklich ist, sondern daß er dann glücklich ist, wenn er das gut leistet, wozu er da ist, was freilich nur sein Leben ist, auf das sein

---

Leistung – beim Lebewesen das Leben ist, nur kurz, aber eindeutig genug erwähnt (1097b33).

2 Vgl. in der *Nik. Ethik* insbesondere die Kapitel ix, 7 und 9.

subjektives Streben ohnehin ausgerichtet ist? Sie sehen schon: die eigentliche Schwierigkeit von 1,6 ist, daß sich dieses Kapitel in einer eigentümlichen und gefährlichen Schwebe hält zwischen der zuerst genannten subjektiven Version und der in dem Wort »Leistung« anklingenden objektiven Version. Der Ansatz beim Begriff Leistung in den ersten Sätzen des Kapitels läßt noch beide Wege offen; man kann noch nicht, wenn man die beiden Zusatzannahmen berücksichtigt, von einem Bruch sprechen, aber ein solcher ist jetzt zumindest möglich geworden.

In den nächsten Sätzen wird die Leistung des spezifisch menschlichen Lebens im Unterschied zum Leben der anderen Tiere dadurch unterschieden, daß der Begriff *logos* eingeführt wird. Dieses Wort ist hier und auch im Fortgang der *Nik. Ethik* in den meisten Fällen am besten durch »Überlegung« zu übersetzen. Während die anderen Tiere mit Bezug auf ihr Wohlergehen lediglich durch ihre Lust- und Unlustgefühle bestimmt sind, lassen diese sich beim Menschen ihrerseits durch die Überlegung steuern. Wir haben nicht nur Gefühle und Affekte, sondern wir haben die Möglichkeit, uns überlegt in ein Verhältnis zu ihnen zu bringen, und unser Wohlergehen, unser Glück im subjektiven Sinn hängt davon ab, daß wir das gut tun. Dieser Schritt erscheint überzeugend und präjudiziert wiederum noch nichts zugunsten eines irgendwie objektiv verstandenen Glücksbegriffs.

An den Begriff der Überlegung schließt sich nun unmittelbar sowohl im Text von 1,6 wie von der Sache her der Begriff *areté* an, und es ist erst hier, wo sich die Frage, ob Aristoteles mit dem Neuansatz beim Leistungsbegriff eine objektive Wendung in die Glücksfrage bringen will, entscheiden muß. Zunächst könnte man auch das Wort *areté* auf eine harmlose Weise interpretieren. Ich habe vorhin gesagt: sobald wir uns überlegt zu unseren Affekten verhalten, muß sich die Frage stellen, ob wir das gut oder schlecht tun. Aber was heißt das? Welches ist der Maßstab der richtigen Überlegung? Würde Aristoteles an der subjektiven Version strikt festhalten, müßte man sagen: der Maßstab kann nur seinerseits ein gefühlsmäßiger sein, nicht mehr natürlich die einzelnen Gefühle und

Affekte, auf die sich die Überlegung bezieht, sondern das dauernde Wohlergehen, das seinerseits die Wirkung dieser Bezugnahme der Überlegung auf die Einzelgefühle sein müßte.

Im 2. Buch·(4. und 5. Kapitel) gibt Aristoteles einige Angaben darüber, was unter einer psychischen *areté* zu verstehen ist. Hier wird die schon angegebene Charakteristik genannt, daß eine psychische *areté* immer als eine *hexis*, als ein »Sichverhalten« zu den Affekten verstanden werden muß, und ferner, daß sie immer als eine feste Willensdisposition zu verstehen ist, zwischen den Gefühlen richtig zu wählen (*prohairesis*). *prohairesis*, Wahl, ist das Ergebnis einer Überlegung (III, 4-5). Alle diese Charakteristika lassen es aber offen, wie der Maßstab der Überlegung zu verstehen ist. Mit Rücksicht worauf nehmen wir im Kontinuum unserer Affektmöglichkeiten in der *areté* einen bestimmten Stand ein? Ist der Gesichtspunkt seinerseits das Wohlergehen, oder ist er ein vorgegebener? Ist er das letztere, dann, aber auch erst dann, wäre entschieden, daß in I,6 gegenüber der Fragestellung der ersten 5 Kapitel ein Bruch vorliegt, und dann müßte sich zeigen, wie der Bruch genau zu verstehen ist, welches der andere Begriff von »gut« ist, zu dem Aristoteles stillschweigend übergegangen ist.

Aristoteles legt es, wo er den *areté*-Begriff in I, 6 einführt, selbst nahe, daß er ihn objektiv verstehen will, in enger Analogie zur Rede von *areté*, wo sie funktional verstanden wird: ebenso wie wir von der *areté* eines Kitharisten sprechen, müssen wir auch von der *areté* des Menschen als Menschen sprechen (1098a9). Diese Stelle kommt MacIntyres Auffassung, Aristoteles habe ein funktionales Konzept, am nächsten. Aber wie sollen wir die Analogie mit dem Kitharisten verstehen, wenn die Tätigkeit, um die es beim Menschen als Menschen geht, nur sein affektiver Lebensvollzug selbst ist?

Eine schlichte funktionale Interpretation erscheint also ausgeschlossen. Einen Anhalt für ein irgendwie objektives Verständnis könnte ein Kapitel in der *Physik* geben, in dem Aristoteles die seelischen Tugenden in unmittelbarer Analogie zu den Tugenden des Körpers behandelt (*Physik* VII 3). Körperliche Tugenden sind insbesondere Gesundheit, aber wir sagen, auch von anderen Lebewesen – Tieren und auch Pflanzen –, nicht nur, daß es ihnen gut geht, wenn sie nicht krank sind, sondern es gehört dazu auch, daß sie kraftvoll und blühend sind (euhexia, 246b7): das sind körperliche Tugenden. Aristoteles entwirft nun in *Physik* VII 3 einen analogen Begriff von körperlicher und seelischer Vortrefflichkeit, indem, analog wie die seelische Tugend als eine bestimmte harmonische Verfassung mit Bezug auf die eigenen Affekte verstanden werden soll, die körperliche Vortrefflichkeit, offenbar in Anlehnung an die Medizin der Zeit, als eine bestimmte harmonische Verfassung der Säfte und Zustände des Körpers verstanden wird (das griechische Wort *pathos* bedeutet sowohl »Zustand« wie »Affekt«). Von daher ließe sich sagen – und das ist ein Topos, der immer wieder bis in die heutige Psychotherapie aufgenommen worden ist –, daß, worum es uns in einem – jetzt subjektiv und objektiv schillernden Sinn – geht, (körperliche und) seelische Gesundheit ist. Derjenige hätte ein »geglücktes Leben« – wie man manchmal *eudaimonia* übersetzt, um diese ins Objektive gehende Nuance am Glücksbegriff herauszubringen –, der seelisch gesund ist. Auch Platon hat schon das gute Leben der Seele als seelische Gesundheit verstanden (*Staat* 445e), aber weder für Platon noch für Aristoteles war dieser Gesichtspunkt entscheidend, offenbar weil er zu unbestimmt ist. Denn es scheint sehr viel weniger klar zu sein, wann jemand seelisch gesund ist, als wann er körperlich gesund ist. Und wenn dabei das Wohlbefinden nicht selbst das letzte Kriterium ist, könnte alles Mögliche hineingedeutet werden. Der Rekurs auf die seelische Gesundheit erscheint fast so gefährlich wie der Rekurs auf die Natur des Menschen. Verborgene normative Komponenten wären zu befürchten.

Wir werden also den Bezug auf die Gesundheit eher als Metapher verstehen müssen. Vielleicht kann man von einem gesunden Wohlbefinden sprechen, aber was ein gesundes Wohlbefinden wäre, müßte sich vom Wohlbefinden selbst her entscheiden. Das verweist uns auf eine Differenzierung in der Rede von Lust, Freude und Wohlbefinden. Wir werden Ansätze dazu bei Aristoteles finden, die jedoch erst von Erich Fromm vertieft worden sind. Eine Glückstheorie, in der wirklich Glück im subjektiven Sinn gemeint ist – Wohlergehen –, ist auf solche Differenzierungen angewiesen. Solche Differenzierungen in der positiven Gefühlszuständlichkeit erscheinen erforderlich, wenn *areté* in diesem subjektiven Sinn verstanden werden soll als diejenige Charaktereigenschaft, die die Bedingung dafür ist, daß es einem gut geht.

In 1,6 läßt Aristoteles in der Rede von *areté* und Glück diesen subjektiven Sinn durchscheinen, gleichzeitig suggeriert er aber ein objektives Verständnis von *areté*. Dieses kann aber nicht den durch den Vergleich mit dem Kitharaspieler nahegelegten funktionalen (oder mit v. Wright zu sprechen: technischen) Sinn haben. Der ganz natürliche Sinn, der sich für den Hörer der Vorlesung des Aristoteles an dieser Stelle einstellt, ist der im Sprachgebrauch übliche der moralischen Tugend. Aristoteles macht das hier noch nicht explizit, es wird aber in der weiteren Erörterung der Tugenden in der *Nik. Ethik* dadurch völlig klar, daß die *aretaí* auf Lob und Tadel bezogen werden (1106b26 und *passim*).

So ist also das eigentlich Fragwürdige des Gedankengangs dieses für die ganze Problemstellung der *Nik. Ethik* entscheidenden Kapitels 1,6 weder der von mir festgestellte Sprung vom Gewollten zum Wozu (Aristoteles kann, wie wir gesehen haben, die beiden Gesichtspunkte auf einleuchtende Weise integrieren), noch die von MacIntyre unterstellte und durch das Beispiel des Kitharaspielers in der Tat naheliegende Orientierung am Funktionalen (naheliegend schon durch den Ausgang vom Begriff des *ergon*, Leistung), sondern der stillschweigende Übergang von dem, was als Tugend im Sinn von Glücksdisposition bezeichnet werden kann, zu Tugenden im moralischen Sinn, also von der Frage nach dem Guten als dem eigentlich Gewollten zum Guten als dem sozial Gebilligten. Man kann Aristoteles den Vorwurf machen, daß er es versäumt hat, den Begriff der moralischen Tugend als solchen herauszuarbeiten, wie er es auch versäumt hat, den Begriff der Moral überhaupt herauszuarbeiten. Das hat zur Folge, daß nun die ganze Tugendlehre des Aristoteles zwischen den zwei Möglichkeiten schillert, ob es sich um Glückstugenden oder um moralische Tugenden handelt. Aristoteles will natürlich zeigen, genauso wie Platon es gewollt hat, daß nur der, der die moralischen Tugenden hat, glücklich ist. Aber man hätte es als angemessener angesehen, wenn die beiden Begriffe erst einmal deutlich getrennt worden wären. Dann hätte klarer gefragt werden können, inwiefern das eine Bedingung für das andere ist.

Für unsere Interpretation der aristotelischen Tugendlehre folgt daraus, daß wir nun beide Fragen im Auge behalten müssen: was gibt die aristotelische Tugendlehre für eine Theorie des Moralischen her? Und was gibt sie für eine Theorie des Glücks her?

Die Tugendlehre des Aristoteles

Es würde naheliegen, die Schwierigkeit, die sich in der Fragestellung des Aristoteles ergab – geht es um Glückstugenden oder um moralische Tugenden? – in der Weise so oder so zu entscheiden, daß wir fragen, was für Aristoteles der Maßstab der praktischen Überlegung ist. In der praktischen Überlegung (*phronesis*) geht es darum, sich richtig zu den unmittelbaren Gefühlen, den Affekten zu verhalten, und ich habe schon angedeutet, daß, je nachdem der Maßstab dieses »richtig« das Glück ist oder das Lob, die Tugenden sich als Glückstugenden oder moralische Tugenden erweisen werden. Als Maßstab der Überlegung nennt Aristoteles jedoch »das Mittlere« (*meson*), und dieser Begriff ist so unbestimmt, daß er seinerseits sowohl im einen wie im anderen Sinn verstanden werden kann.

Sehen wir uns erst einmal die relevanten Texte an! Der Begriff des Mittleren wird in 11,5 eingeführt. Vorher war klargestellt worden, daß eine Tugend in einer festen Willensdisposition in Bezug auf einen Affektbereich oder einen Bereich von Handlungsmöglichkeiten besteht[1], aber damit ist die Tugend nur in die Gattung *Charaktereigenschaft* eingeordnet, und die Frage ist nun, wodurch unterscheidet sich eine gute Charaktereigenschaft von einer schlechten, die Tugend (*areté*) vom Laster (*kakía*)? Die Antwort lautet, daß die Tugend die jeweilige Mitte (*meson*) ist zwischen einem Zuviel und einem Zuwenig mit Bezug auf das Kontinuum eines Affektbereichs oder des betreffenden Handlungsbereichs. Auch hier greift Aristoteles einen Gedanken auf, den schon Platon herausgearbeitet hat (*Politikós* 283 f.). So ist z. B. die Tapferkeit die richtige

---

1 N. Hartmann spricht von »Lebensgebieten«. Er unterstreicht mit Recht, daß jede Tugend die richtige Verhaltensweise zu einem *peri ti* ist. Vgl. »Die Wertdimensionen der Nikomachischen Ethik«, Berlin 1944 (Abhandlungen der Preußischen Akadamie), S. 6 f., abgedruckt in seinen Kleineren Schriften, Berlin 1957, II 191 ff.

Mitte zwischen Feigheit und Verwegenheit, d. h. die richtige Mitte mit Bezug auf (*peri ti*) die Affekte Furcht und Mut (III, 9), und die Freigebigkeit (Generosität) die richtige Mitte mit Bezug auf den Handlungsbereich des Gebens und Nehmens von Geld im Gegensatz zu Verschwendungssucht und Knausrigkeit (IV,1).

Nun stellt sich hier natürlich sofort die Frage, ob »die Mitte« überhaupt ein echtes Prinzip ist. Gewiß nicht, wenn mit Prinzip ein Kriterium gemeint ist, durch das angegeben wird, wo die Linie zwischen Zuviel und Zuwenig liegt, und man kann nun fragen: wenn das Prinzip nicht ein solches Kriterium hergibt, ist es dann nicht eine Leerformel?

Aristoteles hat diese Schwierigkeit an einer einzigen, aber unübersehbaren und systematisch wichtigen Stelle, am Anfang des VI. Buches, selbst genannt. Würden wir z. B., so sagt er, auf die Frage, wie jemand gesund zu machen ist, nur antworten: wenn man die Mitte trifft, wenn man weder zuviel noch zuwenig tut, so wäre damit nichts gesagt, und erweiterte man das so, daß man sagt: und wo die Mitte ist, entscheidet der Kundige, so wäre auch damit wenig gesagt, da ja nun die Frage ist: nach welchem Kriterium entscheidet der Kundige?[2] Der Leser erwartet nun, daß er genau darüber etwas in diesem Buch VI, das den sogenannten intellektuellen Tugenden und insbesondere der praktischen Klugheit (*phronesis*) gewidmet ist, erfahren werde. Das geschieht jedoch nicht. Denn das Urteil des praktisch Klugen (*phrónimos*) ist für Aristoteles seinerseits das letzte Kriterium.[3] Schon bei der Einführung des Prinzips der Mitte hat Aristoteles gesagt (und wiederholt entsprechendes bei der Darstellung jeder einzelnen Tugend): die Mitte besteht darin, daß man dort Lust bzw. Unlust empfindet, »wo man es soll und mit Bezug worauf und in bezug auf wen und worumwillen und wie man es soll« (1106b21 f.). Klug oder weise ist der, der eben das erkennt, und dafür lassen sich keine Regeln angeben. Beachten Sie auch, daß in der eben zitierten Bestimmung, wodurch die Mitte spezifiziert wird, in dem mehrfach

---

2 Vgl. das ganze Kapitel VI, 1 und insbesondere 1138b29 ff.
3 Vgl. schon 1107a1 f. und *passim*.

auftretenden »soll« bereits moralische Kriterien genannt sind, die aber bewußt offengelassen werden.

Das Ergebnis ist unbefriedigender, als von Aristoteles zugegeben wird. Denn es kann nicht genügen zu sagen, daß, wie zu handeln ist, nicht nach Regeln zu entscheiden ist, sondern nur im Einzelfall angegeben werden kann. Denn angegeben wird es ja durch den Urteilsfähigen im Einzelfall, und man fragt sich doch nun, was bestimmt den Urteilsfähigen? Offenbar bewegen wir uns im Kreise. Bestimmend ist letztlich, was faktisch gebilligt wird. Muß man dann nicht sagen, daß Aristoteles sein Kriterium einfach der vorhandenen Moral seiner Zeit entnimmt? Und ist damit nicht ebenfalls entschieden, daß die Frage, von der ich in dieser Vorlesung ausgegangen bin, eindeutig zugunsten des Verständnisses der Tugenden als moralischer Tugenden entschieden ist?

Das ist sicherlich zu einem guten Teil die richtige Erklärung. Aber hier kann man das Problem nicht stehenlassen, wie man das gewöhnlich tut, sondern hier fängt es eigentlich erst an. Ist der Rekurs auf die Mitte zwischen Extremen wirklich nur eine Leerformel? Ist Aristoteles hier nicht auf echte Aspekte des Moralischen gestoßen, bei denen die Rede von Mitte im Sinn von *Ausgewogenheit* einen substantiellen Sinn hat? Freilich würde das voraussetzen, daß wir die Extreme ihrerseits für sich identifizieren könnten und nicht nur als das Zuviel und Zuwenig der Mitte.

Aristoteles läßt uns hier in dem, was er explizit sagt, im Stich. Aber wir können in diesen Fragen weiterkommen, indem wir auf das Inhaltliche seiner Tugendlehre eingehen. Es genügt nicht zu sagen, Aristoteles sei ein Kind seiner Zeit gewesen, denn faktisch scheint er auf so gut wie keine moralischen Urteile zu rekurrieren, die wirklich zeitabhängig sind.[4] Deswegen kann man auch nicht sagen, Aristoteles verstehe die

---

4 Nicht einmal die kriegerische Tapferkeit und die *megaloprepeia* (Großzügigkeit) scheinen Ausnahmen zu bilden, nur weil die Bedingungen für sie eine bestimmte Größe der Gemeinschaft und ein bestimmtes Gefahrenumfeld voraussetzen; sind diese Bedingungen erfüllt, d. h. diese Lebensgebiete gegeben, so sind diese Charaktere wirklich billigenswert.

Moral, die er uns vorführt, als eine traditionalistische. Das Kriterium für das Billigen ist nicht eine vorgegebene Tradition. Freilich nennt er auch kein anderes Kriterium.

Als erstes erscheint es sinnvoll, sich zu fragen, in was für einem Verhältnis die von Aristoteles dargestellten Tugenden zu den Pflichten stehen, wie wir sie aus dem Kontraktualismus und dem Kantischen Konzept kennen, die bekannten negativen, positiven und kooperativen Pflichten. Hier ergibt sich etwa folgendes Bild: ausschließlich die positive Pflicht des Helfens findet eine Entsprechung in einer Tugend, der Generosität. Die kooperativen Pflichten im engeren Sinn (sein Versprechen zu halten) scheinen bei Aristoteles zu fehlen. Den für das Kantische Konzept so grundlegenden negativen Pflichten hat jedoch Aristoteles unter einem seiner Gerechtigkeitsbegriffe Rechnung getragen (1130b30 ff.). Darauf hat auch MacIntyre hingewiesen (S. 150 f.), obwohl er mit Recht sagt, daß die entsprechenden Ausführungen von Aristoteles eher »kryptisch« sind. In unserem Zusammenhang genügt es aber, daß Aristoteles diesen Bereich der Moral durchaus anerkennt, und wir können vielleicht ergänzen, daß für diesen Bereich Regeln gelten (es sind eben jene, die der Richter in Anwendung bringt, wenn er begangenes Unrecht ausgleicht). Obwohl Aristoteles nicht explizit von Regeln spricht, sagt er doch, daß die Rede von »Mitte« hier einen anderen Sinn hat, nämlich den des Ausgleichs (1133b32). Es gelten hier Regeln, weil es *Handlungen* sind, die verboten sind.

Daraus folgt nun, daß der Bereich, den Aristoteles mit den Tugenden ins Auge faßt, nicht ein vielleicht schlechter definiertes Äquivalent für die Handlungs- und Unterlassungspflichten des Kantischen Konzepts sind, sondern daß sie dieses – zu Recht oder zu Unrecht aus einer universalistischen Perspektive – *ergänzen*, und zwar liegt in dieser Ergänzung erstens eine wesentliche Erweiterung des *positiv* Gebotenen über die im Kantischen Konzept einzige Pflicht des Helfens in Not hinaus, und zweitens besteht das, was geboten ist, durchweg nicht in *Handlungen*, sondern in *Haltungen*.

Die Frage ist nun, wie diese Ergänzung, die wir innerhalb der aristotelischen Ethik als Ergänzung der Gerechtigkeit ansehen können, zu verstehen ist, und die weitere Frage wird sein, ob diese Ergänzung der Perspektive einer universalistischen Moral (daß man so handeln und gegebenenfalls sein soll, wie es aus der Perspektive eines Beliebigen erwünscht ist) fremd ist. Hier ist nun wichtig zu beachten, daß fast alle der von Aristoteles aufgezählten Tugenden soziale Tugenden sind: sie betreffen die Art, wie wir uns zu anderen verhalten, und sie fallen also jedenfalls nicht unter das Verdikt, daß in einer modern verstandenen Ethik die Art, wie man sein eigenes Leben gestaltet, aus der Moral herauszuhalten ist. Nur für eine der Tugenden, so wie Aristoteles sie darstellt, gilt das nicht, die Mäßigung (*sophrosyne*), und für eine zweite, die Tapferkeit, nur in Grenzen (da die Tapferkeit diejenige Unerschrockenheit ist, die man insbesondere dort an den Tag legen soll, wo es um das Wohl des Gemeinwesens geht). Daß Aristoteles in erster Linie soziale Tugenden ins Auge faßt, wird auch daran sichtbar, daß er die Tugend als Haltung zu den Affekten einführt, und daß er die Affekte in der *Rhetorik* allgemein als auf andere bezogen darstellt (vgl. 1378a25 *epi poiois*). Das trifft in der Aufzählung der Affekte in der *Rhetorik* nur auf die Furcht nicht zu (vgl. 1382a21 f.). In der Aufzählung der Affekte in der Nikomachischen Ethik (1106b21 f.) fällt auch die Begierde aus diesem Schema heraus; die Begierde, die Aristoteles als Grundlage für die Tugend der Mäßigung braucht, fällt ohnehin nicht unter die Definition der Affekte. Erinnern wir uns jedoch hier daran, daß diese zwei Tugenden, die nicht soziale Tugenden sind, gerade die beiden evtl. als moralisch zu verstehenden Kardinaltugenden gegenüber sich selbst sind, wie sie von Hume und v. Wright verstanden wurden (oben S. 233).

Weiterhin ist jetzt zu beachten, daß Aristoteles beim Großteil der Tugenden überhaupt nicht sagt, daß sie sich auf bestimmte Affektbereiche beziehen, sondern auf bestimmte Handlungen bzw. Verhaltensweisen (*praxeis*). So ist die Freigebigkeit die rechte Mitte zwischen Geben und Nehmen von Geldern ebenso wie die *megaloprepeia* (Großzügigkeit). Ähnlich ist die *megalopsychia* (Großgesinntheit) als angemessene Mitte zwischen Eitelkeit und Kleinmütigkeit in bezug auf das Streben nach und das Sichverhalten zu erwiesenen Ehrungen

primär handlungsbezogen, und ebenso schließlich die Tugenden des Sichverhaltens im geselligen Beisammensein: Liebenswürdigkeit, Wahrhaftigkeit (im Gegensatz zu Unverschämt-
heit einerseits, Ironie andererseits) und Freundlichkeit (*philía*)
(vgl. II, 7). Nun ist zu beachten, daß die Handlungen, um die
es sich hier handelt, nicht durch einen angestrebten Endzu-
stand definiert sind. Aristoteles unterscheidet Handlungen in
diesem Sinn, die er als Bewegungen bezeichnet, von solchen
Handlungen, die man etwa als Tätigkeiten bezeichnen kann
(*energeiai*) und die ihren Zweck in sich selbst haben.[5] Diejenigen Handlungen, auf die sich die Tugenden in der *Nik. Ethik*
beziehen, sind nun alles Tätigkeiten (was Aristoteles auch *praxeis* im engeren Sinn nennt), denn sonst wären sie auf Nützli-
ches bezogen, und das Nützliche und Schädliche schlägt
Aristoteles dem Bereich der Gerechtigkeit zu (1134a8, vgl.
auch 1129b2). Natürlich können sich Tätigkeiten und zweck-
bezogene Handlungen verschränken:[6] die *praxis* des freigebi-
gen Verhaltens z. B. impliziert, daß einzelne zweckbezogene
Handlungen des Helfens ausgeführt werden, aber das freige-
bige Verhalten selbst ist ein Tätigsein, es hat seinen Zweck in
sich selbst. Jetzt sehen wir, *warum* es unmöglich ist, für die
Tugenden im Sinn von Aristoteles (ganz anders als für die Tugenden von Hume und v. Wright) Handlungsregeln anzugeben, nicht nur wegen der Überkomplexität, sondern weil sie
sich überhaupt nicht auf Handlungen beziehen, die durch Angabe ihrer Zwecke definiert werden können. Aristoteles reflektiert hier also auf einen phänomenalen Tatbestand, der sich
von vornherein gar nicht durch Regeln bestimmen läßt. Jetzt
wird auch besser verständlich, inwiefern das in der Tugend
zum Ausdruck kommende So-Sein dasjenige ist, was in erster
Linie gebilligt wird, und die Handlungen, in denen es sich
manifestiert, nur sekundär und insofern, als sich dieses So-Sein
in ihnen zeigt. Sich z. B. freigebig zu verhalten ist die *energeia*
(Tätigkeit), um die es geht, und sie kann nur erreicht werden,

---

5 Vgl. *Metaphysik* IX 6 und mein *Selbstbewußtsein und Selbstbestimmung* S. 211 f.
6 Vgl. *Selbstbewußtsein und Selbstbestimmung* a.a.O.

wenn bestimmte Zweck-bezogene Handlungen vollzogen werden – welche das sind, erkennt der Urteilsfähige –, im Prinzip analog wie z. B. zu schwimmen eine *energeia* (Tätigkeit) ist, die nur vollzogen werden kann, indem bestimmte zweckhafte Handlungen mit Armen und Beinen ausgeführt werden.

Was haben nun aber alle diese sozialen Tugenden als Weisen des So-Seins für einen Sinn? Nehmen wir etwa die Freigebigkeit (Generosität) und die Tugenden der Geselligkeit als Beispiele. Die Freigebigkeit wird als Tugend des »Gebens und Nehmens« bezeichnet. In ihr nimmt die Person eine bestimmte Haltung ein im Kontinuum dieser zwischenmenschlichen Verhaltensweisen. Worauf es für den Tugendhaften ankommt, ist nicht in erster Linie diese oder jene Handlung des Gebens oder Nehmens mit ihrem bestimmten Zweck zu vollziehen, sondern diese Handlung mit ihrem Zweck wird getan *um willen* einer bestimmten *Haltung* zu dem anderen. Diese besteht in einer Ausgewogenheit zwischen Verschwendung und Knausrigkeit. In der Knausrigkeit verschließt man sich gegen die anderen, in der Verschwendung wirft man sich ihnen gewissermaßen an den Hals. Ähnlich ist die Liebenswürdigkeit eine Ausgewogenheit in einer anderen Dimension des zwischenmenschlichen Verhaltens zwischen Schmeichelei und Grobheit.

Jetzt ist die Rede von Ausgewogenheit keine Leerformel mehr, weil die Extreme einen eigenen Sinn haben: sie stellen die polaren defizitären Möglichkeiten dar innerhalb des Brückenschlages, den eine Person in den verschiedenen Dimensionen des Miteinander zu den anderen vollzieht. Alle diese sozialen Tugenden sind Vorzüglichkeiten des Verhaltens, in dem wir uns den anderen gegenüber öffnen bzw. verschließen. Das Sichverhalten zu den anderen ist wie ein Balance-Akt zwischen dem Verlieren des Bezugs und dem sich selbst Verlieren, zwischen Autonomie und Bezogenheit. Die Extreme sind ihrerseits identifizierbare Seinsweisen, und das ist der Grund, warum die Rede von Ausgewogenheit nicht eine Leerformel ist.

Eine eng zur Liebenswürdigkeit gehörige Tugend ist die Höflichkeit. An ihr kann ich die Beziehung zwischen der

Haltung und den Handlungen, in denen sie sich manifestiert, näher erläutern. Wir werden noch sehen, daß die Höflichkeit eine Weise ist, zu verstehen zu geben, daß man den anderen achtet, und insofern ist sie eine Grundtugend. Es passiert uns häufig, daß wir in andere Länder kommen, in denen wir die Höflichkeitssitten nicht kennen. Grüßt man mit Verbeugung, Handschlag, Umarmung, Kuß oder nur verbal usw.? Das sind die Handlungen, in denen in einer bestimmten Gesellschaft zum Ausdruck gebracht wird, daß man den anderen anerkennt. Welches diese Handlungen jeweils sind, ist von Gesellschaft zu Gesellschaft verschieden. Wer andere Kulturen kennt, weiß, daß an diesen Handlungen als solchen überhaupt nichts liegt, wohl aber sind sie innerhalb der jeweiligen Gesellschaft die konventionellen Symbole, um eine Haltung zum Ausdruck zu bringen, die ihrerseits nicht konventionell ist. Es ist der in einer jeweiligen Gesellschaft »Urteilsfähige« (*phronimos*), der weiß, wann und wem gegenüber wer wie zu grüßen hat. So läßt sich jetzt verstehen, was an den von Aristoteles herausgestellten Tugenden von den jeweiligen Sitten einer Gesellschaft abhängt und was gegebenenfalls eine zeitlose moralische Forderung ist. Daß höflich, liebenswürdig, freigebig usw. zu sein universale moralische Forderungen sind, ist bisher nicht gezeigt; es kommt vorläufig nur darauf an zu sehen, daß der Umstand ihrer jeweils verschiedenen konventionellen Ausformung kein Grund dagegen ist.

Beide jetzt hervorgehobenen Aspekte, daß die Ausgewogenheit in den verschiedenen Tugenden einen inhaltlichen Sinn hat, der als autonom bleibendes Bezogensein zu verstehen ist, und daß zwischen der nicht-konventionellen zum Ausdruck gebrachten Haltung und ihren konventionellen Ausformungen zu unterscheiden ist, werden von Aristoteles nicht genannt, drängen sich jedoch auf, sobald man sich auf die sozialen Tugenden, wie er sie beschreibt, näher einläßt. Wir werden in der nächsten Vorlesung sehen, daß sich erst in der neuzeitlichen Philosophie durch die Orientierung am Subjekt-Objekt-Schema ein Gesichtspunkt ergeben hat, der es erlaubt, diese bipolare Struktur begrifflich zu fassen, und erst bei

Adam Smith werden wir ein Kriterium finden, das eine universell-moralische Beurteilung dieser Haltungen ermöglicht.

Lassen sich nun auch die übrigen von Aristoteles genannten Tugenden in dieses Schema einbauen? Nicht nur bei der Mäßigung, sondern auch bei der »Sanftmut« (Mäßigung im Zorn) und anderen affektiven Reaktionen auf das Verhalten sowie das Wohlergehen und Nichtwohlergehen der anderen scheint in den Darstellungen des Aristoteles maßgebend, daß sowohl das Überflutetwerden durch das jeweilige Gefühl oder den Affekt wie die Unsensibilität für den Affekt – die Stumpfheit – mißbilligt werden. Wer in den entsprechenden Situationen nicht Zorn, Eifersucht, Neid oder Lust empfindet, ist nicht weltoffen bzw. nicht offen für die jeweiligen Güter und Übel, und meist sind es solche im Miteinander. Auch diese Offenheit hat eine Bipolarität, obwohl sie nicht eine solche zwischen der Person und den anderen ist. Das macht es schwerer, die Extreme als solche zu identifizieren und so der Ausgewogenheit einen präzisen Sinn zu geben. Gleichwohl scheinen sich auch diese Tugenden, wenn auch nicht so einfach, in das Schema zu fügen, das sich bei den spezifisch sozialen Tugenden ergab. Jedoch wird man sagen müssen, daß diese Tugenden, da sie keine zwischenmenschlichen sind, auch wo ein Bezug auf andere enthalten ist, wie beim Zorn, selbstbezogen sind, so daß wir, wenn wir wieder auf den Unterschied zwischen moralischen Tugenden und Glückstugenden zurückkommen, eher erwarten können, daß sie sich als Glückstugenden verstehen lassen. Freilich fehlt uns für diese Unterscheidung vorläufig das Kriterium. Aristoteles macht zwischen diesen zwei Arten von Tugenden – den sozialen (zwischenmenschlichen) und den selbstbezogenen – keinen Unterschied, und wir können uns das so zurechtlegen, daß das Moralische in einer sich noch an eine traditionalistische Moral anschließenden Ethik noch nicht auf das Soziale eingeschränkt sein mußte.

Freilich wird man sich nun auch umgekehrt fragen müssen, ob die sozialen Tugenden nicht sowohl als moralische Tugenden wie als Glückstugenden verstanden werden müssen. Das müßte uns mit Bezug auf die scheinbar scharfe Differenz zwischen moralischer Tugend und Glückstugend, die durch den

Ansatz von Aristoteles theoretisch verwischt worden war, jetzt auch inhaltlich verunsichern.

Obwohl sich Aristoteles inhaltlich fraglos an der Moral seiner Zeit orientiert hat und die Terminologie in der Tugendlehre durchaus eine moralische ist, so müßten doch, wenn sich bei ihm überhaupt Ansätze zu einer Begründung seiner Tugendlehre und insbesondere der Orientierung an der Idee der Ausgewogenheit finden lassen sollten, diese am ehesten in seiner Lusttheorie zu suchen sein, denn eine spezifisch moralische Begründung fehlt bei Aristoteles sogar ihrem Begriff nach. Hier würde es nun naheliegen, entsprechende Differenzierungen in seinen zwei Lustabhandlungen *Nik. Ethik* VII 12-15 und X 1-5 zu vermuten. Ich habe schon darauf hingewiesen, daß die Begründung, daß eine bestimmte Lebensweise für uns besser ist als eine andere, nur subjektiv denkbar ist und daß das nur durch eine Differenzierung innerhalb der Rede von Glück, Freude, Vergnügen und Lust zu erreichen ist.

Aristoteles' Ausführungen über Lust bzw. Freude (*hedoné*) sind mit Recht berühmt und in neuerer Zeit wiederaufgenommen worden[7], aber für unsere Frage erweisen sie sich als unzureichend. Der Kern der aristotelischen Theorie ist, daß Lust nicht etwas ist, was wir um seiner selbst willen erstreben können, daß es vielmehr die jeweiligen Tätigkeiten sind, die wir erstreben, und daß die Freude etwas dann Hinzukommendes ist, was anzeigt, daß das, was wir gerne tun, ungestört verläuft (*anempodiston*, 1153b 11). Was Aristoteles hier vor allem anstrebte, wer der Nachweis, daß zwischen Tugend und Wohlergehen kein Gegensatz konstruiert werden kann. Auch und gerade die tugendhafte Tätigkeit ist für den, der sie um seiner selbst willen vollzieht, eine, die mit Freude getan wird, wenn sie ungestört ist. Was wir jedoch brauchen würden, wäre mehr: der Nachweis, daß die nicht-tugendhafte Tätigkeit weniger lustvoll ist. Einen Schritt in dieser Richtung tut Aristoteles nur in der Abhandlung im VII. Buch, und auch da nur mit Bezug auf die körperlichen Lüste, indem er zu erklären ver-

7 Vgl. G. Ryle, *Dilemmas*, Oxford 1954, 4. Kapitel, und A. Kenny, *Action, Emotion and Will*, London 1963, 6. Kapitel.

sucht, warum die körperlichen Lüste einerseits von den meisten mehr gesucht werden und andererseits doch aus subjektiven Gründen weniger erstrebenswert sind. Der Grund ist (1154a8 ff.), daß es bei diesen Lüsten eine Gradation gibt und daher für sie einerseits der Kontrast zum Schmerz konstitutiv ist und andererseits immer eine noch stärkere Lust angestrebt werden kann; für den Maßlosen ist es charakteristisch, daß er nicht die körperliche Lust als solche will, sondern ihr Übermaß (1154a20). Dem stehen die Freuden an Tätigkeiten entgegen, die ohne Schmerzen sind und daher auch ohne die Möglichkeit eines Übermaßes (b15 f.).

Es ist wohl eine Schwäche der gesamten antiken Lusttheorie, daß sie an einem einzigen Wort orientiert war (*hedoné*), und man könnte demgegenüber fragen, ob es überhaupt sinnvoll ist, dasselbe Wort zu verwenden, wenn wir etwas *gerne* tun und für körperliche *Lust*. Ich werde in der nächsten Vorlesung auf die Differenzierungen eingehen, die Erich Fromm macht und die wesentlich weiter führen als die Theorie des Aristoteles. Inhaltlich kann uns die Unterscheidung, die Aristoteles im VII. Buch vornimmt, nicht befriedigen, weil es für seine Tugendproblematik nicht ausreichen kann, die körperliche Lust von der Freude an Tätigkeiten zu unterscheiden, vielmehr bräuchten wir eine Angabe über den »Lust«-Charakter der Ausgewogenheit im Vergleich zur Lust im affektiven Sichgehenlassen dessen, der nicht ausgewogen lebt, und das nicht nur mit Bezug auf die körperlichen Lüste, sondern mit Bezug auf die Gefühle in sämtlichen Lebensbereichen.

Eine solche Unterscheidung hat Aristoteles jedoch an anderer Stelle vorgenommen, und zwar durchaus in derselben Hinsicht, die auch schon für die in der Lustabhandlung vorgenommene Unterscheidung entscheidend war: Menschen haben ein Bewußtsein von Zeit, und daher kann nur ein Wohlbefinden befriedigen, das eine gewisse Beständigkeit hat und das nicht wie die körperliche Lust im Augenblick und aus dem Kontrast zum Schmerz oder zur Lustlosigkeit erlebt wird. Die Charakteristik der Momentaneität trifft nun durchaus auch auf die nichtkörperlichen unmittelbaren Gefühle zu; überläßt man sich den unmittelbaren Gefühlen und Affekten als solchen, erlebt man sich als einen Spielball der Gefühle und Umstände, es ergibt sich ein Hin und Her und ein gefühlsmäßiges Chaos.

Aristoteles kommt auf diese Problematik innerhalb seiner Freundschaftsabhandlung zu sprechen, wo er in IX, 4 die Frage aufwirft, ob man mit sich selbst befreundet sein kann. Die Antwort lautet: nur der Tugendhafte ist mit sich selbst befreundet, der Schlechte kann es nicht sein. Als Kriterium für Freundschaft gilt dabei, daß man mit seinem Freund im Positiven wie im Negativen mitempfindet (1166a7 ff.) und daß man mit dem, mit dem man befreundet ist, zusammenleben will (1166a7). Wer nun tugendhaft ist, der hat eine beständige Haltung (und das ermöglicht es auch umgekehrt, mit anderen echt befreundet zu sein, vgl. 1166b29 und VIII,4), und das heißt, daß für ihn immer dasselbe angenehm bzw. unangenehm ist (1166a28); er will daher immer mit sich zusammenleben (a23). Wer dagegen ein Spielball seiner Gefühle ist, dessen Innenleben befindet sich im Aufruhr (b19), man flieht vor sich selbst (14). »Wenn also so zu leben etwas sehr Unglückliches ist, muß man die Schlechtigkeit mit aller Kraft fliehen und versuchen, gut zu sein« (b27 f.).

In diesem Satz drückt Aristoteles die Verklammerung zwischen Moral und Glück aus, die wir bisher vermißt haben. Da Aristoteles das Moralische als solches nirgends strukturell herausgearbeitet hat, bleibt diese Verklammerung freilich unbefriedigend. Insbesondere wird man sagen müssen, daß der Bezug, den Aristoteles hier behauptet, sich auf sämtliche Ausgewogenheitstugenden bezieht, natürlich auch auf diejenigen, bei denen ich in Zweifel gezogen habe, ob man sie inhaltlich als spezifisch moralische ansehen kann.

Der Begriff der Mitte kommt zwar in diesem Kapitel nicht vor, und man könnte die These des Kapitels auch schwächer interpretieren, dergestalt, daß jede Moral, egal welchen Inhalts, ein bestimmtes Lebenskonzept und insofern gegenüber den Zufälligkeiten des Gefühlslebens etwas Beständiges darstellt. Es scheint jedoch angemessener, die These des Aristoteles, daß »die Tugend etwas Beständiges ist« (1156b12) auch inhaltlich im Sinn seines Ausgewogenheitskonzeptes zu verstehen. Dafür spricht auch die entsprechende Stelle in Platons *Staat* (443d-e), an der Platon vom Tugendhaften ebenfalls sagt, daß er mit sich »freund geworden ist«. An dieser Stelle wird deutlich, daß es auch bei Platon das mit sich Zusammenstimmen und die Ausgewogenheit ist, auf die es ankommt. Der Mensch wird, wenn er tugendhaft wird, eins mit sich. Die Rede von dem »mit sich Befreundetsein« könnte Zweifel erwecken, wenn man für Freundschaft das Verschiedensein als konstitutiv ansieht. Aristoteles betont zwar in der Freundschaftsabhandlung durchgängig den Aspekt der Gleichheit, aber man kann von dieser Frage absehen, da die Rede vom Befreundetsein mit sich bei Platon wie bei Aristoteles eine Metapher für das Einssein mit sich ist.

Man wird das Kapitel IX, 4 der *Nikomachischen Ethik* nicht ins Abstruse abschieben dürfen. Das entsprechende Stück bei Platon stellt zweifellos den systematischen Höhepunkt der Tugendlehre im *Staat* dar.

Erich Fromm über Glück, Liebe und Moral;
Hegel über Anerkennung;
was motiviert zur moralischen Haltung?

Bei der Interpretation der Tugendlehre des Aristoteles haben sich Ansätze ergeben erstens zu seiner Erweiterung der Moral, wenn sich die sozialen Tugenden in einen universalistischen Ansatz eingliedern lassen und vielleicht sogar müssen – darauf werde ich in der nächsten Vorlesung eingehen –, zweitens zu einer Glückslehre. Es erscheint sinnvoll, daß wir zuerst diese zweite Komponente der bei Aristoteles ungeschiedenen Fragestellung weiter verfolgen. Wir haben gesehen, daß Aristoteles unter dem Titel Gerechtigkeit durchaus einen Kernbereich der Moral anerkennt, der als Regelmoral verstanden werden kann, daß er aber darüber hinaus Haltungen identifiziert hat, die sich nicht auf Regeln beziehen lassen, Haltungen der Ausgewogenheit zwischen einem Sichöffnen und Sichverschließen gegenüber den Mitmenschen und gegenüber den eigenen Affekten.

Dabei ergaben sich insbesondere zwei Schwierigkeiten, bei denen uns Aristoteles im Stich ließ. Erstens ist schon die Rede von einem Sichöffnen und Sichverschließen eine Interpretation; Aristoteles selbst macht keine eigenen Angaben darüber, was die verschiedenen Tugenden für eine einheitliche Struktur haben; und er hatte selbst keine Begrifflichkeit für die Polarität zwischen Autonomie und Bezogenheit, auf die ich meinte bei den verschiedenen Tugenden aufmerksam machen zu können. Das zweite Manko war der im Ansatz steckengebliebene Nachweis, daß nur das Leben in solchen Ausgewogenheiten, wie Aristoteles sie in den Tugenden ins Auge faßt, uns glücklich sein läßt, Wohlergeben ermöglicht.

Beide Punkte hat in unserer Zeit Erich Fromm aufgegriffen. Fromm hat in den vierziger Jahren zwei Abhandlungen veröffentlicht, die als seine grundlegenden für sein ethisches Konzept anzusehen sind, die erste mehr historisch, die zweite mehr systematisch angelegt: *Die Furcht vor der Freiheit* (1941) und *Psychoanalyse und Ethik* (1949).[1] Sie gehören eng zusammen, und Fromm hat sie auch selbst als zusammengehörig verstanden wissen wollen (PE 7). Fromm schließt sich in PE auch explizit an Aristoteles an (40). Auch Fromms Ethik versteht sich als eine Charakterlehre (69 ff.), und auch Fromm sieht die ethische Grundfrage in der Frage nach dem Glück (21 ff.). Und auch bei ihm werden wir sehen, daß er, auf eine freilich andere Art und Weise als Aristoteles, einen unmittelbaren Übergang vom Glück zur Moral vollzieht. Von diesem Schritt, der sich als unbefriedigend erweisen wird, will ich vorerst absehen. Fromms Konzept läßt sich zunächst rein als Glückslehre verstehen, so daß sich hier eine sinnvolle Basis ergibt, von der aus wir auf die seit der 5. Vorlesung offene Frage nach den Motiven zum Moralischsein eingehen können werden.

Die Nähe zu Aristoteles reicht jedoch noch weiter: auch Fromm ist an einem Konzept der Ausgeglichenheit orientiert, und er versteht diese ziemlich genau in der Weise, die sich in der Aristotelesinterpretation der vorigen Vorlesung ergeben hat, als »Gleichgewicht« zwischen dem Menschen und seiner Umwelt (62), als Einheit zwischen Autonomie und Bezogenheit (111). Ferner wird Fromm in PE IV,3 eine Phänomenologie der verschiedenen Formen der subjektiven Zufriedenheit geben (Glück, Freude, Lust), die – ohne daß das bei ihm ganz explizit wird – die zunächst mehr thesenhaft vorgetragene Charakterlehre subjektiv abstützt.

Man kann das Grundkonzept von Fromm als »Polarität zwischen Subjektivität und Objektivität« bezeichnen. Darin steht Fromm in der Tradition der neuzeitlichen Subjekt-Objekt-Philosophie in der besonderen, aufs Praktische bezogenen Form, die sie bei Hegel gewonnen hat. Hegel hat der Philosophie des deutschen Idealismus die Wendung gegeben,

---

1 Ich zitiere beide in der deutschen Übersetzung, als »FF« und »PE«. Die englischen Originaltitel lauten *Escape from Freedom* und *Man for Himself*.

daß er es geradezu als »Aufgabe der Philosophie« verstanden hat, »die Entgegensetzung der festgewordenen Subjektivität und Objektivität aufzuheben«; »wenn die Macht der Vereinigung aus dem Leben der Menschen verschwindet und die Gegensätze ihre lebendige Beziehung und Wechselwirkung verloren haben und Selbständigkeit gewinnen, entsteht das Bedürfnis der Philosophie.«[2] Hegel hat dieses Konzept in seiner *Phänomenologie des Geistes* (1806) ausgearbeitet. Darauf werde ich noch zurückkommen. Jedenfalls führt ein direkter Weg von diesem Konzept über die Überlegungen zur Entfremdung in den *Pariser Manuskripten* von Marx zu Fromms Konzeption.

Gleichwohl muß man fragen, ob die Rede von einer »Beziehung und Wechselwirkung« zwischen »Subjekt und Objekt« schon für das, was Hegel und Marx im Auge hatten, und insbesondere für Fromms eigenes Konzept die angemessenste ist. Denn so wie von dieser Beziehung in der erkenntnistheoretischen Tradition vor Hegel die Rede war, wäre nicht zu verstehen, wieso hier eine besondere Ausgewogenheit erforderlich sei. Fromm hat denn auch auf diese Terminologie keinen besonderen Wert gelegt, und in FF entwickelt er den Sachverhalt, um den es geht, sowohl systematisch wie historisch mehr inhaltlich und insofern adäquater. Er geht hier wie dann auch in PE von einem als anthropologische Konstante in Anspruch genommenem Sachverhalt aus, daß jeder Mensch – außer den physiologisch bedingten Bedürfnissen, die er mit den anderen Tieren gemeinsam hat – insofern er, wenn er heranwächst, aus dem Einssein mit seinen »primären Bindungen« heraustritt und sich seiner Individualität bewußt wird, »das Bedürfnis« hat, »auf die Welt außerhalb seiner selbst bezogen zu sein«; das ist »das Bedürfnis, Einsamkeit zu vermeiden« (21). Die eine Seite »des Wachstumsprozesses der Individuation« sei »das Wachstum der Stärke des Selbst«, und mit »Selbst« meint Fromm in etwa »Autonomie«; die andere Seite »ist die zunehmende Vereinsamung« (29). Fromm sieht das sowohl ontoge-

2 »Differenz des Fichteschen und Schellingschen Systems der Philosophie« (1802). *Werke* II, 22.

netisch in der Entwicklung des Kindes als auch historisch: in der Moderne, insbesondere durch den Kapitalismus, fällt das Individuum aus seinen vorgegebenen traditionalistischen Bezügen heraus und gelangt zu seiner vollen, jedoch zunächst negativ erlebten Freiheit, und er »muß versuchen, der Freiheit ganz zu entfliehen, wenn es ihm nicht gelingt, von der negativen zur positiven Freiheit zu gelangen« (111). Es ist diese »Flucht vor der Freiheit«, die nach Fromm zum »autoritären Charakter« und von ihm aus zum Faschismus einerseits, zur Angepaßtheit in den modernen Demokratien andererseits führt. Fromm arbeitet die Situation des modernen Menschen in eindrücklichen Analysen der Reformation und der Entwicklung des Kapitalismus heraus. Als besonderes Charakteristikum hebt er das Gefühl der Ohnmacht des Einzelnen hervor, das zum »autoritären Charakter« führt, dessen zwei Seiten Fromm im Sadismus und Masochismus sieht: Unterwerfung nach oben, Machtstreben und Feindseligkeit nach unten und außen.

Fromm macht also einerseits eine anthropologische Grundannahme, andererseits stellt er seine Analysen in den historischen Kontext der Moderne. Die zwei Seiten gehören zusammen, insofern Fromm die Entwicklung der Menschen zu einem Bewußtsein ihrer Individualität als eine notwendige Entwicklung zu sich selbst sieht, die aber ihre spezifischen Gefahren hat. Was Fromm in FF als die Charaktermöglichkeiten des modernen Menschen aufzeigt, sind also lediglich in prägnanter Form die Charaktermöglichkeiten des Menschen überhaupt, wie sie dann in PE mehr systematisch entwickelt werden. Die Rede von einer »positiven Freiheit« mag problematisch erscheinen; was jedoch Fromm mit ihr meint, stellt er an Hand von zwei Begriffen dar: erstens dem der Selbstentwicklung, der Entwicklung von Fähigkeiten im Sinn von Fähigkeiten zu Tätigkeiten im aristotelischen Sinn; zweitens, sofern diese Tätigkeiten wesentlich umweltbezogen und insbesondere soziale sind, wird der Begriff der Ausgewogenheit zwischen Subjektseite und Objektseite entscheidend. Diese Terminologie hat jetzt einen spezifischeren Sinn gewonnen, sofern die Subjektseite als Autonomie verstanden wird und die

Objektseite als Eingehen auf Menschen und Sachen. Was Fromm konkret im Auge hat, wird an den einseitigen Charakteren deutlich, die er in der Charakterologie von PE beschreibt.

Auf der einen Seite spricht er von »rezeptiver« und »ausbeuterischer« Orientierung. Mit der rezeptiven Orientierung nimmt er den oralen Charakter von Freud auf, und mit beiden zugleich die in FF maßgebende Rede von masochistischem und sadistischem Charakter. Fromm hat das Bewußtsein, vor allem auf Freud aufzubauen, unterscheidet sich aber von ihm, insofern er den jeweiligen Charakter nicht als in einer bestimmten Entwicklungsphase steckengebliebene Triebhaftigkeit versteht, sondern als Wie der Ausformung der Bezogenheit: die anderen Menschen sind für Fromm nicht Objekte der Triebe des Einzelnen, sondern es geht diesem um die Ausbildung des Bezugs zu den anderen. Masochistischer und sadistischer Charakter zusammen stellen die einseitige Orientierung am Objektpol dar, die Ausrichtung ist symbiotisch, auf Verschlungenwerden oder Verschlingen bezogen: Macht, d. h. Unterwerfung und Beherrschung ist das maßgebende. Diese Einseitigkeit ergibt sich, weil weder die eigene Autonomie wahrgenommen noch die des Gegenüber anerkannt wird. Die umgekehrte Verfehlung der einseitigen Orientierung am Subjektpol wird in PE als Sich-auf-sich-Zurückziehen beschrieben, mit der Extremform der Destruktivität; es ist der anale Charakter Freuds. Hier hält das Individuum ausschließlich an sich fest und ist beziehungsunfähig. Als vierten »unproduktiven« Charakter hebt Fromm die »Markt-Orientierung« hervor; diese ist »eine Kategorie für sich«, sie paßt nicht in das Schema der charakteristischen Einseitigkeiten der übrigen »unproduktiven« Charaktere (primäre Orientierung an nur einem Pol): in der »Markt-Orientierung«, die in etwa Heideggers »Man« entspricht, bildet ein Mensch überhaupt keinen spezifischen Charakter aus, sondern verhält sich so, wie es jeweils gewünscht wird bzw. wie er sich am besten glaubt verkaufen zu können.

Natürlich sollen alle diese Charaktere ebenso wie der »produktive« nur Idealtypen sein, die in jedem von uns in verschiedenen Mischungen verbunden sind (PE 127 ff.). Während es für alle unproduktiven Charaktere charakteristisch sein soll, daß sie je verschiedene Reaktionen auf Ohnmacht und Einsamkeit sind, besteht der produktive Charakter darin, daß hier die Gratwanderung zwischen den zwei Polen Rückzug-auf-sich (einseitige Autonomie) und Bezogenheit gelingt (PE, 3. Kapitel, II B 3). Er wird »produktiv« genannt, weil eine solche Person, statt Fluchtbetriebsamkeiten zu entwickeln, »tätig« im aristotelischen Sinn ist, und das kann sie nur, indem eigene Tätigkeit und Anerkennung der Eigenständigkeit des Gegenüber, Autonomie und Bezogenheit sich wechselseitig ergänzen. In erster Linie sieht Fromm das in der »produktiven« Liebe, die er auch gern einfachhin »Liebe« nennt: Sichgeben und Nehmen bilden eine Einheit; in der gelingenden Liebe und Freundschaft braucht jeder den anderen und behält doch seine Eigenständigkeit. Zugleich versucht Fromm diese Haltung auch in jedem geglückten Eingehen auf Sachen, zu nichtmenschlichem Gegenüber aufzuzeigen. Z. B. ist Denken nur »produktiv«, wenn es sein Gegenüber weder einfach rezeptiv abbildet noch überformt, weder an seiner Oberfläche bleibt noch ins Phantastische verschwebt (PE 104 f.). Man könnte ergänzen, daß jede Auseinandersetzung mit anderen und ihrem Denken, alles Interpretieren also, eine angemessene Mitte zwischen Geltenlassen und kritischem Hinterfragen anstreben muß.

So wie Fromm im 3. Kapitel von PE den produktiven Charakter mit den unproduktiven Charakteren kontrastiert, kann sein Konzept leicht als eher thetisch erscheinen, besonders angesichts solcher wertenden Bezeichnungen wie »produktiv« und »unproduktiv«. Die These, daß es sich um Dispositionen handelt, von denen es abhängt, ob ein Mensch glücklich oder unglücklich sein kann, ob es ihm also subjektiv gutgehen kann oder nicht, kann natürlich nur durch den Nachweis abgestützt werden, daß wir, solange wir in den unproduktiven Einseitigkeiten steckenbleiben, zu keiner wirklichen Zufriedenheit gelangen können. Wenn zugestanden wird, daß auch die unproduktiven Charaktere zu Lust oder Zufriedenheit führen können, diese aber keine »wirkliche« sein soll, so müssen erstens verschiedene Qualitäten des subjektiven Wohlergehens unterschieden werden, zweitens muß das so geschehen, daß der Maßstab der Bewertung seinerseits ein subjektiver ist. Es ist dies, was Fromm in PE ɪᴠ,3 zu zeigen versucht.

Man kann dieses Kapitel als Versuch einer Vertiefung der Lustabhandlungen des Aristoteles lesen. Behält man die Unterscheidungen des Aristoteles im Auge, gewinnen Fromms Ausführungen eine zusätzliche systematische Klarheit. Wir müssen uns hier daran erinnern, daß Aristoteles insbesondere die Eigentümlichkeit derjenigen Freude herausstellte, die wir bei Tätigkeiten empfinden, die wir um ihrer selbst willen tun. Von Freude in diesem Sinn hatte Aristoteles die körperliche Lust unterschieden. Fromm greift diese Unterscheidung auf. Er nennt diese Lust »Befriedigung« (*satisfaction*); ähnlich wie Aristoteles versteht er sie als »Befreiung von einer schmerzhaften Spannung« (198). Nun sei es charakteristisch für alle physiologisch bedingten Bedürfnisse, daß mit ihrer Befriedigung »auch die Spannung endet« (199). »Ihrem Wesen nach sind sie also einem bestimmten Rhythmus unterworfen« (201). Es gibt nun aber auch Wünsche, die nicht physiologisch, sondern psychisch bedingt sind, die ebenfalls aus einem »Mangel« herrühren, also auf die »Befreiung von einer schmerzhaften Spannung« ausgerichtet sind, aber nicht in Reaktion auf rhythmisch auftretende Bedürfnisse, sondern sie sind Reaktionen auf »ein Unbefriedigtsein im Menschen selbst« (201). Letzteres ist natürlich eine wertende Interpretation, aber als phänomenologische Charakteristik hebt Fromm hervor, daß diese Wünsche »unersättlich« sind (a. a. O.). Seine These ist nun, daß die für die unproduktiven Charaktere spezifischen Grundwünsche – etwa des Wunsches zu sadistischer oder masochistischer Symbiose – in diesem Sinn unersättlich sind. Fromm spricht hier auch von »Gier«. Der Machtgierige, Geldgierige usw. will immer mehr; jedes bestimmte Quantum läßt ihn unbefriedigt. Die entsprechende Lust nennt Fromm »irrationale Freude«; sie ist irrational, weil das Ziel wie eine *Fata Morgana* ist und der Wünschende mit jeder Befriedigung erneut unbefriedigt bleibt. Eine Tätigkeit dieser Art, die zu keiner reinen Befriedigung (d. h. zu keiner, die nicht zugleich

Unlust enthält) führt, kann man auch als zwanghaft bezeichnen, und sie ist in diesem Sinn irrational.[3] Der Gierige kann nicht anders als immer unbefriedigt weiterzulaufen. Der so definierten irrationalen Freude und der Befriedigung körperlicher Bedürfnisse ist also gemeinsam, daß es sich in beiden Fällen um ein Lusterlebnis handelt, das auf eine vorausgehende Spannung (»Mangel«) erfolgt, nur daß bei den psychischen Bedürfnissen die Spannung sich nicht löst, sondern sich mit jeder Befriedigung erneut einstellt, die Lust daher immer mit Unlust verbunden bleibt. Von beiden unterscheidet Fromm nun die »echte Freude«, die er wie Aristoteles als Überflußerscheinung charakterisiert (205). Freude in diesem Sinn empfinden wir nicht, wenn ein Mangel behoben wird, sondern wenn wir tätig sind, und die ziemlich plausibel erscheinende These ist nun, daß die Bedingung der Möglichkeit dafür, in dieser Weise tätig zu sein, der ausgewogene Charakter ist, weil jeder zwischen Subjekt- und Objektpol vereinseitigte Charakter ein unerfüllbares Grundbedürfnis hat.

Mir scheint also, daß es Fromm gelungen ist, die zwei wesentlichen Lücken der aristotelischen Glückstheorie zu schließen. Erstens hat er in der auf Hegel zurückgehenden Tradition eine Struktur des menschlichen Lebens im Auge, die von vornherein als bipolar gekennzeichnet ist, die beiden Pole sind jetzt als Fürsichsein und Autonomie einerseits und Angewiesenheit andererseits identifizierbar, so daß die Rede von Ausgewogenheit nun endgültig nicht mehr als Leerformel verstanden werden kann, und es kommt hinzu, daß das inhaltliche Konzept von Ausgewogenheit, das sich dabei ergibt, den Weisen der Ausgewogenheit, die sich bei Aristoteles ergeben haben – Ausgewogenheit im Geben und Nehmen, im Sichöffnen und Sichzurückhalten – sehr nahesteht. Zweitens ist es Fromm gelungen, Glück und Freude, wie sie in der Ausgewogenheit zwischen Autonomie und Bezogenheit erreichbar ist, von der Pseudobefriedigung, zu denen es die anderen Haltungen bringen können, auf eine Weise zu unterscheiden, die den produk-

3 Vgl. meine Ausführungen im Anschluß an L. Kubie in *Probleme der Ethik* S. 54 f.

tiven Charakter als subjektiv erstrebenswert erscheinen läßt; es handelt sich nicht mehr um ein irgendwie objektiv, von außen kommendes normatives Postulat. Aristoteles hatte es offengelassen, in welchem Sinn die einseitigen Haltungen subjektiv befriedigend oder unbefriedigend sind, und hatte lediglich in *Nik. Ethik* IX,4 deutlich gemacht, daß nur in der Ausgewogenheit eine Beständigkeit im Zufriedensein zu erreichen ist. Fromms Charakterisierung der »irrationalen Freude« kann als eine Präzisierung dieser Auffassung angesehen werden.

Die Einsicht freilich, daß der ausgewogene Charakter erstrebenswert ist, führt an und für sich noch nicht dazu, ihn zu gewinnen. Auch Aristoteles erschien es beinahe hoffnungslos, einen guten Charakter zu haben oder zu gewinnen, wenn die Sozialisation schlecht war (vgl. *Nik. Ethik* III,7). Bei Fromm kommt hinzu, daß die Sozialisation ihrerseits von der Struktur der Gesellschaft abhängt, daß die verschiedenen historischen sozialen Systeme jeweils eine bestimmte charakterliche Mißbildung favorisieren (PE 94f.) und daß es unter heutigen gesellschaftlichen Bedingungen schwierig erscheint, auf eine – um es mit der Marxschen Formel auszudrücken – nichtentfremdete Weise zu existieren. Fromm hat sich mit diesem Problem immer wieder auseinandergesetzt, vgl. insbesondere den Anhang zu FF. Diese Fragen, die die psychologischen und soziologischen Bedingungen und Erschwernisse für die Ausbildung eines ausgewogenen Charakters betreffen, gehen freilich, so entscheidend sie letztlich sind, über unsere Problemstellung hinaus. Unsere Frage war ja die nach der Motivation zur Moral. Es war klar, daß diese Frage nur anzugehen ist, wenn man eine Vorstellung vom subjektiven Wohlergehen hat. Der Diskurs, ob und warum ich moralisch sein will, kann sinnvollerweise auf dieser abstrakten Ebene geführt werden, das heißt es muß von einer bestimmten plausibel erscheinenden Annahme über das Wohlergehen ausgegangen werden, und darüber hinaus könnte, muß aber nicht nach den sozialen Bedingungen für dieses Wohlergehen (und damit für die Ausbildung der moralischen Motivation) gefragt werden.

Wenn wir nun nach dem Zusammenhang zwischen geglücktem Charakter und moralischer Haltung bei Fromm selbst fragen, ergibt sich freilich, daß er diese Frage durch einen Gewaltstreich zu lösen versucht. Er erklärt: »Die Liebe zu einer bestimmten Person impliziert die Liebe zum Menschen als solchem«, und daraus folge: »Ausschließliche Liebe zu einer bestimmten Person ist ein Widerspruch in sich selbst« (FF 96).[4]

Wer also überhaupt eine Person liebt, liebt seinen Nächsten und ist insofern moralisch. Diese Schlußfolgerung soll sich allerdings nur auf die Liebe im produktiven Sinn und nicht auf ihre symbiotischen Verfallsformen beziehen. Gleichwohl hat Fromm nirgends gezeigt, daß und inwiefern, wenn wir jemanden lieben, wir das Menschsein in ihm und infolgedessen alle Menschen lieben. Es folgt insbesondere nicht aus der Definition von Liebe, die er an dieser Stelle gibt: »Liebe ist eine leidenschaftliche Bejahung eines ›Objektes‹« (FF 96). Fromm hat gewiß recht, wenn er die »romantische Liebe« als ein Mißverständnis ablehnt: die Auffassung, es gebe nur eine einzige Person, die man lieben könne (KL 12). Daraus folgt aber nicht, daß die leidenschaftliche Bejahung, von der er spricht, nicht eine solche zur besonderen Individualität eines Menschen ist. Zu seiner merkwürdigen Auffassung scheint Fromm vor allem deswegen gekommen zu sein, weil er die aktive Beziehung in der Liebe überbetont. Liebe »ist in erster Linie ein Geben und nicht ein Empfangen« (KL 33). Das steht im Widerspruch zu seiner eigenen Theorie der Ausgewogenheit, derzufolge man sagen müßte: Lieben ist ein Geben und Nehmen in eins. Fromms erste Aussage in KL ist, daß die meisten Menschen eine falsche Vorstellung von Liebe haben, weil das, was sie in ihr suchen, das Geliebtwerden ist (11). Es ist jedoch ein offensichtlicher Fehler, dies ins Gegenteil zu wenden. Auch für Aristoteles gehört zur Freundschaft wesensmäßig eine Wechselseitigkeit: die Wechselseitigkeit des Wohlwollens und des Zusammenseinwollens. Als Kinder erfahren wir, wie Fromm später selbst sagt (KL 50 f.), die Liebe sogar primär als Geliebtwerden, und auch die reife Liebesbeziehung kann nur als

4 Vgl. auch PE IV,1 und *Die Kunst des Liebens* (KL), *passim*.

Wechselseitigkeit von Lieben und Geliebtwerden verstanden werden. Schon aus diesem Grund kann man, wie Aristoteles sagt, nur mit wenigen befreundet sein, und Fromm sagt später selbst von der Liebe im engsten Sinn, »daß ich mich mit ganzer Intensität eben nur mit einem einzigen Menschen vereinigen kann« (KL 67).

Fromm hat also vielleicht eine richtige Idee, wenn er die Motivation zur Moral in der ausgewogenen Liebe fundieren will, aber der Zusammenhang ist sicher nicht so gewaltstreichartig herzustellen, wie er es vorschlägt. Nicht nur, daß die Liebe zu einem Einzelnen nicht so unmittelbar die Nächstenliebe implizieren kann; es erscheint auch unrichtig, die moralische Einstellung einfach als Nächstenliebe zu verstehen. Die Berufung auf die Bibel hilft hier nicht weiter, nicht nur weil die Berufung auf Autorität nicht gilt, sondern weil der Satz in der Bibel offenbar so zu verstehen ist »Liebe deinen Nächsten, denn er ist wie du«, und weil dann noch zu klären wäre, wie das Wort zu verstehen ist, das mit »Liebe« übersetzt wird. Die moralische Haltung als Nächstenliebe zu verstehen, scheint aus zwei Gründen falsch, erstens weil Liebe auf Grund des individuell affektiven Charakters mehr ist als eine moralische Haltung, und zweitens weil Moral in einem anderen Sinn mehr ist als Liebe: als Achtung des anderen ist sie eine andere Art der Bejahung des anderen. Das ist schon daran erkennbar, daß moralische Probleme, besonders wenn mehrere Personen impliziert sind, durch das schlichte Gebot der Nächstenliebe nicht zu lösen sind. Es kann also sein – und das wäre der Wahrheitskern in Fromms Auffassung –, daß, was er echte Liebe nennt, die moralische Haltung impliziert, aber um das behaupten zu können, muß erst einmal die moralische Haltung als eine zweite, strukturell verschiedene Grundform der intersubjektiven Bejahung neben der Liebe anerkannt werden. Das ist implizit bei Fromm gegeben, wenn er sagt, daß wahre Liebe »Achtung« impliziert (KL 38 f. u. ö.), aber was das heißt, hat er nicht herausgearbeitet.

Ist diese Auffassung von den zwei zu unterscheidenden Arten der intersubjektiven Bejahung richtig – und sie muß richtig sein, wenn meine in den ersten Vorlesungen gegebene Beschreibung der moralischen Haltung als auf einer bestimmten Art wechselseitiger Forderungen beruhende richtig ist –, dann läßt sich Fromms Grundidee, daß Liebe und Moral zusammengehören, nur so durchführen, daß man nicht ihre Identität behauptet, sondern ein Implikationsverhältnis nachweist.

Ein Konzept dieser Art finden wir bereits bei Hegel, auf den Fromms Grundkonzept der Ausgewogenheit in der Subjekt-Objekt-Einheit zurückgeht. In seiner *Phänomenologie des Geistes*[5] führt Hegel eine Reihe von »Bewußtseinsgestalten« vor, von denen er zu zeigen versucht, daß jedes Glied der Reihe einen Widerspruch in sich enthält, derart, daß jedes nächste Glied dadurch charakterisiert ist, daß es diesen Widerspruch aufgelöst hat, dabei aber zu einem weiteren Widerspruch kommt, und so weiter bis zum »absoluten Geist«. Es gibt jedoch in dieser Reihe entscheidende Knotenpunkte, wo die nächste Gestalt zuerst so abstrakt beschrieben werden kann, daß sie als Repräsentant für die gesamte weitere Reihe steht. Ein solcher Knotenpunkt ist der Übergang innerhalb des Abschnittes »Selbstbewußtsein« von der »Begierde« zur »Anerkennung«. Als Begierde bezeichnet Hegel die erste Form des praktischen Selbstbewußtseins, das man auch etwa als Selbstbehauptung bezeichnen könnte. Das Selbst trachtet danach, sich gegen seinen Gegenstand zu behaupten, und die primitivste Form, das zu tun, besteht in der »Vernichtung« des Gegenüber (139). Diese Bewußtseinsgestalt entspricht ungefähr der sadistischen Liebe von Fromm. Ähnlich wie bei Fromm ist dieses Bewußtsein bei Hegel ein solches, das ein Ziel verfolgt, das es nie erreichen kann: es sucht eine Art der Befriedigung, die immer wieder dieselbe Unzufriedenheit produziert. Wenn das Machtbewußtsein (Hegel benutzt dieses Wort in diesem Zusammenhang nicht) gegenüber dem Objekt darin besteht, dieses als ein eigenständiges zu vernichten, so vergeht mit der Eigenständigkeit des Gegenüber auch der Genuß der Macht. Würde sich die Begierde dieses Tatbestandes bewußt, müßte sie ihr Verhältnis zum Gegenstand ändern.

5 Ich zitiere sie nach der Ausgabe in der *Philosophischen Bibliothek* (hrsg. von Hoffmeister.).

Die Methode der *Phänomenologie* sieht so aus, daß diese über die Gestalt hinausweisende Einsicht nur der Philosoph hat, nicht die Gestalt selbst (74). Aber das führt den Philosophen dazu, die nächste Gestalt als die innere Konsequenz des Versagens der vorigen darzustellen. Bei der Begierde geschieht das in zwei Stufen. Die erste ist: nur wenn eine Eigenständigkeit im Gegenüber anerkannt wird, hat der Gegenstand die Selbständigkeit, die es lohnend macht, ihn sich einzuverleiben und zu überwältigen. Eine solche Eigenständigkeit hat jedoch nur eine andere Person. »Das Selbstbewußtsein erreicht« daher »seine Befriedigung nur in einem anderen Selbstbewußtsein« (139). Aber das führt sofort zu einem zweiten Schritt, und erst dieser ergibt die neue Gestalt: das andere Selbstbewußtsein muß als eigenständiges »anerkannt« werden (141). Der Bezug zum anderen ist jetzt nicht mehr Begierde, sondern Anerkennen. Hegel gebraucht dieses Wort ohne Ergänzung. Als was wird das Gegenüber anerkannt? Aus dem folgenden wird klar, daß für Hegel Anerkennen heißt: als frei, autonom anerkennen. Hegel zeigt nun, ähnlich wie das schon Fichte getan hat[6], daß ein Anerkennen nur möglich ist als gegenseitiges Anerkennen; »Sie anerkennen sich, als gegenseitig sich anerkennend« (143).

Ich habe vorhin gesagt, daß in dieser Wende ein Knotenpunkt enthalten ist, der im Prinzip die ganze Reihe der nachfolgenden Gestalten charakterisiert. Das bringt Hegel zum Ausdruck, indem er sagt: »Hiermit ist schon der Begriff *des Geistes* für uns vorhanden. Was für das Bewußtsein weiter wird, ist die Erfahrung, was der Geist ist, diese absolute Substanz, welche in der vollkommenen Freiheit und Selbständigkeit ihres Gegensatzes, nämlich verschiedener für sich seiender Selbstbewußtseine, die Einheit derselben ist: Ich, das Wir, und Wir, das Ich ist« (140).

Das wechselseitige Sichanerkennen wird von Hegel sehr allgemein als ein Anerkennen der »Freiheit und Selbständigkeit« bezeichnet. Von Moral wird Hegel erst an einer späteren Stelle der *Phänomenologie* sprechen. Es geht mir jetzt auch nicht

6 *Werke*, (Hrsg. Medicus), II 48.

darum, Hegel zu interpretieren, sondern seine Idee eines notwendigen Überganges von der Begierde zur Anerkennung für die Frage eines notwendigen Überganges von der vormoralischen Liebe zur Moral fruchtbar zu machen. Jemanden als frei anzuerkennen, ist zweideutig. Ist damit nur gemeint, daß zur Kenntnis genommen wird, daß der andere autonom ist (so scheint es im unmittelbaren Fortgang der *Phänomenologie* zu sein), oder ist gemeint, daß anerkannt wird, daß der andere ein *Recht* auf Freiheit hat? Im letzteren Sinn hatte es Fichte verstanden (vgl. a.a.O.), während für Hegel auch im weiteren Fortgang die Idee der Rechte der Individuen keine zentrale Rolle spielt, weil, wie wir gesehen haben, die Individuen und die wechselseitige Anerkennung ihrer Rechte für ihn kein Letztes ist, sondern ihre Beziehung zueinander durch die Sitten und den Staat vermittelt werden (oben S. 204 f.). Anknüpfend an Fichtes Verständnis können wir jetzt aber sagen: gegenüber der Begierde und gegenüber der symbiotischen Liebe überhaupt stellt das wechselseitige Sichanerkennen eine neue Struktur der intersubjektiven Bejahung dar, in der jeder den anderen nicht nur hinsichtlich seiner Freiheit und auch nicht nur hinsichtlich seiner Freiheitsrechte, sondern überhaupt als Rechtssubjekt anerkennt.

Läßt sich ein solcher Übergang psychologisch plausibel machen? Und könnte von daher eine Motivation zu einer Moral der wechselseitigen Achtung einsichtig gemacht werden? In dieser Absicht will ich von einem Diktum Humes ausgehen, demzufolge die Moral ein Instrument ist zur Kompensation unserer beschränkten Sympathien. Dieses Diktum hat bei Hume und bei denen, die es zitieren, den Sinn, daß der Umkreis der Personen, mit denen wir sympathisieren, begrenzt ist.[7] Man kann es aber auch so verstehen, daß wir uns schon bei denjenigen Personen, die uns nahestehen und mit denen wir sympathisieren, auf den affektiven Bezug allein nicht verlassen können. Die Moral scheint für die Beständigkeit und Verläßlichkeit der nahen Beziehungen selbst über die Momente der affektiven Intensität hinaus erforderlich. Schon die Genese der

---

7 Vgl. G. J. Warnock, *The Object of Morality*, London 1971, S. 21 f.

moralischen Haltung beim Kind werden wir uns so vorstellen müssen. Ein Kind will schon sehr früh in seiner Autonomie respektiert werden, und andererseits muß es lernen, seine Mutter und andere Bezugspersonen als autonome Wesen nicht nur zu akzeptieren, sondern zu respektieren. Ein fundamentaler Mechanismus, mit Hilfe dessen das Kind lernt, die Abwesenheit der Mutter zu ertragen, ist das Versprechen. Die affektive Verläßlichkeit der Mutter wird ergänzt durch das Vertrauen zur Verläßlichkeit ihres Versprechens, wiederzukommen, und d. h. zu ihrer moralischen Verläßlichkeit, und das Kind lernt auch seinerseits sich an seine Versprechen zu halten. Das impliziert wechselseitige Achtung. Sie üben, wenn es gutgeht, ein nichtinstrumentalisierendes Verhalten zueinander ein. Eine nahe affektive Beziehung ist, sobald das Kind der Phase der vollständigen einseitigen Geborgenheit entwachsen ist, nur mittels dieser zweiten intersubjektiven Grundbeziehung, der der moralischen Achtung, aufrechtzuerhalten, und im reiferen Alter spielt allemal die Moral – das sich nicht instrumentell zueinander Verhalten – in engen Beziehungen eine ungleich stärkere Rolle als gegenüber Fremden, weil die Reibungspunkte so viel stärker sind.

Wenn das ungefähr richtig ist, müßten zwei Vorurteile verworfen werden, erstens die verbreitete Meinung, Liebe und Freundschaft kämen ohne Moral aus. Das Gegenteil scheint der Fall zu sein: wie wir noch im Zusammenhang der Interpretation von Adam Smith sehen werden, kann die moralische Achtung in allen Feinheiten überhaupt nur in engen Beziehungen ausgebildet werden, und sie ist für sie grundlegend. Zweitens, die von Piaget in seinem Buch über *Das moralische Urteil beim Kinde* entwickelte These, daß Kinder ihren Eltern gegenüber nur eine einseitige Achtung ausbilden – die er als eine Mischung von Furcht und Liebe versteht, die also eine vormoralische Haltung wäre – und eine wechselseitige Achtung erst in einem späteren Alter in der *peer-group* entwickeln, kann kaum überzeugen. Mit Bezug auf viele unverstandene Gebote mag das der Fall sein, für so grundlegende moralische Sachverhalte wie den Sinn für Gerechtigkeit, für das Halten von Versprechen und die Erwartung, daß die Eltern sich ihrerseits an die Normen halten, die sie fordern, erscheint es unglaubhaft.

Jedoch ist die entwicklungspsychologische Implikation meiner These nicht das Wichtige. Wie immer sich Liebe und Moral beim Kind entwickeln mögen, erscheint eine reife Liebe oder Freundschaft ohne die moralische Komponente ohne Beständigkeit und ohne Gewicht, es sei denn, daß Macht- und Abhängigkeitsfaktoren an ihre Stelle treten. Wir können jetzt Fromms Unterscheidung der ausgewogenen Liebesbeziehung von den symbiotischen Formen so aufnehmen, daß jede Liebes- oder Freundschaftsbeziehung nur dann ausgewogen sein kann, wenn sie wesentlich durch die moralische Haltung – Achtung, Nichtinstrumentalisierung – mitbestimmt ist; die Asymmetrie der durch Beherrschung oder Unterwerfung bestimmten symbiotischen Formen ist als Nichtachtung bzw. Nichtbeanspruchung der Autonomie und der Rechte eine Haltung der Amoral.

Vielleicht könnte es so aussehen, als ob diese Auffassung sich von Fromms eigener nur im Wortlaut unterscheidet. Das Ergebnis scheint dasselbe zu sein, insofern die ausgewogene Liebesbeziehung Achtung impliziert. Aber es macht einen wesentlichen Unterschied, ob man die moralische Haltung als einen eigenständigen Faktor anerkennt. Das zeigt sich sowohl für den Begriff der Liebe wie für den der Moral und schließlich für die Ausgangsfrage nach der Erweiterung der Moral von den unmittelbaren Bezugspersonen auf alle:

Mit Bezug auf den Begriff der Liebe schwankt Fromm zwischen einem allgemeinen Begriff, wie er sich auf FF 96 findet, und der immer wiederholten Versicherung, daß »nur« die ausgewogene Liebe den Namen »Liebe« verdient. Es ist begrifflich befriedigender, wenn man Liebe zunächst so allgemein definiert, daß auch ihre symbiotischen Formen als Liebe anerkannt werden, so daß dann Fromms Liebe im »eigentlichen Sinn« durch die spezifische Differenz der Ausgewogenheit definiert wird, und es ist nicht zu sehen, wie das ohne die Einbeziehung der moralischen Haltung möglich sein soll, da zur Ausgewogenheit wesentlich die Anerkennung der Autonomie und der Rechte gehört.

Wichtiger ist die Konsequenz für den Begriff der Moral. Denn wenn die moralische Bejahung eine von der affektiven unterschiedene ist, die die affektive lediglich, wenn sie eine befriedigende sein soll, in sich aufnehmen muß, verliert die Erweiterung auf alle die Paradoxie, die Fromms Idee einer Erweiterung der Liebe auf alle hatte. Die moralische Bejahung ist diejenige, die, wie sich aus meiner Erklärung in den ersten Vorlesungen ergibt, alle Mitglieder der moralischen Gemeinschaft von allen fordern, und sie bezieht sich daher sogar in einer traditionalistischen Moral von vornherein auf alle und erweitert sich universalistisch, sobald die Moral modern verstanden wird. Auch wenn ein Kind zuerst nur im Zusammenhang mit seinen engsten Bezugspersonen mit der moralischen Haltung vertraut gemacht wird und auch wenn es sich wegen dem Interesse an der Verläßlichkeit dieser Beziehungen zunächst in diesem Kontext zur Einnahme der moralischen Haltung motiviert sieht, so ist die moralische Sichtweise gleichwohl ihrem Sinn nach auf alle bezogen. Es steht dem einzelnen frei, den Bereich der moralischen Motivation, aber nicht den Bereich der moralischen Einstellung nach Belieben zu begrenzen. (Das schließt natürlich nicht aus, daß die Verpflichtungen sich nach Nähe und Ferne unterscheiden. Daß sie sich so unterscheiden, ist gerade das Ergebnis des aus der Perspektive eines Beliebigen gefällten Urteils darüber, wie alle sich verhalten sollen.)

Wir kämen also zu dem Ergebnis, daß eine bestimmte Form von Liebe ohne Achtung nicht möglich ist, daß aber die Begriffe Liebe und Achtung sich überlappen. Es gibt Liebe ohne Achtung, und ist die moralische Haltung einmal eingenommen, so reicht das »Müssen« zwangsläufig über die affektiven Beziehungen hinaus. Das schließt natürlich nicht aus, daß die Achtung ihrerseits affektiv ist (vgl. oben S. 116), und darin steckt der Wahrheitskern des Gebots der Nächstenliebe, aber dieser Affekt kann nicht in dem Sinn mißverstanden werden, daß die exklusiven Beziehungen der Liebe und Freundschaft einfach entschränkt würden. Man kann sich das besonders gut bei der Wendung ins Passive verdeutlichen. Ich möchte von jedem geachtet werden, aber wer möchte von allen geliebt werden? Das Gegenteil von Achtung ist nicht Haß, sondern Erniedrigung und Gleichgültigkeit.

Der besondere Stellenwert, der der moralischen Haltung für eine befriedigende Liebesbeziehung zukommt, ist ein Grund, warum wir motiviert sind, uns als Mitglieder der moralischen Gemeinschaft zu verstehen. Wenn es uns nur in einer ausgewogenen Liebesbeziehung gutgehen kann und eine ausgewogene Liebesbeziehung ohne die moralische Haltung nicht möglich ist, haben wir einen guten Grund, uns moralisch zu verstehen. Diese theoretischen Überlegungen werden durch den empirischen Tatbestand abgestützt, daß offenbar diejenigen Kinder unter einem *lack of moral sense* leiden, die keine Intimbeziehungen aufbauen können.

Dieser Gedankengang ließe sich so abschließen, daß das Motiv zum Moralischseinwollen das Nichtalleinseinwollen ist. Fromm hat den zentralen Stellenwert des Nichteinsamseinwollens hervorgehoben (FF 21 f.). Die Liebesformen der Beherrschung und der Unterwerfung versteht Fromm als fehlgeschlagene Formen des Nichteinsamseinwollens. Wer so liebt, bleibt ebenso einsam wie der, der liebesunbedürftig ist. Ich habe früher darauf hingewiesen, daß wir bei der Frage, ob wir ein gutes Motiv haben, moralisch zu sein, nicht mehr tun können, als darauf aufmerksam zu machen, was wir zusätzlich in Kauf nehmen müssen, wenn wir uns von der Moral befreien wollen.

Wir sollten uns von einer dogmatischen Tendenz Fromms freihalten. Fromm neigt dazu zu sagen: weil der Mensch so und so ist (z. B. nicht allein sein will), muß er ... Wir brauchen keine so starken anthropologischen Thesen und können einfacher sagen: wenn du nicht einsam sein willst, müßtest du ..., aber es steht in deiner Freiheit, ein Leben in Einsamkeit vorzuziehen. Wir können nur zeigen, was alles mit dem *lack of moral sense* zusammenhängt. Es gibt weder ein moralisches noch ein motivationales absolutes »muß«.

Diese Ausführungen zur Motivation lassen sich als unmittelbare Erweiterung der Überlegungen sehen, die ich am Ende der 5. Vorlesung über Macht und Moral gemacht habe (S. 93). Ich hatte in der 5. Vorlesung zwei Motivationsfragen unterschieden: 1. Haben wir gute Gründe, uns *als Mitglied* der moralischen Gemeinschaft zu verstehen? 2. Haben wir gute Gründe, uns moralisch zu *verhalten*? (S. 91). Die Gründe, die ich in der 5. Vorlesung zuerst genannt habe (S. 92), die Gründe, sich als Mitglied einer moralischen Gemeinschaft überhaupt zu verstehen – weil ich sonst meine Mitmenschen nur als Objekte, nicht als verantwortliche Subjekte sehen könnte –, gehörten in die erste Frage. Die Gründe, die jetzt genannt wurden, gehören hingegen zunächst in die zweite, aber sie wirken sich zugleich auf die erste aus. Ich muß mich nämlich, so versuchte ich hier zu zeigen, den mir nahestehenden Menschen gegenüber moralisch verhalten, wenn die affektive Beziehung, die ich zu ihnen habe, eine befriedigende sein soll. Aber wir sahen zugleich: wenn man sich zu den nahestehenden Menschen moralisch verhält, tritt man damit in die moralische Welt überhaupt ein, allen gegenüber. Es ist nun aber sehr naheliegend, daß ich mich *nicht* motiviert fühlen werde, mich den mir fernerstehenden Personen gegenüber moralisch zu verhalten. Ich weiß dann zwar, daß ich mich ihnen gegenüber so verhalten müßte, aber ich habe gegebenenfalls kein Motiv dazu. Das erklärt die Diskrepanz zwischen der Universalität unserer moralischen Sichtweise und der geringen Reichweite unserer moralischen Motivation, eine Diskrepanz, die in unserer Zeit besonders auffällig geworden ist. Es gibt eine starke Tendenz, auch für moralisch universalistisch denkende Menschen, sich im wesentlichen auf die Familie einzuschränken und im übrigen aus kontraktualistischen Motiven korrekt zu sein. Die Einsamkeit läßt sich auch im engsten Kreis überwinden.[8] Hier zeigt sich die Begrenztheit dieses Motivationsarguments. Ich werde in der übernächsten Vorlesung noch einmal aus einer anderen Perspektive im Anschluß an Adam Smith auf die Motivationsfrage zurückkommen.

8 Umgekehrt kann man sich universell moralisch verhalten und trotzdem einsam bleiben; die Moral wäre dann, wenn meine Argumentation richtig war, nur eine Prinzipienmoral, keine gefühlte (»ohne Liebe«, wie man nun doch mit Fromm sagen könnte), vielleicht auf irrationalen Triebkräften beruhend.

Die Erweiterung des Kantischen Konzepts im Anschluß an Adam Smith: universalistisch gebilligte intersubjektive Haltungen

Ich habe in der vorletzten Vorlesung darauf hingewiesen, daß die aristotelische Tugendlehre zwei Seiten hat: man kann die Tugenden (oder einige von ihnen) als diejenigen Verfassungen ansehen, die zum Wohlergehen dienen, oder man kann die Tugenden (oder einige von ihnen) als die Verfassungen ansehen, die moralisch gebilligt werden. Interpretiert man Aristoteles immanent, ist diese Unterscheidung natürlich künstlich. Von der Sache her drängt sie sich jedoch auf. Ich habe in der vorigen Vorlesung einen modernen Autor interpretiert, der den ersten Strang vertieft, und wende mich in der heutigen Vorlesung einem anderen modernen Autor zu, der den anderen Strang explizit ausgebaut hat: Adam Smith in *The Theory of Moral Sentiments* (1759).[1] Man könnte meinen, die Überlegungen in der vorigen Vorlesung führen zu einer Verwischung der Unterscheidung zwischen Glückstugenden und moralischen Tugenden. Sind es nicht dieselben Ausgewogenheiten, die zum Wohlergehen disponieren und die moralisch gebilligt werden? Für Aristoteles war es natürlich so, aber in der Sache müssen wir, auch wenn es zu Überlappungen kommen kann, die begriffliche Unterscheidung klar im Auge behalten. An dieser Unterscheidung ist auch in der vorigen Vorlesung festgehalten worden. Ich habe dort von keiner moralischen Tugend gesprochen, sondern nur zu zeigen versucht, daß die Glückstugend im Sinn von Fromms ausgewogener Beziehung

1 Die Seitenzahlen meiner Zitate beziehen sich auf die Oxforder Ausgabe, hrsg. von D. D. Raphael und A. L. Macfie (1976). Die Ziffern beziehen sich auf Teil, Abschnitt, Kapitel und Absatz (der Gliederung der Oxforder Ausgabe entsprechend). Die Übersetzungen sind meine eigenen.

zwischen Autonomie und Bezogenheit die moralische Haltung impliziert. Hier war jedoch mit moralischer Haltung keine spezifisch moralische *Tugend* impliziert, sondern einfach die wechselseitige Achtung der Personen, also eine moralische Haltung, die durchaus mit Kantischen Begriffen beschrieben werden kann, also ohne auf moralische Tugenden zurückgreifen zu müssen.

Wir begeben uns also mit der Frage, ob es für die universalistische Moral über das bekannte Set von Kantischen bzw. kontraktualistischen Regeln hinaus noch moralische Tugenden gibt, d. h. solche, die auf Handlungen bzw. Handlungsregeln nicht reduzierbar und d. h. *Haltungen* sind, auf neues Terrain, das lediglich vage vorbereitet wurde durch die Interpretation, die ich von den sozialen (intersubjektiven) Tugenden bei Aristoteles gegeben habe. Auch hier handelte es sich um Ausgewogenheiten zwischen Ansichhalten und Bezogenheit, daher die inhaltliche Nähe zu den Glückstugenden. Aber wenn Haltungen dieser Art als gebotene in einer universalistischen Moral einen Ort haben sollen, müßten es solche sein, die aus der Perspektive aller (oder: eines Beliebigen) bei allen erwünscht sind. Es darf sich hier natürlich auch nicht um eine philosophische Konstruktion handeln, und Adam Smith ist auch der Auffassung, daß die Tugenden, die er aufzeigt, in Wirklichkeit im Alltag allgemein anerkannt sind (S. 18; 1.i.3.8). Daß sie in dem schon von Adam Smiths Vorgänger Hume vertretenen Utilitarismus und im Kantianismus nicht gesehen wurden, wäre dann umgekehrt die Folge einer philosophischen Kurzsichtigkeit, über deren vermutliche Gründe ich nachher noch etwas sagen werde.

Adam Smith hat sein Buch systematisch nicht besonders befriedigend aufgebaut. Entsprechend seiner etwas merkwürdigen empiristischen Annahme, daß das moralische Bewußtsein überhaupt nicht primär von Regeln, also auch nicht von Prinzipien ausgeht, sondern induktiv von konkreten Gefühlserlebnissen (159; II.4.8), geht das Buch von der Tatsache der Sympathie aus, deren normative Implikationen erst allmählich herausgestellt werden.

Erst im 6. Teil des Werkes, der bereits als Anhang wirkt,

geht Smith auf seinen Vorgänger Hume ein, und hier ergibt sich ein Panorama der Tugenden, das weitgehend – wie bei Hume ganz – auf Nützlichkeit bezogen ist: die Tugend der praktischen Klugheit (*prudence*) ist der Charakter, den ein Individuum braucht, um auf das eigene Glück ausgerichtet zu sein; Gerechtigkeit und Wohlwollen sind die Dispositionen, um auf das Glück anderer ausgerichtet zu sein. Diese Tugenden *können*, sagt Smith (262; VI. Concl. 1), aus unseren egoistischen Affekten einerseits, aus unseren altruistischen Affekten andererseits erklärt werden, wie Hume es sich denkt; gleichwohl habe kein Mensch sogar diese Tugenden auf eine stetige Weise ausbilden können, der sich nicht gleichzeitig von der Rücksicht auf die Gefühle der anderen bestimmen ließ, und zwar derart, daß dabei der unparteiliche Zuschauer (*impartial spectator*) maßgebend ist. Schließlich gebe es aber eine weitere Grundtugend, die der Selbstbeherrschung (*self-command*), deren Ausbildung man sich zwar auch unter prudentiellen Gesichtspunkten denken könne, jedoch nur so, daß die übermäßigen Affekte dann nur verdrängt, nicht gemäßigt und transformiert werden; letzteres werde nur durch das Gefühl der Schicklichkeit (*propriety*) ermöglicht, dessen Kriterium die Möglichkeit sei, daß unparteiliche andere an ihr teilnehmen können (263; VI. Concl. 3-7).

In den zwei ersten Teilen des Werkes finden wir jedoch eine andere Konstruktion, bei der dieser für Smith grundlegende Gesichtspunkt der vom unparteilichen Zuschauer bestimmten Schicklichkeit als der für die *gesamte Tugend* maßgebende angesehen wird. Hier werden die Tugenden in zwei Arten gegliedert (18,23-25,67; 1.i.3.5-7, 1.i.5 und II.i. introd.): die eine steht für die Tugenden der Schicklichkeit im engeren Sinn, und diese betreffen die Fähigkeit des affektiven Mitschwingens mit den anderen. Hier werden wir den Kern von Smith's Ethik finden: dieser bezieht sich ganz auf eine universalistisch gebotene Bezogenheit der eigenen Affektivität auf die der anderen, auf die affektive Offenheit zu den anderen und d. h. zu deren Affekten bzw. Affektfähigkeit. Die zweite bezieht sich auf das Verdienst und sein Gegenteil (*merit or demerit*), die Eigenschaften, daß man Belohnung oder Strafe verdient. Es ist nur diese zweite Art von Tugend, die auf Gerechtigkeit und Wohltun (*justice and beneficence*) bezogen ist. Sie ist die einzige, die von Hume, aber, wie ich hinzufügen kann, auch von Kant berücksichtigt wird (es sind Kants negative und positive Pflichten), und Smith wird im 2. Teil des Buches sogar nachzuweisen versuchen, daß auch diese Tugenden in der Tugend der Schicklichkeit gründen.

Betrachten wir jedoch zuerst den Kern seiner Konzeption. Sie wird zu Anfang des 1. Teils sehr zögerlich eingeführt. Smith beginnt mit dem empirischen Phänomen der Sympathie (*sympathy*). Unter Mitleid (*pity and compassion*) verstehen wir das Mitgefühl mit dem Kummer der anderen. Sympathie lasse sich auch in diesem engen Sinn verstehen, sie könne aber auch und solle hier in dem weiten Sinn verstanden werden, daß sie für das Mitgefühl mit allen Affekten der anderen stehe (10; 1.i.1.5). Es sind freilich nicht alle Affekte und Gefühle der anderen, die Sympathie erwecken, so z. B. die körperlichen Lustgefühle nur kaum, und auf die negativen sozialen Affekte wie Zorn und Groll reagieren wir zunächst negativ, aber im allgemeinen haben alle Menschen, wenn auch mehr oder minder, eine Neigung, auf Freude und Kummer von anderen teilnehmend zu reagieren.

Soweit könnte der Ausgangspunkt von Adam Smith ähnlich, nur umfassender wie der Ansatz von Schopenhauer erscheinen. Aber nun erfolgt bei Smith eine Reihe von Schritten, die zeigen, daß sein Konzept ein vollständig anderes ist, als es zunächst erscheinen könnte. (Ohnehin ist natürlich von vornherei klar, daß die Sympathie mit der Freude des anderen nicht, wie das Mitleid bei Schopenhauer, als Motiv für etwas anderes (moralische Handlungen) verstanden werden kann. Deswegen unterscheidet sich Smiths Sympathiebegriff auch grundsätzlich von demjenigen von Hume, vgl. 327; VII.iii.3.17.)

Der erste Schritt ist, daß Smith im 2. Kapitel des 1. Abschnittes darauf hinweist, daß der Neigung, mit anderen mitzufühlen, reziprok auf der Seite der anderen der Wunsch entspricht, daß andere mit ihnen mitfühlen: »nichts gefällt uns mehr als in anderen Menschen ein Mitgefühl mit allen Affekten in unserer Brust wahrzunehmen; und nichts schockiert uns mehr als die Wahrnehmung des Gegenteils« (13; 1.i.2.1). Diese Wechselseitigkeit im Mitgefühl und in der Angewiesenheit auf Mitgefühl erscheint in den ersten Abschnitten als eine, die insbesondere zwischen Freunden stattfindet. »Wenn du aber kein Mitgefühl mit den Mißgeschicken hast, die mir begegnet sind, oder keines, das in einem richtigen Verhältnis zu meinem Kummer steht; oder wenn du keine Empörung gegenüber den Verletzungen empfindest, die ich erlitten habe, oder keine, die in einem richtigen Verhältnis zu meinem Groll steht, können wir über diese Gegenstände nicht mehr reden. Wir werden füreinander unerträglich. Weder ich kann deine Gesellschaft ertragen, noch du die meine. Du bist verwirrt über meinen Affekt und meine Heftigkeit, wie ich erzürnt bin über deine kalte Unempfindlichkeit und Gefühlslosigkeit« (21; 1.i.4.5).

Bald wird jedoch deutlich, daß Smith sich diese Wechselseitigkeit in der affektiven Einstimmung keineswegs als auf Nahestehende beschränkt denkt; wir erwarten sie zwar von Nahestehenden in höherem Maße (23; 1.i.4.9), aber sie findet auch zwischen Fremden statt. Das erscheint zunächst wie ein weiterer empirischer Tatbestand, der stärker oder schwächer gegeben sein kann. Doch jetzt tritt bei Smith explizit ein normativer Aspekt hinzu.

Von vornherein ist nämlich in demjenigen, der Sympathie hegt, ein Urteil über die Schicklichkeit des Affekts enthalten (1. Teil, 1. Abschn., 3. und 4. Kap.). Ein erster Grund, warum das so ist, wird schon im 1. Kapitel genannt (12; 1.i.1.10): das die Sympathie auslösende Moment ist nämlich nicht, wie bei Schopenhauer, der Affekt des anderen bzw. sein Ausdruck, sondern die Situation, die die Ursache für diesen Affekt ist; wer z. B. ein schmerzvolles physisches Mißgeschick erleidet, erweckt unser Mitleid auch dann, wenn er selbst keinen Schmerz äußert; und wenn sich jemand umgekehrt über ein kleines Mißgeschick übermäßig beklagt, sind wir außerstande, seinen Affekt mitzuempfinden. Oder wenn sich jemand auf eine Weise verhält, die beschämend ist, empfinden wir Scham für ihn, auch wenn er selbst keine empfindet. In dieser Differenz zwischen unserem Mitgefühl und dem Affekt des Betroffenen ist ein Urteil über die Angemessenheit seines Affektes relativ zu der Situation, die ihn hervorgerufen hat, impliziert. Welches ist das Kriterium für diese Beurteilung?

Wiederum gibt Smith zunächst eine Antwort, die er später korrigiert. Hier im 3. Kapitel sagt er, der einzige Standard für die Beurteilung der Angemessenheit oder Unangemessenheit ist, ob diese Situation des anderen Sympathie in mir hervorrufen kann bzw. ob ich mir vorstellen kann, daß ich in einer entsprechenden Situation auch so reagieren würde. Der Einwand liegt auf der Hand, daß meine affektive Reaktion auf eine Situation dieser Art bzw. meine Fähigkeit zur Sympathie ebenfalls unangemessen sein kann. Entweder also bleibt man bei der bloßen Faktizität der Übereinstimmung zwischen zwei Personen stehen, und diese wäre dann eine rein subjektive – und das ist eine Alternative, die Smith nicht einmal ins Auge faßt –, oder ich muß es offenlassen, daß sich meine Art der Reaktion ebenso aus der Perspektive eines dritten und vierten und schließlich *irgendeines* anderen als unangemessen herausstellt. So kommt Smith zu seinem Begriff des unparteilichen Betrachters.

Um ihn richtig zu verstehen, ist zuerst zu beachten, daß Smith von vornherein wie selbstverständlich in dieser objektiven Weise von der Beurteilung der Angemessenheit des Affektes des anderen spricht. Das wird dadurch unterstrichen, daß, je nachdem, wie diese Beurteilung ausfällt, der Affekt des anderen gebilligt oder mißbilligt wird (*approve, disprove*). Diese eindeutig normative Implikation scheint zunächst wenig zu der empirischen Einführung zu passen. Um nun zu verstehen, was Smith mit dem unparteilichen Betrachter meint, ist zu beachten, daß er den Leser von der Rede eines nicht weiter qualifizierten Betrachters (*spectator*) durch mehrere kleine Modifikationen, die nicht als solche besonders hervorgehoben werden, zur Rede vom unparteilichen Betrachter führt. Es ist wichtig zu beachten, daß er zuerst nur vom Betrachter einfachhin spricht (21; 1.i.4.6). Smith meint nämlich auch dann, wenn er nachher vom unparteilichen Betrachter spricht, nie einen theoretischen Beobachter, sondern er hat immer denjenigen im Auge, der sich teilnahmebereit zum affektiv Betroffenen verhält. Und von daher ergibt sich ein erster, für Smith grundlegender Faktor in der Differenz zwischen dem Affekt des Betroffenen und dem Mitgefühl des anderen (des »Betrachters«): derjenige, der den Affekt selbst erleidet (Freude, Schmerz, Groll, usw.), erleidet ihn normalerweise stärker als der, der ihn auf Grund seines Phantasievermögens und weil er sich an die Stelle des anderen versetzt (22; 1.i.4.8), als »reflektierten« Affekt (a. a. O.) mitempfindet (21 f.; 1.4.5 und 7).

Deswegen ergibt sich nun, wenn es überhaupt zum wechselseitigen Mitschwingen kommen können soll, ein Doppeltes. Sowohl der Teilnehmende wie der primär vom Affekt Betroffene müssen eine die angemessene affektive Einstimmung *ermöglichende Grunddisposition* ausgebildet haben, und die beiden hier erforderlichen Grunddispositionen sind Tugenden, es sind für Smith die beiden Grundtugenden überhaupt: Sensibilität auf der einen Seite und Selbstbeherrschung auf der anderen (*sensibility and self-command*) (1.i.5.6). Smith bringt sie ihrerseits auf einen einheitlichen Nenner, indem er sagt: »Und daher bildet, viel für die anderen zu fühlen und wenig für sich selbst, die selbstbezogenen Affekte zu zügeln und den wohlwollenden nachzugeben, die Vollkommenheit der menschlichen Natur und kann allein unter den Menschen jene Harmonie der Gefühle und Affekte erzeugen, in der ihre ganze Anmut und Schicklichkeit beruht. Wie es das große Gesetz des Christentums ist, unseren Nachbarn so zu lieben wie uns selbst, so ist es die große Vorschrift der Natur, uns selbst nur so zu lieben wie wir unseren Nachbarn lieben oder, was auf dasselbe hinausläuft, wie unser Nachbar fähig ist uns zu lieben« (1.i.5.5).

Wir hatten vorhin gesehen, daß Smith im 6. Buch die aus der Motivation der Schicklichkeit und d. h. der affektiven Einstimmungsfähigkeit sich ergebende Selbstbeherrschung derjenigen gegenüberstellt, die nur aus prudentiellen Gesichtspunkten entwickelt wird. Der auf Schicklichkeit Ausgerichtete ist bemüht, die »Schärfe der natürlichen Tönung« seiner Affekte so abzuflachen (*flatten out*), daß die Betrachter an ihnen teilnehmen können (1.i.4.7). Er muß sich »dauernd vorstellen, wie er affiziert wäre, wenn er nur einer der Betrachter seiner Situation wäre« (1.i.4.8).

»Einer der Betrachter«, damit ist bereits implizit gemeint, was Smith später zum Ausdruck bringt: »irgendeiner«. An der ersten Stelle, an der der Terminus »unparteilicher Betrachter« fällt (1.i.5.4), scheint »unparteilich« lediglich so viel zu besagen wie »nicht betroffen«, und es scheint hier noch von einem Freund die Rede zu sein, aber dann spricht Smith auch vom *indifferent spectator*, dem gleichgültigen Betrachter, womit aber wieder nur gemeint ist: der nicht primär Affizierte, nicht der Unsensible; später verwendet Smith auch den Terminus *bystander*, der zufällig Anwesende. Als allgemeines Kriterium wird schließlich festgestellt: »diese und alle anderen Affekte der menschlichen Natur erscheinen schicklich und werden gebilligt, wenn das Herz jedes (!) unparteilichen Betrachters mit ihnen vollständig sympathisiert, wenn jeder gleichgültige Anwesende (*every indifferent by-stander*) ganz in sie eintreten und mit ihnen mitgehen kann« (69; 11.i.2.2). Später sagt Smith einmal: »Das Gespräch mit einem Freund bringt uns in eine bessere Verfassung, das mit einem Fremden in eine noch bessere« (153; 111.3.38).

Ein von vornherein genanntes Kriterium für die angemessene Sensibilität ist, daß der Teilnehmende »die ganze Situation seines Gefährten mit seinen kleinsten Aspekten nachvollziehen muß; er muß danach streben, jene imaginäre Situationsveränderung, auf der seine Sympathie beruht, sich so vollständig wie möglich vor Augen zu führen« (21; I.i.4.6). Smith nimmt das nachher so auf, daß er in den späteren Teilen des Buches vom »unparteilichen und wohlinformierten Betrachter« spricht (z. B. 294; VII.ii.1.49).

Selbstverständlich wird von einem Freund ein anderes Maß an Teilnahme erwartet als von einem Fremden (1.i.4.9), aber erstens folgt daraus für die Tugend der Selbstbeherrschung, daß der vom Affekt Betroffene vor den Fremden ein noch höheres Maß an Gelassenheit anstreben wird (a. a. O.), und zweitens folgt daraus nicht, daß der Fremde die Frage der Angemessenheit des Affektes nicht genausogut beurteilen kann. Der Nahestehende wird intensiver mitfühlen, aber ob es richtig ist, mitzufühlen, und d. h. ob der Affekt des anderen zu billigen ist, entscheidet er aus der Perspektive eines beliebigen Betrachters.

Man kann sich das an Hand eines Affektes verdeutlichen, den Smith mit Recht als besonders kritisch herausstellt (vgl. das 3. Kapitel von I.ii), Zorn und Groll. Da dieser Affekt einen Dritten negativ betrifft, empfindet ihn auch der Freund dessen, der den Affekt äußert, zuerst einmal negativ und ohne Mitgefühl. Der häufig besonders schrill geäußerte Zorn erscheint auf Anhieb als unangebracht. Erst in dem Maße, in dem ich die Gründe für einen solchen Gefühlsausbruch meines Freundes erfahre (die Situation erfasse), werde ich mitfühlen: meine Empörung (*indignation*) entspricht dann seinem Groll (*resentment*). Mein Freund seinerseits wird besonderes Gewicht darauf legen, daß ich gerade mit seinem Zorn mitgehe, mehr noch als mit seinen anderen Affekten, und es ist diese Stelle, an der Smith sagte, daß ein Unverständnis unerträglich wird (oben S. 286). Andererseits wird der nicht selbst betroffene Freund, wenn er sich dem anderen nicht einfach unterwirft, die Situation von Natur aus objektiver und ebenso auch aus der Perspektive eines Dritten sehen (*with the eyes of a third person*, 135; III.3.3), so daß er sich gegebenenfalls, so gerne er es möchte, nicht in der Lage sieht, mit dem Affekt des anderen mitzugehen. In Ausnahmefällen wirkt aber der andere auch umgekehrt verächtlich, wenn er auf Kränkungen, die ich als solche ansehe, nicht beherrscht-zornig reagiert (34 f.; I.ii.3.3).

Ein spezieller Fall, auf den Smith nicht eigens eingeht, ist natürlich der, wo Freunde, aber auch Fernerstehende, sich wechselseitig grollen. Der Betroffene neigt immer dazu, wie Smith sagt, überempfindlich zu reagieren, und so werden die Kontrahenten nicht nur negative Gefühle wechselseitig haben, sondern solche, die deswegen besonders schwer zu versöhnen sind, weil jeder die seinen für billigenswert hält: jeder sieht durch seine besondere Betroffenheit einen anderen Aspekt des komplexen Handlungsgeschehens als entscheidend an. Hier erscheint das Sichversetzen in die Beurteilungsperspektive eines Dritten besonders wichtig, um den vermeintlichen unparteilichen Betrachter im eigenen Inneren mit dem im Inneren des anderen zur Übereinstimmung zu bringen (vgl. 135; III.3.3).

Streitereien zwischen sei es Nahestehenden, sei es Ferner-stehenden haben fast immer diese Komponente des wechsel-seitigen Grolls, der die Einstellung der Selbstgerechtigkeit impliziert. Von hier aus können wir die große Rolle besser ermessen, die, wie sich schon in der vorigen Vorlesung zeigte, die Moral zwischen Nahestehenden spielt. Denn je näher man sich steht, desto größer sind die Berührungspunkte und daher auch die Vielzahl der differierenden Perspektiven in der mora-lischen Beurteilung. Dieser Stellenwert der moralischen Diffe-renzen zwischen Nahestehenden ist freilich erst hier zu ermessen, weil jetzt nicht mehr die Moralität bzw. Unmorali-tät von Handlungen und Unterlassungen zur Diskussion steht, sondern die Moralität bzw. Unmoralität der affektiven Reaktionen auf die Moralität bzw. Unmoralität der Handlun-gen und d. h. die Angemessenheit der diesen Reaktionen zu-grunde liegenden Beurteilungen. Wir bewegen uns hier auf einer gewissermaßen zweiten moralischen Ebene. Das gilt na-türlich nicht nur für den wechselseitigen Groll, sondern ebenso für die von Smith in erster Linie erörterte Möglichkeit des Einschwingens in den Groll gegen Dritte. Der moderne Leser, der, von Kant oder Hume ausgehend, dazu neigen könnte, die Berechtigung der moralischen Bewertung von Af-fekten, die für Aristoteles selbstverständlich war und die Smith auf neue Weise aufnimmt, zu leugnen, wird sich fragen lassen müssen, ob es denn denkbar wäre, eine solche Bewertung im speziellen Fall der moralischen Affekte zu vermeiden. Da jeder moralische Affekt ein moralisches Urteil impliziert, und Ur-teile, die den Anspruch erheben, moralisch berechtigt zu sein, unberechtigt sein können, ist die Tatsache der moralischen Be-urteilung der moralischen Reaktionen nicht nur eine im Alltag allgegenwärtige, sondern sie ist auch eine notwendige Folge der moralischen Beurteilung auf der ersten Stufe, der der Handlungen. Der moralische Affekt – der Groll – ist nicht eine Privatsache, sondern er trifft den anderen häufig stärker als eine entsprechende reaktive Handlung, abgesehen davon, daß er der Ausgangspunkt weiterer Handlungen (der Vergeltung,

Distanzierung usw.) ist. Wer also nur überhaupt zugibt, daß es moralische und unmoralische Handlungen gibt, muß auch zugeben, daß es moralische und unmoralische reaktive Haltungen gibt. Man kann natürlich weder den moralischen Affekt noch seine Beurteilung als Haltung bezeichnen – auch bei Aristoteles sind die Affekte noch nicht selbst Haltungen –, wohl aber sind die festen Charakterdispositionen so zu bezeichnen, sich zu den eigenen Affekten und denjenigen der anderen (den moralischen und den nichtmoralischen) auf bestimmte Weise zu verhalten. Das eben sind Smiths Tugenden der Selbstbeherrschung und der Sensibilität (oben S. 288).

Wir sind jetzt so weit, daß wir die Smithsche Ethik der Schicklichkeit, die ich bisher nur referierend vorgeführt habe, in ihrem systematischen Stellenwert betrachten können. Auf S. 27 (1.ii. intro. 1-2) knüpft Smith explizit an die aristotelische Tradition an. Nur derjenige Affekt, der sich auf ein bestimmtes Mittelmaß zwischen Exzeß und Unempfindlichkeit einspielt, ist einer, an dem andere (»die unbeteiligten Betrachter«) teilnehmen können. Erst an später Stelle (294; VII.ii.1.49) erklärt der Autor dann, daß keines der bisherigen ethischen Systeme, die das in erster Linie zu Billigende als Schicklichkeit sahen und d. h. als eine Schicklichkeit der Affekte, ein »präzises oder bestimmtes Maß« für diese Schicklichkeit angeben konnten. »Dieses präzise und bestimmte Maß kann nirgends gefunden werden als in den sympathetischen Gefühlen des unparteilichen und wohlinformierten Betrachters«. Es ist also der Anspruch von Adam Smith, daß er in demjenigen Teil der Moral, den er über die positiven und negativen Pflichten des Wohlwollens und der Gerechtigkeit hinaus als zentral anerkannt sehen möchte, einerseits die Tradition des Aristotelismus aufnimmt, andererseits aber der Rede von der Mitte mit Hilfe seines Begriffs des unparteilichen Betrachters zum ersten Mal einen präzisen Sinn gegeben hat.

Für uns stellen sich drei Fragen: 1. Ist dieser Anspruch berechtigt, d. h. gibt der Rekurs auf die Möglichkeit der affektiven Teilnahme durch den unparteilichen Betrachter ein Kriterium ab, das der Rede von der Mitte einen wohldefinierten Sinn gibt? 2. Ist es einsichtig, daß die Affekte, wenn sie so beurteilt werden, moralisch beurteilt werden, und ist diese Beurteilung eine universalistische? Und heißt das, daß die universalistische Moral, wie sie sich uns auf der Kantischen Basis ergeben hat, zwingend in dieser Weise erweitert werden muß? Und 3.: Wie ist dann das moralische Prinzip zu verstehen?

In Beantwortung der ersten Frage ist zuerst zu beachten, daß schon die Differenz zwischen dem primär Betroffenen und dem Teilnahmefähigen dazu führt, daß der Affekt als zwischen einem Zuviel und Zuwenig stehend beurteilt wird. Ein Mensch, der einsam aufwüchse, hätte einfach die Gefühle, die er hätte, er hätte keine Veranlassung auf sie zu reflektieren (110; III.1.3). Schon bei ästhetischen Gefühlen, bei denen keiner der primär Betroffene ist, ergibt sich die Differenz zwischen geteilten Gefühlen und bloß subjektiven (19f.; 1.i.4.1-4); derjenige hat ein »gutes Urteil«, der so urteilt wie andere aus verschiedenen Perspektiven, verschiedenen Erfahrungshintergründen. Wo hingegen, wie bei den Affekten, einer der besonders Betroffene ist, ist diese »Harmonie und Übereinstimmung schwieriger und gleichzeitig ungleich wichtiger« (20; 1.i.4.5). Hier ergänzen sich zwei Aspekte, die die Grundlage der Rede von etwas Objektivem oder Richtigem (Schicklichem) ergibt: die Perspektivendifferenz, die wir auch beim Ästhetischen haben, *und* die Differenz zwischen Betroffenem und nicht selbst Betroffenem. Diese beiden Aspekte betreffen die zwei Momente, die Smith in der Rede des »Unparteilichen« verbindet: die primäre Nichtbetroffenheit (*indifference*) des potentiell Mitschwingenden (*spectator*) *und* die Beliebigkeit des Standortes (*any*).

Dabei ist freilich vorausgesetzt, daß der Nichtbetroffene mit dem Betroffenen mitfühlen will oder soll. Man muß hier also eine Unterscheidung machen, die sich bei Smith selbst nicht so explizit findet. Das erste ist die Schicklichkeit der zwei Grundtugenden und d. h. die Bereitschaft, die eigenen Affekte (beim primär Betroffenen) und die affektive Disposition (gegenüber dem anderen) so abzuflachen bzw. zu erhöhen, daß man miteinander mitschwingen kann. Wie aus dem oben zitierten Absatz über die Vollkommenheit der menschlichen Natur ersichtlich ist (S. 288), ist das für Smith der Grundwert: affektives Offensein für andere, sowohl aus der Perspektive des Betroffenen wie des Teilnehmenden (es fehlt hier ein einheitliches Wort für die affektive Offenheit aus den zwei Perspektiven; »Teilnahme« steht mehr für die Seite des Nichtbetroffenen, und man müßte das Wort als beide Seiten umgreifend verstehen). Das Zweite ist, daß relativ zur Realisierung dieses Grundwertes die Affekte (und das sind immer die des primär Betroffenen) ihrerseits als schicklich beurteilt werden.

Die Schicklichkeit der Grundtugenden und das so verstandene Konzept der »Vollkommenheit der menschlichen Natur« verweist auf die vorhin gestellte dritte Frage. Es bedarf wohl keiner weiteren Ausführung, um zu erkennen, daß diese Dispositionen grundlegend sind für die Möglichkeit von Freundschaft. Versteht man Freundschaft mit Aristoteles als das Zusammenseinwollen und die darin implizierte Disposition zum »mitleiden und sich mitfreuen«, so liegt in letzterem das von Smith gemeinte sympathetische affektive Mitschwingen. Inwiefern kann nun Smith in seiner Aussage über die »Vollkommenheit der menschlichen Natur« diese Disposition zugleich universalistisch verstehen, das heißt so, daß wir sie so ausbilden sollen, daß sie sich (wenngleich natürlich in abgeschwächter Intensität) auf *alle* anderen bezieht? In den expliziten Ausführungen von Smith können wir keine voll befriedigende Antwort auf diese zentrale Frage erwarten. Smith schwankt, wie schon deutlich geworden ist, zwischen einer mehr an einer Beschreibung unserer faktischen Gefühle orientierten Konzeption und der normativen. Die »Natur«, sagt er, hat diese Gefühle in uns eingepflanzt, und wir können uns klarmachen, daß sie dem Überleben und der Harmonie der Gesellschaft dienen. Diese selbst läßt sich auf mehreren Stufen denken (85 f.; II.ii.3). Eine bloße Subsistenz der Gesellschaft ist schon auf der Ebene eines »geschäftlichen Austausches guter Dienste« möglich: es ist die Gesellschaft des Kontraktualismus, wie sie auch für eine »Gesellschaft von Räubern und Mördern« konstitutiv ist, aber besser ist eine harmonische, in denen nicht nur Gerechtigkeit erzwungen ist, sondern die Tugenden von Gerechtigkeit, Wohlwollen und Schicklichkeit herrschen (a. a. O.). Smith unterscheidet also klar zwischen einer kontraktualistischen Subsistenzgesellschaft und einer guten Gesellschaft, die eine moralische ist; nirgends ganz explizit hingegen zwischen einer schon moralischen Gesellschaft, wie sie nach den Humeschen (oder Kantischen) Prinzipien denkbar ist, und einer noch besseren, die zugleich durch das Prinzip der Schicklichkeit bestimmt ist.

Aber wie er sein Konzept von einem Kantischen unterscheiden würde, läßt sich jetzt leicht artikulieren. »Ihr«, so könnte er den Kantianern und Utilitaristen entgegenhalten, »seht die Menschen in ihrem Verhältnis zueinander wie in ihren Rüstungen eingeschlossene Ritter; die Moral besteht dann nur darin, daß kein Ritter den anderen schädigen soll (negative Pflichten) und daß er sich auch um die Interessen der anderen kümmern soll (positive Pflichten), aber das heißt doch nur, daß jeder nach Bedarf durch die Schlitze in seiner Rüstung den anderen seine guten Dienste zuschieben soll. Ist es denn nicht aber so, daß wir in unserem faktischen alltäglichen moralischen Bewußtsein mehr voneinander erwarten? Erwarten wir nicht, daß wir unser Visier öffnen und, statt uns nur Güter zuzuschieben und vor Schaden zu schützen, aufeinander *eingehen* sollen? Was aber heißt aufeinander eingehen anderes als affektives Teilnehmen?«

Man kann dieses Konzept des affektiven Kommunizierens erläutern, indem man es mit dem noch an Kant orientierten Konzept des kommunikativen Handelns von Habermas kontrastiert. Für Habermas ist ein Handeln dann kommunikativ, wenn es seine Ziele nicht ohne Rücksicht auf die Interessen der anderen verfolgt[2], d. h. wenn es – mit Kant zu sprechen – andere nicht nur als Mittel, sondern immer auch als Zwecke behandelt (so daß sie in mein Handeln einstimmen können). Für das kommunikative Handeln im Sinn von Habermas ist »Verständigung« grundlegend. Aber das ist nur eine wechselseitige Verständigung *über*, nämlich über die Interessen der Betroffenen, während die Kommunikation, die Smith im Auge

2 *Theorie des kommunikativen Handelns*, Frankfurt 1981, Bd. 1, 385, 397 f.

hat, eine Kommunikation *mit* den anderen ist, und das ist eine Kommunikation, die nur als affektive mit den Affekten der anderen möglich ist. Nicht die Interessen werden zur Übereinstimmung gebracht, sondern die Affekte. Es wird nicht ein Ausgleich der Interessen, sondern eine Harmonie der Affekte angestrebt.

Das, so Smith, ist es, was wir entgegen Humes Orientierung an den Gütern (und auch die Freiheit ist ein Gut) »im gewöhnlichen Leben« in unserem moralischen Bewußtsein voneinander erwarten (18; 1.i.3.8). Und es ist nicht nur ein Faktum des moralischen Bewußtseins, sondern das Prinzip von Smith, die Beurteilung des unparteilichen Betrachters, umfaßt und erklärt *beides*: die Tugenden der negativen und positiven Pflichten, der Gerechtigkeit und des Wohltuns einerseits *und* die der Schicklichkeit andererseits. Das läßt sich nun genauso mit der Formel des Kantischen kategorischen Imperativs erreichen: so soll ich mich verhalten, wie es aus der Perspektive eines Beliebigen gewollt wird; und was ein jeder von den anderen will, ist eben nicht nur, daß er nicht geschädigt wird, daß ihm gegenüber Wort gehalten und daß ihm bei Bedarf geholfen wird, sondern ebenso, daß man ihm sensibel begegnet und sich seinerseits so gibt (selbstbeherrscht), daß man ihm sensibel begegnen kann. Es ist also das rechtverstandene Kantische Prinzip selbst, das über die Pflichten der Kooperation hinausreicht und die von Smith geforderte wechselseitige affektive Offenheit einschließt.

Smith's zwei Grundtugenden der Sensibiliät und der Selbstbeherrschung sind nicht Handlungsdispositionen, sondern Tugenden, die irreduzibel Haltungen sind, weil sie als Haltungen der intersubjektiven Offenheit verstanden werden, und wir können jetzt sagen, daß sie in der Tat von dem Prinzip der universalistischen Moral, wie es schon Kant aufgestellt hat, gefordert sind; es sind universalistisch moralisch geforderte Haltungen. Aber folgt daraus auch, was ich eben (S. 293 f.) unterschieden habe, daß auch die Affekte moralisch beurteilt werden? Ist auch diese Beurteilung eine universalistische? Und führt die Einbeziehung der Affekte in die moralische Beurteilung nicht in eine Ausdehnung der Moral in die Privatsphäre?

Um mit der letzten Frage zu beginnen, ist eine Erweiterung der moralischen Beurteilung in die Privatsphäre etwas wesentlich anderes als die Erweiterung des Strafrechts in die Privatsphäre (vgl. auch oben S. 235). So sieht es auch Smith. Nur Handlungen unterliegen dem Strafrecht (105; 11.ii.3.2), die Motive hingegen werden moralisch beurteilt. Und sofern alle Affekte, so wie Smith sie versteht, eine soziale Seite haben, unterliegen auch sie der moralischen Beurteilung. Wir schreiben einander nicht vor, wie wir handeln sollen, außer wo die Handlungen andere betreffen, wir schreiben einander jedoch vor, wie wir uns zu unseren Affekten verhalten sollen und d. h. wie wir die Affekte selbst ausbilden sollen, weil die Affekte eine mindestens potentiell wesentliche Komponente des Miteinander haben. Von da aus gelingt es Smith, auch die Tugenden, die an und für sich nicht auf andere bezogen sind, wie die Mäßigung, und bei der wir daher bei Aristoteles Schwierigkeit hatten, sie in die Erklärung, die sich für uns bei ihm nahelegte, einzubeziehen, in sein Konzept der Schicklichkeit einzubauen. Die Mäßigung mit Bezug auf körperliche Lüste (die einzige, die Aristoteles erörtert), aber auch die, die sich auf Affekte wie Ehrgeiz, Neid usw. bezieht, ist nicht selbst eine Form der Offenheit für andere, aber die Bedingung für sie. Daß nun die sich so ergebenden zu billigenden und zu mißbilligenden Affekte universell so gesehen werden, erscheint nicht erforderlich. In einer Gesellschaft erscheint etwas als Mäßigung, was in einer anderen als Exzeß oder als Unempfindlichkeit gilt. Hier spielen konventionelle Momente herein, aber diese müssen genauso, wie wir es für die Höflichkeit gesehen haben (S. 256 f.), als Ausdruck der intersubjektiven Grundhaltung verstanden werden, die ihrerseits nicht konventionell ist.

Ich habe noch nachzuholen, wie Smith nun auch versucht, die Tugenden der Gerechtigkeit und des Wohlwollens in seine Konzeption der Schicklichkeit einzubauen. Schon im 3. Kapitel von 1.i.1 erklärt Smith, die gesamte moralische Beurteilung beziehe sich auf zwei verschiedene Aspekte des Handelns, erstens das Motiv des Handelns – und die entsprechende Tugend ist Schicklichkeit –, zweitens die Wirkung des Handelns; ist die Handlung für andere zuträglich, so sei von *merit* zu sprechen, ist sie schädlich, von *demerit*. Der Fehler von Hume bestehe darin, nur diesen zweiten Aspekt berücksichtigt zu haben. Wo nun Smith im 11. Teil diesen Aspekt behandelt, versucht er nachzuweisen, daß *merit* seinerseits auf Schicklichkeit beruht. Die Überlegung ist folgende. Die natürliche Reaktion, wenn ich geschädigt werde, ist Groll, und wenn mir etwas Gutes getan wird, Dank. So eingeführt, sind Groll und Dank gewissermaßen vormoralische Affekte; daß von einer »natürlichen Reaktion« gesprochen wird, heißt, daß der Zusammenhang analog gesehen wird wie der zwischen z. B. Eifersucht und ihrem Gegenstand. Ferner sei es in demselben Sinn »natürlich«, Gutes mit Gutem, Böses mit Bösem zu vergelten. Ersteres nenne man Belohnung, letzteres Bestrafung. Der Affekt des Danks und die Tendenz zur positiven Vergeltung, der Affekt des Grolls und die Tendenz zur negativen Vergeltung sind also analytisch verbunden.[3] Der unparteiliche Betrachter beurteilt nun diese Affekte ebenso wie alle anderen Affekte relativ zu der Situation, auf die sie reagieren. Das impliziert jedoch (5. Kapitel) in diesem Fall ein zusammengesetztes Gefühl der Teilnahme. Der Betrachter hat eine »indirekte Sympathie« mit dem Betroffenen, weil er sich gleichzeitig in die Motive dessen, der ihn geschädigt oder beschenkt hat, versetzt. Es ist in diesem Fall dieses doppelte affektive Sichversetzen in die beiden Betroffenen, die der Beurteilung, ob der Dank bzw. der Groll zu billigen sind, zugrunde liegt. Nur wenn der zuerst Handelnde die affektiven Reaktionen des Empfängers – Dank bzw. Groll – *verdient*, sind diese Reaktionen zu billigen; und er verdient sie, wenn er aus schicklichen bzw. unschicklichen Motiven gehandelt hat. Wenn jemand Gutes empfängt, jedoch aus unschicklichen Motiven des Gebenden, etwa um ihn zu bestechen oder aus einer »törichten und verschwenderischen Freigebigkeit«, ist der Dank unschicklich, und der Geber verdient keine Belohnung (72;

---

3 Man kann es als zur Definition eines Affektes gehörig ansehen, daß er nicht nur einen propositionalen Gehalt hat, sondern daß zu ihm eine bestimmte Handlungstendenz gehört, vgl. Kenny, *Action, Emotion and Will*, S. 67.

II.i.3.2). Und wenn die Schädigung auf eine gerechte Empörung zurückgeht, ist wiederum die Reaktion des Grolls unschicklich.

Smith gründet also die Mißbilligung ungerechter Handlungen auf die Sympathie mit dem Groll des Betroffenen, die Billigung nützlicher Handlungen auf die Sympathie mit dem Dank des Betroffenen. Smith antizipiert in II.i.5.7 (S. 76) eine Skepsis des Lesers bezüglich dieser Interpretation der Mißbilligung der Ungerechtigkeit (»Ungerechtigkeit« heißt für Smith immer Schädigung). Er hebt demgegenüber die vollständige Analogie zwischen Groll und Dank hervor. Aber ich bezweifle, daß es ihm gelingt, den Zweifel auszuräumen. An anderen Stellen im Buch werden die negativen Pflichten (also die der »Gerechtigkeit«) als ein Grundstein der Moral hingestellt (vgl. S. 175; III.6.10). Und in seiner Erklärung des zu billigenden Grolls als eines solchen, der voraussetzt, daß die Schädigung nicht ihrerseits einen berechtigten Groll zur Grundlage hat, scheint in Wirklichkeit vorausgesetzt, daß das Schädigen erst einmal unabhängig von Motiven an und für sich zu mißbilligen ist. Statt die Ungerechtigkeit auf die Unschicklichkeit aufzubauen, erscheint es naheliegender, von ungerechten Handlungen einfach zu sagen, daß sie vom unparteilichen Beobachter mißbilligt werden. Smith tut das wahrscheinlich deswegen nicht, weil sein *spectator* nie rein theoretisch verstanden ist: er ist immer primär der Mitfühlende, und nur auf dieser Grundlage der Urteilende (billigend oder mißbilligend). Aber dann erschiene es sinnvoll, seinen Begriff des unparteilichen Betrachters so zu erweitern, daß er sich mit der Kantischen Frage: wie würde jeder wollen, daß ich mich verhalte? verbindet, ebenso wie diese Kantische Frage ihrerseits das Smithsche Konzept der Teilnahmefähigkeit mitaufzunehmen müßte. Der unparteiliche Betrachter wäre im Sinn von Smith derjenige, der alle Affekte und Haltungen daraufhin beurteilt, ob er aus der Perspektive eines Unbeteiligten mit ihnen sympathisieren kann, und er wäre zugleich im Sinn von Kant derjenige, der alle Handlungen daraufhin beurteilt, ob er sie aus der Perspektive eines Beliebigen wünschen kann.

Und Dank und Groll wären eben nicht analog zu sehen, weil auch die negativen Pflichten und die positive Pflicht der Freigebigkeit und des Helfens nicht auf einer Stufe stehen. Groll wäre dann, anders als Smith es ausführt, als ein Affekt anzusehen, der von vornherein eine moralische Implikation enthält, weil Schädigen *ceteris paribus* von vornherein mißbilligt wird. Der Groll gewönne nicht erst durch die unparteiliche Sympathie seine moralische Dimension, sondern er erheischt unparteiliche Sympathie, weil er die Reaktion auf ein Unrecht ist. Anders der Dank. Dank ist die Reaktion auf eine positive Handlung, die frei ist und zu der man nicht verpflichtet ist. Hier könnte Smiths Versuch, die diffuse positive Pflicht zur Hilfe in seine Theorie der Schicklichkeit einzubauen, dazu beitragen, dieser Pflicht die Unbestimmtheit zu nehmen, in der sie in den Kantianischen Ethiken steht. Er läuft darauf hinaus, die Pflicht zum Helfen in die Tugend der Generosität zurückzunehmen, in der sie in der aristotelischen Tradition ihre Stelle hatte. So wird auch die moralische Motivation zum Geben besser verständlich. Freude erzeugt nach Smith Sympathie, Freude im unparteilichen Betrachter, und sie erzeugt »doppelte Sympathie«, wenn sie die Wirkung einer Handlung eines anderen ist, dessen Motivation gebilligt wird (1.ii.4.1).

Es ist vergleichsweise sekundär, wieweit der Versuch von Smith, auch die positiven und negativen Pflichten auf die Schicklichkeit zu gründen, geglückt ist und ob es Smith überhaupt darauf ankam (vgl. die andersartige Darstellung im 6. Teil, oben S. 283 f.).[4]

Das Entscheidende ist, daß die Moral der Pflichten zu Unterlassungen und Handlungen überhaupt durch die Moral der Schicklichkeit ergänzt worden ist, die eine Moral der Haltung ist, wie wir uns zu anderen affektiv verhalten sollen. Zwei bisher nicht genannte Aspekte dieses ergänzenden Teils der Moral, die immer noch als Moral des kategorischen Imperativs zu verstehen ist, sind erstens, daß dieser Teil der Moral nicht unter Regeln zu bringen ist, aus dem früher genannten Grund, und Smiths sehr abgewogene Auseinandersetzung mit der

4 Vgl. andererseits so eindeutige Stellen wie III.1.7 (S. 113).

Moral der Regeln im 4. und 5. Kapitel von Teil III ist nur zu verstehen, wenn man im Auge hat, daß er insbesondere an die Tugenden der Haltungen denkt. Das Zweite ist, daß diese Ergänzung natürlich eine Ergänzung von positiven Verpflichtungen ist. Der Bereich der positiven Verpflichtung, der in der Regelmoral auf die einzige unbestimmte Pflicht zum Helfen geschrumpft ist, gewinnt durch die Einbeziehung der Affekte und Haltungen wieder eine grundlegende Bedeutung in dem, was im Miteinander geboten ist.

Wenn wir nun das Ergebnis bei Adam Smith mit den sozialen Tugenden des Aristoteles vergleichen, so ist es am sinnvollsten, von seiner besonderen Idee einer möglichen Reduktion auch der negativen und positiven Pflichten abzusehen und die Tugenden der Schicklichkeit einfach als Ergänzung des Kantischen Konzepts aufzufassen. Daß sich Smiths Ethik besser als Ergänzung des Kantischen als des Humeschen Konzeptes ansehen läßt, ergibt sich erstens aus seinem Rekurs auf den unparteilichen Betrachter, der sich unmittelbar mit dem kategorischen Imperativ in ein einheitliches moralisches Grundprinzip verbinden läßt, und zweitens, weil Smith, schon wegen der grundlegenden Bedeutung der Sympathie, die Orientierung von Hume auf den Nutzen für die *Gesellschaft* verwirft und betont, daß alle moralischen Gebote solche gegenüber den Individuen sind (89 f.; II.ii.3.10).

Inhaltlich gesehen kann man nun sagen, daß die beiden Tugenden der Schicklichkeit von Smith – Sensibilität und Selbstbeherrschung – den sozialen Tugenden des Aristoteles nahestehen, weil sie ebenfalls Weisen des ausgewogenen Offenseins für die anderen sind. Der entscheidende Fortschritt bei Smith besteht jedoch nicht im Inhalt, sondern darin, daß er diesen auf ein moralisches Prinzip gründet, das überdies universalistisch ist. Es ist identisch mit demjenigen Kants. Während der Vorzug bei Fromm darin bestand, daß er der Rede von der Mitte einen eigenständigen Sinn geben konnte, weil die Pole einen eigenen Sinn erhalten – das Ergebnis waren jedoch nicht moralische Tugenden, sondern Glückstugenden –, so bleibt die Rede von der Mitte bei Smith ebenso formal wie bei Aristoteles, erhält ihre Bestimmtheit jedoch durch die Rückbindung an den unparteilichen Betrachter. Plakativ könnte man sagen: die aristotelische Leerformel wird durch das Kantische Prinzip ersetzt.

Ist nun aber das Kantische Prinzip erst einmal auf intersubjektive Haltungen erweitert worden, haben wir einen Schlüssel in der Hand, mit dem wir gegebenenfalls auch weitere Tugenden und Laster, die im alltäglichen Bewußtsein anerkannt sind, in die universalistische Begründung mitaufnehmen können und müssen. Es liegt nahe, die Frage zuerst auf die übrigen sozialen Tugenden des Aristoteles zu beziehen. Adam Smith hatte ja mit seiner Orientierung an der wechselseitigen affektiven Teilnahme und der sich aus dieser ergebenden Tugend der Sensibilität eine Art der Haltung zu anderen herausgearbeitet, die bei Aristoteles überhaupt nicht vorhanden ist. Bei Aristoteles blieb die Einbeziehung der Affekte in die Tugendlehre weitgehend unausgearbeitet, mit Ausnahme der Tugend der Mäßigung, die er jedoch nur auf die körperlichen Lüste bezog und deren sozialer Charakter erst von Smith herausgestellt wurde. Auf der anderen Seite fanden wir bei Aristoteles Tugenden, die nicht primär auf Affekte bezogen waren, sondern auf Handlungen, die jedoch, wie wir sahen, als Tätigkeiten im Sichverhalten zu anderen verstanden werden mußten und ebenfalls Haltungen waren, insbesondere im Geben und Sich-Geben, wie die Freigebigkeit und die geselligen Tugenden. Tugenden dieser Art kommen bei Smith nur am Rande vor, weil sie sich nicht aus dem Zusammenspiel der Affektivität verstehen lassen. Die Frage, ob sie gleichwohl als moralische Tugenden anzuerkennen sind, ist auf der Basis des Kantischen Kriteriums zweifellos zu bejahen: jeder möchte von jedem, daß er ihm in diesen Verhaltensweisen: der Generosität[5], der

---

5 Man kann die Generosität nicht einfach durch das Gebot des Helfensollens ersetzen. Sowohl die Generosität wie das Helfensollen sind freilich abgestuft zu denken, je nach Nähe (Familie, Freunde, Nachbarn). Das Gebot des Helfensollens ist jedoch auf Handlungen bezogen, die Generosität ist primär eine Haltung. Als solche ist sie nicht einfach auf die anderen bezogen, sondern gleichzeitig auf sich. Geboten ist ein ausgewogenes Verhältnis im Haushalten zwischen den eigenen Bedürfnissen und denen der anderen. Als Tu-

Freundlichkeit und Liebenswürdigkeit begegnet, und so verlangen wir das universalistisch voneinander.

Wir müssen und können uns jedoch auf die aristotelischen Tugenden nicht beschränken. Ich möchte insbesondere zwei Haltungen nennen, von denen die erste sich auf die vorhin bezeichnete zweite Ebene des Moralischen (S. 291) bezieht und die zweite die moralische Grundhaltung zum Ausdruck bringt, die allen moralischen Einzelhandlungen zugrunde liegt.

Was ich mit der zweiten Ebene im Moralischen meinte, sind die moralischen Gefühle (die immer ihrerseits moralische Urteile implizieren), sofern sie anderen gegenüber zum Ausdruck gebracht werden. Es kann kein Zweifel bestehen, daß, wenn ich einem anderen meinen Groll oder meine Empörung zu verstehen gebe, dies eine sprachliche oder sonstwie symbolische Handlung ist (oft genügt ein Gesichtsausdruck), die verletzen kann und die insofern ihrerseits ein Gegenstand moralischer Beurteilung ist. Adam Smith legt großen Wert darauf, daß Groll (*resentment*) derjenige Affekt ist, der aus dem Blickwinkel des unparteilichen Betrachters am meisten der Mäßigung bedarf, nicht nur, wenn wir ihn demjenigen gegenüber, dem gegenüber wir ihn hegen, zum Ausdruck bringen, sondern überhaupt. Denn Groll setzt immer voraus, daß wir uns für moralisch geschädigt oder herabgesetzt halten, wir fühlen uns gekränkt und sehen uns gleichwohl im Recht; wir sind daher nicht nur zornig, sondern das Gefühl, das wir gegen den anderen hegen, hält sich für moralisch und folglich objektiv

gend des »Gebens und Nehmens« ist sie daher auch unmittelbar übertragbar auf das Sichselbstgeben und das Teilnehmenlassen anderer an den eigenen Ressourcen jeder Art, z. B. der Zeit. Deswegen ist der, der geizig mit Geld ist, gewöhnlich auch geizig mit sich und geizig mit seiner Zeit. Mit der Untugend des Geizes ist die Untugend des Nichtannehmenkönnens verwandt. Die Generosität ist nach Aristoteles die Tugend des Gebens *und* Nehmens, und das angemessene Nehmenkönnen, das wiederum zwischen zwei Extremen steht, ist eine dem angemessenen Gebenkönnen verwandte Haltung, die natürlich allemal von einer Ethik, die nur auf Handlungen achtet, nicht gesehen werden kann.

abgestützt; der so verstandene Groll ist immer selbstgerecht und neigt von daher zur Unersättlichkeit. Ich habe schon darauf hingewiesen, daß Smith auf den im Alltag – in der Familie, zwischen Freunden, Arbeitskollegen und allen, die miteinander kooperieren müssen – besonders verbreiteten Fall des wechselseitigen Grolls nicht eigens eingegangen ist. Da es ein natürliches Bedürfnis ist, daß wir unseren Groll demjenigen gegenüber, der ihn verursacht hat, zu verstehen geben (nur so meinen wir mit ihm moralisch ins Reine zu kommen), der andere aber die wechselseitige Handlungssituation meist anders deutet und sich entweder überhaupt nicht oder nur partiell im Unrecht sieht und unsere Reaktion daher seinerseits als Verletzung empfindet, führt Groll, wenn er nicht verschluckt oder verdrängt wird, meist zu Gegengroll. Das ist die übliche Situation wechselseitiger Streitereien, die so gut wie immer in moralischen Kategorien geführt werden und die nicht als Oberflächenphänomen abgetan werden dürfen. Hier gibt es nun zweifellos eine universalistische Tugend, die Versöhnlichkeit. Das ist eine universalistisch zu billigende Haltung, weil sie aus der Perspektive des unparteilichen Betrachters gefordert ist. Der unparteiliche Betrachter fordert nicht nur, wie schon beim einfachen Groll, die Bereitschaft, die Handlungssituation nicht nur einseitig zu sehen – das ist freilich eine wesentliche Komponente der Fähigkeit zur Versöhnung –, sondern er fordert, diese Bereitschaft voraussetzend, den Willen zur Wiederherstellung der Einstimmigkeit, und dazu gehört die – kommunikativ zu verstehen zu gebende – affektive Bereitschaft zur expliziten Zurücknahme von eingenommenen Positionen und der Überwindung der Selbstgerechtigkeit. Diese Tugend hat ihre charakteristischen Lasterpole in der Unversöhnlichkeit einerseits, im Kleinbeigeben andererseits. Zu beachten ist, daß die Versöhnlichkeit eine sich zum Ausdruck bringende kommunikative Haltung ist und nicht nur eine Disposition.

Diejenige kommunikative Haltung, in der die moralische Grunddisposition der universellen Achtung zum Ausdruck gebracht wird, ist deutlicher greifbar in ihrem Gegenteil, der Demütigung. Es gibt Handlungen, die demütigende Wirkungen haben, sie sind aber nicht notwendigerweise Ausdruck einer demütigenden Haltung; manchmal ist sich derjenige, der solche Handlungen vollzieht, nicht einmal dessen bewußt, daß sie demütigend sind. Umgekehrt kann jemand einen anderen in bestimmter Weise behandeln, *um* seine Verachtung zum Ausdruck zu bringen; die Handlungen sind dann zumindest auch Symbole der Demütigung. Die folgende Geschichte, die sich vor einigen Jahren in Westberlin zugetragen hat, bringt den Sachverhalt gut zur Anschauung: Ein Asylbewerber bittet den Gesundheitsbeamten um einen Krankenschein für sein operationsbedürftiges Bein. Der Beamte weigert sich mit der Begründung, daß das Bein nicht geheilt zu werden braucht, weil der Asylbewerber ohnehin nicht arbeiten dürfe. Die unmoralische *Handlung* ist, daß der Beamte dem Asylbewerber die ihm zustehende Hilfe versagt. Dies mag schon an und für sich demütigend sein, aber der Beamte bringt in dem Weil-Satz die *Haltung* der Demütigung explizit zum Ausdruck, indem er dem Asylbewerber zu verstehen gibt, daß sein Wert nur in dem instrumentellen Wert bestehe, den er im Arbeitsprozeß hätte.[6]

Die Haltung der Achtung wird deswegen in ihrem Entzug soviel deutlicher, weil wir üblicherweise unseren Mitmenschen mit einem Minimum an Achtungsbezeugung begegnen. Ich habe oben (S. 256 f.) darauf hingewiesen, daß Höflichkeit und speziell Grüßen als Achtungsbezeugung zu verstehen ist. Man könnte den Sinn des Grüßens leicht ins Konventionelle abschieben wollen, aber wie gewichtig es ist, weiß jeder, der die Erfahrung gemacht hat, daß ein anderer aufhört, ihn zu grüßen. Damit gibt einer dem anderen zu verstehen, daß er als Person (moralisches Subjekt) nicht mehr für ihn existiert.

In Klassengesellschaften, in denen die Meinung besteht, daß

6 In den Berichten über das Überleben in Konzentrationslagern, Folterzentren und militärischen Schindanstalten ist immer wieder zu lesen, daß schlimmer als alles, was einem physisch zugefügt wird, die Entpersonalisierung der Demütigung ist, die eben deswegen auch den Höhepunkt des sadistischen Vergnügens ausmacht. Es ist, in der Terminologie der jüdisch-christlichen Tradition gesprochen, die Schändung des menschlichen Antlitzes.

Menschen, die zu verschiedenen Klassen oder Kasten gehören, einen verschiedenen Wert haben, wird die abgestufte Achtung in der Art des asymmetrischen Grüßens und der asymmetrischen Anrede zum Ausdruck gebracht. Man muß also in der Tat anerkennen, daß das symmetrische Grüßen ein wenn auch unscheinbares Gebot der universalistischen Moral ist.

Das Wort »Achtung« (*respect*) ist wie das Wort »Anerkennung« (vgl. oben S. 275 f.) nicht ganz eindeutig. Was ist der Gegenstand der Anerkennung, was ist der Gegenstand der Achtung? Man kann hier drei Ebenen unterscheiden. Die grundlegendste ist diejenige, daß, wenn wir jemanden achten, wir ihn als Rechtssubjekt anerkennen. Dem entspricht auch, daß, wenn in einer traditionalistischen Gesellschaft Menschen verschieden geachtet werden, ein unterschiedlicher »Wert« angenommen und d. h. unterstellt wird, daß sie unterschiedliche Rechte haben. Auch meinen wir wohl meist, wenn wir von Selbstachtung sprechen, daß der Betreffende sich seiner Rechte, auch wenn sie von anderen nicht geachtet werden, bewußt ist. Innerhalb der universalistischen Moral ist es die gebotene kommunikative Grundhaltung, mit dem anderen Menschen so umzugehen, daß ihm zu verstehen gegeben wird: du hast die moralischen Rechte, die jeder hat.

Bei Hegel hatten wir gesehen, daß er Anerkennung auf die Freiheit des anderen bezieht (S. 275), und auch im heutigen Sprachgebrauch scheint es verbreitet zu sein, das Achten einer Person als Anerkennen seiner Autonomie zu verstehen. Man *kann* das, wie bei Hegel, als Anerkennung eines Faktums sehen, aber es ist naheliegender, es moralisch zu verstehen als Anerkennung des Rechts des anderen auf Freiheit, und dies auch noch in der speziellen Form, daß man sich selbst unter die Pflicht stellt, sich so zurückzuhalten, daß man die Freiheit des anderen gewähren läßt. So gesehen ist die Achtung der Freiheit des anderen ein wichtiger *Teil* der Achtung seiner als Rechtssubjekt. Wiederum wird man sagen können, daß man die Rede von Selbstachtung vielfach so versteht, daß man sich seiner Autonomie bewußt ist und sie anerkannt wissen möchte. Es ist vielleicht eine der frühesten (wenn auch einseitigen) Regungen der Moralität im kleinen Kind, für das es bei

Tieren kein Äuqivalent zu geben scheint, daß es auf seine Eigenständigkeit insistiert.

Eine dritte Komponente im Verständnis von Achten scheint zu sein, daß wir den *Wert* der anderen Person achten. Daß wir ihren moralischen Wert achten, ist natürlich in der Achtung als Rechtssubjekt impliziert, aber damit gibt sich niemand zufrieden. Einen moralischen Wert hat jeder. Jeder möchte aber darüber hinaus in seinen Leistungen bzw. in seinen Leistungsfähigkeiten anerkannt werden. Es ist die wichtigste Maxime für jeden, der es mit der Erziehung und Ausbildung von Menschen, egal auf welcher Stufe, zu tun hat, daß er ihnen Mut zu ihrem Können macht. Jemanden in seinem moralischen Wert anerkennen, impliziert daher immer, ihn in seinem Selbstwert und wenigstens in seinem Selbstwertbedürfnis anzuerkennen. Diese Implikation besteht weniger direkt als die vorige der Autonomie; hier muß man erkennen, daß dieses Bedürfnis an Selbstwertanerkennung für Menschen ebenso grundsätzlich besteht wie das Bedürfnis, geliebt zu werden, aber während das letztere nur von wenigen erfüllt werden kann, richtet sich das erstere auf alle. Für den Pädagogen ergeben sich hier häufig Konflikte zwischen Gerechtigkeit und Wahrhaftigkeit in der Werteinschätzung einerseits (auch dem Ausbilden der entsprechenden Wahrhaftigkeit des Heranwachsenden im Verhältnis zu sich selbst) und dem Gebot der Achtung des Selbstwertbedürfnisses andererseits.

Die drei genannten Schattierungen im Verständnis von Achtung hängen also analytisch zusammen. In verschiedenen Sphären des intersubjektiven Umgangs ist das Zuverstehengeben der Achtung in diesem dreifachen Sinn verschieden wichtig. Sie ist natürlich zentral in Liebes- und Freundschaftsverhältnissen, aber sie ist ebenfalls grundlegend in asymmetrischen Beziehungen, wie der eben genannten des Pädagogen, aber auch in der Art des Umgangs des *civil servant* mit seiner Klientel. (Wir haben im Deutschen für *civil servant* kein gutes Wort, weil die Rolle des *Beamten* primär relativ zum »Dienstherrn« und zum Staat gesehen wird und nicht zum Publikum.) Die asymmetrische Beziehung, in der sich der *civil servant* befindet, verleitet wie die des Pädagogen und aller Machtbeziehungen zu deren Mißbrauch. Es gibt hier eine natürliche Tendenz zur Mißachtung, nicht nur aus Lust an der Macht, sondern schon aus Gleichgültigkeit. Man denke z. B. an eine Ausländerbehörde: in Deutschland sitzt der Beamte häufig hinter einem Milchglasfenster, und die Anträge und ihre Beantwortungen werden durch einen Schlitz (wie dem der Rüstungen der Ritter, von denen vorhin die Rede war) hin- und hergeschoben; die Behörde meint den Beamten sogar vor dem Blick seines Gegenübers schützen zu müssen. Überall auf der Welt vergrößern sich zur Zeit die bürokratischen Apparate, und die Krise im Sichverhalten der Bürokratie ist ebenso universal. Kurzfristig mit immer neuen fremden Menschen konfrontiert zu sein, ist eine Herausforderung, der der an Nahverhältnisse Gewohnte nicht gewachsen ist, in der er aber auch durch die Institutionen selbst und seine Ausbildung alleingelassen wird. Dabei könnte man sich vorstellen, daß es eine große und vielleicht gar nicht so schwierige Aufgabe für die Ausbilder der *civil servants* wäre, ihnen die Befriedigungen vor Augen zu führen, die sie aus einem von Achtung getragenen Umgang mit denen, denen sie dienen sollten, gewinnen können. Vielleicht tragen auch die modernen Ethiken, die so einseitig die Handlungen hervorgehoben und die Wichtigkeit der zwischenmenschlichen Haltung übersehen haben, einen Teil der Schuld an dieser Milchglasmentalität.

Es wäre eine eigene Aufgabe, der ich hier nicht nachgehen will, zu klären, warum z. B. bei Kant die Tugenden der intersubjektiven Haltung übersehen worden sind, obwohl sie sich, wenn man einmal auf sie aufmerksam wird, so selbstverständlich aus dem kategorischen Imperativ ergeben. Erschwerend war gewiß, daß die Tugendlehre in der aristotelischen Tradition, ja schon bei Aristoteles selbst die Form einer bloßen Auflistung annahm, die für eine moderne, auf ein einheitliches begründendes Prinzip ausgerichtete Ethik unerträglich erscheinen mußte, und es mag des einmaligen und in seinem Stellenwert wieder in Vergessenheit geratenen genialen Einfalls von Adam Smith bedurft haben, das Prinzip der Unparteilichkeit mit der Idee des affektiven Einschwingens zu verbinden, wodurch die Tugenden für das moderne Bewußtsein erst wieder zugänglich werden konnten. Bei Kant mag aber auch erstens die starke Ausrichtung der Moral am Recht mitgespielt haben sowie die Orientierung an den für den Kontraktualismus zugänglichen Pflichten.

Was das letztere betrifft, muß man sich jedoch fragen, ob zumindest ein Teil der Tugenden der intersubjektiven Haltung sich nicht durchaus auch schon kontraktualistisch begründen lassen. Das scheint dort nicht möglich zu sein, wo, wie im Zuverstehengeben der Achtung des anderen, bereits mehr impliziert ist, als was für eine Quasimoral zugänglich ist (man kann sich jedoch eine kontraktualistische Gesellschaft von Scheinheiligen vorstellen). Hingegen erscheinen Tugenden wie Versöhnlichkeit, aber auch Liebenswürdigkeit usw. durchaus kontraktualistisch geboten, *wenn* der Betreffende daran interessiert ist, daß sein Gegenüber ihm ähnlich begegnet. Das hängt also davon ab, welche Bedürfnisse wir auf seiten des Kontraktualisten voraussetzen. Ist es nicht aus der jetzt neu gewonnenen Perspektive gesehen ebenso naiv, beim Kontraktualisten nur materielle Bedürfnisse vorauszusetzen wie für den, der von einem durch den kategorischen Imperativ definierten Begriff des guten Menschen ausgeht?

Die Möglichkeiten des Kontraktualismus so großzügig zu sehen wie nur irgend möglich, ist deswegen von so grundsätzlicher Bedeutung, weil die *Motive* zur Einnahme einer genuin moralischen Haltung, soweit wir jedenfalls bisher sehen konnten, so schwach sind, während es im Kontraktualismus hinsichtlich der Motivation kein Problem gibt.

Fortsetzung der Probleme
der fünften Vorlesung:
Motivation und Plausibilisierung;
der Utilitarismus; Anwendungsfragen

Nachdem ich in der vorigen Vorlesung zeigen konnte, wie sich das Kantische Konzept inhaltlich so erweitern läßt, daß es unter einem und demselben Prinzip des kategorischen Imperativs auch die Tugenden der universell zu billigenden intersubjektiven Haltungen umfaßt, kann ich zu den noch nicht befriedigend geklärten formalen Fragen zurückkehren. Ich werde zuerst noch einmal, und jetzt im Anschluß an Adam Smith, die Motivationsfrage aufgreifen, und die Art, wie er sie stellt, wird uns von sich aus dazu führen, auf die in der 5. Vorlesung noch teilweise offengelassene Frage nach den Gründen zurückzukommen, zur Frage, warum das Kantische Prinzip – der kategorische Imperativ – das sich nahelegende ist, das von allen vorhandenen nicht-transzendenten moralischen Prinzipien einzig plausible. Im letzten Teil der Vorlesung werde ich auf die bisher von mir fast ganz vernachlässigten Anwendungsfragen des Kantischen Prinzips zu sprechen kommen. Diese Fragen werden sich als besonders schwierig bei der positiven Pflicht des Helfens erweisen, und diese Problematik soll dann in der nächsten Vorlesung auf eine neue Weise geklärt werden, indem ich den von mir bisher immer beanspruchten, aber nie ausgeführten Aspekt stark machen will, daß es sich um *Rechte* handelt.

Wie Adam Smith sich die Motivation zum moralischen Handeln vorstellt, entwickelt er in seinen Ausführungen über die moralische Selbstbeurteilung in Teil III seines Buchs. Wie wir alle Handlungsmotive und Haltungen der anderen danach beurteilen, ob sie aus der Perspektive des unparteilichen Betrachters zu billigen sind, so auch die eigenen (1. Kapitel). Der grundlegende Stellenwert, den für das moralische »muß« und das entsprechende Handeln das Billigen der anderen bei Smith wie bei Hume und wie auch in meiner Darstellung, aber im Gegensatz zu Kant, einnimmt, ermöglicht es ihm, jede eigenständige Quelle des moralischen Handelns wie Kants Vernunft oder Hutchesons »moralischen Sinn« zu verwerfen (321 ff.; VII.iii.3) und seine Motivation ausschließlich im Bezug auf das *berechtigte Gebilligtwerden* zu sehen, wobei das Kriterium für das »berechtigt« in der Perspektive des unparteilichen Betrachters liegt.

Das 2. Kapitel beginnt mit dem Satz: »Der Mensch begehrt natürlicherweise nicht nur geliebt zu werden, sondern liebenswert zu sein« (113; III.2.1), und im weiteren Text wird das Wortpaar geliebt-liebenswert auch ersetzt durch die Wortpaare geschätzt-schätzenswert (*praise*) (114; III.2.2) und gebilligt-billigenswert (*approve*) (117; III.2.7). Es ist dieses dritte Wortpaar, das das für Smith entscheidende ist, denn *Liebe* ist, wie Smith nicht näher ausführt, eine andere Form der Bejahung, obwohl auch diese offenbar im Liebenswertsein eine objektive Komponente enthält, und Menschen *schätzen* nicht nur die Moralität der anderen, sondern auch ihre soziale Stellung, und das ist »die große und allgemeinste Ursache für die Korruption unserer moralischen Gefühle« (61; I.iii.3.1); freilich schätzen sie dann, was nicht schätzenswert ist; das Schätzenswerte fällt mit dem Billigenswerten zusammen.

Daß wir geliebt werden wollen und daß wir gefallen wollen (*to please*), ebenso daß wir in unserem Handeln und Sein gebilligt werden wollen, nimmt Smith als eine Naturgegebenheit an. Die Natur habe uns so eingerichtet (116 f.; III.2.6 f.), und für Smith ist es um so mehr so, als er schon die Sympathie und das Bedürfnis nach Sympathie als eine Naturgegebenheit ansieht. Warum soll man ihm aber nicht zugestehen, daß das Bejahtwerdenwollen etwas nicht weiter Ableitbares ist? Und daß es das eindeutigste Motiv dafür ist, sich als Mitglied der moralischen Gemeinschaft ansehen zu wollen, und auch dafür, moralisch handeln zu wollen? Von Smith abweichend, können wir sagen, daß damit kein anthropologischer Dogmatismus verbunden sein muß: denn ebenso wie wir den *lack of moral sense* offenlassen, können wir es offenlassen, wie weit sich je-

mand so verstehen will, und können also unserem Gesprächspartner einfach sagen: wenn es dir wichtig ist, geliebt zu
werden, ist auch das Gebilligtwerdenwollen impliziert. So viel
haben wir auch bei Fromm gesehen, können nun aber fortfahren: und vielleicht ist es dir auch wichtig, denjenigen zu
gefallen und von denjenigen *gebilligt* zu werden, auf deren
Liebe du keinen Wert legst. Damit wäre die Einschränkung
derjenigen Motivation überwunden, die ich in der vorletzten
Vorlesung behandelte und die mit den nahen Beziehungen zusammenhängt und die deswegen freilich die stärkere ist.

Smith fügte noch die weitere Nuance hinzu, daß es naheliegt, daß wir so sein wollen, wie zu sein wir bei anderen
billigen (III.2.7). Die höchste Form des Billigens nennt er Bewunderung (20; I.i.4.3). Ist es nicht naheliegend, daß wir so
sein wollen, wie andere sind, die wir bewundern (114; II.2.3
und 116; III.2.5)? Was wir aber am meisten bewundern, ist,
wenn jemand sich auch dann so verhält, wie er es für billigenswert hält, wenn er nicht gebilligt wird.

Billigenswertsein und Gebilligtwerden können also ausein-
andertreten, und wenn sie im Bewußtsein des Einzelnen aus-
einandertreten, bildet sich das aus, was man ein Gewissen
nennt. Gelobtwerdenwollen, obwohl man nicht lobenswert
ist, ist »Eitelkeit«, »die Grundlage der lächerlichsten und ver-
ächtlichsten Laster, Verstellung und Lüge« (115; III.2.4). Obwohl wir nicht nur auf das eigene Gewissen, das eigene
Bewußtsein, daß wir uns billigenswert verhalten, hören sollen,
weil es einseitig und verzerrt sein kann (127; II.2.29), ist es
doch einzig das Bewußtsein, uns billigenswert verhalten zu
haben, auch wenn wir getadelt werden, was uns die entsprechende Seelenruhe vermitteln kann, während zu wissen, daß
wir »der natürliche Gegenstand von Haß und Empörung«
sind, obwohl wir gelobt werden, uns zerrüttet (118; III.2.9).
»Der Schrecken vor Tadelnswürdigkeit« ist größer als »der
Schrecken vor dem Getadeltwerden« (119; III.2.10).

Es ist wichtig, den Wunsch nach Lob und den Wunsch, lo-
benswert zu sein, in ihrem Zusammenhang richtig zu sehen.
Dort, wo Smith die Differenz einführt, sagt er nur: »der
Wunsch, schätzenswert zu sein, ist keineswegs ganz vom

Wunsch, geschätzt zu werden, abgeleitet« (114; III.2.2), und für eine objektivistische Ethik war es schon immer naheliegend, das zu Recht Geschätztwerden auf einen Wert aufzubauen, der vom Schätzen unabhängig ist. Aber ebenso wie in der Exposition, die ich gegeben habe, erscheint es auch für Smith unmöglich, einen solchen freischwebenden Begriff von Wert anzuerkennen. Was das Schätzensollen (das richtige Schätzen) vom faktischen Schätzen unterscheidet, kann immer nur eine bestimmte Art des Schätzens selbst sein, und diese hat Smith richtig mit der des unparteilichen Betrachters identifiziert (109 f.; II.1.2). Der unparteiliche Betrachter ist nicht als jemand außerhalb derer, die faktisch billigen, zu denken, sondern er steht einfach für diejenigen, die billigen, sofern sie es aus einer unparteilichen Perspektive tun. Der unparteiliche Betrachter ist die regulative Idee des Billigens selbst, und diese regulative Idee gehört zum Billigen (im Unterschied zum Lieben oder Gefallennehmen) von vornherein, weil dieser objektive Anspruch zum Sinn des Billigens gehört. Billigen heißt, wie Smith genauso unterstellt wie ich es seinerzeit aufzuweisen versucht habe: jemanden als gut beurteilen.

Es kann hier helfen, sich an die analogen Bewertungen zu erinnern, bei denen wir sagen, daß jemand als etwas gut ist: ein guter Koch, Klavierspieler usw. Hier sprechen wir nicht von Billigen oder Mißbilligen – diese Ausdrücke werden nur für die zentrale Dimension (als Mensch) verwendet –, wohl aber ebenso von Lob, Bewunderung und Kritik. Es sind ebenfalls Bejahungen, zu denen von vornherein eine objektive, aufs Allgemeingültige bezogene Ausrichtung gehört. Und es erscheint nun naheliegend zu sagen: jemand, dem das Klavierspielen wichtig ist, will immer auch gut Klavier spielen können; er kann sich nicht damit zufrieden geben, daß ihm Beifall gespendet wird, sondern er sucht den begründeten Beifall, und wiederum gibt es keinen Bezugspunkt für einen begründeten Beifall als den Beifall selbst, wenn er nämlich aus einem Horizont der Kennerschaft und Erfahrenheit erfolgt und insofern einen Anspruch auf Allgemeingültigkeit hat. Genauso geht es demjenigen, der als Mensch bewundernswert handeln will. Wem es überhaupt darum geht, gebilligt zu werden, dem muß es, wenn er sich nicht mißversteht wie der Eitle, für den sich das Gebilligtwerden auf das Gefallen reduziert, darum gehen, aus der Perspektive des unparteilichen Betrachters gelobt zu werden, weil diese Perspektive von vornherein zum Sinn des Billigens gehört.

Was diese Motivationstheorie zusätzlich stark macht, ist, daß sie von vornherein diese Perspektive der Differenz des Billigens und des Billigenswerten enthält, d. h. aber, daß sie von sich aus auf die Berechtigung der Billigung und d. h. auf ihre Gründe und d. h. auf die *Gründe* der moralischen Beurteilung verweist, und zu diesem zweiten Thema der heutigen Vorlesung kann ich jetzt übergehen.

Wir können verschiedene Stufen, in der das moralische Urteil sich täuschen kann, und d. h. verschiedene Stufen, auf denen die Perspektive des unparteilichen Betrachters eingenommen werden kann, unterscheiden. Smith nennt explizit nur eine erste. Sie besteht darin, daß der mich moralisch Beurteilende über mein Verhalten nicht gut »informiert« ist (116; III.2.5). Auf dieser ersten Stufe besteht die Täuschung nur im empirischen Sachverhalt; das normative Maß steht fest. Aber wir können uns nun auf verschiedenen Stufen auch über das normative Maß täuschen.

Die erste besteht in der Komplexität der Situation; sie ist gegebenenfalls nicht nur empirisch komplex, sondern erfordert die Berücksichtigung einer Vielzahl normativer Aspekte, alle aus der Perspektive des unparteilichen Betrachters. Mit dieser Problematik haben wir uns schon in der vorigen Vorlesung im Anschluß an Smith konfrontiert gesehen (S. 290), und obwohl Smith auf sie in der jetzigen Thematik nicht hinweist, wäre sie ihm prinzipiell ohne weiteres zugänglich gewesen.

Eine dritte Stufe der möglichen Täuschung, die nun schon über Smith hinausweist, betrifft die Frage, wer alles die moralische Gemeinschaft ausmacht. Ist der unparteiliche Betrachter ein Beliebiger, der zu einer bestimmten moralischen Gemeinschaft gehört, oder ist er ein beliebiger Mensch? Smith unterstellt natürlich den zweiten Fall, aber auch wenn man das tut, kann man immer noch unwillkürlich die Vielzahl möglicher Blickwinkel auf diejenigen der eigenen Gesellschaft einschränken. Nur diejenigen Normen können das festlegen, was wir unter einem guten Menschen verstehen, die im Übergang der moralischen Urteile einer Gesellschaft zu denen anderer invariant bleiben, wobei natürlich, genauso wie beim Übergang zu einer beliebigen Person, vorauszusetzen ist, daß die anderen Gesellschaften ihrerseits ihre autosynkratischen moralischen Urteile aufgeben. Es geht nicht um den geringsten gemeinsamen Nenner der faktischen moralischen Systeme. So würde sich nur ein inhaltlich der kontraktualistischen Moral entsprechendes System ergeben.

Auf einer vierten und letzten Stufe der Infragestellung der Normen stoßen wir schließlich auf die Berechtigung des letzten normativen Beurteilungsgesichtspunktes selbst, und damit stehen wir wieder vor dem Begründungs- bzw. Plausibilisierungsproblem des obersten Prinzips. Ich habe in der 5. Vorlesung zu zeigen versucht, daß eine absolut gesehene Begründung des Beurteilungsprinzips keinen Sinn ergibt, daß es aber gleichwohl möglich und erforderlich ist, die verschiedenen Beurteilungsprinzipien der verschiedenen Moralsysteme miteinander zu vergleichen, und obwohl eine rationale Begründung eines Prinzips nicht möglich ist, läßt sich dieser *Vergleich* der Prinzipien als rationaler zu verstehen.

Mit Bezug auf das Beurteilungsprinzip von Adam Smith könnte man freilich fragen, was es noch für einen Sinn haben könnte, das Prinzip des unparteilichen Betrachters seinerseits zu hinterfragen. Ist dieses Prinzip nicht, so könnte man fragen, schon an und für sich der Inbegriff der Irrelativität?

Dies ist jedoch nicht so selbstverständlich wie es scheint. Das wird schon daran deutlich, daß der unparteiliche *Betrachter* nicht ohne weiteres der unparteilich *Beurteilende* ist. Der unparteilich Beurteilende braucht eine *Hinsicht*, nach der er urteilt; der unparteiliche Betrachter, wie Smith ihn einführt, setzt bereits eine bestimmte Hinsicht voraus, nämlich die des sympathetischen Eingehenkönnens. Wieso ist dieses, so kann man fragen, seinerseits gefordert? Außerdem haben wir gesehen, daß der so verstandene unparteiliche Betrachter zwar geeignet ist, die Grundhaltungen der Selbstbeherrschung und der Sensibilität zu begründen, aber für die Begründung der

Tugenden der »Gerechtigkeit und des Wohltuns«, der negativen und positiven Handlungspflichten weniger geeignet ist. Zu ihrer Begründung erschien es erforderlich, das Smithsche Prinzip mit dem Kantischen zu verbinden. Auch bei Kant verweist das unparteiliche Beurteilungsprinzip auf eine Hinsicht, und diese ist die unparteiliche Berücksichtigung der *Interessen* der Betroffenen. Wir müssen also unterscheiden zwischen der Frage »was hält jeder für moralisch gut?« und der Frage »was wünscht sich jeder Beliebige für sich?«. Es ist das Charakteristische des Kantischen Konzepts, daß es die erste Frage auf die zweite *aufbaut*.

Dasselbe ist nun *implizit* auch in Smiths Position enthalten, denn daß alle sich wünschen, daß auf ihre Affektivität affektiv einschwingend eingegangen wird, setzt er als anthropologisches Grundinteresse voraus, und dasselbe gilt natürlich für die anderen Tugenden, von denen ich am Ende der vorigen Vorlesung zu zeigen versucht habe, daß alle wünschen, daß ihnen in diesen Haltungen (Versöhnlichkeit, Achtungsbezeugung) begegnet wird. Der Bezug auf »alle« muß nicht ausnahmslos verstanden werden und impliziert keinen empirisch-anthropologischen Dogmatismus. Wir setzen ähnlich universell voraus, daß Menschen nicht geschädigt zu werden wünschen, und so bei den anderen Gütern und Übeln, die in unseren moralischen Urteilen unterstellt werden; die auf diese Unterstellungen aufgebauten Sollenssätze werden dadurch nicht weniger gültig, daß im Einzelfall jemand nicht die normalen Grundwünsche hat; ich komme auf diesen Punkt noch zurück.

Sich die Moral in diesen zwei Schritten zu denken, daß man mit Kant die vorhin genannte erste Frage (»was erscheint aus der Perspektive eines Beliebigen – d. h. unparteilich Urteilenden – als moralisch gut?«) auf die zweite (»wie wünscht sich ein Beliebiger, daß alle ihn behandeln bzw sich zu ihm verhalten?«) aufbaut, erscheint überaus plausibel, aber ist natürlich nicht, wie Kant es sich dachte, ein analytischer, sondern ein synthetischer Schritt. Man sieht das schon daran, daß auch eine traditionalistische und überhaupt jede Moral eine Rede von »unparteilich Beurteilendem« anerkennt, die *Hinsicht* jedoch anders definiert. Das Kantische Konzept scheint also lediglich das einzige sich natürlich nahelegende Beurteilungsprinzip zu sein, wenn man von transzendenten Prämissen absieht (oben S. 84-88). Es ist erstens rational, von transzendenten Prämissen abzusehen, und zweitens, so hatten wir gesehen, kann man nicht, wenn man transzendente (d. h. universell nicht teilbare) Prämissen voraussetzt, zu einem unbeschränkt objektiven – allgemeingültigen – Konzept des Guten kommen.

Wir müssen aber jetzt auf die in der 5. Vorlesung noch zurückgestellte Frage eingehen, inwiefern das Prinzip der gleichmäßigen Berücksichtigung der Rechte und Interessen aller wirklich das einzige sich natürlich nahliegende Beurteilungsprinzip ist. Diese Aussage hat eine positive und eine negative Komponente. Die positive: dieses Beurteilungsprinzip legt sich nahe. Die negative: andere Beurteilungsprinzipien legen sich nicht nahe bzw. erscheinen künstlich, unplausibel.

Positiv kann ich, die Darstellung, die ich in der 5. Vorlesung gegeben habe, etwas variierend, sagen: was ist naheliegender, als daß man, wenn man an der moralischen Dimension, der Auszeichnung einer bestimmten Haltung und einer bestimmten Handlungsweise als guter, überhaupt festhalten will, sich *erstens* an den Wünschen und Aversionen aller orientiert, und *zweitens* daß man alle gleichmäßig berücksichtigt? Der zweite Punkt ergibt sich einfach dadurch, daß eine ungleichmäßige Berücksichtigung zusätzliche Prämissen erfordern würde – ich komme auf ihn in der Vorlesung über »Gerechtigkeit« zurück. Der erste Punkt ist so naheliegend, daß er sich in gewisser Weise schon aus der kontraktualistischen Position ergibt, aber insbesondere dann, wenn wir jetzt eine dem Kontraktualismus nahestehende Position ins Auge fassen, die man gewissermaßen zwischen der Quasimoral und der Moral ansiedeln kann. Es ist die des moralischen Trittbrettfahrers (*free rider*). Ebenso wie den Kontraktualisten kann man sich den Trittbrettfahrer als jemanden vorstellen, der für den *lack of moral sense* optiert, aber während der Kontraktualist voraussetzt, daß seine Kontrahenten ebenfalls Kontraktualisten sind, setzt der Trittbrettfahrer das moralische Bewußtsein der anderen voraus: er

unterstellt, daß sie moralisch reden, daß sie auch ein moralisches Gewissen haben, und da es in seinem Interesse ist, daß
sie eines haben, wird er es auch fördern, daß sie sich so verstehen. Er wird also seinerseits die moralische Sprache verwenden,
ohne sich durch sie motivieren zu lassen, und moralische Haltungen vorgeben, ohne sie zu haben. Er ist dasjenige parasitäre
Mitglied der moralischen Gemeinschaft, das alle ihre Vorteile
genießen will, ohne sich an den Lasten zu beteiligen.

Das ist der Grund, warum der moralische Trittbrettfahrer
einen guten Orientierungspunkt dafür darstellt, welche moralischen Normen man möchte, daß die anderen befolgen. Da es
nur natürlich ist, daß er wünscht, daß seine Wünsche respektiert werden, wird er es vorziehen, in einer moralischen Gemeinschaft zu leben, deren oberstes Beurteilungsprinzip das
Respektieren der Interessen ist, und er wird daher sofort in
den Chor derjenigen einstimmen, die sich so zu verhalten positiv bewerten. (Es wäre natürlich für ihn noch günstiger,
wenn seine Wünsche mehr respektiert würden als die aller anderen, aber da ein solches moralisches System nicht formulier-
bar ist, nimmt er das in Kauf; natürlich wird er es, wenn er zu
den Bessergestellten gehört, vorziehen, daß die Bessergestellten noch besser gestellt werden, und deshalb wird er diejenigen Ausdeutungen des Unparteilichkeitsprinzips vorziehen,
die das bewirken.) Mit *allen* anderen inhaltlichen Pflichten,
unter die sich die moralische Gemeinschaft, zu der er gehört,
stellt, insbesondere mit allen Pflichten gegenüber sich selbst,
kann er erstens nichts anfangen und zweitens wird er sie positiv ablehnen, sofern ihre Einhaltung oder scheinbare Einhaltung auch ihm zugemutet wird. Das heißt aber, daß, wenn er
darüber zu bestimmen hat, wie die moralische Gemeinschaft
aussehen soll, es eben diejenige sein wird, die, was sie für gut
hält, nur an den Interessen ihrer Mitglieder mißt. (Daß die
Interessen gleich und universell zu berücksichtigen sind, ist
natürlich nicht etwas, was er wollen kann; dies ergibt sich aus
dem *zweiten* auf S. 317 genannten Punkt.)

Fragen wir also nach derjenigen Moral, die die beste ist aus
der Perspektive ihrer Nutznießer, so scheint die, die sich aus
dem Kantischen Konzept ergibt, die einzig naheliegende zu

sein. Die Frage nach den Interessen des Trittbrettfahrers hat den Sinn, daß wir innerhalb der Frage »Was halten alle für gut?« die andere Frage für sich herausheben »Was würde ein Beliebiger für sich wollen, wie die anderen handeln?« Der Trittbrettfahrer ist wie der Kontraktualist nur an der Frage orientiert »wie will ich, daß die anderen sich zu mir verhalten?« und erweitert sie zu der Frage »welche Vorstellung, die die anderen davon haben, was es heißt, gut zu sein, kommt mir (wie auch anderen) zugute?«

Man könnte freilich einwenden: sich hier überhaupt an der Frage zu orientieren, wem die Moral nütze, setze das voraus, was zu beweisen war. Dem ist aber entgegenzuhalten: natürlich ist nicht der eigene Nutzen die Perspektive des sich moralisch Verstehenden, aber daß wir eine Moral ins Auge fassen sollten, die nicht den Menschen zugute kommt, erschiene als eine eigentümliche Einstellung, die schon deswegen unplausibel wäre, immer vorausgesetzt, daß transzendente Prämissen ausgeschaltet bleiben sollen.

Wir können jetzt in der Begründung der These, daß das Prinzip des kategorischen Imperativs das einzige sich natürlich nahelegende Beurteilungsprinzip ist, zu der zweiten, negativen Komponente übergehen, dem Nachweis der Unplausibilität anderer nicht-transzendenter Beurteilungsprinzipien. Auf solche können wir nur eingehen, sofern sie vorliegen (wir können nicht ein Prinzip gegen unbekannte Alternativvorschläge verteidigen). Ich hatte schon früher gesagt, daß der analytische Satz nicht sinnvoll erscheint, daß der kategorische Imperativ das einzig *denkbare* nicht-transzendente moralische Beurteilungsprinzip ist. Vorgeschlagen worden sind außerdem insbesondere die drei folgenden nicht-transzendenten Moralkonzepte. Erstens das des generalisierten Mitleids, in der die Pflichten auf eine einzige reduziert werden, die Pflicht der Nichtzufügung und Verhinderung von Leiden, und die zugleich auf alle leidensfähigen Wesen erweitert wird. Die zweite Möglichkeit wäre eine Moral, die sich nicht nur auf die Interessen oder Wünsche aller bezieht, sondern auch noch auf etwas anderes, Höheres, insbesondere die Erhaltung des Gemeinwesens, des Staates. Die dritte ist die des Utilitarismus.

Der Utilitarismus kann wie eine positiv gewendete Mitleidsmoral verstanden werden, und deswegen umfaßt der Utilitarismus meist auch die Tiere; anstelle des moralischen Grundaffektes des Mitleids tritt bei Hutcheson das Wohlwollen (*benevolence*), und dieses umfaßt natürlich auch das Mitleid. Da ich jedoch den Vorschlag einer Erweiterung des Umfangs derjenigen, denen gegenüber wir moralische Pflichten haben, auf die Tiere bereits an Hand der Mitleidsmoral erörtert habe (9. Vorlesung), erscheint es sinnvoller, von diesem Aspekt bei der Auseinandersetzung mit dem Utilitarismus abzusehen. Es hat einen guten Sinn, sich den Utilitarismus auf Menschen eingeschränkt vorzustellen, und so ist er teilweise auch vertreten worden. Das hat für die jetzt erforderliche Auseinandersetzung den Vorteil, daß dann der Utilitarismus eine deutlichere Alternative zur Moral des kategorischen Imperativs darstellt, die sich ebenso auf alle Menschen und nur sie bezieht, jedoch die Pflichten anders versteht und ein anderes Gerechtigkeitsprinzip hat.

Daß der erste dieser drei Alternativvorschläge für eine moderne Moral (ohne transzendente Prinzipien) abwegig ist, habe ich bereits in der 9. Vorlesung zu zeigen versucht: auf das Mitleid läßt sich, formal gesehen, überhaupt keine Moral, kein normatives System aufbauen.

Was den zweiten Vorschlag betrifft, so ist wohl der letzte ernsthafte Philosoph, der eine Auffassung dieser Art vertreten hat, Hegel gewesen. Denn man muß natürlich diesen Vorschlag als einen universellen verstehen, sonst ist er unter Wegfall zusätzlicher Prämissen ohnehin nicht denkbar. Faschistische Vorstellungen, wonach das eigene Staatswesen den einzigen oder höchsten Wert darstellen soll, sind überhaupt nicht moralisch begründbar (und das ist natürlich für die konkrete Auseinandersetzung mit modernen nationalistischen Partikularismen ein wichtiges Datum: Partikularismen lassen sich ohne transzendente Prämissen nicht moralisch begründen). Das einzig Denkbare wäre also, daß alle Menschen von allen Menschen fordern, daß sie, über die Rücksichtnahme auf die Einzelnen hinaus, ihrer jeweiligen Nation und damit dann auch der Treue des Einzelnen zu seiner Nation einen auf die

Interessen der Individuen nicht reduzierbaren Wert zusprechen. Wie will man aber, ohne transzendente Prämissen, so einen Wert begründen? Die spezifisch sozialen Tugenden, die von den verschiedenen Philosophen, die einen »Kommunitarianismus« im Auge haben, gefordert werden, lassen sich entweder, wie wir im Anschluß an Adam Smith gesehen haben, aus der Orientierung am kategorischen Imperativ selbst begründen, oder es wären Zusätze, deren Verständlichkeit als Komponenten des Guten in der Luft bliebe.

Von den drei genannten Alternativmöglichkeiten bleibt also nur der Utilitarismus als ernsthafter Konkurrent übrig. Er ist daher auch neben dem Kantianismus das einzige nicht auf transzendente Prämissen zurückgehende ethische Konzept, das einen großen Einfluß in der Moderne gehabt hat und insbesondere in der englischen Ethik seit ca. 1800 weitgehend beherrschend war. Auch heutige Autoren sind noch der Auffassung, daß das Beurteilungsprinzip des Utilitarismus mindestens auf den ersten Blick das einleuchtendste überhaupt ist.[1] So beherrschend ist der Utilitarismus bis vor kurzem im angelsächsischen Raum gewesen, daß auch da, wo er kritisiert wird, vorausgesetzt wird, daß er der naheliegendste Vorschlag eines Prinzips ist, mit dem man sich auseinanderzusetzen hat, und daher stützen sich die Einwände auch meist nur darauf, daß die Konsequenzen des utilitaristischen Prinzips im Widerspruch zu Intuitionen des *common sense* stehen.[2]

Dieses Verfahren scheidet natürlich für uns aus. Es kann hier nur darum gehen, dasjenige Beurteilungsprinzip, das ich als das sich natürlich nahelegende bezeichnet habe, den kategorischen Imperativ, mit dem in der Meinung von Autoren wie Warnock seinerseits natürlich scheinenden *Prinzip* des Utilitarismus zu vergleichen. Ich möchte zeigen, daß das utilitaristische Prinzip zwar etwas hat, was für es spricht und im Kantianismus vernachlässigt worden ist, daß es sich jedoch

---

1 So z. B. G. Warnock, *The Object of Morality*, London 1971, S. 27: »the simplest of all suggestions«.

2 Vgl. außer Warnock insbesondere B. Williams in: J. J. C. Smart und B. Williams, *Utilitarianism for and against*, Cambridge 1973.

keineswegs natürlich nahelegt, wenn man – und ich meine, daß das die gebotene Zugangsweise ist – so vorgeht, wie ich es getan habe, das heißt vom Wegfall der transzendenten Begründungsmöglichkeiten und dem Ungenügen am verbleibenden Kontraktualismus ausgehend.

Wenn es gleichwohl Autoren gegeben hat und noch gibt, die das Prinzip des Utilitarismus als natürlich ansehen, dann muß das aus der bestimmten Fragestellung verstanden werden, die ihnen ihrerseits natürlich schien. Soweit ich sehe, taucht das Prinzip des Utilitarismus zuerst bei F. Hutcheson in seiner 1725 erschienenen Abhandlung *An Inquiry Concerning the Original of our Ideas of Virtue or moral Good* auf. Hume, dessen beide moralischen Abhandlungen 1738 und 1751 erschienen sind[3], verfolgt ein ähnliches Konzept, und ich kann am besten an ihn anknüpfen. Hume geht noch von einem Tugendkatalog aus, seine These ist nun aber, daß der moralische Wert sämtlicher Tugenden darin besteht, daß diese Charakterdispositionen nützlich sind, teils für einen selbst, teils für die anderen.[4] Beschränkt man sich auf die Tugenden, die für andere nützlich sind, so muß ihnen also ein Anteilnehmen am Wohl der anderen zugrunde liegen, und dieses Gefühl nennt Hutcheson Wohlwollen (*benevolence*), und Hume ebenso, und auch Sympathie.[5]

Um Humes Nachweis, daß nur diejenigen moralischen Tugenden einen echten Wert haben, deren Befolgung für andere gut ist, und die »mönchischen Tugenden« abzulehnen sind (S. 219), in seinem Stellenwert richtig zu verstehen, kann man ihn als unmittelbar parallel ansehen zu der von mir vertretenen These, daß die Moral sich nur auf die Wünsche und Interessen der anderen beziehen kann. Die Ausgangsbasis der utilitaristischen Position ist also dieselbe wie die des kategorischen

---

3 *A Treatise of Human Nature*, 3. Buch, und *An Enquiry Concerning the Principles of Morals*. Ich beziehe mich nur auf die zweite Abhandlung, in der Ausgabe von Selby-Bigge, Oxford 1902.

4 Vgl. *Enquiry, section 2, part 2*.

5 Bei Hume vgl. für *benevolence* S. 181, 271, für *sympathy* 221, 229. Für Hutcheson vgl. D. D. Raphael, *British Moralists 1650-1800*, Oxford 1969, Bd. 1, S. 282.

Imperativs, und sie scheint also überhaupt die einzige sinn-volle Ausgangsbasis einer sich nicht mehr auf transzendente Prämissen stützenden Moral zu sein. Bezeichnet man die Rücksicht auf die Interessen anderer ganz allgemein als Wohl-wollen, wäre aus einer Kantianischen Perspektive gegen diesen Ausdruck nichts einzuwenden, vorausgesetzt nur, daß er jetzt für eine Haltung der Rücksichtnahme gegenüber allen steht.

Hier beginnen sich jedoch die Wege zu trennen, und wir können den Trennungspunkt am besten verstehen, wenn wir Adam Smiths Einwände gegen Hume berücksichtigen. Es sind im wesentlichen zwei. Smith wendet sich erstens gegen einen zu eng verstandenen Begriff von »Nutzen«, da aus diesem die von ihm vertretenen Tugenden der Schicklichkeit nicht zu ge-winnen sind (188; iv.2.3 und 327; ii.iii.3.17). Das würde Smith auch gegen Kant geltend gemacht haben. Zweitens wendet sich Smith gegen eine charakteristische Wendung, die sich bei Hume immer wieder findet und die es ist, die für den Utilita-rismus grundlegend wurde, die Rede von Nutzen bzw. Glück *der Gesellschaft*; nach Smith verweist uns die Moral nicht auf das »Interesse der Gesellschaft«, sondern auf die Interessen der Individuen (89 f.; ii.ii.3.10).

Bei Hume kommt der spezifische Gerechtigkeitsgesichts-punkt, daß auf jeden so Rücksicht zu nehmen ist wie auf jeden anderen, nicht zur Geltung, und sobald er von mehreren bzw. der Gesellschaft spricht, ist nicht mehr primär von den Indivi-duen und ihren Rechten die Rede, sondern vom Nutzen der Gesellschaft. Es ist dieser Gedanke, der als solcher keine Kon-sequenz aus dem vorherigen ist, der dann von Bentham ver-schärft ausgebaut worden ist.

Gehen wir jedoch vorher auf Hutcheson zurück! Bei ihm findet sich das Prinzip des Utilitarismus zum ersten Mal aus-gesprochen: »diejenige Handlung ist die beste, die das größte Glück für die größte Zahl herbeiführt.«[6] Es ist diese Formel, die von Autoren wie Warnock als auf den ersten Blick beson-ders einleuchtend angesehen wird. Machen wir uns zuerst klar, was wirklich für sie spricht. Hutcheson stellt an der zi-

6 Vgl. a.a.O. (Raphael) S. 284.

tierten Stelle eine gewichtige Frage, von der man zugeben muß, daß sie im Kantianismus kaum berücksichtigt wird: wie verhalten wir uns moralisch *am besten*, wenn wir vor *mehreren* Handlungsalternativen stehen, von denen *mehrere* Personen positiv oder negativ betroffen sind? Bei Kant und auch bei Adam Smith wird diese durchaus legitime und gewichtige Frage nicht gesehen, aber wenn wir jetzt darauf reflektieren, was aus ihrem Beurteilungsprinzip – der unparteilichen Berücksichtigung der Interessen aller – für sie folgt, so kann man mindestens dieses allgemeine Prinzip nennen: die Interessen aller sind gleichmäßig zu berücksichtigen, darauf haben sie ein »Recht«.

Das ist nun aber sichtlich nicht identisch mit der Antwort: die Gesamtmenge von Glück ist zu erhöhen (bzw. die des Schadens geringzuhalten). Die beiden entscheidenden Hinsichten, an denen die Differenz deutlich wird, sind, erstens, daß in das Beurteilungsprinzip der gleichen universellen Achtung ein Gerechtigkeitsprinzip – der gleichen Rechte – eingebaut ist, während es in der Rede vom »größten Glück der meisten« fehlt. Wie in der späteren Ausarbeitung bei Bentham deutlich wird, geht es nur um die Gesamtmenge von Glück und Unglück, von Schaden und Nutzen; wie sie verteilt wird, ist, zumindest letztlich und vom Prinzip her, gleichgültig.

Zweitens, daß alle aus der Perspektive des unparteilichen Betrachters ein gleiches Recht auf prinzipielle Berücksichtigung haben, heißt nicht, daß ich bei einer konkreten Frage, wie ich mit Bezug auf mehrere zu handeln habe, sie gleichbehandeln muß, vielmehr ergeben sich hier auch Unterscheidungsperspektiven, die jedoch solche sind, die sich auf das Prinzip der Unparteilichkeit aufbauen und sich im Ergebnis wiederum vom Prinzip von der größten Glücksmenge unterscheiden. Ich will insbesondere auf drei Fallgruppen aufmerksam machen, die den Utilitaristen notorisch Schwierigkeiten bereiten. Die erste ist die der sogenannten speziellen verliehenen Rechte, wenn z. B. ein Vertrag besteht oder ein Versprechen gegeben wurde. Dieser Anspruch kann natürlich durch andere Rücksichten evtl. aufgehoben werden, aber er besteht zunächst, während der konsequente Utilitarismus immer bereit sein müßte, ein Versprechen zu brechen, wenn das insgesamt zu mehr Glück führt. Die zweite Fallgruppe ist die der Beziehungen von Nähe und Ferne, in denen wir zueinander stehen. Auch hier können wir von Rechten sprechen. Mein Kind hat ein Recht auf meine Fürsorge, die andere nicht haben. Wir sind daher, durchaus aus der Perspektive des unparteilichen Betrachters, den Nahestehenden zu anderen Handlungen verpflichtet als den Fernerstehenden, und diese Verpflichtung besteht wieder unabhängig von dem Gesamtnutzen, der sich daraus ergibt. Drittens scheinen die negativen Pflichten wenigstens ohne zusätzliche Gesichtspunkte einen größeren Stellenwert zu haben als die positiven, jedenfalls sehen wir es so aus der Perspektive des unparteilichen Betrachters. Auch das kann man in der Terminologie von Rechten zum Ausdruck bringen. Der Arzt, der fünf seiner Patienten mit Organschäden retten will, hat nicht das Recht, einen sechsten gesunden Insassen seines Spitals auseinanderzuschneiden, obwohl er es nach dem utilitaristischen Prinzip müßte, denn der Gesamtschaden wäre geringer, wenn fünf am Leben blieben und nur einer umkäme.

In vielen dieser Fragen wird von seiten der Utilitaristen so argumentiert, daß ihr Prinzip im Ergebnis auf Grund zusätzlicher empirischer Zusammenhänge den Einwänden Rechnung tragen kann. So ergebe sich, obwohl es kein Gebot der Gleichverteilung gibt, eine tendenziell gleichmäßige Verteilung auf Grund des schwindenden Grenznutzens, und diejenigen, deren spezielle Rechte verletzt werden, werden mehr leiden, ebenso wenn die Rechte Angehöriger verletzt werden. Entscheidend ist nun aber, daß das jetzt eine empirisch zu klärende Frage wird. Aus dem moralischen Beurteilungsprinzip selbst folgen diese Ergebnisse nicht, die sich demgegenüber bei dem Prinzip der gleichen Achtung der Rechte unmittelbar ergeben. Die Argumentation, die auf dieser Ebene zwischen dem Utilitaristen und ihren den *common sense* vertretenden Kritikern verläuft, ist deswegen so wenig sinnvoll, weil die Kritiker unterstellen, daß der Utilitarismus erst einmal eine Plausibilität hat und nur in seinen Folgen kritisierbar ist, während es darauf ankommt zu sehen, daß das utilitaristische

Prinzip gegenüber dem *Prinzip* des kategorischen Imperativs unplausibel ist.

Es ist zwar ein Vorzug, daß in der utilitaristischen Tradition überhaupt stärker als im Kantianismus auf die Frage der Handlungsalternativen mit Rücksicht auf eine Vielzahl von Personen reflektiert wurde und das utilitaristische Prinzip daher immer auch einen eminent politischen Sinn hatte. Aber ergibt sich aus der Rücksicht auf die komplexeren moralischen Fragen schon das utilitaristische Prinzip? Das wäre nur zu bejahen, wenn man, wie es eben die Utilitaristen tun, die Antwort auf die genannte Frage auf eine Summe reduziert, und diese Antwort ist lediglich die technisch (entscheidungstheoretisch) einfachste. Daß Addierungen eine Rolle spielen, ist zweifellos der Fall – es ist schlimmer, wenn elf Menschen sterben, als wenn es zehn sind –, aber der Grundfehler im Utilitarismus ist, daß er die Fragen, wie in Situationen, in denen mehr Personen betroffen sind, zu handeln ist, und wie die entsprechenden gesellschaftspolitischen Fragen zu entscheiden sind, auf eine Summe (Additionen und Subtraktionen von Glück und Elend) *reduziert* hat.

Bentham hat die Idee von Hutcheson in der Weise verschärft, daß für ihn die Gesellschaft (*the community*) wie ein »fiktiver Körper« ist, dessen Glieder die einzelnen Personen sind und deswegen das Glück der Personen in Glücksteilen der Gesellschaft aufgeht.[7] Die Gesellschaft, freilich im Gegensatz zu den Hegelianern nur als Summe verstanden, ist selbst das Subjekt, das mehr oder weniger glücklich ist. Zwar hat auch Bentham ein Prinzip, das als eine Art Gerechtigkeitsprinzip verstanden werden kann: *Everybody to count for one, nobody for more than one.* Die fortschrittliche Stoßrichtung dieses Prinzips darf nicht übersehen werden; gleichwohl hat es nur den Sinn, daß niemandes Wohlbefinden innerhalb der zu kalkulierenden Glückssumme mehr zählen darf als das eines anderen; es steht nicht für gleiche Rechte.

Das utilitaristische Beurteilungsprinzip ist also so wenig na-

---

7 *An Introduction to the Principles of Morals and Legislation* (hrsg. von Burns und Hart), London 1970, S. 12 f.

heliegend, daß man sich umgekehrt fragen muß, wie man zu einem so sonderlichen Prinzip auch nur kommen konnte. Hier kann man nun erstens auf die spezifischen Fehler achten, die Hutcheson, Hume und Bentham unterlaufen sind, indem sie in ihrem Konzept des Wohlwollens mehreren gegenüber die Letztgegebenheit der Individuen und ihrer Rechte übersehen haben und zu ihrer durch nichts zu rechtfertigenden Summenvorstellung gekommen sind. Charakteristisch für die sich daraus ergebende Schwäche dieser Position ist auch, daß sie nicht sinnvoll an die unzweifelhafte und lediglich unzureichende Vorgegebenheit des Kontraktualismus anknüpfen kann. Bentham hat die Rede von Rechten verlacht, indem er sie als »Unsinn auf Stelzen« (*nonsense on stilts*) bezeichnet hat, was nur gegenüber der in der Tat unhaltbaren Idee von »natürlichen« Rechten berechtigt war. Auf den Begriff der Rechte werde ich in der nächsten Vorlesung eingehen.

Zweitens liegt es jetzt natürlich nahe, *wenn* der Fehler des Utilitarismus erst einmal von der Sache her herausgestellt ist, ihn auch ideologisch zu erklären. (Ich sagte schon in der 1. Vorlesung, daß man mit ideologischer Kritik nie beginnen sollte, aber sie ist dann sinnvoll, wenn die Unrichtigkeit oder Unplausibilität einer Position erst einmal gezeigt ist und eine indirekte Erklärung gerade deswegen notwendig wird.) Der Utilitarismus ist die Ideologie des Kapitalismus, denn er erlaubt es, das Wachstum der Ökonomie als solches ohne Rücksicht auf Verteilungsfragen moralisch zu rechtfertigen. Wenn man sich also fragt, wieso eine in sich so wenig plausible Idee sich so lange als scheinbar einleuchtend halten konnte, gibt dieser ideologische Hintergrund eine sinnvolle Auskunft. Das Bentham'sche Diktum *everybody to count for one, nobody for more than one* hat seine progressive Stoßrichtung ausschließlich gegen das feudalistische System, demzufolge die Individuen einen verschiedenen Wert haben, und war daher als Ideologie des Bürgertums auch nach dieser Hinsicht ideal.

Es kann hier nicht um eine Gesamtkritik aller Aspekte des Utilitarismus gehen, z. B. übergehe ich den Umstand, daß der Utilitarist die Person, die sich moralisch verstehen will, dauernd überfordert, was Mackie in seiner glänzenden Auseinandersetzung mit dem Utilitarismus[8] »*the ethics of phantasy*« genannt hat. Hier ging es nur um den Vergleich des utilitaristischen Prinzips mit dem Prinzip des kategorischen Imperativs, und da das utilitaristische Prinzip überhaupt der einzige ernsthafte Konkurrent war, kann der Anspruch, daß das Kantische Konzept dasjenige ist, das sich natürlich nahelegt, als bis auf weiteres bestätigt gelten.

Ein scheinbarer Vorzug des Utilitarismus ist, daß er die Idee eines Entscheidungskalküls enthält, demzufolge jede komplexe moralische Frage als der Idee nach vollständig auflösbar erscheint, aber ich habe schon darauf hingewiesen, daß dieser Vorteil keiner aus der moralischen Perspektive, sondern ein technischer ist, und sogar in dieser technischen Hinsicht besteht der Vorteil nur der Idee nach, in seiner Realisierbarkeit ist er ein Schein: für den konkret Überlegenden ist diese Idee der Komputabilität, sowohl in jeder persönlichen wie in jeder gesellschaftspolitischen Frage, nutzlos, nicht nur weil dieses Kalkül impliziert, daß man sämtliche Konsequenzen übersehen könnte, sondern weil es auch die falsche Unterstellung impliziert, daß die betroffenen Wünsche und Aversionen kommensurabel seien und der Tatbestand der speziellen Rechte übergangen wird.

Wir müssen uns jetzt fragen, welche Begründungsressourcen das Kantische Prinzip seinerseits in Situationen hat, die sowohl empirisch wie normativ komplex und in denen die Interessen von vielen betroffen sind. Wie müßte ein Kantianer auf jene Frage antworten, von der Hutcheson ausgegangen ist?

Ich habe schon bei der Kantinterpretation darauf hingewiesen (S. 149 Anm.), daß Kant selbst normative Konflikte nur am Rande berücksichtigt hat, weil er von der Voraussetzung ausgegangen war, daß negative Pflichten immer einen Primat vor positiven haben; innerhalb negativer Pflichten entstehen keine Kollisionen, und sie lassen sich auch umstandslos gegenüber allen einhalten. Daß negative Pflichten einen Primat haben, daß also »der Zweck die Mittel nicht heiligt«, erscheint im allgemeinen plausibel (das obige Beispiel mit den sechs Patien-

8 *Ethics*, 6. Kapitel und besonders 6.2.

ten veranschaulicht diese Evidenz in krasser Weise), aber erstens bleibt das bei Kant eine bloße These, und man fragt sich, wie sie zu begründen ist, und zweitens kann dieser Primat keinesfalls ausnahmslos gelten. Kants eigene Geschichte von der Lüge, die gerechtfertigt ist, weil man dadurch einem Menschen das Leben rettet, die ich ebenfalls in der Kantinterpretation diskutiert habe (a.a.O.) und die Kant selbst so kontraintuitiv entscheidet, ist ein Beispiel.

Ich bin dort auch schon auf die Lösung Hares eingegangen, wie man sich vom Kantischen Prinzip her die Entscheidung komplexerer Fragen vorzustellen habe (S. 148). Ich habe in der heutigen Vorlesung darauf hingewiesen, daß das Kantische Prinzip zwei Elemente enthält: erstens dasjenige, das in der Frage zum Ausdruck kommt »was würde ein Beliebiger wollen?«, die gewissermaßen die empirische psychologisch-anthropologische Basis betrifft, was die Übel und Güter sind, und zweitens, was als normativer Aufbau bezeichnet werden kann, der des normativen Urteils als solchen, der in den schlichten Fällen einfach darin besteht, daß alle von allen moralisch verlangen, sich so zu verhalten, daß sie die entsprechenden Güter nicht verletzen bzw. sie schützen sollen.

Daraus ergibt sich zunächst die einfache Liste der Grundnormen, auf die sich Kant beschränkt hat. Hares Lösung läuft nun darauf hinaus, daß das in den beiden eben genannten Schritten enthaltene Beurteilungsprinzip auf die komplexere Situation nunmehr im ganzen erneut anzuwenden ist, d. h. der moralisch Urteilende muß sich erstens vor Augen halten, welche Güter und Übel für die verschiedenen Betroffenen im Spiel sind, und sich zweitens fragen, wie der sich daraus ergebende Interessen- bzw. Normenkonflikt so zu lösen ist, daß den Interessen aller Betroffenen unparteilich Rechnung getragen wird. So würde z. B. der Konflikt zwischen der Pflicht, nicht zu lügen, und der Pflicht, jemanden zu schützen, zugunsten der letzteren entschieden werden. Der Maßstab des moralisch Urteilenden ist die Frage: wie ist dieser Konflikt aus der Perspektive eines *beliebigen* Urteilenden unter Berücksichtigung der Übel und Güter, die für *alle* Betroffenen auf dem Spiel stehen, zu lösen?

Worauf wir jetzt nur noch zu achten haben, ist, was in diesem Konzept impliziert ist. Da die Interessen mehrerer auf dem Spiel stehen, muß der Urteilende versuchen, sich gleichzeitig in die Situation eines jeden zu versetzen und die verschiedenen Interessen in ihrem Gewicht so zu vergleichen, wie anzunehmen ist, daß auch jeder andere sie gewichten würde. Die stark intuitiven Elemente, die in dieser Prozedur enthalten sind, sind nicht zu übersehen. Die Prozedur setzt erstens in dem, was ich eben die psychologische Basis nannte, eine Liste von allgemein als Güter und insbesondere als Übel geltenden Sachverhalten voraus und ebenfalls ihre relative Gewichtung (z. B. angelogen zu werden ist ein geringeres Übel als dem Tod ausgeliefert zu werden). Zweitens, welche Sicherheit hat der moralisch Urteilende, diese Prioritätenliste der Übel einmal vorausgesetzt, daß das Ergebnis, zu dem er kommt, identisch ist mit dem, zu dem jeder andere kommt, der versucht unparteilich zu urteilen?

Es sind auch Probleme dieser Art gewesen, die eine Diskursethik attraktiv gemacht haben, und zweifellos können hier Diskurse helfen, doch ist es wichtig, sich genau klarzumachen, wo und wie und wo nicht. Es könnte zunächst so scheinen, daß auf der ersten der zwei genannten Ebenen die Selbstinterpretation der Betroffenen eine objektive Prioritätenvorstellung der Übel überflüssig machen könnte, aber das ist in Wirklichkeit nur selten der Fall. Dieser Fall wäre z. B. gegeben, wenn ich wüßte, daß der Verfolgte, abweichend von der psychologischen Normalsituation, seinen Tod suchte. Im allgemeinen müssen jedoch erstens die Wünsche der Betroffenen als normal vorausgesetzt werden und lassen sich häufig auch gar nicht erfragen (S. 171), und was zweitens die komparative Gewichtung der Wünsche der Betroffenen betrifft, so sind die Betroffenen selbst, weil sie Partei sind, die für diese Beurteilung am wenigsten Geeigneten (S. 172). Auf der zweiten Ebene hingegen, auf der ich mich zu fragen habe, ob mein Versuch der unparteilichen moralischen Beurteilung wirklich unparteiisch ist, ist es immer sinnvoll, sich durch einen Diskurs zu kontrollieren. Andere können Gesichtspunkte hereinbringen, die ich nicht berücksichtigt hatte. Aber *dieser* Diskurs ist, wie ich schon in der 8. Vorlesung zu zeigen versuchte (S. 172), kein Dialog mit den Betroffenen, die Einbeziehung der Betroffenen kann die Unparteilichkeit nur erschweren, und dieser Diskurs hat nur den Sinn, die beanspruchte Objektivität in derselben Weise zu erhöhen, wie das auch bei einem theoretischen Urteil der Fall ist.

Ich halte die Auffassung Hares für die einzige dem Kantischen Prinzip angemessene. Was wir uns an ihr klarmachen können, ist, daß, während das utilitaristische Prinzip wenigstens dem Anspruch nach ein Entscheidungsverfahren enthielt, das Kantische Konzept immer nur als Beurteilungsprinzip verstanden werden kann und daß es auf Grund der genannten intuitiven Momente zu keinen eindeutigen Ergebnissen führen kann. Was das Kantische Moralkonzept an die Hand gibt, ist lediglich ein Standpunkt, von dem aus geurteilt wird, kein Entscheidungsverfahren. Sogar in den einfachsten Fällen, ohne Normenkollision, enthält das, was ich die psychologische Basis genannt habe, einen Unbestimmtheitsfaktor, und dieser vervielfacht sich, sobald die Beurteilungssituation komplexer wird. Die Überprüfung des eigenen Ergebnisses durch die Auffassungen anderer kann hilfreich sein, aber auch sie kann die moralischen Dilemmata nicht lösen. Die Lösung ist häufig eine Angelegenheit persönlicher Entscheidung.

Nach meiner Auffassung ist die Unbestimmtheit, die sich beim Kantischen Prinzip angesichts komplexer Situationen ergibt, nichts, was gegen dieses Prinzip spricht, sondern im Gegenteil ein wesentlicher Aspekt unserer wirklichen moralischen Situation, wie sie sich nach dem Wegfall traditionalistischer Prämissen ergibt. Nur eine Moral, die auf Autorität aufgebaut war, konnte (mußte nicht) eindeutige Antworten auf alle Fragen enthalten. Was uns verbleibt, wenn die traditionalistischen Prämissen aufgegeben werden, ist lediglich der moralische Standpunkt, eine Beurteilungsweise, die sich wesentlich von einem Prinzip unterscheidet, das ein Entscheidungsverfahren impliziert. Diese moralische Beurteilungsweise enthält genau die zwei Faktoren, die vorhin genannt wurden – die Berücksichtigung der Interessen und die Unparteilichkeit – und *nichts mehr*, und es ist offensichtlich, daß diese zwei Faktoren zur Lösung vieler moralischer Fragen nicht ausreichen.

Die moralische Überlegung ist daher ein rationales Verfahren, sie enthält die zwei zum Kantischen Konzept gehörigen Gesichtspunkte und schließt alle weiteren aus. Dieses Beurteilungsverfahren gibt der konkreten Überlegung einen rationalen Kern, bleibt jedoch an den Rändern offen und impliziert in allen tiefen moralischen Fragen einen irreduziblen persönlichen Entscheidungsfaktor. Er ist jener, der z. B. in Sartres Existenzialismus fälschlich zum Sinn des Moralischen verabsolutiert worden ist. Es erscheint ebenso naiv zu glauben, daß es im Himmel ein Buch gibt, das die Antworten auf alle moralischen Schwierigkeiten enthält, wie daß, wenn es ein solches nicht gibt, alles willkürlich wird. Beide Auffassungen ergeben sich aus ein und derselben Voraussetzung, der Orientierung an einer autoritären Moral. Von hier aus kann man den Utilitarismus auch als einen Versuch beschreiben, unter Anerkennung eines Teils der modernen Beurteilungsgrundlage – der Anerkennung nur der Interessen und aller Interessen – ein Substitut für die in autoritären Ethiken mögliche Annahme zu gewinnen, daß alle moralischen Fragen an sich objektiv entschieden sind.

Es scheint nun *ein* weitreichendes moralisches Problem zu geben, das sich aus der Perspektive des Kantischen Beurteilungsprinzips einer befriedigenden Klarstellung besonders hartnäckig entzieht, eben das des Primats der negativen gegenüber den positiven Pflichten. Kant selbst hat diesen Primat ebenso eindeutig bejaht, wie er vom Utilitarismus eindeutig verneint wird. Was hat, so muß man sich fragen, der unparteiliche Betrachter für Begründungsressourcen, um diese Frage zu klären? Offenbar können diese Begründungsressourcen nur auf der ersten der zwei vorhin unterschiedenen Ebenen liegen: es erscheint schlimmer, verletzt zu werden, als daß einem nicht geholfen wird.

Man wird hier jedoch zwei Fragen unterscheiden müssen: erstens, ist die positive Verpflichtung genauso ernst zu nehmen wie die negative? Zweitens, kann es je gerechtfertigt sein, negative Pflichten zugunsten positiver Pflichten zu verletzen? Nur die zweite Frage entspricht, wenn sie verneint wird, der Maxime »der Zweck heiligt niemals die Mittel«. Diese Maxime erscheint in dieser Absolutheit klarerweise falsch, weil wir, wie sich das an dem Lüge-und-Auslieferung-Beispiel zeigte, sehr oft verpflichtet sind, negative Pflichten zugunsten positiver Pflichten zu verletzen. Hier scheint die Differenz in der Größe der Übel ausschlaggebend zu sein. Aber wo, so möchte man wissen, liegt die Linie, und wie lautet die Begründung?

Ich habe auf diese zweite Frage keine befriedigende Antwort, will jedoch in der nächsten Vorlesung zu zeigen versuchen, daß wenn man sich bei den Fragen der Moral nicht primär an den *Pflichten* orientiert, sondern, wie man es, wie ich zu zeigen versuchen werde, auf der Grundlage des Kantischen Konzepts muß, an den *Rechten*, viel dafür spricht, daß die positive Verpflichtung, wenn auch nicht gleich ernst zu nehmen ist wie die negative, doch nicht weit hinter dieser zurücksteht, wo es um Grundbelange geht.

Es erscheint vorweg sinnvoll, sich klarzumachen, daß wir es hier mit einem weiteren zu überwindenden subjektiven Faktor des moralisch Urteilenden zu tun haben könnten, auf den ich bisher noch nicht eingegangen bin. Der moralisch Urteilende versucht eine moralisch signifikante Sachlage unparteilich zu sehen, aber was heißt unparteilich? Offenbar, daß der Standpunkt keine Rolle spielen soll. Aber das habe ich bisher so dargestellt, daß die Totalität der Standpunkte als gewissermaßen gleichzeitig angenommen wurde. Es ist aber doch wahrscheinlich, daß insbesondere in der relativen Einschätzung der Güter und Übel auch die Zeitdimension eine Rolle spielt. Die zu überwindende Relativität eines Standpunktes könnte also auch historisch verstanden werden. Wenden wir das auf das anstehende Problem der negativen und positiven Pflichten an, die in ihrer Gesamtheit als die Regeln der Kooperation anzusehen sind, so scheint es naheliegend, daß man zu verschiedenen Zeiten verschiedene Konzepte davon hatte, wie man sich Kooperation überhaupt und insofern auch eine gute Kooperation vorzustellen habe. Kants Vorstellung, daß positive Pflichten immer sekundär sind, scheint ein Reflex der spezifisch bürgerlich-kapitalistischen Moral zu sein, und wir werden diese konkrete Vorstellung Kants natürlich von dem unterscheiden, was ich das Kantische Konzept nenne, also das Beurteilungsprinzip des kategorischen Imperativs. Eine Moral, die positive Pflichten nur am Rande anerkennt, scheint sich inhaltlich eng am Kontraktualismus zu orientieren, indem sie davon ausgeht, daß die moralische Gemeinschaft eine Gemeinschaft der Starken ist, die sich im Normalfall um sich selbst kümmern können und sich daher im wesentlichen nur gegen wechselseitige Verletzungen schützen müssen. Die Art, wie Kant in seinem 4. Beispiel[9] denjenigen beschreibt, der hilfsbedürftig ist, erscheint wie die Beschreibung eines Notfalls. Die Kooperationsgemeinschaft, die vorausgesetzt ist, erscheint also als ausschließlich aus erwachsenen und erwerbsfähigen Männern bestehend. Daß ein Großteil der Gemeinschaft aus Kindern, Frauen, Alten und Erwerbsunfähigen besteht – sei es weil sie behindert sind, sei es weil sie keine Arbeit finden –, wird ausgeblendet. Das ist eine Vorstellung, die auf keine Zeit real gepaßt hat, wohl aber auf die Ideologie des kapitalistischen Bürgertums. Ein anderes Konzept von Kooperationsgemeinschaft würde dem realen Umstand Rechnung tragen, daß große Teile der Gemeinschaft sich um sich selbst nicht kümmern können, und bei diesen müßten die Rechte, die den positiven Pflichten entsprechen, als entweder gleich oder als annähernd so zentral wie die Rechte angesehen werden, die den negativen Pflichten entsprechen.

Daß etwas so Naheliegendes in den moralischen Vorstellungen einer ganzen Epoche ausgeblendet war, gründet nicht nur in einer spezifischen Ideologie über die Gründe der Armut, sondern hängt auch damit zusammen, daß es bestimmte und moralisch sinnvolle Vorstellungen gab über die besonderen Pflichten, die gegenüber den zur eigenen Familie und Großfamilie gehörigen Kinder, Frauen, Alten und Behinderten bestehen. Der Umstand, daß diese Vorstellungen, außer gegenüber Kindern, in unserer Zeit abbröckeln, mag mit ein Grund dafür

9 *Grundlegung* 423.

sein, daß wir für die Gesamtproblematik der Rechte auf Unterstützung wieder sensibler zu werden scheinen.

Allemal scheint es auch unabhängig von der historischen Situation bestimmte Vorstellungen über die Abnahme der positiven Verpflichtung bei zunehmender Ferne zu geben, die aus der Perspektive des unparteilichen Betrachters richtig erscheinen. Die Verantwortung gegenüber den eigenen Kindern wird allgemein anerkannt, aber hat in den Moraltheorien der Moderne keine Konsequenzen für das Gesamtkonzept gehabt. Es erscheint durchaus sinnvoll zu sein, daß man von einer primären Verantwortung jedes Individuums für sich selbst ausgeht – das ergibt sich schon aus dem Autonomieprinzip, und man kann hier einen Grund für den Primat der negativen Pflichten sehen –, und dann eine subsidiäre Verantwortung des Individuums für alle ihm Nahestehenden anerkennt, die dann unweigerlich bei größerer Entfernung bis zu der »Hilfe in Not, und wenn es einen nichts Besonderes kostet« abblaßt.

Aus der Perspektive der üblichen Moral und ihres Verständnisses der positiven Pflichten gegenüber Fernerstehenden entsteht heute für das moralisch bewußte Individuum angesichts der Armut in der Welt ein eigentümliches Gefühl des Überfordertseins, und der einzige Ausweg aus dieser scheint die Gleichgültigkeit zu sein. Punktuelle Hilfe ist arbiträr und erscheint deswegen moralisch wiederum fragwürdig. Außerdem: wie weit will man gehen? Bis man ebenso arm wie die Ärmsten ist? Hier besteht nach meiner Auffassung eine falsche Voraussetzung, daß diejenigen Rechte, denen die positiven Pflichten entsprechen, als Rechte verstanden werden, die die Betreffenden gegenüber den *Individuen* haben statt gegenüber der Gemeinschaft. Die Art, wie das Individuum seiner Verpflichtung gegenüber diesen Rechten angemessen nachkommen kann, ist die Änderung des Selbstverständnisses des Gemeinwesens. Diese Zusammenhänge können nach meiner Meinung nur geklärt und richtiggestellt werden, wenn man sieht, daß vom Kantischen Konzept her der Rechtsbegriff als der in einem bestimmten Sinn maßgebende anzusehen ist, und es ist diese Problematik, die ich in der nächsten Vorlesung erörtern werde.

Menschenrechte

Ich habe seit der 5. Vorlesung unterstellt, daß die Moral, von
der ich dort und in der vorigen Vorlesung zu zeigen versuchte,
daß sie die einzige ist, die einen plausiblen Anspruch darauf
machen kann, die Idee eines guten Menschen (Kooperations-
partners) zu erfüllen, eine Moral der universellen und gleichen
Achtung ist. Darin ist impliziert, daß die moralische Haltung
darin besteht, jeden anderen als Subjekt von gleichen Rechten
anzuerkennen, und das heißt, daß den Pflichten, die wir dem
anderen gegenüber haben, auf seiner Seite Rechte entsprechen.

Ich habe jedoch bisher nicht geklärt, was das heißt. Sind
wir, so kann man fragen, dazu berechtigt, anzunehmen, daß
diejenigen, denen gegenüber wir Pflichten haben, so etwas wie
korrespondierende Rechte haben? Was heißt es, ein Recht zu
haben?

Vorweg sollte ich klarstellen, daß, wenn von Rechten gesprochen wird, die Subjekte »haben«, sogenannte »subjektive
Rechte« gemeint sind, wie das in der deutschen und romani-
schen Jurisprudenz wegen der in diesen Sprachen bestehenden
Zweideutigkeit des Wortes »Recht« (*ius, droit* usw.) genannt
wird. Im Deutschen sprechen wir nicht nur von Rechten von
Subjekten, sondern z. B. vom Zivil- oder Strafrecht, oder auch
von »Recht und Ordnung«, während man im Englischen hier
von »*law*« spricht, und die Rede von »*right*« in diesem Sinn
nicht zweideutig ist und daher den Zusatz »subjektiv« nicht
erfordert. Auch im Englischen schwingen freilich wie im
Deutschen weitere Bedeutungsnuancen mit wie »richtig«,
»rechtens«, die ebenfalls fernzuhalten sind, wenn von subjektiven Rechten gesprochen wird. Allemal ist das Mißverständnis zu vermeiden, daß mit einem »subjektiven Recht« etwas
Subjektives gemeint wäre im Sinn von so-seiend aus einer subjektiven Perspektive. Ein subjektives Recht heißt so nur, weil
es das Recht von jemandem, also eines Subjekts ist, und das ist

dann normalerweise eine durchaus objektive Angelegenheit. Wenn mir jemand etwas versprochen hat, habe ich objektiv (wirklich) das Recht – das subjektive Recht – darauf, daß er das Versprechen einlöst.

Die Leitfrage dieser Vorlesung soll also sein, was es heißt, daß den moralischen Pflichten moralische Rechte entsprechen; ob dadurch etwas Neues hinzukommt, und was das ist. Diese Frage wird uns dann auch zum Begriff der Menschenrechte führen, der ein zentraler Begriff der politischen Moral ist. Unter Urteilen der politischen Moral verstehe ich solche, in denen in analoger Weise über Gut- und Schlechtsein eines Staates befunden wird, wie in moralischen Urteilen über Individuen: auch hier werden die Worte »gut« und »schlecht« bzw. die entsprechenden Wörter der praktischen Notwendigkeit in dem Sinn »absolut« verwendet, wie ich das früher erläutert habe, und auch diese Urteile sind in analoger Weise Grundlage für moralische Affekte, mindestens für den Affekt der Empörung.

Vor kurzem ist von J. L. Mackie die Frage aufgeworfen worden[1], ob es nicht richtiger wäre, die Moral überhaupt auf den Begriff des subjektiven Rechts aufzubauen, anstelle der beiden Grundbegriffe des Kantianismus und Utilitarismus, den der Pflichten und den des Gesamtnutzens. Aber diese Entgegensetzung ist nur relativ zum Utilitarismus sinnvoll. Man bezeichnet den Utilitarismus meist als eine teleologische und d. h. Ziel-orientierte Moral (vom Griech. *télos*), und hier kann man nun in der Tat sagen, daß eine auf Rechte bezogene Moral dazu einen klaren Gegensatz darstellt. Der Vorschlag, die Moral auf Rechte zu beziehen, ist ein Gegenvorschlag gegen den Utilitarismus. Die Berücksichtigung von unveräußerlichen Rechten aller ist ein teleologisches Konzept, das im Gegensatz zu dem Konzept des (unter den Individuen verrechenbaren) Gesamtnutzens steht. Aber der Gegensatz zum Kantianismus leuchtet nicht unmittelbar ein. Es ist eine Verballhornung

---

1 »Can there be a right-based moral theory?«, von mir zitiert nach dem Abdruck in: Waldron (Hrsg.), *Theories of Rights*, Oxford 1984, S. 168-181.

Kants, wenn man seine Position, wie Mackie es tut (171), als eine der Pflicht um der Pflicht willen darstellt. Kants 2. Formel des kategorischen Imperativs zeigt, daß und wie auch für ihn die Pflicht einen teleologischen Inhalt hat, und diesen kann man durchaus als Berücksichtigung der Rechte der anderen verstehen. Die in der angelsächsischen Ethik übliche Kontrastierung von teleologischer und deontologischer Ethik ist nicht so sinnvoll, wie sie scheint, weil jede Moral überhaupt eine irreduzibel deontologische Komponente hat. Auch der Utilitarismus kann die Überzeugung, daß das genannte Ziel verfolgt werden *soll*, nicht aus diesem Ziel herleiten. Und ich meine außerdem, daß Mackie sich irrt, wenn er glaubt, daß der moralische Primat des Begriffs des Rechts so verstanden werden könnte, daß er den der Pflicht als Grundbegriff ersetzen könnte (170). Das ist nicht möglich, weil der Begriff der moralischen Pflicht seinerseits auf dem einer bestimmten Sanktion aufruht und die Rede von Rechten ohne Korrelation zu der so definierten von Pflichten in der Luft hinge. Man kann die Rede von Rechten *formal* nur auf die von Pflichten aufbauen, und wenn sich der Begriff des Rechts *inhaltlich* als der primäre erweisen sollte, kann das, wie wir noch sehen werden, nur den Sinn haben, daß die Frage, welche Pflichten es gibt, von den Rechten her bestimmt wird und dem einen Recht mannigfaltige Pflichten entsprechen und hier keine eins-zu-eins Korrelation besteht.

Um zu verstehen, was überhaupt unter einem Recht zu verstehen ist und was demzufolge unter einem moralischen Recht zu verstehen ist, müssen wir uns als erstes über den Sinn derjenigen subjektiven Rechte verständigen, die noch keinen moralischen oder legalen Sinn haben oder ihn jedenfalls nicht haben müssen. Man spricht hier von speziellen oder persönlichen Rechten, im Gegensatz zu den generellen Rechten, von denen dann im Recht und in der Moral die Rede ist. Ein solches spezielles Recht wird z. B. durch ein Versprechen verliehen, oder auch wenn ich jemandem etwas borge. Diese Rechte werden jeweils durch einen sprachlichen Akt geschaffen – indem ich etwa sage »ich verspreche es dir«, »ich leihe es dir« – und gleichzeitig wird dadurch eine korrelative Verpflichtung geschaffen, die nun aber die Verpflichtung gegenüber einer bestimmten Person ist. Z. B. wenn ich jemandem verspreche, daß ich morgen kommen werde, verpflichte ich mich dieser Person gegenüber dazu, morgen zu kommen, und das heißt: ich verleihe ihr das Recht, die Erfüllung des Versprechens bei mir einzuklagen. Ähnlich schaffe ich, wenn ich einer Person etwas borge, mit diesem sprachlichen Akt für sie die Verpflichtung mir gegenüber, es mir bei Abruf zurückzugeben: ich habe mir damit das Recht verliehen, das Geborgte abzurufen.

Wie lernt ein Kind, was mit dem Ausdruck »ich verspreche« gemeint ist? Die Mutter würde dem Kind zu erklären versuchen, daß, wenn sie dieses Wort verwendet, sie dem Kind die Befugnis erteilt, das Versprochene einzufordern, und das Kind kann lernen, dasselbe zu tun. Die Mutter gibt, im Bilde gesprochen, dem Kind einen Zügel in die Hand, an den sie sich gebunden hat, und das Kind lernt nun, daß es den Zügel nach Wunsch ziehen kann, aber ihn auch loslassen kann; letzteres bezeichnen wir als Verzichten auf die Erfüllung des Rechtsanspruchs (im Englischen gibt es dafür ein eigenes Wort: *to waive one's right*).

Wir können das als das Spiel bezeichnen, ein Recht zu verleihen und zu übernehmen. Wenn das Kind verstanden hat, auf welche Handlung, die es vornimmt, die Mutter wie reagieren muß, hat es verstanden, was ein derartiges Recht und die entsprechende relative Pflicht ist. Was bedeutet nun dieses »muß«? Wie bei allen Verwendungsweisen des »muß« (vgl. die 2. Vorlesung) ist auch hier zu fragen, was die Sanktion im weitesten Sinn dieses Wortes ist, also was geschieht, wenn das Kind nicht so reagiert, wie es »muß«. Hier genügt es nicht, einfach das zu beschreiben, was empirisch geschieht. Denn empirisch lernen wir wohl meist, wenn wir z. B. das Spiel des Versprechens lernen, zugleich, daß es moralisch schlecht ist, ein Versprechen zu brechen, und das heißt, wir lernen, daß hier mit der typischen moralischen Sanktion reagiert wird. Nun müssen wir aber sagen können »ein Versprechen zu brechen ist schlecht«, und das setzt voraus, daß wir verstehen, was es heißt, ein Versprechen zu halten oder zu brechen unabhängig davon, daß das schlecht ist. Auch in einer Gesellschaft, in der es keine Moral gäbe, ist es, wenn man sich eine solche vorstellen kann, möglich, von der Institution des Versprechen-gebens Gebrauch zu machen, ebenso von der der Einsetzung der anderen speziellen Rechte und korrelativen Pflichten. Wenn also die Mutter dem Kind das Versprechen nur als sol-ches erklären wollte, müßte sie sich aller moralischen Bewer-tungen enthalten. Die Sanktion besteht auf dieser einfachsten Ebene nur darin, daß die Spielregel verletzt wird. Die Mutter könnte also, wenn das Kind sein Versprechen nicht einhält, nur sagen: »ach so, dann spielst du dieses Spiel gar nicht«, und die einzige weitere Sanktion wäre dann, wie immer bei Spielen, daß die Mutter ihrerseits dieses Spiel mit dem Kind nicht wei-terspielen würde.

Das Kind hätte nun also vor aller moralischen Bewertung gelernt, was es heißt, ein Recht und eine Vollmacht zu haben, natürlich ohne diese Worte zu verwenden. Es besteht darin, daß es verstanden hat, daß, wenn es sein Recht einklagt, die andere Person so handeln muß, »muß« im Sinn der Regeln dieses Spiels. Was folgt nun daraus für den Begriff eines sub-jektiven Rechts, vorausgesetzt, daß wir die speziellen Rechte als die prototypische Form ansehen dürfen? Es ist eine Voll-macht, die im einfachsten Fall zwischen zwei Personen durch einen sprachlichen Akt geschaffen wird; die eine Person ver-leiht sie entweder sich (wie beim Borgen) oder der anderen Person (wie beim Versprechen). Und sie setzt damit die jeweils andere Person unter eine »relative« Verpflichtung. Diese rela-tive Verpflichtung bringen wir zum Ausdruck, indem wir sagen »ich schulde es ihm« (im wörtlichen Sinn, wenn mir etwas geliehen wird) oder auch einfach: ich bin ihm gegenüber dazu verpflichtet. Diese Pflicht ist aber nicht nur eine perso-nenrelative, wie wenn wir z. B. von der Verpflichtung der Eltern ihrem Kind gegenüber sprechen, sondern sie hat zu-gleich die Eigentümlichkeit, durch die Person, der gegenüber sie besteht (und, wenn keine weiteren Komplikationen gege-ben sind, nur durch sie) abrufbar, einklagbar, aber auch annu-lierbar zu sein.

Ich habe vorhin gesagt, daß Rechte dieser Art an und für sich vormoralisch und vorlegal sind, aber nun können wir uns auch leicht klarmachen, daß die verschiedenen Arten der Verpflichtung sich überlagern können. Wenn wir es für moralisch schlecht halten, daß ein Versprechen gebrochen wird, dann heißt das, daß eine nichtrelative moralische Verpflichtung besteht, die relative Verpflichtung, die wir demjenigen gegenüber haben, dem wir das Versprechen gegeben haben, einzuhalten. Können wir analog sagen, daß dann das Recht des anderen durch ein moralisches Recht verstärkt wird? Bisher nicht, denn wir wissen noch gar nicht, was ein moralisches Recht ist. Die moralische Verstärkung des speziellen Rechts ergibt sich vorerst nur durch die Überlagerung der relativen Verpflichtung durch die moralische Verpflichtung. Ganz analog ist es, wenn relative Verpflichtungen und Rechte durch die legale Sanktion verstärkt werden. Z. B. die Einhaltung einer Vereinbarung – und eine Vereinbarung ist ein wechselseitiges Versprechen – kann ihrerseits durch die rechtliche Sanktion abgestützt werden, und wir sprechen dann von einem Vertrag. (Man kann das Wort »Vertrag« auch in einem laxeren Sinn für die Vereinbarung schon als solche verwenden. Was ist z. B. im internationalen, durch Sanktionen nicht abgestützten Recht mit dem Ausdruck *pacta sunt servanda* gemeint?) Die moralische und die legale Ebene können sich ihrerseits wechselseitig überlagern. Die moralische Norm »Vereinbarungen müssen (im moralischen Sinn des Wortes) eingehalten werden«, kann Grundlage einer entsprechenden strafrechtlichen Norm werden, und das Vertragsrecht kann umgekehrt moralisch beurteilt werden.

Das führt uns zu der wichtigen Unterscheidung zwischen speziellen und generellen Rechten. Ist es sinnvoll, nicht nur die speziellen Rechte durch entsprechende generelle, moralische und/oder legale, zu unterbauen, sondern auch Teile der anderen moralischen und legalen Normen auf Rechte zu beziehen? Da wir jetzt an Hand der speziellen Rechte spezifische Eigentümlichkeiten kennengelernt haben, die in der Rede von Rechten impliziert sind – Rechte sind relativ und einklagbar –, ist eine solche Erweiterung nicht ohne Schwierigkeiten. Wenn ich ein moralisches oder legales Recht auf etwas habe, müßte es, so scheint es, eine moralische bzw. legale Einklagsinstanz geben. Wie eine solche zu denken wäre, ist beim Recht wesentlich leichter ersichtlich als bei der Moral: daß wir ein legales Recht auf etwas haben, scheint zu besagen, daß es eine gerichtliche Instanz gibt, bei der wir es einklagen können.

Welchen Sinn hat es aber überhaupt, von einem Recht »auf etwas« zu sprechen? In der Jurisprudenz wird hier von einem »*ius in rem*« gesprochen im Gegensatz zu dem Personen-relativen Recht der speziellen Rechte, das als «*ius in personam*« bezeichnet wird.[2] Was heißt es z. B., daß ich ein Recht auf Eigentum, auf körperliche Unversehrtheit usw. habe? Es scheint klar, daß auch ein solches Recht, nur in verschleierter Form, Personen-relativ sein muß, aber wie ist diese Relation zu verstehen? Können wir sie einfach, wie Alexy vorschlägt, in direkter Analogie zu der Relation verstehen, die bei den speziellen Rechten vorliegt, so daß ein Recht auf eine »Sache« zu haben, heißt, daß der Staat unter der entsprechenden relativen Verpflichtung steht? Aber sagen wir nicht auch, daß, wenn wir ein solches Recht haben, es *niemandem* erlaubt ist, es zu verletzen? In diesem Fall wären der Adressat der zum Recht gehörigen Forderung alle, »*the world at large*«, wie Feinberg sagt. Aber sind alle eine Einklagsinstanz? So könnte es sich nahelegen, daß die mit einem *ius in rem* gegebene Personen-Relativität doppelt verstanden werden müßte, als Forderung an alle *und* (als deren Vertreter) den Staat. Aber wie wäre dieses »und« zu verstehen, und vermischt sich hier nicht ein spezifisch legales und ein spezifisch moralisches Verständnis des *ius in rem*?

Doch wie wäre ein moralisches Recht ohne eine Einklagsinstanz zu verstehen? So wäre es denkbar, daß ein Moralverständnis, das sich auf Rechte bezieht, von sich aus auf eine Realisierung in einer Rechtsordnung verweist. Die »alle«, an die die moralische Forderung, wenn sie sich denn auf Rechte stützen können soll, erginge, wäre nicht nur die moralische Gemeinschaft, wie ich bisher von ihr gesprochen habe, sondern die Gemeinschaft, sofern man an sie appellieren kann als

2 Vgl. R. Alexy, *Theorie der Grundrechte*, Baden-Baden 1985, S. 172 f.; J. Feinberg, »Duties, Rights and Claims«, American Philosophical Quarterly 3 (1966), S. 139.

eine Instanz, die die Befolgung der moralischen Normen strafrechtlich durchsetzen kann.

H. Bedau hat in einem Aufsatz »International Human
Rights«[3] vorgeschlagen, um sich zu verdeutlichen, was es
heißt, von Menschenrechten zu sprechen, drei Gesellschafts-
modelle zu vergleichen. Die erste Gesellschaft wäre eine Gesellschaft, in der überhaupt nicht von generellen Rechten
gesprochen würde, sondern nur von Pflichten, wie die des Alten Testaments. Ich muß hier ergänzen, daß natürlich auch
eine Gesellschaft dieses Typs die Institution der Verleihung
spezieller Rechte kennt; ohne diese Institution ist eine
menschliche Gesellschaft überhaupt nicht denkbar. Das
zweite Gesellschaftsmodell von Bedau kennt bereits generelle
Rechte, die jedoch durch die Rechtsordnung verliehen werden
und an spezifische Eigenschaften und Rollen der betreffenden
Personen gebunden sind. Im dritten Gesellschaftsmodell
schließlich würden alle Menschen, unabhängig von allen spezifischen Eigenschaften und Rollen, bestimmte Rechte *haben*,
einfach insofern sie Menschen sind.

In dem letzten Schritt von Bedau verbinden sich zwei
Schritte: der Übergang von legalen zu moralischen Rechten
(die auch ungleich sein können), und der Übergang von besonderen generellen Rechten zu universalen Rechten. An dem
dritten Schritt von Bedau zeigt sich jedoch eine weitere
Schwierigkeit, die der Rede von moralischen Rechten – und
dann Menschenrechten – über die vorhin genannte hinaus an-
zuhaften scheint. An Hand der speziellen Rechte hatten wir
nicht nur gesehen, daß Rechte einklagbar sind, d. h. einen
(oder viele) Adressaten haben, sondern auch, daß es zu ihrem
Wesen zu gehören scheint, daß sie geschaffen, verliehen werden. Was kann es dann aber heißen, daß Menschen, einfach
weil sie Menschen sind, bestimmte Rechte »haben«?

Sie könnten mir entgegenhalten, daß es vielleicht unrichtig
ist, alle wesentlichen Charakteristika, die wir bei den speziellen Rechten gefunden haben, auch bei den generellen Rechten

3 In: T. Regan und D. Van de Veer (Hrsg.), *And Justice for All*, Totowa (USA) 1982, S. 287-307, hier 287-90.

zu erwarten. Vielleicht sind generelle und im besonderen moralische Rechte etwas wesentlich anderes und der Begriff des subjektiven Rechts mehrdeutig. Aber selbst wenn man sich die generellen Rechte nicht von den leichter verständlichen speziellen Rechten her verständlich machen müßte, scheint die Auffassung, daß wir bestimmte Rechte einfach haben könnten, merkwürdig. Was soll es heißen, ein Recht, das nicht verliehen worden ist, zu haben? Auch hier bietet die Rede von legalen Rechten geringere Schwierigkeiten, denn bei einem legalen Recht ist klar, daß jemand ein Recht nur hat, insofern es ihm verliehen worden ist, in diesem Fall von der Rechtsordnung. Auch nach dieser Hinsicht läßt sich also die Begriffseinheit mit den speziellen Rechten bei den legalen Rechten leichter verstehen als bei den moralischen.

Um den Umstand zu unterstreichen, daß es sich bei den moralischen Rechten um solche handelt, die wir »haben« und die uns nicht nur von einer Rechtsordnung verliehen worden sind, hat die frühneuzeitliche Menschenrechtstradition von *Naturrechten* gesprochen. Das klingt so, als wären wir mit diesen Rechten geboren und als hätten wir sie, wie wir Organe haben, oder als trügen wir sie wie Goldkörner in unseren Herzen. Einen verständlichen Sinn konnte diese Rede bestenfalls aus theologischer Sicht haben. So heißt es in der nordamerikanischen Unabhängigkeitserklärung, daß alle Menschen von ihrem Schöpfer mit »gewissen unveräußerlichen Rechten« »ausgestattet« worden sind.

Der Grund, warum diese theologische Auffassung leichter verständlich scheint, ist natürlich, daß jetzt auch die Rechte, die wir »von Natur« oder »von vornherein« haben, verliehen sind: von Gott verliehen. Aber letztlich ist auch diese größere Verständlichkeit nur ein Schein. Denn sowohl bei speziellen wie legalen Rechten ist es wesentlich, daß die Instanz, die die Rechte verleiht, identisch ist mit der, bei der sie einklagbar sind. Die von Gott verliehenen Rechte sind jedoch nicht bei ihm einklagbar. Die theologische Auffassung der Menschenrechte als von Gott gestifteter kann also nur den Sinn haben, daß Gott die moralische Ordnung im ganzen gestiftet hat, d. h. die Menschheit als eine moralische Gemeinschaft, dessen Mitglieder diese Rechte wechselseitig beieinander einklagen können: er hätte das ganze System der wechselseitigen Rechte *und Pflichten* gestiftet. Die Rechte hätten dann aber ihren spezifischen Sinn *als Rechte* nur, indem die Mitglieder der Gemeinschaft sie wechselseitig anerkennen. Müssen wir dann aber nicht sagen, daß sogar nach dieser theologischen Auffassung die Rechte von den diese anerkennenden Mitgliedern der moralischen Gemeinschaft wechselseitig verliehen werden und Gott nur als der gedacht ist, der diese Gemeinschaft – also die Moral – ihrerseits gestiftet hat?

Eine ähnliche irreführende Metapher wie die der moralischen Rechte als Naturrechte ist die Kantische Rede von einem »absoluten Wert« aller Personen, die vor kurzem von G. Vlastos aufgenommen worden ist.[4] Vlastos begründet diese Auffassung vom absoluten Wert aller Menschen nicht, er meint jedoch, daß sie unserer Überzeugung von unveräußerlichen Menschenrechten zugrunde liegt. Er geht insofern noch weiter als Kant, weil für Kant die Auffassung vom Menschen als Zweck an sich in der Vernunft gegründet ist; sie liegt daher den moralischen Rechten und Pflichten nicht so sehr zugrunde, als daß sie mit der Überzeugung, daß diese existieren und das heißt mit der Moral der universellen Achtung identisch ist.

Ist es dann aber nicht sinnvoller und klarer, auf die in sich undurchsichtige Rede von absoluten Werten ganz zu verzichten? Bei Vlastos wird besonders deutlich, daß der einzige Sinn der Einführung absoluter Werte darin besteht, die Menschenrechte und d. h. die Moral der universellen Achtung zu unterbauen. Aber dann verlieren wir nichts, wenn wir den Glauben an den absoluten Wert einfach streichen. Der substantielle Sinn dieses Glaubens bleibt derselbe, nämlich daß wir alle Menschen als Rechtsträger anerkennen, und jetzt können wir deutlicher sagen, was sich bereits bei der Interpretation der theologischen Auffassung nahegelegt hat, daß wir selbst es sind, insofern wir uns unter die Moral der universellen Achtung stellen, die allen Menschen die sich aus dieser ergebenden

4 »Justice and Equality«, abgedruckt in: Waldron (Hrsg.), *Theories of Rights*, 41-76.

Rechte verleihen. Auch die moralischen Rechte sind also verliehene Rechte, und die Instanz, die sie verleiht, ist, Kantisch gesprochen, die moralische Gesetzgebung selbst bzw. es sind wir selbst, insofern wir uns unter diese Gesetzgebung stellen. Es ist wegen ihrer Zweideutigkeit besser, die Rede von Naturrechten zu vermeiden; ihr guter Sinn besteht einfach darin, daß es sich hier um Rechte handelt, die, wenn wir sie überhaupt anerkennen, vor aller positiven Rechtssetzung gelten.

Natürlich gibt es doch etwas, das bei dieser Auffassung verloren geht, und ich mache immer wieder die Erfahrung, daß das von vielen bedauert wird: daß nämlich die Moral die Stütze verliert, die sie zu haben schien, solange man der Auffassung war, daß sie von Gott, der Natur oder der Vernunft gestiftet ist. Aber eine solche Stütze ist natürlich fiktiv. Selbst wenn es sie gäbe, hätte sie ja nur den Sinn: wenn ich mich der Natur oder der Vernunft verpflichtet fühle, muß ich moralisch sein, aber inwiefern sollten wir eher ein Motiv haben, uns zur Natur oder zur Vernunft oder zu sonst etwas zu bekennen als zur Moral selbst? Nur die religiöse Auffassung hätte einen guten Sinn, aber sie setzt eine letztlich kindliche Motivation voraus, für die eine absolut gebietende Instanz maßgebend ist.[5]

Damit hätten wir uns jetzt der Einheit des Rechtsbegriffs versichert: die Rede, daß alle Menschen die moralischen Rechte »haben«, ist mißverständlich. Auch die moralischen Rechte sind verliehene Rechte, verliehen von der Moral selbst (oder, da auch das mißverständlich ist, von uns, sofern wir uns moralisch verstehen). Genauer müßten wir jetzt sagen: wenn

5 In Chile z. B. wird einem, wenn man so zu argumentieren versucht, entgegengehalten: »Aber woran können wir dann appellieren, um zu vermeiden, daß sich das Geschehene wiederholt?« Aber Hitler, Stalin und Pinochet und ihre Henkersknechte haben sich von solchen Berufungsinstanzen genausowenig beeindrucken lassen wie von der Moral selbst, und das einzige, wodurch sich vermeiden läßt, daß sich die Verbrechen immer wieder ereignen, ist, daß möglichst viele Menschen an die Menschenrechte glauben bzw. sich moralisch verstehen. (Vgl. auch P. Sieghart, *The Lawful Rights of Mankind*, Oxford 1985, S. 40).

es überhaupt moralische Rechte gibt, sind sie in dieser Weise verliehen. Aber gibt es sie?

Erst nachdem deutlich geworden ist, wovon es abhängt, ob es solche Rechte gibt, haben wir jetzt ein Beurteilungskriterium, um klären zu können, erstens, ob es sie überhaupt gibt, und zweitens, welche derartigen Rechte anzuerkennen sind. Wenn nämlich die Rechte von der Moral verliehen sind, falls es sie überhaupt gibt, kann diese Frage nur von daher beantwortet werden, von woher, wie wir in der letzten Vorlesung gesehen haben, alle moralischen Fragen zu beantworten sind: wie wollen wir von einem unparteilichen Standpunkt aus, daß sich alle verhalten? Freilich bildet natürlich der *Begriff* des subjektiven Rechts und seine Implikationen eine zweite einschränkende Bedingung. Diese zwei Orientierungspunkte sind jedoch nicht ganz unabhängig voneinander. Wir haben vorhin gesehen, daß es Schwierigkeiten bereiten könnte, den Begriff der subjektiven Rechte, wie wir ihn an Hand der speziellen und der legalen Rechte gewonnen haben, aufs Moralische anzuwenden. Inzwischen hat sich gezeigt, daß auch moralische Rechte verliehen werden. Es ist jedoch noch offen, ob bzw. wieweit sie einklagbar sind. Hier wäre es denkbar, daß der Begriff des subjektiven Rechts im Bereich des Moralischen etwas modifiziert werden müßte: daß wir nicht alle Aspekte, die wir bei den speziellen und legalen Rechten gefunden haben, im Moralischen beibehalten werden können. Das heißt, wir können es jetzt offenlassen, ob man zwischen einem schwächeren und einem stärkeren Begriff der subjektiven Rechte unterscheiden muß und ob im moralischen Bereich nur der schwächere gilt. Das ist die Stelle, wo sich die begriffliche Frage mit dem moralischen Beurteilungskriterium schneidet: denn es ist das Beurteilungskriterium, von woher sowohl zu entscheiden ist, ob die Rede von moralischen Rechten überhaupt vom unparteilichen Standpunkt wünschenswert ist, als auch, ob es von diesem Standpunkt aus wünschenswert ist, daß wir die moralischen Rechte auch als Rechte im starken Sinn verstehen.

Wir haben jetzt gegenüber den anfänglichen unsicheren begrifflichen Überlegungen eine klare Marschroute. Die erste

Frage ist, ob es überhaupt moralische Rechte geben soll, und dazu genügt es, die Rede in einem schwachen Sinn zu verstehen. Als schwach können wir jetzt denjenigen Begriff eines allgemeinen subjektiven Rechts bezeichnen, demzufolge dieses nicht einklagbar ist. Was macht es sinnvoll, in der Moral mindestens in diesem schwachen Sinn von Rechten zu sprechen? Ich habe z. B. das Recht, nicht verletzt zu werden, und dieses *ius in rem* besagt, daß alle anderen verpflichtet sind, mich nicht zu verletzen. Was ist, wenn wir hier von einem Recht sprechen, mehr gesagt, als daß alle die entsprechende Pflicht haben? Erstens, daß jetzt jeder nicht nur die Pflicht hat, sich mir gegenüber so und so zu verhalten, sondern daß er als Basis dieser Pflicht das relative Recht anerkennt, das ich ihm gegenüber (ebenso wie gegenüber allen anderen) habe. Wir können deswegen auch sagen, daß er es mir *schuldig* ist, sich mir gegenüber so zu verhalten. Ich kann mein Recht zwar nicht einklagen, aber einfordern als etwas mir Zustehendes und vom Wohlwollen der anderen nicht Abhängiges. Die Metapher vom Zügel ist auch hier anwendbar. Wenn wir den anderen als Rechtssubjekt anerkennen, denken wir ihn uns so, daß er unbestimmt viele unsichtbare Zügel in der Hand hält, an die wir, als Mitglieder der moralischen Gemeinschaft, gebunden sind und an die er uns gegebenenfalls erinnern kann.

Das ist vielleicht nicht viel, aber es ist etwas; der andere wird jetzt als Subjekt (Rechtssubjekt) und nicht als bloßes Objekt unserer Pflichten angesehen, wir verstehen unsere Pflicht als Reflex auf sein Recht. Und wenn wir uns nun fragen, ob diese Verstärkung der Moral aus der unparteilichen Perspektive des Betroffenen wünschenswert ist, so kann die Antwort nur positiv lauten, und daher *gibt es* (so rasch kann man hier auf die Existenz schließen) diese Rechte, und ich war also berechtigt, die Moral des kategorischen Imperativs von vornherein so zu verstehen. Überhaupt wird jetzt auch schärfer unterstrichen, was freilich im kategorischen Imperativ von vornherein enthalten war, daß nunmehr alles aus der Perspektive derer, die die Rechte haben, beurteilt wird. Obwohl der Begriff des Rechts auf dem der Verpflichtung aufruht, ist es inhaltlich so, daß die Pflichten aus den Interessen und Bedürfnissen und den aus diesen folgenden Rechten sich ergeben: die Rechte *folgen* aus den Bedürfnissen, wenn dies bei unparteilicher Beurteilung als wünschenswert erscheint.

Beachten wir jetzt noch, daß, je nachdem wir die Verpflichtung aus der Perspektive der Verpflichteten oder aus der der Berechtigten sehen, sich eine spiegelbildlich verkehrte Beziehung zwischen einem und allen ergibt. Der Verpflichtete ist allen gegenüber verpflichtet. Der Berechtigte hat seine Rechte allen gegenüber. Das mag zunächst nebensächlich erscheinen, da die Rechte und Pflichten wechselseitig zu bestehen scheinen, aber das stimmt nicht, weil z. B. Kleinkinder nur Rechte und keine Pflichten haben. Die Wechselseitigkeit besteht nur im Kernbereich der moralischen Gemeinschaft, an den Rändern gibt es nur Rechte, und nirgends gibt es nur Pflichten.

Wir sind jetzt aber so weit, daß wir den entscheidenden Schritt tun können, der die Frage betrifft, ob auch starke moralische Rechte erstens denkbar und zweitens wünschenswert sind. Die eigentümliche Schwäche des Begriffs des moralischen Rechts, wie ich ihn eben dargestellt habe, besteht darin, daß der, der das Recht hat, dieses zwar einfordern kann, aber über den Appell an die moralische Ordnung hinaus über keine Mittel verfügt, dieser Forderung Nachdruck zu verleihen. Die Zügel bestehen aus einem sehr ätherischen Material, während man bei den speziellen Rechten seiner Forderung wenigstens dadurch Nachdruck verleihen kann, daß man das Spiel sonst abbricht, und bei den legalen Rechten ist die Sanktion ohnehin offenkundig. Der Umstand, daß die Forderung der Berücksichtigung der moralischen Rechte gegenüber allen besteht, schwächt sie, aus der Perspektive dessen, der das Recht hat, dadurch noch zusätzlich ab, daß jeder sich sagen kann: wenn ich ihn nicht schädige, wird ihn ein anderer schädigen. Es gibt bisher keine Instanz, die dafür sorgt, daß alle ihre Pflichten einhalten und bei der ich meine Rechte einklagen kann.

Man kann nun sagen: aus meinem Recht, z. B. auf körperliche Unversehrtheit, ergibt sich außer der Forderung, die ich gegenüber *allen einzelnen* habe (sich zu enthalten), eine Forderung an *alle gemeinsam*, nämlich mich zu schützen und zusammen eine Instanz zu bilden, bei der ich mein Recht einklagen kann und das ihm Nachdruck verleiht. Es bestünde also eine *moralische* Verpflichtung zur Schaffung einer *legalen* Instanz, als einheitliche Vertretung aller, und das heißt, es ergäbe sich eine moralische Forderung zur Schaffung eines (in seinen Aufgaben von daher zu definierenden) Staates. Das moralische Recht läßt sich also durchaus im starken Sinn verstehen, aber nur so, daß sich daraus eine kollektive moralische Pflicht ergibt, eine entsprechende legale Rechtsinstanz zu institutionalisieren. Wir müssen uns also weiter fragen, ob eine solche legale Verstärkung des moralischen Rechts aus der unparteilichen Perspektive eines jeden wünschenswert ist. Der, der ein Recht auf X haben will, will nicht nur, daß andere einzeln verpflichtet sind, es ihm nicht streitig zu machen, sondern er will, daß die anderen auch kollektiv verpflichtet sind, sein Recht zu schützen, denn ein Recht, das nicht geschützt ist, ist wenig wert. Also folgt, daß es das starke moralische Recht, das ein entsprechendes legales Recht impliziert, in dieser moralischen Ordnung auch wirklich gibt.

Diese moralische Rechtfertigung des Staates unterscheidet sich von der üblichen Rechtfertigung des Staates aus dem egoistischen Interesse eines jeden. Auf dieser ersten Ebene laufen aber beide Weisen der Rechtfertigung inhaltlich auf dasselbe hinaus, weil wir bei allen, die sich aus kontraktualistischen Gründen auf einen Staat einigen, voraussetzen können, daß sie diese Interessen haben. Der Staat, wie er sich auf dieser ersten Stufe ergeben hat, auf der ich zunächst nur das Schützen von sogenannten Abwehrrechten berücksichtigt habe, ist sogar identisch mit dem der liberalen kontraktualistischen Staatsbegründung: auch bei Locke ergibt der Schutz der auch von ihm als moralische Rechte angesehenen Abwehrrechte und die Einführung eines entsprechenden Strafrechts die Begründung des Staates. Aber wir werden gleich sehen, daß sich, so wie sich die Moral der Achtung vom Kontraktualismus unterscheidet, die Wege der Begründung des Staates, wie sie sich aus der moralischen und aus der kontraktualistischen Perspektive ergeben, bald trennen.

Ein Punkt, an dem sich schon hier das moralische Konzept vom kontraktualistischen unterscheidet, ist, daß das kontraktualistische Konzept das Recht ganz auf die Beziehung des Rechtsträgers zum Staat verlegen muß, wie wir es vorhin bei Alexy gesehen haben, während die moralische Begründung eine doppelte Ausstrahlung der Rechte ins Auge fassen muß: das Recht besteht primär gegenüber allen anderen Individuen, und nur sekundär, sofern diese ihre Pflichten verletzen, also aushilfsweise gegenüber dem Staat. Diese Relation von zwei Beziehungen, von denen die zweite immer nur auf den Plan tritt, wenn die erste ausfällt, also aushilfsweise, wird sich im folgenden noch mehrfach wiederholen. Wenn ich von einer »doppelten Ausstrahlung« spreche, so hat das einfach den Sinn, daß das relative Recht erstens gegenüber allen einzelnen besteht, und zweitens, aushilfsweise, gegenüber dem Kollektiv. Erst auf dieser zweiten Ebene ist es einklagbar, aber das genügt auch. Wie Henry Shue zeigt, dem ich den Hinweis auf diese zwei Ebenen von Pflichten verdanke, die jeweils *einem* Recht entsprechen, ist es um einen Staat schlecht bestellt, wenn die erste Ebene weitgehend erodiert ist; in dem Maße, in dem das der Fall ist, muß der Staat zu einem Polizeistaat werden.[6] Shue hat nun darüber hinaus auch gezeigt, daß es noch eine dritte Ebene der Pflichten gibt, die sich aus ein und demselben Recht ergeben, nämlich die der Verpflichtung, denjenigen zu Hilfe zu kommen, bei denen das Übel trotz des Schutzes eingetreten ist (52 f., 56 f.). Diese Pflicht, die ebenfalls primär als eine Pflicht des Kollektivs, des Staates zu verstehen ist, weil die Aufgabe für einzelne zu groß ist, scheint ebenfalls den moralischen Test der Wünschbarkeit aus unparteilicher Perspektive zu bestehen, also muß das moralische Recht auch in diesem Sinn als verstärkt gedacht werden. Hier befinden wir uns jedoch bereits an der Stelle, an der vom Staat mehr verlangt wird, als es in der liberalen Tradition geschieht.

Machen wir uns noch eine weitere Merkwürdigkeit der liberalen Theorie der Menschenrechte klar, die sich nicht einmal aus ihrem kontraktualistischen Ansatz ergibt. Die Menschenrechte werden in dieser Tradition primär als Abwehrrechte

6 H. Shue, *Basic Rights*, Princeton 1980, S. 62.

gegenüber Eingriffen des Staates verstanden, und nur höchst zögerlich werden sie auch als allgemeine Schutzrechte verstanden. Das läßt sich nur aus der vorrevolutionären Entstehungsgeschichte der Menschenrechte (Magna Charta usw.), in der die Zwecke des Staates selbst offengelassen wurden, verstehen. So entscheidend wichtig jedoch derjenige Schutz der Menschenrechte ist, der ausschließlich auf Eingriffe des Staates selbst gerichtet ist, angefangen mit dem Recht, nicht willkürlich verhaftet zu werden, und dem Recht auf einen fairen Prozeß (*due process*), so ist doch eine solche Beschränkung dann nicht mehr sinnvoll, wenn einmal der Staat als eine Einrichtung der Bürger selbst angesehen wird, die diese sich schaffen, gerade um ihre Rechte wechselseitig zu schützen.[7]

Daß Alexy nur mühsam auch solche »Leistungsrechte« anerkennt, die dem Schutz der Bürger vor den anderen Bürgern dienen[8], hat freilich noch den zur liberalen Tradition gehörigen weiteren Grund, daß der Staat möglichst wenig Geld kosten soll. Aber das rechtverstandene Interesse an einem »minimalen Staat« besteht sogar in der liberalen Tradition nur darin, daß der Staat ausschließlich den (freilich rein negativ verstandenen) Interessen seiner Bürger dienen soll. Die Idee, daß es Rechte geben kann, denen der Staat einfach dadurch nachkommen kann, daß er sich nur aller Eingriffe enthält, ist, wie ebenfalls Shue eindrücklich zeigt (35 ff.), ohnehin eine Fiktion. Selbst wenn die Rechte sich nur auf diejenigen gegen die Eingriffe des Staates beschränken, müßte der Staat, durch die Einrichtung von entsprechenden Gerichten usw., für den

---

7 Die vorrevolutionäre Geschichte der Menschenrechte in der deutschen Jurisprudenz macht verständlich, wieso diese besonders hartnäckig an dieser einseitigen Auffassung festhält, die eigentlich schon im Liberalismus überwunden wurde, wie man sogar an der Darstellung bei Alexy sieht. Wesentlich ausgewogener bzw. schwankender ist z. B. schon in dieser Hinsicht die Auffassung, die der englische Experte für internationales Menschenrecht P. Sieghart (der Verfasser von *International Law of Human Rights*, Oxford 1983) in seinem einführenden Buch *The Lawful Rights of Mankind* (Oxford 1985) vertritt.

8 Vgl. den Abschnitt über »Rechte auf Schutz«, S. 410 ff.

Schutz der Bürger etwas *tun*, sich etwas kosten lassen. Von einer moralischen Begründung des Staates vom Schutz der Rechte der Bürger her gesehen erscheint es selbstverständlich, daß der Staat aus menschenrechtlichen Gründen zur Einrichtung einer strafrechtlichen Jurisdiktion verpflichtet ist. Ist das aber einmal zugestanden, so ist nicht zu sehen, wieso der Staat nicht darüber hinaus auf Grund der Anerkennung derselben Rechte, erneut aushilfsweise, dazu verpflichtet sein soll, denjenigen, die er nicht schützen konnte, auch positiv zu helfen. Zu beachten ist, daß es sich bisher immer noch lediglich um die Sicherung der körperlichen Unversehrtheit handelt, sofern diese von Individuen, vor denen der Staat seine Bürger nicht schützen konnte, verletzt wurde.

Freilich legt sich jetzt sofort ein weiterer Schritt nahe, den Shue mit Recht vorschlägt (57): der Staat ist auch dann verpflichtet, seinen Bürgern mit Bezug auf ihre körperliche Unversehrtheit zu helfen, wenn diese nicht durch andere Bürger verletzt worden sind, sondern etwa durch Naturkatastrophen. Das ist freilich der erste Schritt, der nun eindeutig über die Grenzen der liberalen Menschenrechtstradition hinausreicht. Aus der moralischen Perspektive, aus der unparteilichen Perspektive der Wünschbarkeit eines Beliebigen, ergibt er sich jedoch mit Notwendigkeit. Die moralische Perspektive darf ja nicht so verstanden werden, daß die Interessen der Nichtbetroffenen und der Betroffenen zu einem Ausgleich, einem Kompromiß zu bringen wären – das wäre ein kontraktualistischer Standpunkt –, sondern auch der Nichtbetroffene urteilt, indem er den moralischen Standpunkt einnimmt, daß den von einem Mißgeschick Betroffenen geholfen werden muß.

Das erscheint jetzt so selbstverständlich, daß man sich umgekehrt fragen muß, warum es in der liberalen Tradition nicht gesehen wurde. Der Grund kann nicht mehr im Verständnis des Rechts liegen, sondern nur noch in der zugrunde liegenden Moral, denn dieser Fall unterscheidet sich vom vorigen nur dadurch, daß die Betroffenen im vorigen Fall von anderen verletzt worden waren, im jetzigen nur hilfsbedürftig sind; die beiden Fälle unterscheiden sich also nur durch das, was die Hilfsbedürftigkeit verursacht hat. Inwiefern soll ein Recht auf

Wiedergutmachung bestehen, aber nicht auf Hilfe als solche? Da alle Rechte, die wir dem Staat gegenüber haben, etwas kosten, also Leistungsrechte sind, und es in diesem Sinn keine rein »negativen« Rechte gibt, verweist der angebliche Unterschied zwischen negativen und positiven Rechten dem Staat gegenüber auf einen entsprechenden Unterschied der moralischen Rechte im schwachen Sinn, d.h. den einzelnen gegenüber, und das heißt auf den Unterschied der negativen und positiven Pflichten einzelner. Dieser Unterschied besteht in der Tat aus der Perspektive der einzelnen, die Pflichten haben, einfach deswegen, weil ich meine negativen Pflichten allen gegenüber erfüllen kann, positive Pflichten aber nur gegenüber einigen wenigen. Wir haben jedoch vorhin schon gesehen, daß moralische Fragen, sobald wir sie als Fragen der Rechte verstehen, aus der Perspektive der Betroffenen entschieden werden müssen, und aus der Perspektive der Betroffenen besteht kein so wesentlicher Unterschied, ob ihre körperliche Unversehrtheit durch andere Menschen oder durch andere Umstände verletzt worden ist, und eben deswegen müssen wir sagen: alle anderen haben die Pflicht, sich zusammenzutun und über den Staat Abhilfe zu schaffen bzw. den vorhandenen Staat moralisch umzudefinieren.

Wir können uns die Situation am besten am Fall der Kinder verdeutlichen, die von vornherein und zuerst sogar absolut hilfsbedürftig sind, und wir alle, auch der Vertreter des *lack of moral sense*, haben als Kinder angefangen. Hat ein Kind nicht ein Recht auf Unterstützung: Schutz, Ernährung, eine angemessene Umgebung, in der es gedeihen und wachsen kann usw.? Man übersieht diesen so offensichtlichen Umstand nur deswegen so leicht, weil es im allgemeinen die Eltern sind, die diese positive Pflicht erfüllen. Aber sind wir nicht der Meinung, daß, wenn die Eltern ihrer Pflicht nicht nachkommen, wir anderen, also die Gesellschaft – der Staat – die Pflicht hat, sie ihnen wegzunehmen und sich ebenso aushilfsweise um sie zu kümmern, wenn die Kinder keine Eltern haben? Die Alternative ist Verwahrlosung und Tod. Auch hier muß der Staat nur aushilfsweise einschreiten, aber das heißt natürlich nicht, daß das Recht der Gemeinschaft gegenüber nur aushilfsweise besteht, sondern das Recht besteht immer, und es besteht eben darin, daß dem Kind aushilfsweise von der Gemeinschaft geholfen wird, und eben das gilt auch bei allen anderen hilfsbedürftigen Personengruppen.

Aus der Perspektive eines Kleinkindes ist das »positive« Recht das primäre, und daß es außerdem gegen Verletzungen geschützt werden muß, ist in das positive Recht eingebettet. Müssen wir dann aber nicht sagen, daß aus einer Rechtsperspektive die positiven Rechte überhaupt die primären sind und lediglich überall dort zurücktreten, wo die Person sich selbst helfen kann? Wir erwarten von jedem, der sich selbst helfen kann, daß er das auch tut, und die meisten wollen das auch, und hier liegt ein Grund für den Primat der negativen *Pflichten*. Normalerweise will jeder sich selbst helfen bzw. sich auch dann, wenn er hilfsbedürftig ist, weitestgehend selbst helfen. Deswegen muß auch die Hilfe, wenn sie erforderlich ist, in erster Linie Hilfe zur Selbsthilfe sein; das folgt aus dem Bedürfnis nach Autonomie und der sich daraus ergebenden Verpflichtung der Anerkennung der Autonomie. (Schon einem einjährigen Kind ist jede Hilfe, die zu weit geht und oft auch die, die nicht zu weit geht, lästig, und fast jeder Alte, Kranke oder Behinderte empfindet Hilfe als demütigend und will alles, was er nur kann, selbst tun, oft über die Grenzen des Möglichen hinaus.) Eben deswegen ist jede Hilfe etwas, was nur aushilfsweise erfolgen muß, und darin besteht der Unterschied zu den negativen Pflichten, aber das heißt eben nicht, daß die Pflicht nur ausnahmsweise gilt; es ist nur ihre Wahrnehmung, die ausnahmsweise gilt.

Daß sie nur aushilfsweise abgerufen wird, hat, wie jetzt deutlich geworden ist, einen doppelten Sinn: erstens sind nur diejenigen hilfsbedürftig, die sich nicht selbst helfen können (und man könnte hier das Wort »können« sogar weglassen, weil die Menge derjenigen, die können, aber es nicht tun, gering ist; das ist ein von konservativer Seite aufgebauschtes Problem); zweitens liegt, wo es sich um einzelne Hilfsbedürftige handelt und nicht ganze Gruppen betroffen sind, die Pflicht erst einmal bei den Angehörigen – der klarste Fall ist die Pflicht der Eltern –, und nur wo diese Pflicht versagt (nicht nur in Einzelfällen, sondern gegebenenfalls ganzen Kategorien gegenüber, wie in unserer Zeit gegenüber den Alten), geht sie auf die Gemeinschaft, den Staat über.

Es ist eine Merkwürdigkeit der modernen Moral, daß wir diese Zusammenhänge, die in vormodernen Gesellschaften meist selbstverständlich schienen[9], uns erst wieder klarmachen müssen. Dabei ergeben sie sich ganz natürlich aus der Anwendung des Kantischen Beurteilungsprinzips. Wieso sind sie dann von Kant nicht gesehen worden? Wieso fristete das grundlegende Recht auf Hilfe in den Kantianischen und weitgehend allen modernen Ethiken so eine Randexistenz, daß eine Pflicht zu helfen, sei es als »supererogatorisch« angesehen wird (und das soll u. a. heißen, daß kein Rechtsanspruch besteht), sei es nur bestehen soll, wenn sie keine besondere Mühe kostet? Soll man antworten: weil der Rekurs auf den Staat nicht gesehen wurde? Aber auch in der bürgerlichen Moral ist der Rekurs auf den Staat erfolgt, jedoch unter ausschließlicher Orientierung an den negativen Pflichten. Warum? Man kann hier vielleicht sagen, daß die marktorientierte, kapitalistische Ökonomie es nahelegte, von der für die Ideologie des Kapitalismus maßgebenden Fiktion auszugehen, daß die Gesellschaft nur aus erwachsenen und arbeitsfähigen Männern besteht, die im Normalfall alle für sich selbst sorgen können, und Hilfsbedürftigkeit ein Randphänomen ist; wer mittellos ist, ist normalerweise selbst schuld. So konnte Kant zu einer Moral kommen, die sich vom Kontraktualismus nicht inhaltlich unterscheidet. Der Kontraktualismus ist jedoch, auch wenn man von seinen formalen Defiziten absieht, eine Moral der Starken. Die Hilflosen fallen durch das Netz des Kontraktualismus durch, und wenn die Starken mit den Schwachen zu einer Regelung kommen, wie sie sich aus einem Kontrakt ergäbe, das Ergebnis aber dann als Moral mit gleichen Rechten ins Auge gefaßt wird, kommen diese Rechte inhaltlich ungefähr so heraus, wie sie in der Kantischen Moral erscheinen.[10]

9 Vgl. Shue 28.
10 Die Frage, ob wir moralische Pflichten gegenüber Tieren haben, wird häufig auch in der Weise diskutiert, daß gefragt wird, ob

Innerhalb der verfassungsrechtlichen Diskussion über die Menschen- oder Grundrechte spielt traditionell der Freiheitsbegriff die grundlegende Rolle. Die dahinterstehende Ideologie war einmal, daß der Mensch im »Naturzustand« – ohne Staat – im Prinzip frei wäre; er hat bei der Gründung eines Staates einen Teil seiner Freiheit an diesen abgegeben; die Aufgabe des legitimen Staates besteht darin, die Freiheit der Individuen wechselseitig zu sichern, sofern sie nicht die Freiheit der anderen behindert, und wenn der Staat bei der Wahr-

Tiere auch Rechte haben. Ich hatte früher gedacht, daß das eine Erweiterung des Rechtsbegriffs ist, die nicht sinnvoll ist, weil es wesentlich für die Rede von Rechten ist, daß diese einklagbar sind. Der Tierethiker schien sich damit nur eine zusätzliche Argumentationslast aufzubürden, die unnötig schien, weil sich die Tierethik scheinbar ebensogut ausschließlich mit dem Begriff der Pflichten aufbauen ließe, und es ist gewiß richtig, daß nicht allen Pflichten Rechte entsprechen. Auf der anderen Seite ist es auch bei Kindern durchaus sinnvoll, von Rechten zu sprechen, die von ihnen selbst nicht eingeklagt werden können, und in der Literatur wird mehrfach auf diesen Umstand verwiesen, daß die Rede von Rechten nicht voraussetzt, daß die Rechte eines Individuums von diesem selbst einklagbar sein müssen (vgl. z. B. H. D. Aiken, »Rights, Human and Otherwise«, Monist 1968, S. 502 ff., hier S. 508). Nun habe ich in der 9. Vorlesung offengelassen, ob wir die Tiere in die Moral einbeziehen müssen. Ist das aber einmal zugestanden, so ist leicht zu sehen, daß sich gegenüber Tieren analoge Probleme ergeben wie die, die im Text dieser Vorlesung ausgeführt sind. Das primäre Subjekt der Verantwortung dafür, daß Tiere nicht mißhandelt werden, muß das Gemeinwesen sein; auch die Tiere müssen, wenn die moralische Verpflichtung ihnen gegenüber einmal zugestanden ist, Rechte haben, die einklagbar sind. Es ist der Staat, der Tierexperimente und grausame Tierhaltung verbieten müßte. Auf der anderen Seite wird man kaum Pflichten zum Schutz von Tieren gegenüber Schäden anerkennen wollen, die nicht von Menschen verursacht sind. Daran scheint sich erneut die Unsicherheit zu zeigen, in der wir uns gegenüber der ganzen Problematik der Tierethik befinden. Wenn moralische Pflichten gegenüber Tieren bestehen, scheinen diese sich auf die negativen Pflichten zu beschränken und auf ein Recht auf Hilfe nur dort, wo diese negativen Pflichten verletzt worden sind.

nehmung dieser Aufgabe die Freiheit einzelner einschränkt, ist er dabei an diejenigen Freiheiten der anderen gebunden, die in den Grundrechten festgelegt werden. Sogar Alexy schreibt: »Grundrechte sollen Freiheit sichern« (200), und deswegen müsse sogar »das Hauptargument für soziale Grundrechte« »ein Freiheitsargument« sein (458). Die einseitige Orientierung an Freiheit ist jedoch sogar für die liberale Tradition falsch, weil insbesondere das Recht auf Leben und körperliche Unversehrtheit kein Freiheitsrecht ist.[11] Außerdem ist natürlich die Idee eines Naturzustandes deswegen ein vom moralischen Standpunkt gesehen schlechter Mythos, weil er ausschließlich von den Erwachsenen ausgeht, die sich um sich selbst sorgen können. Kein Individuum hätte je überleben können, wenn es nicht in eine Gemeinschaft hineingeboren wäre. Gleichwohl muß man natürlich die Freiheit und Autonomie des Individuums als ein zentrales Gut ansehen und deswegen das Bedürfnis, in seiner Freiheit geschützt zu werden, als ein zentrales moralisches Recht. Grundlegend für die Frage, welche Rechte man hat, kann aber nur der Begriff des Bedürfnisses (oder Interesses) sein.[12] Der Stellenwert der Freiheit bliebe in der Luft, wenn sie nicht eine der moralisch anzuerkennenden Grundbedürfnisse eines Individuums ist, ebenso wie das der körperlichen Unversehrtheit, aber auch z. B. das auf Hege und Pflege im Fall der Hilfsbedürftigkeit und der Erziehung in der Phase der Kindheit (*upbringing* würde man weniger autoritär im Englischen sagen) sowie das der politischen Partizipation. Der Freiheitsbegriff kann der Auflistung der Grundrechte nicht vorangestellt werden. Neuerdings ist deswegen vielfach der Begriff der Menschenwürde an seine Stelle getreten, so in Artikel 1 der Universellen Erklärung der Menschenrechte der Vereinten Nationen von 1948, ebenso in Art. 1,1 der Verfassung der Bundesrepublik Deutschland von 1949. Allerdings könnte das leicht als Leerformel erscheinen, wenn die Würde eines Menschen anerken-

11 Vgl. Shue 182 (Anm. 14).
12 Vgl. H. Bedau, »The Right to Life«, *The Monist* 1968, S. 571; Shue S. 18.

nen heißt, ihn als Rechtssubjekt anerkennen. Wir werden uns fragen müssen, ob der Rekurs auf die Würde des Menschen mehr hergeben kann als diesen zirkulären Rückverweis auf die Rechte.

Vorher lohnt es sich, sich Alexys These näher anzusehen, daß diejenigen Rechte, die nicht Freiheitsrechte sind, also die sogenannten »sozialen Rechte« durch eine Erweiterung des Freiheitsbegriffs selbst zu begründen wären. Alexy greift hier auf eine der Unterscheidungen zwischen negativer und positiver Freiheit zurück. Nicht gemeint ist diejenige, z. B. bei Kant und Hegel vorkommende, Rede von einer positiven Freiheit als »Freiheit zu«, derzufolge z. B. nur derjenige frei wäre, der moralisch ist.[13] Dieser Begriff von positiver Freiheit ist abzulehnen, weil es irreführend ist, ein Verhalten, das an etwas gebunden und insofern nicht frei ist, frei zu nennen. Hingegen gibt es in der angelsächsischen Philosophie eine Unterscheidung von negativer und positiver Freiheit, die von Alexy in anderer Terminologie aufgenommen wird und die sinnvoll ist. Die Unterscheidung ist leichter verständlich, wenn wir den negativen Fall berücksichtigen. Eine Person ist gemäß dieser Unterscheidung unfrei im negativen Sinn dann und nur dann, wenn sie von anderen gehindert wird (Zwang), sie ist hingegen unfrei im weiteren, positiven Sinn, wenn sie nicht die Fähigkeit und die Ressourcen hat zu handeln. F. Hayek hat das anschauliche Beispiel gegeben, daß z. B. ein Bergsteiger, der in eine Felsspalte gestürzt ist, im negativen Sinn frei ist, herauszukommen, weil ihn niemand daran hindert, während er im positiven Sinn nicht frei ist herauszukommen, weil er es nicht kann.

Gemäß dieser Unterscheidung sind die klassischen Freiheitsrechte allesamt Rechte negativer Freiheit. Alexy scheint

13 Eine gute Zusammenstellung findet sich bei Alexy selbst auf S. 197. Speziell zu Hegel vgl. mein *Selbstbewußtsein und Selbststimmung* S. 349 f. und zu Heidegger mein *Der Wahrheitsbegriff bei Husserl und Heidegger* S. 382 ff. Sowohl bei Hegel wie bei Heidegger laufen die positiven Freiheitsbegriffe auf eine Negation von Freiheit im üblichen Sinn hinaus, während bei Kant das Verhältnis beider offenbleibt.

negative und positive Unfreiheit geradezu als »rechtliche« und »ökonomische Unfreiheit« zu bezeichnen und trifft damit jedenfalls das zentrale Problem. Weltweit gesehen lebt ein großer Teil der Menschheit ökonomisch unfrei, das heißt ihnen fehlt der Zugang zu Ressourcen, die es ihnen ermöglichten, sei es sich überhaupt am Leben zu erhalten, sei es auf »menschenwürdige« Weise: viele haben nicht die positive Freiheit, das zu tun, was nötig ist, um sich und ihre Kinder am Leben zu erhalten. Diese Unfreiheit besteht innerhalb des weltweiten kapitalistischen Systems nicht einfach darin, daß ein Teil der Menschen die Ressourcen nicht hat, sondern die vorhandenen Ressourcen befinden sich in den Händen der Reichen, die in ihrem Besitz durch ein moralisch gesehen einseitiges Strafrecht gesichert sind und die von daher eine Machtstellung haben, von der aus sie die Armen ausbeuten können, soweit diese überhaupt am vorhandenen Reichtum teilnehmen können. In Wirklichkeit handelt es sich also um keine rein positive Unfreiheit, sondern, indem die Armen am Zugang zu den Ressourcen gehindert werden, um ein Gemisch von positiver und negativer Unfreiheit.[14]

Die Gewinnung von minimalen positiven Freiheitsspielräumen, in denen alle Menschen befähigt werden, sich selbst um ihr Wohl zu kümmern, soweit sie dazu in der Lage sind, erscheint aus moralischer Perspektive als ein ebenso grundlegendes Recht wie das auf körperliche Unversehrtheit und gewisse negative Freiheitsrechte. Aber Alexy irrt sich, wenn er meint, daß er die sozialen Rechte im ganzen als erweiterte Freiheitsrechte verstehen kann, weil zur Lebenserhaltung nicht nur äußere Bedingungen gegeben sein müssen (Ressourcen), sondern auch eigene Fähigkeiten. Wer zu jung oder zu alt ist oder krank oder behindert, kann sich, auch wenn er die Ressourcen hätte, nicht selbst helfen. Daher erscheint es ausgeschlossen, lediglich durch die Erweiterung des Freiheitsbegriffs eine menschenwürdige Existenz aller Personen menschenrechtlich

14 Ausführlicher bin ich auf diese Problematik eingegangen in meinem Aufsatz »Liberalism, Liberty and the Issue of Economic Human Rights« (1988), in: *Philosophische Aufsätze* 352-370.

zu sichern. Gleichwohl erscheint mir Alexys Versuch, dies so weit wie möglich zu tun, wertvoll, nicht weil, wie er meint, die Sicherung von Freiheit für das Gesamtverständnis der Menschenrechte maßgebend wäre, sondern weil die weitestgehende Autonomie ein Grundbedürfnis der Menschen ist und deswegen alle Hilfe, soweit wie möglich, eine Hilfe zur Selbsthilfe sein sollte. Noch einmal wiederholt sich hier die Rede von »aushilfsweise«. Nur bei denjenigen, die sich auch dann nicht helfen können, wenn ihr Recht auf Arbeit gesichert ist, muß eine menschenwürdige Existenz in direkter Weise gesichert werden, aber auch dies auf eine Weise, daß den Betreffenden, insbesondere z. B. den Behinderten, Gelegenheit zum Erlernen und Ausüben von ihnen möglichen Tätigkeiten geboten wird. Die Rechte auf Alters-, Krankheits- und Unfallversorgung sind keine Freiheitsrechte.

Es gibt drei Standardeinwände gegen die Anerkennung von Sozialrechten. Der erste lautet, daß diese Rechte schon deswegen nicht vorbehaltlos gesichert werden können, weil dies vom Reichtum der Nation abhängt. Dieses Argument wirkt jedoch in fast allen Ländern der Welt, die erhebliche Summen für Militär (das »Recht auf Sicherheit«) ausgeben und in denen Reichtum vorhanden ist und nur durch Steuern und Landreform umverteilt werden müßte, schwach.

Zweitens wird darauf hingewiesen, daß die Grundrechte, da sie justiziabel sein müssen, eindeutig sein müssen. Die sozialen Grundrechte, z. B. das Recht auf ein menschenwürdiges Existenzminimum, erfordern aber willkürliche Festsetzungen. Dieses Argument zieht jedoch ebenfalls nicht, weil in Wirklichkeit auch die anderen Grundrechte in ihrem Ausmaß willkürliche Festsetzungen erfordern. Zu welchem Aufwand an Polizei usw. ist z. B. der Staat verpflichtet, um die körperliche Unversehrtheit seiner Bürger zu sichern?[15]

Das Argument, das Alexy entscheidend scheint, ist ein drittes: würden die sozialen Grundrechte in die Verfassung aufgenommen, würde »die Haushaltspolitik in wesentlichen Teilen verfassungsrechtlich festgelegt« (462) werden, und das würde

15 Vgl. Shue S. 37 f.

»zu einer Verlagerung der Sozialpolitik aus der Kompetenz des Parlaments in die des Verfassungsgerichts« führen (461). Dieses Argument hat zwei Schwächen. Erstens: einerseits fordern die Sozialrechte nicht nur Kosten, sondern, worauf Shue besonders eindringlich hinweist (S. 51), insbesondere rechtliche Regelungen, andererseits verursachen die klassischen Rechte zum Teil ebenfalls erhebliche Kosten. Zweitens: Alexy hält, in einer innerverfassungsrechtlichen Abhandlung natürlich zu Recht, als Axiom fest, daß die Grundrechte in der Verfassung festgelegt sein müssen. »Grundrechte sind Positionen, die so wichtig sind, daß ihre Gewährung oder Nichtgewährung nicht der einfachen parlamentarischen Mehrheit überlassen werden kann« (406). Es bestehe daher »eine Kollision zwischen dem Prinzip der Demokratie und den Grundrechten« (407). Das ist jedoch nur historisch richtig. Es besteht, grundsätzlich gesehen, keine Notwendigkeit, diejenigen Rechte, die als moralisch grundlegend angesehen werden, in ihrer politischen Sicherung von einer Zweidrittelmehrheit statt von einer einfachen Mehrheit des Parlaments abhängig zu machen.

Schließlich nennt Alexy noch ein weiteres Argument, das im Gegensatz zu den vorigen kein formales, sondern ein inhaltliches ist: die Verwirklichung der sozialen Grundrechte erfordert die Einschränkung eines der klassischen negativen Rechte, des Rechts auf Eigentum. Hier stehen wir vor einem echten Konflikt, und eine Position wie die von P. Sieghart vertretene[16], daß alle Rechte wichtig sind und wir keine Prioritäten setzen sollten, erscheint deswegen nicht einleuchtend. Für den konsequenten Vertreter der liberalistischen Tradition gilt jede Steuer, die der Umverteilung dient, als Diebstahl. Wer jedoch die sozialen Rechte anerkennt, und das erscheint aus moralischer Perspektive zwingend, wird sagen müssen: das Recht auf Eigentum ist in dem Maße einzuschränken, in dem es die übrigen Rechte der Bürger verletzt.

Zum Schluß will ich auf die bisher offengelassene Frage eingehen, ob man der Rede von der Menschenwürde einen konkreten Sinn geben kann. Das Wort »Würde« bereitet Schwie-

16 A.a.O., S. 107.

rigkeiten. Es meinte ursprünglich soviel wie: von herausragen-
dem Rang und Wert, gehörte also insofern in eine stratifizierte
Gesellschaft, und eine Person verhielt sich würdevoll, wenn sie
sich ihrem hohen Rang entsprechend verhielt. Bei Kant[17] ist
dann von der gleichen Würde aller Mitglieder der universalen
moralischen Gemeinschaft die Rede, und das Wort wird
gleichbedeutend mit »unbedingtem Wert« gebraucht (436).
Achtung und Würde sind für Kant Korrelate.[18]

Jemanden zu achten heißt, ihn als Subjekt moralischer
Rechte anerkennen. Wir verwenden das Wort aber auch so,
daß wir sagen können: sie leben in »menschenunwürdigen
Verhältnissen«. Nur dieser Sprachgebrauch scheint auf ein gewisses Niveau der Befriedigung der Bedürfnisse hinzuweisen.
Aber wie ist dieser Sprachgebrauch zu verstehen, und wie
hängt er mit der Rede von der Würde des Menschen als dem
zusammen, was wir anerkennen, wenn wir seine Rechte anerkennen? Hier könnte ein Gedanke von H. Shue weiterhelfen.
Shue unterscheidet zwischen *basic rights* und übrigen Rechten
in der Weise (18-20, 26 f.), daß die grundlegenden Rechte diejenigen sind, die erfüllt sein müssen, damit ein Mensch überhaupt irgendwelche Rechte einfordern und wahrnehmen
kann. Ein Recht, das auf dem Papier steht, aber nicht wahrgenommen werden kann, ist wertlos. Shue versucht zu zeigen,
daß körperliche Unversehrtheit, ein bestimmtes Existenzminimum und gewisse Freiheitsrechte zusammen die grundlegenden Rechte in diesem Sinn sind. Wer über das in diesen
Rechten Garantierte nicht verfügt, kann z. B. seine politischen
Rechte nicht wahrnehmen. Von daher ergibt sich dann ein zumindest vager Anhalt dafür, wie hoch das Existenzminimum
sein muß. Man kann sich nun diesen Gedanken in der Weise
zunutze machen, daß die Verhältnisse, in denen ein Mensch
lebt, genau dann menschenwürdig sind, wenn sie die Minimal-
bedingung erfüllen, daß er seine Rechte wahrnehmen kann
und in *diesem* Sinn eine spezifisch »menschliche«, »menschenwürdige« Existenz führt.

17 Vgl. *Grundlegung* 434-436.
18 *Metaphysik der Sitten*, Tugendlehre §§ 38 f., *Werke* VI, 462 f.

Gerechtigkeit

In der vorigen Vorlesung haben wir gesehen, daß die Moral im Kantischen Sinn von sich aus dazu führt, sie als eine Moral der Rechte in dem starken der beiden von mir unterschiedenen Sinne verstehen zu müssen, und daß dieses Verständnis seinerseits die Existenz eines starken Staats (und gegebenenfalls einer starken Staatengemeinschaft) erfordert. Nicht nur ist das, wozu das Gutsein die Individuen verpflichtet, nur mittels eines Staates realisierbar, sondern wir müssen auch umgekehrt sagen: ein Staat ist nur als moralisch gut zu bewerten, wenn er die Menschenrechte in dem weiten Sinn sichert, daß er die menschliche Würde und d. h. auch die ökonomischen Rechte seiner Bürger garantiert.

Die Frage nach der moralischen Rechtfertigung des Staates wird freilich traditionellerweise und auch in den wichtigsten neueren Schriften nicht vom Rechtsbegriff, sondern von dem der Gerechtigkeit her behandelt. Von den beiden wichtigsten neueren Autoren zur sozialen Gerechtigkeit, J. Rawls und B. Ackerman[1], erörtert der eine die Grundrechte überhaupt nicht, der andere schließt nur die negativen Freiheitsrechte in sein Gerechtigkeitskonzept ein, und die Möglichkeit einer Erweiterung wird nicht einmal diskutiert. Wir werden uns aber fragen müssen, wie diese beiden wichtigsten Orientierungspunkte für die moralische Bewertung der staatlichen Organisation der Gesellschaft – Menschenrechte und Gerechtigkeit – sich zueinander verhalten; in der Literatur werden sie nicht gemeinsam erörtert.

Wenden wir uns zuerst dem Gerechtigkeitsbegriff als solchem zu, so finden wir bei den eben genannten Autoren keine

---

1 John Rawls, *A Theory of Justice*, Harvard University Press 1971; deutsch: *Eine Theorie der Gerechtigkeit*, Frankfurt 1979; Bruce Ackerman, *Social Justice in the Liberal State*, Yale University Press 1980.

Orientierungshilfe für eine grundsätzliche Verständigung über den Begriff, weil sie erstens beide wie selbstverständlich nur von einem bestimmten Bereich ausgehen, in dem wir von Gerechtigkeit sprechen, dem der sogenannten distributiven Gerechtigkeit, und weil sie zweitens beide einen egalitären Begriff der distributiven Gerechtigkeit einfach voraussetzen. Rawls ist zu Unrecht der Auffassung, daß bei diesen grundsätzlichen Voraussetzungen eine begriffliche Klärung nichts hergibt und wir einfach von unseren Intuitionen ausgehen müssen. Wir werden sehen, daß sich ein egalitärer Gerechtigkeitsbegriff – wie überhaupt eine bestimmte Moral – zwar nicht irgendwoher ableiten läßt, daß man aber zeigen kann, daß er sich unter bestimmten Voraussetzungen notwendig ergibt.[2]

2 Auf diesen grundsätzlichen Punkt hat sich die Kritik in meinem Aufsatz »Comments on some methodological aspects of Rawls' Theory of Justice« (in: Analyse und Kritik 1 (1979), S. 77-89; deutsch in *Probleme der Ethik*, S. 10-32) noch nicht bezogen. Ansonsten halte ich meine dortige Kritik voll aufrecht. Sie bezieht sich auf die besonderen Schwierigkeiten, die sich aus der sog. *original position* ergeben, die Rawls als Modell benützt, von dem aus alle Fragen der politischen Gerechtigkeit entschieden werden sollen. Ich kann diese Kritik jetzt so zusammenfassen: Rawls schwankt, ob die Grundlage seiner Gerechtigkeitsprinzipien unsere moralische Intuition ist oder die *original position*. Von der Sache her kann es natürlich nur die moralische Intuition sein, denn die *original position* gründet ausschließlich darin, daß sie ein guter Repräsentant einer bestimmten (egalitären) moralischen Intuition sein soll. Darin liegt dann aber: die Orientierung an diesem Repräsentanten ist nicht nur überflüssig, sondern schädlich, denn wenn sich aus dem Repräsentanten Folgerungen ergeben, die sich aus der moralischen Intuition nicht ergeben, müssen diese Folgerungen nicht nur verworfen werden, sondern in dem Maß, in dem das der Fall ist, zeigt sich, daß die *original position* kein guter Repräsentant ist. Damit entfällt aber der ganze Ansatz bei der *original position*. Sie kann gleichwohl ihren Wert haben, jedoch für spezielle Probleme und nur wenn begründet wird, warum die Orientierung an ihr für diese Probleme besser ist als die unmittelbare an der moralischen Intuition bzw. dem moralischen Prinzip. – Für eine kurze positive Zusammenfassung von Rawls' inhaltlicher Position vgl. meine Dar-

Unser erster Schritt muß darin bestehen, zu klären, was wir überhaupt unter »gerecht« und »Gerechtigkeit« verstehen, ohne schon ein bestimmtes Gerechtigkeitskonzept vorauszusetzen, analog wie ich in den ersten Vorlesungen anzugeben versuchte, was unter »einer Moral« zu verstehen ist. Dieser Schritt fällt hier wesentlich leichter als dort, weil unser Verständnis dieses Wortes jedenfalls seit den Griechen im Kern erstaunlich konstant geblieben ist. Als die zwei hilfreichsten Orientierungspunkte können immer noch die Definition gelten, die Platon im Anschluß an Simonides im 1. Buch des *Staates* gibt (331e, 332b-c) sowie die aristotelische Unterscheidung zwischen distributiver und korrektiver Gerechtigkeit. Beides scheint wesentlich für das, was wir auch heute vor aller inhaltlichen Festlegung unter »gerecht« verstehen.

stellung in F. Raddatz (Hrsg.), *Zeit-Bibliothek der 100 Sachbücher*, Frankfurt 1984, S. 360-363.

Ackermans Buch erscheint mir im Ansatz demjenigen von Rawls wesentlich überlegen zu sein, weil Ackerman erstens direkt von seinen zwei egalitären Grundprinzipien ausgeht (S. 11) und so etwas Künstliches wie die *original position* vermeidet, und weil er zweitens das Problem der sozialen Gerechtigkeit nicht in der Frage sieht, wie ein Staat ein für allemal eingerichtet werden soll, sondern in der unter jeweiligen Umständen aufzuwerfenden Frage, wie die Legitimität vorhandener Machtdifferenzen zu begründen ist (S. 3 f.). Die Argumentationen für und gegen stellt sich Ackerman als Dialoge vor, die die beiden Prinzipien (sowie einige zusätzliche formale Prinzipien) nicht verletzen dürfen. Die Darstellung der Argumente in Dialogen erhöht die Anschaulichkeit; ich meine jedoch, daß Ackerman sich irrt, wenn er glaubt, daß die dialogische Form ein wesentliches Element seiner Position ist (10). Alle seine Dialoge lassen sich als einfache Argumentationen verstehen; die erste und zweite Person ist nicht wesentlich. Der Einwand ist ein ähnlicher wie gegen die Auffassung von Habermas. Ackerman unterscheidet sich freilich von Habermas dadurch, daß sein Dialog ein »eingeschränkter« (*constrained*) ist, nämlich durch seine Prinzipien. Im letzten Kapitel seines Buches versucht Ackerman freilich, diese Prinzipien ihrerseits dialogisch zu begründen. Dadurch ergeben sich bei ihm zwei Dialogformen, deren Differenz er nicht zu sehen scheint.

Die platonische Definition lautet: gerecht ist *to proshekon hekasto apodidonai*, was durch Ulpian in die Formel gebracht wurde: *suum cuique tribuere*, womit Vlastos seine Erklärung stützt: »gerecht ist eine Handlung, wenn und nur wenn sie ausschließlich durch Rücksicht auf die Rechte von allen, die von ihr substantiell betroffen sind, bestimmt wird.«[3] Es erscheint mir zweifelhaft, Platons Rede von dem, was jedem »zukommt«, durch »Rechte« wiederzugeben. Zwar spricht auch Ulpian von *ius*, aber es scheint mir nicht klar, daß das Wort von ihm im Sinn von subjektivem Recht verstanden wird und nicht eher »objektiv« als das, was für jeden (gemäß dem Gesetz) richtig ist. Von der Sache her scheint mir die Auffassung von Vlastos an der korrektiven Gerechtigkeit zu scheitern. Eine Strafe soll gerecht sein: das kann nicht den Sinn haben, daß der, von dessen Strafe die Rede ist, ein Recht auf sie hat, sondern nur, daß er sie »verdient«. Ich meine also, daß wir Platons Definition so wiedergeben müssen: gerecht ist eine Handlung, wenn sie jedem das gibt, was er verdient. Alle Gerechtigkeit scheint auf Verdienst bezogen zu sein.

Unter korrektiver Gerechtigkeit versteht man seit Aristoteles diejenige, wo eine moralische oder rechtliche Situation aus dem Gleichgewicht gebracht worden ist und wiederhergestellt werden muß. Die zwei Arten von korrektiver Gerechtigkeit, die Aristoteles unterscheidet (*Nik. Ethik* 1131a 1 ff.), entsprechen der Differenz zwischen Zivilrecht und Strafrecht. Aristoteles spricht von freiwilligem und unfreiwilligem Verkehr: im ersten Fall, d. h. wo ein zweiseitiges Geschäftsverhältnis vorliegt, können wechselseitige Schadensansprüche entstehen, die von einem Richter ausgeglichen werden sollen; der Richter soll gerecht darüber entscheiden, welche Partei einen Ausgleich *verdient*. Im zweiten Fall handelt es sich um einen »Verkehr«, in dem die eine Seite nur das Opfer ist: Diebstahl, Überfall, Mord usw. Hier hat der Richter darüber zu entscheiden, ob ein Angeklagter eine Strafe *verdient*.

Die auf mittelalterlichen Kathedralen dargestellte Figur der

---

3 »Justice and Equality« S. 60 (in Waldron, *Theories of Rights*). Dort auch der Bezug auf Ulpian.

Gerechtigkeit, die eine Waage in der Hand hält und eine Binde um die Augen trägt, repräsentiert diese korrektive Gerechtigkeit. Die Binde um die Augen steht für die geforderte Unparteilichkeit, die offenbar für alle Gerechtigkeit konstitutiv ist. Unparteilichkeit bedeutet keineswegs schon Egalität, Gleichheit, sondern beinhaltet, daß nur der ein gerechtes Urteil fällt, der den Fall unparteiisch, d. h. »unangesehen der Person« entscheidet, und das heißt positiv: ausschließlich mit Rücksicht auf das, was die Betroffenen auf Grund dessen, was sie getan haben, *verdienen.*

Auch bei der distributiven Gerechtigkeit ist der Grundbegriff der des Verdienstes. Von einer distributiven Gerechtigkeit ist immer dann die Rede, wenn jemand unter mehreren Personen Güter oder Übel verteilen muß, so schon innerhalb einer Familie oder eines gemeinsamen Unternehmens, vor allem aber im Staat oder in der Staatengemeinschaft. Die Güter können insbesondere Rechte, materielle Güter oder Macht sein. Auch wenn Verpflichtungen gegenüber dem Gemeinwesen zu verteilen sind (z. B. Militärdienst), können diese gerecht oder ungerecht verteilt werden. Eine egalitäre Verteilung setzt voraus, daß alle dasselbe verdienen, und wenn man der Auffassung ist, daß eine gleiche Verteilung nicht gerecht wäre, ist unterstellt, daß die verschiedenen Personen aus bestimmten Gründen mehr oder weniger verdienen.

Man kann statt »was er verdient« auch, wie schon Platon es getan hat, sagen: »was ihm zukommt«. Eine gerechte Entscheidung über Wiederherstellung oder Verteilung setzt immer einen moralischen Hintergrund voraus, d. h. vorhandene moralische Regeln bzw. moralisch relevante Tatbestände, mit Rücksicht auf die die Entscheidung gerecht, d. h. angemessen sein kann. Die ausschließliche Rücksicht auf diese Tatbestände und Regeln und d. h. auf das, was auf Grund der Tatbestände den Regeln gemäß jeder *verdient*, macht das aus, was mit Unparteilichkeit gemeint ist. Daß in beiden von Aristoteles unterschiedenen Fomen der Gerechtigkeit Unparteilichkeit erforderlich ist, macht die Einheitlichkeit des beide Formen umfassenden Begriffs aus. Daher ist Gerechtigkeit, wenn man sie als Tugend (als Handlungsdisposition) versteht (wie Vlastos es in der vorhin angegebenen Definition tut) eine eigentümliche Tugend zweiter Ordnung: während die übrigen Verpflichtungen sich auf die einzelnen anderen beziehen, wird diese Tugend des richtigen Austeilens überall erforderlich, wo auf schon vorgegebene moralisch-relevante Tatbestände adäquat zu reagieren ist, sei es, daß das Austeilen in einem Wiederherstellen oder einem Verteilen besteht.[4]

4 Die beste Phänomenologie bzw. Hermeneutik unseres Verstehens von Gerechtigkeit, die ich kenne, ist die von J. St. Mill im 5. Kapitel seines Büchleins *Utilitarismus*. Daß Mill ausgerechnet dort so hilfreich ist, wo er denjenigen Begriff erörtert, der vom Utilitarismus eigentlich ausgelassen ist, hat wohl darin seinen Grund, daß Mill in den übrigen Kapiteln seines Buches eine vorgegebene These zu verteidigen versucht, während er sich hier ohne Vorurteile auf das Vorgegebene einlassen kann. Allerdings gelingt es Mill nicht, die verschiedenen Bedeutungen einheitlich zu fassen.

In unserem Zusammenhang ist es interessant, daß er auch zwei Bedeutungen nennt, die aus dem oben entwickelten Begriff herausfallen. Er ist erstens der Auffassung, daß die ursprünglichste Idee der Gerechtigkeit *conformity to law* gewesen sei. Das entspricht in etwa dem ersten Gerechtigkeitsbegriff, den Aristoteles seiner Unterscheidung zwischen korrektiver und distributiver Gerechtigkeit noch voranstellt und demzufolge derjenige »gerecht« ist, der *nomimos* ist, sich den Gesetzen gemäß verhält (*Nik. Ethik* v 3).

Zweitens stellt Mill als eine Bedeutung von Gerechtigkeit heraus, daß jemand dann ungerecht sei, wenn er die Rechte von anderen verletzt, und diese Rechte versteht er ausschließlich bezogen auf negative Pflichten. Ungerecht in diesem Sinn wäre also derjenige, der seine negativen Pflichten verletzt. Es gibt Philosophen, die das Wort »Gerechtigkeit« ausschließlich in diesem Sinn verwendet haben, z. B. Adam Smith und Schopenhauer.

Diese Bedeutung ist eng verbunden mit der Auffassung von Aristoteles, daß sowohl die distributive wie die korrektive Gerechtigkeit das Gegenteil zu dem bilden, was er die *pleonexía* nennt, das Mehr-haben-wollen (als einem zusteht). Das mag auf den ersten Blick überraschen, weil, wenn ein Richter oder der Verteiler von Gütern ungerecht entscheidet, das Motiv kaum sein wird, daß er selbst mehr haben will. Die Auffassung des Aristoteles wird jedoch verständlich, wenn man das Fehlgehen nicht aus der Perspektive des Austeilenden, sondern aus der der Betroffenen versteht. Wenn die

Betroffenen eine andere Austeilung wollen als die, die sich von einem unparteilichen Standpunkt aus nahelegt, ist zumindest das Standardmotiv, daß man für sich mehr haben will, als einem zusteht.

Damit konnte sich nun die Auffassung verbinden, daß auch schon derjenige, der die moralische Ordnung verletzt hat, als »ungerecht« angesehen wird. Auch wir können sagen: er hat sich ungerechte Vorteile verschafft. Von daher ist verständlich, daß Aristoteles scheinbar insbesondere denjenigen, der im »unfreiwilligen Verkehr« unrichtig gehandelt hat, als ungerecht versteht. Und von daher ergibt sich unmittelbar die Bedeutung, die Mill hier herausstellt und die zu der Tradition geführt hat, die in der Terminologie von Adam Smith und Schopenhauer zu fassen ist. Das bedeutet jedoch, daß man die moralisch zu mißbilligende und gegebenenfalls strafrechtlich zu verfolgende Handlungsweise rückwirkend von dem Standpunkt her klassifiziert, in dem sie aus der Perspektive der korrektiven Gerechtigkeit her verstanden wird. Das erscheint nicht besonders sinnvoll, und das erklärt wohl auch, warum dieser Gerechtigkeitsbegriff nicht ins allgemeine Bewußtsein eingedrungen ist. Daß Aristoteles das Verletzen negativer Pflichten so klassifiziert, könnte seinen Grund darin gehabt haben, daß er die negativen Pflichten anders nicht gut in seine Tugendethik hätte einbauen können (vgl. oben S. 253).

Auch wenn es nicht besonders einleuchtet, das Verletzen negativer Pflichten als Ungerechtigkeit zu bezeichnen, so hat Mill doch recht, daß sich hier ein engerer Begriff von Pflicht ergibt. Ähnlich sieht es Kant. Auch für Kant ist es charakteristisch für negative Pflichten, daß ihre Einhaltung strafrechtlich erzwungen werden kann. Das legt es nun aber, nach dem in der vorigen Vorlesung Ausgeführten, nahe, das, was (im Prinzip) strafrechtlich verfolgbar ist, als grundlegend für die Einheit dieser Klasse anzusehen, und nicht die negativen Pflichten. Auch wenn z. B. Eltern ihre positiven Pflichten gegenüber ihren Kindern verletzen, ist das strafrechtlich verfolgbar. Als einheitlich engerer Begriff von Pflichten legt sich daher eine Definition nahe, derzufolge jede Pflicht einer Person A, die einem Recht der Person B entspricht, das B gegenüber A hat, zu diesem engeren Begriff gehört (das umfaßt jetzt alle negativen Pflichten, die sich auf ein Recht von B beziehen, das ebenso auf alle anderen Einzelnen ausstrahlt, als auch die besonderen positiven Pflichten, die einem Recht von B entsprechen, das dieser speziell gegenüber A hat, derart, daß wir sagen, daß A die Verantwortung für B trägt). Von diesen Rechten sind dann diejenigen Rechte zu

Ich wollte auf die korrektive Gerechtigkeit nur so weit hinweisen, als dies für das Verständnis des einheitlichen Begriffs der Gerechtigkeit wichtig ist. Die weitere Vertiefung der Problematik der korrektiven Gerechtigkeit würde erstens erfordern, darauf zu reflektieren, daß die Rede von Verdienst hier voraussetzt, daß der, der das moralische Gleichgewicht gestört hat, frei ist im Sinn von zurechnungsfähig, und zweitens, auf die Folgerungen für den Sinn der Strafe einzugehen. Die Rede

unterscheiden, die die Person B gegenüber der Gemeinschaft im ganzen hat (und wo es nur die Gemeinschaft im ganzen ist, die die Verantwortung für B trägt). Das scheint die Unterscheidung zu sein, wie sie sich ergibt, wenn man den Rechtsbegriff als den inhaltlich primären ansieht.

Der erste der zusätzlichen Bedeutungen von Gerechtigkeit, die Mill nennt, läßt sich mit der Auffassung, die ich im Text vertreten habe, so verbinden, daß jede sich auf andere beziehende Handlung »gerecht« ist, wenn sie »richtig« ist, gemessen an der Rechtsordnung oder auch an der moralischen Ordnung. Auch in diesem Fall scheint jedoch eine Komplexität in einfache unmoralische Handlungen gebracht zu werden, die sich erst aus dem Standpunkt des beurteilenden Richters ergibt.

Welche Bedeutung die historisch ursprünglichste ist, ist für uns ohne Belang. Keine der beiden von Mill genannten zusätzlichen Bedeutungen scheint heute besonders weit in das allgemeine Bewußtsein eingedrungen zu sein. Aber das ist sekundär. Innerhalb welcher Grenzen das Wort »gerecht« faktisch verwendet wird, ist nicht besonders wichtig. Worauf es ankommt, ist, sich die Zusammenhänge klarzumachen. Der Gerechtigkeitsbegriff, wie ich ihn im Text entwickelt habe, weist innerhalb seiner Differenzierung einheitliche Züge auf, die es sinnvoll erscheinen lassen, durch das einheitliche Wort »Gerechtigkeit« bezeichnet zu werden, auch wenn verbale Fragen letztlich irrelevant sind.

Es sei noch eine im Alltagsdiskurs besonders häufige Bedeutung von »gerecht« genannt. Wir sagen, eine Person sei ungerecht, wenn sie eine komplexe moralische Situation (z. B. wenn sowohl sie wie eine andere sich wechselseitige Vorwürfe machen) unangemessen beurteilt, die Gewichte falsch bewertet. Gerechtigkeit in diesem Sinn (als angemessene vergleichende Beurteilung von moralischen Ansprüchen) stellt keinen weiteren Gerechtigkeitsbegriff dar: sie steht in unmittelbarer Nähe zur korrektiven Gerechtigkeit.

von »Verdienst« kann leicht befremden. »Verdient irgend jemand irgend etwas?«, so könnte man zurückfragen. Doch dann würde ein irreführender, irgendwie absolut verstandener Begriff von Verdienst vorausgesetzt. Daß eine Person eine bestimmte moralische Reaktion verdient oder daß sie sie im entgegengesetzten Fall nicht verdient, auch daß sie z. B. Dank verdient oder daß sie eine Strafe verdient, setzt nicht eine besondere Metaphysik der Person voraus, sondern gemeint ist einfach, daß die moralische Reaktion (etwa Groll oder Entrüstung) oder die Strafe passend ist oder nicht.[5] Schon die Reaktion des moralischen Gefühls ist, als Reaktion, ein moralisches Datum auf der Ebene, die ich als zweite bezeichnet habe, und diese zweite Ebene, die Reaktionsebene, gehört wesentlich zur Moral hinzu. Streicht man das moralische Reagieren, dann streicht man auch die moralische Perzeption und damit die Moral überhaupt. In der Rede von »Verdienst« wird unterstellt, daß die Reaktion angemessen, passend, d. h. insbesondere nicht übertrieben ist. Aber natürlich besteht darüber hinaus die grundsätzliche Unterstellung der Freiheit im Sinn von Zurechnungsfähigkeit. Wird diese geleugnet, so entfällt auch die Möglichkeit, die Handlung moralisch zu bewerten und auf sie passend zu reagieren.[6]

Für den Sinn der Strafe ergibt sich, daß die Vergeltungstheorie der Strafe nicht zugunsten einer Abschreckungstheorie ganz aufgegeben werden kann, wenn am Gerechtigkeitsbegriff festgehalten werden soll. Es ist daher der Standardeinwand gegen eine reine Abschreckungstheorie, daß sie ungerecht ist: Personen werden nicht bestraft, weil sie die Strafe verdienen, sondern um andere davon abzuschrecken, ähnlich zu handeln; die bestrafte Person wird auf diese Weise instrumentalisiert.[7]

5 Zu Dank und Groll, Strafe und Belohnung vgl. Adam Smith, *Theory of Moral Sentiments*, Part II Section i.
6 Zu diesem Zusammenhang vgl. den Aufsatz von P. Strawson, »Freedom and Resentment«. Daß der Freiheitsbegriff nicht metaphysisch verstanden werden muß, habe ich in »Der Begriff der Willensfreiheit« zu zeigen versucht, abgedruckt in meinen *Philosophischen Aufsätzen*.
7 Eine abwägende Position in dieser schwierigen Frage vertritt

Das eigentliche Thema dieser Vorlesung ist jedoch diejenige Gerechtigkeit, die in den bekannten Gerechtigkeitstheorien ausschließlich thematisiert wird, die distributive Gerechtigkeit. Der grundsätzlichste Streitpunkt bei der Theorie der distributiven Gerechtigkeit betrifft natürlich die Frage, wie die Verteilungsregel auszusehen hat: verdienen alle die gleiche Menge der zu verteilenden Güter oder nicht? Seit den Anfängen des Nachdenkens stehen sich hier zwei Positionen gegenüber. Die eine ist die egalitäre; die andere ist die, die Aristoteles vertreten hat und die ich hier als die aristotelische bezeichnen will. Sie besagt: nur denjenigen das Gleiche, die gleich viel verdienen; es wäre ungerecht, denjenigen, die Ungleiches verdienen, gleich viel auszuteilen. Das ist die Stelle, wo manche moderne Autoren wie Rawls und Ackerman einen egalitären Gerechtigkeitsbegriff einfach voraussetzen. Was läßt sich hier zunächst begrifflich klären?

Es ist zuerst wichtig zu sehen, daß die beiden Auffassungen sich nicht ganz so entgegengesetzt sind, wie es auf den ersten Blick scheinen kann. Es gibt Übereinstimmungen. Erstens ist der Vertreter des egalitären Konzeptes mit dem Aristoteliker darin einer Meinung, daß es, *wenn* zwei Personen Ungleiches verdienen, ungerecht ist, ihnen Gleiches zu geben. Er verneint lediglich, daß verschiedene Personen ein ungleiches Verdienst haben, d. h. daß sie sich in einer für die Verteilung maßgebenden Weise unterscheiden.

Zweitens und wichtiger: der Aristoteliker ist mit dem Vertreter des egalitären Konzeptes darin einig, daß, *wenn* keine relevanten Gründe für ungleiches Verdienst angeführt werden können, gleich zu verteilen ist. Daß dies zwingend ist, kann man sich an dem häufig für Fragen der distributiven Gerechtigkeit herangezogenen Beispiel einer Tortenverteilung gut veranschaulichen. Ist eine Torte unter mehreren Kindern zu verteilen, können verschiedene Gründe für eine ungleiche Ver-

E. Schmidhäuser, *Vom Sinn der Strafe*, Göttingen 1963. Ein entschiedener Vertreter der Abschreckungstheorie ist A. Kenny im 4. Kapitel seines Buches *Freewill and Responsibility*, London 1978.

teilung angeführt werden. Ein Kind könnte erklären, daß es besonders großen Hunger hat. Das ist das sogenannte Bedürfnisargument. Ein anderes Kind könnte sagen, daß ihm die Mutter bereits die Hälfte der Torte versprochen hat: das Argument aus erworbenen Rechten. Ein drittes könnte anführen, daß es für die Mutter gearbeitet hat: das Argument aus Verdienst im engeren Sinn (Leistung). Viertens könnte ein Kind sagen, ihm gebühre ein größeres Stück, weil es das erstgeborene ist. Dieser Grund läuft darauf hinaus, daß es vorweg einen größeren Wert hat. Alles das sind gegebenenfalls relevante Gründe. Kann jedoch kein relevanter Grund angeführt werden, so bleibt nur die egalitäre Teilung übrig. Es muß nicht nur ein Grund angegeben werden können, er muß auch als relevant einleuchten. Würde ein Kind sagen, ihm gebühre das größte Stück, weil es blaue Augen hat, würde das (es sei denn, daß zusätzliche Prämissen anerkannt werden) als irrelevant abgewiesen werden.

Der Aristoteliker setzt also das egalitäre Konzept als *Grundlage* voraus: die gleiche Verteilung ist auch für ihn die gerechte, wenn es nicht Gründe gibt, die gegen sie sprechen. Es ist deswegen falsch, wenn häufig versucht wird, die egalitäre Position in einen primären Begründungszwang zu bringen. Die egalitäre Position bedarf an und für sich keiner Begründung: der Begründungszwang – das *onus probandi* – liegt auf der anderen Seite. Gleichheit und Ungleichheit stehen sich nicht gleich gegenüber. Man sieht das schon daran, daß die Konkretion der Gleichheit eine einzige ist, während die Ungleichheit nicht für *ein* Konzept steht. Wenn ein ungleiches Konzept vorgeschlagen wird, ist dies immer eines unter unendlich vielen anderen, und man muß nicht nur die Hinsicht begründen, sondern auch das Wievielmehr angeben. Die ausgezeichnete Stellung der Gleichheit ergibt sich daraus, daß sie die einfachste Verteilungsregel ist. Der Gegenbegriff zu einer gerechten Verteilung – wie überhaupt zu jeder gerechten Entscheidung – ist der der willkürlichen Verteilung bzw. Entscheidung. Die erste Alternative, die sich bei einer Verteilung stellt, ist: soll sie willkürlich oder nicht-willkürlich sein? Ist sie nicht willkürlich, wird ein objektiver Maßstab befolgt. Man betritt damit den Bereich des Gleichen, der auch für den Aristoteliker erhalten bleibt. Der Aristoteliker unterscheidet lediglich verschiedene Klassen, die die Gleichheit einschränken, aber innerhalb jeder Klasse bleibt sie erhalten. Erst nachher, wenn ein Grund für ungleiche Verteilung einsichtig erscheint, gerät derjenige, der gleichwohl gleiche Verteilung für richtig hält, unter Begründungszwang, also nur relativ zu einer schon als begründet erscheinenden Einschränkung seiner Position.

Wir können jetzt zum nächsten Schritt übergehen und fragen: *haben* wir Gründe, das egalitäre Konzept einzuschränken? Hier scheint es mir grundlegend wichtig, zwischen dem, was ich primäre und sekundäre Diskriminierung nennen will, zu unterscheiden. Die primäre Diskriminierung definiere ich so, daß sie genau dann gegeben ist, wenn angenommen wird, daß es eine vorausgehende Wertunterscheidung zwischen den Menschen gibt. Von dieser Art war die Berufung des einen Kindes auf seine Erstgeburt. Dem entsprechen historisch bekannte Diskriminierungen: Weiße sind mehr wert als Farbige, die Frauen sind weniger wert usw. Solche primären Diskriminierungen hat es in traditionalistischen Moralen gegeben; sie erscheinen jedoch nicht mehr möglich, wenn traditionalistisch begründete Voraussetzungen entfallen. Was ich sagen will, ist nicht, daß innerhalb einer Moral der gleichen Achtung eine primäre Diskriminierung nicht möglich ist – das wäre trivial, weil in der Rede von »gleicher Achtung« vorausgesetzt –, sondern daß die verbleibende Moral eine der gleichen Achtung sein muß, *weil* sich eine primäre Diskriminierung nicht mehr begründen läßt.

Das soll keine apodiktische Behauptung sein. Überlegen wir uns, wie eine solche Begründung aussehen würde! In einer traditionalistischen Moral wäre das kein Problem, weil traditionalistische Begründungen Setzungen der Autorität sind. Stehen traditionalistische Prämissen nicht zur Verfügung, müßte man begründen können, wieso natürliche Eigenschaften wie eine Frau zu sein, einer anderen Rasse anzugehören usw. normative Konsequenzen zur Folge haben können: einen geringeren Wert zu haben oder, verständlicher formuliert, weniger Rechte zu haben. Manche Philosophen halten jede solche Folgerung für einen »naturalistischen Fehlschluß«, aber mindestens *eine* Folgerung von einer »naturalen«, d.h. nicht-normativen Eigenschaft auf etwas Normatives ist unvermeidlich: wenn wir den Bereich derjenigen Wesen, denen gegenüber wir moralische Verpflichtungen haben, festlegen, kann das nur in einem solchen Satz geschehen, in dem das Zukommen von Rechten an eine nicht-normative Eigenschaft gebunden wird. Wie ich es dargestellt habe (S. 193), ist diese Eigenschaft das Zugehören im engeren oder weiteren Sinn zur Gemeinschaft der Kooperationsfähigen.

Dieser Satz scheint aber auch der *einzige* dieser Art zu sein. Jeder weitere Satz müßte angeben, wie innerhalb dieser Gemeinschaft bestimmte Eigenschaften zu normativen Abstufungen führen. Jede denkbare weitere Eigenschaft erscheint normativ irrelevant. Angenommen z.B., daß die von einigen amerikanischen Forschern durchgeführten Untersuchungen über die durchschnittliche Intelligenz von Weißen und Schwarzen tatsächlich zur Feststellung einer Differenz führen sollten, ist nicht zu sehen, inwiefern sich daraus normative Folgerungen ergeben sollten. Oder: der Umstand, daß die Forderungen für gleiche Rechte der Frauen überall dort, wo keine traditionalistischen Vorstellungen wirksam sind, mindestens verbal unangefochten sind, läßt sich ebenfalls als Indiz dafür ansehen, daß wir außerstande sind, die bestehenden natürlichen Differenzen z.B. zwischen Frauen und Männern als für ihre Rechte relevant anzusehen.

Wir sollten uns freilich eingestehen, daß die Sachlage schwieriger wird, wo es sich um eine Eigenschaft handelt, die ihrem eigenen Sinn nach besagt, daß man nicht oder weniger kooperationsfähig ist, wie z.B. »schwachsinnig« oder »im Koma liegend«. Hier wären Begründungen der Art vorstellbar, daß Personen, die so charakterisiert sind, geringere Rechte haben. Vielen erscheint diese Idee so inhuman, daß sie sich von vornherein auf diese Schwierigkeit nicht einmal einlassen und erklären: um hier nicht auf eine schiefe Ebene zu geraten, muß unbedingt daran festgehalten werden, daß alle Menschen – auch all diejenigen, die nicht zum Kernbereich der Kooperationsfähigen gehören und dahin auch nicht lediglich unterwegs sind – gleiche Rechte haben. Das ist gewiß eine erstrebenswerte Auffassung, aber das ängstliche Festhalten an einer starken These, nur weil man sonst auf eine schiefe Ebene geriete, wirkt nicht besonders überzeugend. Die richtige Argumentation läuft hier wahrscheinlich so, daß alle, die zur Kooperationsgemeinschaft gehören, aber selbst nicht oder kaum kooperieren können, lediglich um so hilfsbedürftiger sind (vgl. die vorige Vorlesung). Auch muß man sich in diesem Zusammenhang klarmachen, daß auch dort, wo die Eigenschaft nicht von vornherein als irrelevant erscheint, jede sich darauf stützende Einschränkung der Rechte in ihrem Ausmaß willkürlich wäre: man kann nur entweder alle Rechte ganz haben oder keine. Von denjenigen, die nur noch vegetativ existieren, erscheint es naheliegend zu sagen, daß sie auch nicht mehr hilfsbedürftig sind und es daher nicht mehr sinnvoll ist zu sagen, daß sie Rechte haben.

Jedenfalls ist zwischen Prädikaten, die den Status der Kooperationsfähigkeit betreffen, und anderen klassifizierenden Prädikaten (wie »Frau«, »farbig« usw.) zu unterscheiden. Bei ersteren ist eine zusätzliche Argumentation erforderlich, um sich der Gleichheit zu versichern, bei letzteren erscheint die Behauptung einer normativen Ungleichheit von vornherein abwegig, entsprechende Begründungen erscheinen nicht einmal ausdenkbar.

Es ist wichtig, daß wir uns jetzt klarmachen, wie sich das Argument für die prinzipielle Gleichheit aller Menschen, die sich durch den Ausschluß der primären Diskrimination ergibt, von den vorhergehenden Überlegungen unterscheidet, in denen ich darauf hingewiesen habe, daß die Gleichheit auch allen Argumenten für eine distributive Ungleichheit zugrunde liegt. Die vorhergehenden Überlegungen waren rein begrifflich. Der Ausschluß der primären Diskrimination hingegen gehört bereits in eine bestimmte Moral bzw. ist etwas diese Moral Mitkonstituierendes. Von daher ist auch die größere Unsicherheit meiner Argumentation zu verstehen, weil ein bestimmtes moralisches Konzept nicht zwingend sein kann.

Die Rede von primärer Diskrimination wird klarer, wenn wir jetzt zu dem Gegenbegriff übergehen, der sekundären

Diskrimination. Unter sekundären Diskriminationen möchte ich alle Formen der ungleichen Verteilung verstehen, die sich gleichwohl ergeben können, wenn auf der primären Ebene keine Ungleichheit stattfindet, d. h. wenn vorausgesetzt wird, daß alle den gleichen Wert haben. Es ist durchaus naheliegend, daß es Gründe geben kann, eine ungleiche Verteilung von Gütern und Übeln für gerecht zu halten, obwohl bzw. gerade weil wir alle gleich achten. Man kann sich das vorweg wieder am Beispiel der Tortenverteilung verdeutlichen. Die Mutter, die alle ihre Kinder gleich liebt und achtet, kann es in der Zuteilung von Tortenstücken gleichwohl für gerecht ansehen, daß dasjenige Kind, das Hunger leidet, mehr bekommt, und ebenso können die anderen Gründe für sie Gründe für eine gerechte ungleiche Verteilung sein.

Es gibt insbesondere drei Hinsichten der begründeten sekundären Ungleichverteilung, die in der Diskussion über Gerechtigkeit eine Rolle spielen und an Stelle der Gleichheit als Verteilungsmaßstab genannt werden: Bedürfnis (das hungrige Kind), Verdienst im engeren Sinn (Leistung)[8], erworbene Rechte (das Versprechen der Mutter).

Die Ansprüche dieser drei Gesichtspunkte scheinen die Idee der distributiven Gerechtigkeit zu relativieren: sie widersprechen der egalitären Verteilung und widersprechen sich auch untereinander. MacIntyre meint sogar, daß diese Widersprüche den modernen Gerechtigkeitsbegriff auflösen und daher gegen die moderne Moral überhaupt sprechen.[9] Diese Folgerungen sind merkwürdig, denn die Schwierigkeiten, die sich hier zeigen, gehören zum Sinn der distributiven Gerechtigkeit

8 Die Rede von »Verdienst im engeren vs. im weiteren (moralischen) Sinn« ist im Deutschen naheliegend, während es im Englischen zwei Wörter gibt: *desert* für den engeren und *merit* für den weiteren Sinn.

9 *After Virtue*, 17. Kapitel. – Vgl. zu den drei Gesichtspunkten insbesondere D. Miller, *Social Justice*, Oxford 1976. Während bei Rawls und Ackerman die drei Gesichtspunkte nur am Rande vorkommen, sind sie für Miller zentral. Miller ist der Auffassung, daß sie charakteristisch für drei verschiedene wirtschaftliche Gesellschaftssysteme sind.

überhaupt (die drei Gesichtspunkte spielen auch eine Rolle, wenn die primäre Diskrimination nicht ausgeschaltet ist), und daß ein Begriff in seiner Anwendung zu widersprüchlichen Möglichkeiten führen kann, hebt ihn keineswegs auf; es kann höchstens zeigen, daß seine Anwendung nicht einfach ist und gegebenenfalls dezisionistische Faktoren bei der Abwägung nicht ausschließt. Wir haben jedoch schon gesehen, daß das ein Charakteristikum der nichttraditionalistischen Moral ist (S. 331 f.).

Als erstes müssen wir uns klarmachen, daß diese verschiedenen Gesichtspunkte erst auf einer bestimmten Ebene der distributiven Gerechtigkeit ins Spiel kommen und daß sie auch nicht mit Bezug auf die Verteilung aller Arten von Gütern relevant werden können. Erst auf einer bestimmten Ebene, denn es sind diejenigen Gesichtspunkte einer Ungleichverteilung, die gegebenenfalls auch dann übrigbleiben, wenn die primäre Diskrimination bereits ausgeschlossen ist, und damit hängt unmittelbar zusammen, daß, wie immer andere Güter verteilt werden mögen, beim Ausschluß der primären Diskrimination mindestens die gleiche Verteilung der *Rechte* feststeht. Diejenigen Autoren, die meinen, daß die distributive Gerechtigkeit von vornherein durch die verschiedenen Gesichtspunkte gespalten ist, übersehen, daß diese Gesichtspunkte auf die gleiche Anerkennung der Menschenrechte nicht übergreifen. Man übersieht leicht, daß die distributive Gerechtigkeit sich nicht nur auf materielle Güter bezieht und daß in der gesamten modernen Diskussion überall, wo Rechte überhaupt berücksichtigt werden, die Gleichheit wie selbstverständlich zugestanden ist; diese Gleichheit ist bereits ein Ergebnis der Gleichheit bei der Frage der primären Diskrimination.

Aber auch bei der Verteilung des Gutes Macht scheinen zumindest die ersten beiden Gesichtspunkte zu entfallen. Man könnte das für den zweiten Gesichtspunkt (Verdienst im engeren Sinn: Fähigkeit) bestreiten wollen. Denn ist es nicht denkbar, daß man es für gerecht halten kann, daß diejenigen über die gemeinsamen Angelegenheiten bestimmen sollen, die dazu in größerem Maß befähigt sind? Man sieht jedoch leicht, daß, wer für eine Ungleichverteilung von Macht wegen ungleicher Fähigkeiten eintritt, dies überhaupt nicht aus einem Gerechtigkeitsgesichtspunkt tut, sondern aus einem Nützlichkeitsgesichtspunkt. Der Widerspruch, der hier auftritt, ist also nicht zwischen verschiedenen Gerechtigkeitskonzepten, sondern zwischen den verschiedenen Gesichtspunkten der Gerechtigkeit und der Nützlichkeit. Auch Nützlichkeit kann, wenn sie auf alle bezogen ist, ein moralischer Gesichtspunkt sein. So ist es durchaus denkbar, daß man aus der Perspektive des kategorischen Imperativs, das heißt aus der Perspektive eines Beliebigen, zu dem Ergebnis kommt, daß es moralisch richtiger ist, die Gerechtigkeit gegenüber der Nützlichkeit ganz oder teilweise zurückzustellen. Auch der von einem solchen Ergebnis negativ Betroffene kann sich gegebenenfalls sagen: es ist auch für mich besser, wenn ich die Verwaltung dieser gemeinsamen Angelegenheiten anderen überlasse. Aber weder er noch sonst jemand kann sagen, daß es deswegen gerechter sei; es ist vielmehr ungerecht, und die Ungerechtigkeit wird moralisch in Kauf genommen. Ein solches Abwägen zwischen verschiedenen moralisch relevanten Gesichtspunkten gehört zum Sinn der moralischen Urteilsfindung, und es ist verkehrt, eine solche Entgegensetzung verschiedener relevanter Gesichtspunkte zu einem Widerspruch zu stilisieren, der den Sinn der modernen Moral (oder des modernen Gerechtigkeitsbegriffs) in Frage stelle.

Wenden wir uns nun der Verteilung der materiellen Güter zu, die vielfach zu Unrecht als das einzige Problem der distributiven Gerechtigkeit angesehen wird, so müssen wir uns erst einmal verständlich machen, wieso gerade die genannten drei Gesichtspunkte eine Rolle spielen. Wenn wir von der Verteilung von Rechten zur Verteilung von Macht und schließlich zur Verteilung materieller Güter übergehen, können wir uns klarmachen, daß es sich jedesmal um eine Verteilung handelt, die aus moralischer Perspektive immer weniger selbstverständlich ist. Es gehört zum Begriff einer Kooperationsgemeinschaft, daß die Mitglieder sich wechselseitig Rechte zugestehen, hingegen nicht, daß die materiellen Güter als etwas angesehen werden, das zur Verteilung ansteht, und auch eine

Verteilung von Macht ist nur erforderlich in dem Maße, als eine kollektive Verwaltung gemeinsamer Angelegenheiten erwünscht ist. In derjenigen vorstaatlichen Gesellschaft z. B., die Locke mit dem, was er Naturzustand nannte, ins Auge faßte, konnte es sich nur um Rechte und nicht um Macht und allemal nicht um die Verteilung von Gütern handeln. Was auch immer das zu verteilende Gut ist, gehört zum Begriff der distributiven Gerechtigkeit keineswegs, daß alles zu verteilen ist, sondern nur, daß, *wenn* etwas zu verteilen ist, die Verteilung, wenn sie nicht willkürlich erfolgen soll, gerecht sein muß. Man kann es zumindest in einem ersten Schritt für moralisch gleichgültig ansehen, ob eine Gesellschaft sich im Prinzip als Gütergemeinschaft versteht, und nur dann muß von einer gerechten oder ungerechten Verteilung der materiellen Güter gesprochen werden, oder ob sie den gesamten Bereich des materiellen Erwerbs den einzelnen Familien überläßt, wie es die traditionelle bürgerliche Auffassung war: die Gemeinschaft müßte dann nur immer dort hilfsweise einspringen, wo es aushilfsweise erforderlich ist, wie wir es in der vorigen Vorlesung gesehen haben. Daß so eine Aufgliederung nicht als moralisch offen angesehen wird, ergibt sich nur dann, aber freilich dann auch notwendigerweise, wenn eine solche Aufgliederung dazu führt, daß, wegen der Knappheit der Ressourcen, einige über andere Macht ausüben, und das ist nun allerdings evidenterweise nicht erst unter Bedingungen der modernen Ökonomie der Fall.

Distributive Gerechtigkeit von materiellen Gütern wird also nur relevant, wenn bereits feststeht, daß die materiellen Güter zur Verteilung anstehen. In dem Tortenbeispiel war das vorausgesetzt. Denken wir uns nun also die Kooperationsgemeinschaft wie ein gemeinsames Unternehmen, in dem alle, soweit sie können, zu dem gemeinsamen Ertrag beitragen, so ergeben sich wie von selbst die zwei Gesichtspunkte der Gerechtigkeit nach Bedürfnis und der Gerechtigkeit nach Verdienst (Beitrag, Leistung). Je nachdem, wie individualistisch sich die Mitglieder des Unternehmens verstehen, werden sie mehr zu der einen oder der anderen Auffassung neigen. Verstehen sie sich kontraktualistisch, gewissermaßen wie eine

Aktiengesellschaft, so werden sie es als ungerecht ansehen, wenn der Output (die Verteilung) nicht dem Input entspricht. Verstehen sie sich hingegen wie eine große Familie, so richtet sich die Verteilung des Outputs nur nach dem Bedürfnis. Ferner wird natürlich jede dieser Auffassungen dadurch relativiert, daß vorgängige Abmachungen bestehen (der dritte Gesichtspunkt).

Diese Darstellung mag verständlich machen, wieso in dem besonderen Fall der Güterverteilung die drei Gesichtspunkte aufkommen. Aber damit ist noch nichts über ihre Berechtigung gesagt. Wie haben wir die drei Ansprüche moralisch zu bewerten? Bei dieser Frage müssen wir im Auge behalten, daß es sich in allen drei Fällen um Gründe für eine Ungleichverteilung handelt. Die egalitäre Verteilung ist die Basis. In welchem Ausmaß erscheint es moralisch begründet, sie einzuschränken? Gehen wir die drei Gesichtspunkte der Reihe nach durch!

Die Idee einer Gerechtigkeit je nach Bedürfnis ist mehrdeutig. Wenn Marx in seiner »Kritik des Gothaer Programms« für die »höhere Phase der kommunistischen Gesellschaft« das Prinzip aufstellte »Jeder nach seinen Fähigkeiten, jedem nach seinen Bedürfnissen«, hatte er eine Überflußgesellschaft im Auge, in der ohnehin alle Bedürfnisse befriedigt werden könnten. Das heißt dann aber, daß sich die Verteilung von selbst ergibt, es gibt dann keine entgegengesetzten Ansprüche, und es ist in diesem Fall überhaupt nicht sinnvoll, von Gerechtigkeit zu sprechen, und Marx war sich dessen auch bewußt.

Die Forderung, daß die Verteilung nicht gleich, sondern nach Bedürftigkeit erfolgen soll, hat nur einen Sinn, wenn die größere Bedürftigkeit in dem minimalen Sinn zu messen ist, daß man mit guten Gründen sagen kann, daß jemand mehr Mittel als ein anderer braucht, weil er bedürftiger ist. Hier erscheint es nun hilfreich, objektive von subjektiver Bedürftigkeit zu unterscheiden.[10] Eine objektiv begründete Bedürftigkeit liegt vor, wenn jemand physisch behindert, z. B. blind, verkrüppelt usw. ist. Wer in diesem Sinn bedürftig ist, ist nach

10 Ich stütze mich dabei auf Anregungen von Ackerman, *Social Justice in the Liberal State*, § 14.

objektiven Kriterien benachteiligt und erfordert, wie Ackerman sagt, eine »Entschädigung«. Ein Blinder z. B. braucht besondere Hilfsmittel. Wer in diesem Sinn mehr bekommt, wird lediglich dafür entschädigt, daß ihm etwas fehlt. Diese Form von besonderer Berücksichtigung ist ein Recht und kann nicht als Infragestellung einer grundsätzlichen Gleichverteilung verstanden werden. Dieses Argument gilt für alle Formen besonderer Bedürftigkeit, z. B. für Kranke und für Alte.

Eine ganz andere Form von größerer Bedürftigkeit liegt hingegen vor, wenn man sagt, eine Person hat mehr oder teurere Bedürfnisse als eine andere. Die größere Bedürftigkeit wäre hier nicht eine solche nach materiellen Hilfsmitteln, sondern die Wünsche selbst wären größer als diejenigen von anderen. Die größere Bedürftigkeit wäre nicht die nach einem Ausgleich eines Minus, sondern würde selbst ein Plus darstellen. Ansprüche dieser Art müssen, meine ich, ausscheiden, schon deswegen, weil sie keiner intersubjektiven Meßbarkeit zugänglich sind. Würde eine Person größere Bedürftigkeit in diesem Sinn anmelden, könnten die anderen sofort das Gleiche tun. Das einzige, was hier denkbar ist, ist, daß die Gesellschaft es für gut hält, daß *irgendwelche* ihrer Mitglieder bestimmte Leistungen vollbringen, bei denen die Ausbildung besonders kostenaufwendig ist (z. B. Künstler, Sportler); bei der Frage, wer die entsprechenden Stipendien usw. erhält, scheint sich nun doch ein Gerechtigkeitsdilemma zu ergeben; ist jeder gleich berechtigt, der den Wunsch zu so einer Ausbildung hat, oder entscheidet ein Test über die Fähigkeiten? Müssen wir aber nicht sagen, daß nur das erste Auswahlprinzip eines der Gerechtigkeit und das zweite vielmehr ein utilitaristisches ist?

Jedenfalls läßt sich also vom Gesichtspunkt der Bedürftigkeit her die egalitäre Verteilung nicht in Frage stellen, denn wo objektive Bedürftigkeit vorliegt, handelt es sich um spezielle Entschädigung bzw. Hilfe, die die egalitäre Verteilung nicht prinzipiell beeinträchtigt. Wie steht es nun mit dem Gesichtspunkt des Verdienens im engeren Sinn, der Leistung, des »Beitrags«? Hier muß man unterscheiden zwischen besonderen Fähigkeiten und Talenten einerseits und Aufwand andererseits. Über das Ausmaß des Aufwands kann die Person selbst entscheiden, und es erscheint richtig, ihr diesen größeren Spielraum zu eröffnen: wenn sie es vorzieht, weniger Zeit und Energie aufzuwenden, wäre es den anderen gegenüber ungerecht, wenn sie gleichwohl dieselbe Entschädigung für ihre Arbeit erhielte.

Hingegen ist nicht einzusehen, warum jemand, der größere Talente hat, einen höheren Lohn erhalten soll. Denn wer in seiner Arbeit seine Fähigkeiten in höherem Maß ins Spiel bringen kann, gelangt schon in der Arbeit selbst zu höherer Befriedigung. Wenn man sich die in einer Gesellschaft erforderlichen Arbeitsformen aufgereiht in einer Serie denkt, die von solchen, in denen sich die Individuen selbst entfalten können, bis zu den stumpfsinnigsten reicht, die man als »entfremdete« Arbeit bezeichnen kann, so erschiene es vielmehr gerecht, wenn eine Arbeit um so höher entschädigt würde, je entsagungsvoller sie ist. Die Individuen könnten dann genauso wie vorhin zwischen mehr oder weniger Aufwand, so jetzt darüber entscheiden, ob sie zu mehr entsagungsvoller Arbeit zugunsten eines höheren Lohnes bereit sind oder eine Arbeit, mit der sie sich identifizieren können, und dafür weniger Lohn vorziehen. Es erscheint gerecht, daß das Plus an Lohn gegen das Minus an Befriedigung aufgewogen wird, und daß Manager und Wissenschaftler schlecht bezahlt werden, hingegen Bergarbeiter und Müllfahrer gut. Hat jemand ein besonderes Talent, so ist er von Natur bevorzugt, und es erscheint nicht gerecht, daß er dafür auch noch belohnt wird.[11] Außerdem könnte man sich denken, daß wenn die Gesellschaft so organisiert wäre, wie ich es andeute, der Marktmechanismus dafür sorgen würde, daß diejenigen, die die inhaltlich interessanteren Berufe ergreifen, diejenigen wären, die die größeren Talente für sie haben, und nicht diejenigen, die mehr Geld verdienen wollen, so daß sich also eher eine Auslese der Talente ergäbe. Das wäre freilich nur eine sekundäre Überlegung, die mit der Gerechtigkeit der Verteilung nichts mehr zu tun hätte, sondern nur mit der Praktikabilität.

11 Vgl. auch Rawls, *A Theory of Justice*, § 17.

Daß eine solche Regelung praktikabel wäre, ist freilich eine empirische Frage. Praktikabilität und Gerechtigkeit sind verschiedene Gesichtspunkte. Wenn wir nun fragen, wieso in unserer Gesellschaft die Kriterien für die Höhe des Gehaltes gerade umgekehrt liegen, stoßen wir auf ein Argument, das ein rein utilitaristisches ist: das System der gesellschaftlich benötigten Arbeiten funktioniert angeblich nur, wenn die interessanteren Arbeiten mit dem zusätzlichen Anreiz des höheren Entgeltes verknüpft werden. Hier kann es nicht um die empirische Frage gehen, welche Art der komparativen Entlohnung die praktikablere ist, sondern es kommt nur darauf an, die Frage der größeren Praktikabilität von der Frage der größeren Gerechtigkeit zu trennen. Nehmen wir also an, daß das von mir eben skizzierte Modell nicht praktikabel ist und daß in einer kapitalistischen Wirtschaft Anreize erforderlich sind. Daß die Anreize erforderlich sind, heißt nicht, daß die sich aus diesem Gesichtspunkt verstehende komparative Entlohnung gerecht ist. Vielmehr liegt es jetzt nahe, die Auffassung, daß die größere Leistung auch einen höheren Lohn »verdient«, als Ideologie der kapitalistischen Wirtschaft anzusehen: das Wirtschaftssystem wird dadurch auch noch fälschlich moralisch abgestützt, daß, was aus wirtschaftlichen Gründen erforderlich ist (oder scheint; es liegt ja im Interesse der Privilegierten), auch gerecht sein soll.

Es ist freilich durchaus möglich, dieses Konzept, demzufolge die Leistungen, die besondere Fähigkeiten erfordern, höher zu entgelten sind, auch als das moralisch bessere anzusehen, obwohl es als das ungerechtere erkannt wird. Genauso wie bei der Verteilung der Macht kann es aus der Perspektive eines Beliebigen als besser erscheinen, daß ein Mehr an Nützlichkeit – ein Mehr an Produktion des gesellschaftlichen Reichtums – ein Minus an Gerechtigkeit aufwiegt. Eine ungerechte Verteilung kann als die moralisch bessere erscheinen. Gerechtigkeit ist nur ein Aspekt des Guten.

Ich kann das an dem zentralen Gerechtigkeitsprinzip von Rawls, dem sogenannten *difference principle* verdeutlichen. Rawls vertritt primär ein egalitäres Konzept, das er jedoch in der Weise einschränkt, daß auch eine ungleiche Verteilung dann gerecht sei, wenn sie den am schlechtesten gestellten Mitgliedern der Gesellschaft zugute komme. Die Einschränkung ist für Rawls eben deswegen erforderlich, weil gegebenenfalls eine Ungleichverteilung den Gesamtreichtum in der Weise erhöht, daß auch diejenigen, die dadurch weniger erhalten als die anderen, doch mehr erhalten, als sie sonst erhalten hätten. Es ist in diesem besonderen Fall möglich (aber doch wohl nicht zwingend), daß eine so definierte Ungleichverteilung auch aus der Perspektive derjenigen, die weniger als andere erhalten, bevorzugt wird. Was bei Rawls nicht deutlich wird, ist, daß in diesem Fall ein utilitaristischer Gesichtspunkt moralisch stärker wiegt als die Gerechtigkeit, und es kann bei Rawls nicht deutlich werden, weil er zwischen »gut« und »gerecht« nicht unterscheidet. Es kann aber nicht bezweifelt werden, daß das *difference principle* gegenüber der egalitären Verteilung eine Benachteiligung von einigen bedeutet, und es erscheint kurios, das als die »gerechtere« Ordnung anzusehen. Ich kritisiere hier nicht die Idee von Rawls als solche, sondern daß er die verschiedenen für die moralische Bewertung einer gesellschaftlichen Ordnung relevanten Gesichtspunkte nicht unterscheidet, und er kann sie nicht unterscheiden, weil er das Wort »gerecht« von vornherein so definiert hat, daß alles als gerecht erscheint, was aus der Perspektive der *original position* vorgezogen wird. In Wirklichkeit hat Rawls hier eine Konzession an den Utilitarismus gemacht, die jedoch als solche wegen seines merkwürdigen Sprachgebrauchs nicht kenntlich wird.

Ich komme also auch bezüglich des zweiten Gesichtspunktes zu dem Ergebnis, daß er die Gerechtigkeit der egalitären Verteilung nicht in Frage stellen kann: eine inegalitäre Verteilung mag die moralisch bessere, aber nicht die gerechtere sein. Hingegen wird man zugeben müssen, daß der dritte Gesichtspunkt, demzufolge diejenige Verteilung die gerechte ist, die bestehende Rechte und Vereinbarungen einhält, der egalitären Verteilung widerspricht. Aber sie widerspricht ihr einfach in dem Maße, in dem erworbene Rechte von jedem Vorschlag zu einer Neuverteilung, die gerechter als die frühere sein soll, aber auch zu jedem beliebigen Vorschlag zu einer Veränderung gemäß irgendeinem Konzept des Besseren verletzt würden.

Hier liegt eine Spannung, die einfach in der zeitlichen Dimension der menschlichen Einrichtungen gegeben ist. Sofern jede gesellschaftliche Konstellation eine ist, mit der Rechte verbunden sind, ist jeder Vorschlag, die Gesellschaft besser einzurichten, einer, der bestehende Rechte verletzt.

Was meine Erörterung der drei Gesichtspunkte der gerechten Ungleichverteilung zeigen sollte, ist erstens, daß die Einschränkung der egalitären Verteilung, die sich aus ihnen zu ergeben scheint, weniger weit reicht, als häufig angenommen wird; zweitens, daß wir es weniger mit einer Einschränkung der egalitären Gerechtigkeit durch andere Gerechtigkeitsgesichtspunkte zu tun haben als mit einer Einschränkung des Gerechtigkeitsgesichtspunktes als solchen durch andere Gesichtspunkte, die sich jedoch gegebenenfalls ihrerseits als solche des moralisch Guten verstehen lassen; und drittens, daß das Bestehen von einander widersprechenden Gesichtspunkten, zwischen denen abgewogen werden muß, weder den Begriff der Gerechtigkeit noch den des moralisch Richtigen überhaupt in Frage stellen kann.

Abschließend muß ich auf die Frage zurückkommen, in welchem Ausmaß wir die gesellschaftlichen Belange und insbesondere den gesellschaftlichen Reichtum überhaupt als eine Einheit und das heißt als etwas gerecht oder ungerecht Verteiltes oder zu Verteilendes anzusehen haben. Die Frage ist also: in welchem Ausmaß ist es gut (moralisch gut), die Idee der distributiven Gerechtigkeit – ganz egal, wie sie verstanden wird – in der Gesellschaft zur *Anwendung* zu bringen? Ich habe schon gesagt, daß es für eine Moral zwingend erscheint, Rechte zu verteilen, weil das in der Idee einer Moral von vornherein enthalten ist, und wenn die Moral eine der gleichen Achtung ist, erscheint eine egalitäre Gerechtigkeit bezüglich der Rechte zwingend. Es erscheint ebenfalls unzweifelhaft, daß wir den Gesichtspunkt der Gerechtigkeit auf die Differenzen der Machtverteilung anwenden müssen, weil die Macht der einen immer die Einschränkung der Freiheit der anderen bedeutet. Die Frage, inwieweit es moralisch erforderlich ist, die distributive Gerechtigkeit auf gesellschaftliche Belange zur Anwendung zu bringen, kann sich also nur auf den gesellschaftlichen Reichtum beziehen und wird üblicherweise auch nur in dieser Weise verstanden.

Hier ist nun zu beachten, daß in den Polemiken gegen die Idee der egalitären Gerechtigkeit häufig zwei ganz unterschiedliche Gedanken vermischt werden. Indem undifferenziert gefragt wird »was spricht eigentlich für eine egalitäre Gerechtigkeit?«, wird meist nicht gesehen, daß diese Frage auf zwei verschiedene Weisen verstanden werden kann. Man kann erstens meinen: was spricht für ein egalitäres Gerechtigkeitskonzept gegen andere Gerechtigkeitskonzepte? Davon habe ich bisher gehandelt. Aber man kann auch zweitens fragen: warum oder in welchem Ausmaß soll man den Gesichtspunkt der Gerechtigkeit überhaupt auf den gesellschaftlichen Reichtum anwenden?

Gegen die Auffassung des gesellschaftlichen Reichtums als einer einheitlichen Masse, die unter allen zu verteilen ist, wird eingewandt:[12] in einer »natürlichen«, nicht bereits sozialistisch oder wohlfahrtsstaatlich überformten Gesellschaft erfolgt die Produktion so, daß die Produkte immer Eigentum von Individuen sind. Es erscheint daher als künstlicher Eingriff, was einzelne produziert haben, an andere zu verteilen, und eine solche Umverteilung lähmt die Arbeits- und Unternehmungslust der einzelnen. Sofern diese doch noch bestehenbleibt, wird sie dahin tendieren, die hergestellte Gleichheit immer wieder zu durchbrechen. Außerdem ist es ungerecht, was einzelne für sich produziert haben, ihnen wegzunehmen. Die Anwendung der Gerechtigkeitsidee auf die materiellen Güter ist daher ebenso ungerecht wie ineffektiv, und außerdem hat sie zur Folge das Entstehen eines tendenziell totalitären bürokratischen Apparates.

Dieser Gedankengang geht von einer bestimmten Idee der Wirklichkeit aus, dem Modell von Kleinproduzenten, die jeder für sich sorgen und von denen einige fleißiger sind als andere. Würde dieses Modell der Wirklichkeit entsprechen,

12 Vgl. z. B. den Aufsatz von Minogue, in: G. M. K. Hunt, *Philosophy and Politics*, Cambridge 1990, und Teile von R. Nozicks Argumentation in *State, Anarchy and Utopia*, New York 1974.

würde es naheliegen, das Mehr an Freiheit, das in ihm enthalten ist, gegen Verteilungspostulate starkzumachen. Es entspricht jedoch im Kapitalismus nicht der Wirklichkeit. In ihm führt die negative Freiheit einiger zu Machtverhältnissen und daher zu einer Einschränkung der positiven Freiheit der anderen. Die liberalkonservative Ideologie setzt auch voraus, daß alle unter gleichen Voraussetzungen starten und daß es daher jeder nur sich selbst zuzuschreiben hat, daß er weniger hat. In Wirklichkeit befinden sich die Produktionsmittel von vornherein in den Händen einiger, und die Entfaltungsmöglichkeiten jedes Menschen hängen davon ab, in welcher Familie er geboren wurde.

In der Argumentation derer, die sich gegen die Anwendung von Gerechtigkeitsgesichtspunkten auf den gesellschaftlichen Reichtum stellen, müssen wir jedoch die fragwürdigen moralischen Argumente von den auf Effizienz abzielenden unterscheiden. Wie wir schon innerhalb der Gerechtigkeitsdiskussion selbst gesehen haben, können utilitaristische Argumente durchaus gegebenenfalls Gerechtigkeitsargumente auch moralisch überwiegen. Man könnte daher der konservativen Argumentation in der Weise entgegenkommen, daß die Anwendung der Gerechtigkeitsidee *eingeschränkt* wird: ist erst einmal zugestanden, daß die Anwendung der Idee der Gerechtigkeit auf die Gesamtheit der materiellen Güter einer Gesellschaft nicht von vornherein von der Moral der gleichen Achtung geboten ist, könnte sich die Alternativmöglichkeit der Institutionalisierung einer Minimalgerechtigkeit nahelegen. Und als solche bietet sich ein starkes Konzept der Menschenrechte an, das insbesondere die ökonomischen Rechte einschließt und das Recht auf gleiche Ausgangsbedingungen, wie gleiche Bildungschancen und die Abschaffung des Erbrechts. (Für das Erbrecht werden meist wiederum utilitaristische Gesichtspunkte angeführt: die Möglichkeit, seinen Besitz an seine Kinder zu vererben, sei ein notwendiger Anreiz für seinen Erwerb und damit für die Produktion; seine Ungerechtigkeit steht jedoch außer Zweifel.)

Ich komme damit zu der Frage zurück, mit der ich diese Vorlesung begonnen habe, der Frage, wie sich die Problematik der Menschenrechte und die der Gerechtigkeit zueinander verhalten. Ich habe schon darauf hingewiesen, daß auch die Menschenrechte, bei denen allgemein zugestanden wird, daß sie allen gleich zukommen, eine Angelegenheit der Gerechtigkeit sind, und man könnte das jetzt so ergänzen: das Konzept der Menschenrechte ist ein Konzept der minimalen Gerechtigkeit, und zwar auf zwei Stufen, einer qualitativen und einer quantitativen. Das Menschenrechtskonzept der liberalen Tradition ist das einer minimalen qualitativen Gerechtigkeit: wenigstens die bestimmten Rechtspositionen, die in den negativen Freiheitsrechten zum Ausdruck kommen, werden allen in gleicher Weise garantiert. Das Menschenrechtskonzept hingegen, das die ökonomischen Rechte einschließt, sichert allen Bürgern Rechte auf ein minimales Auskommen, das heißt auf materielle Güter sowie auf die Chancen, sie zu erwerben (wie das Recht auf Arbeit), und auf diejenigen Leistungen, die mit ihnen erworben werden können (wie ärztliche Betreuung usw.).

Von daher läßt sich wenigstens zum Teil verstehen, wieso eine Gerechtigkeitstheorie, wie diejenige von Rawls, die Frage, ob es ökonomische Rechte geben soll, nicht einmal diskutiert: weil, wenn man eine so starke Position mit Bezug auf die gerechte Verteilung von materiellen Gütern einnimmt, wie Rawls dies im Prinzip tut, die Frage der ökonomischen Rechte zurücktritt (freilich kommt bei Rawls hinzu, daß er die spezifischen Probleme der gesellschaftlichen Gruppen, die sich nicht selbst helfen können, ebenso wie das Problem der Arbeitslosigkeit übergeht). Das Konzept der Realisierung der ökonomischen Rechte ist gegenüber dem Konzept der distributiven Gerechtigkeit wenigstens zum Teil eine Alternativversion. Sie ist, als Realisierung einer minimalen ökonomischen Gerechtigkeit, die zu verwirklichen freilich bereits schwer genug ist, wenn man etwa an die globalen Probleme denkt und z. B. berücksichtigt, daß das Recht auf Arbeit noch in keinem kapitalistischen Land realisiert ist, eine schwächere Version, eine Version jedoch, die dem gegebenenfalls berechtigten Teil der konservativen Argumentation gegen Gerechtigkeit Rechnung trägt.

Das kann jedoch nicht heißen, daß die Forderung nach der Institutionalisierung der sozio-ökonomischen Rechte die Forderung der Realisierung von mehr Gerechtigkeit ersetzen kann. Man muß die Forderung nach mehr Gerechtigkeit vom von der konservativen Seite an die Wand gemalten Zerrbild einer Gleichverteilung unterscheiden. Die Forderung nach einer gerechten Entlohnung der Arbeit, wie sie auch in meinen vielleicht utopisch scheinenden Überlegungen zu einer gerechten Arbeitsentlohnung enthalten sind, erscheint moralisch ebenso gefordert wie die nach der Realisierung der ökonomischen Rechte. Wenn meine Beschreibung des Menschenrechtskonzepts als das einer minimalen Gerechtigkeit richtig ist, so liegt in eben dieser Minimalität das, was sie moralisch unzureichend macht. Das Menschenrechtskonzept ist im Gegensatz zur dynamischen Forderung nach mehr Gerechtigkeit der Idee nach statisch. Als reale Forderungen ergänzen sich die beiden Konzepte und können auch sinnvoll wechselseitig aufeinander rückwirken. Z. B. kann eine bestimmte Festlegung der Subsistenzhilfe als ungerecht verworfen werden. Andererseits deckt das Menschenrechtskonzept Bereiche ab, die zwar auch als solche der Gerechtigkeit angesehen werden können, die aber bei der normalen Fixierung der Gerechtigkeitsdiskussion auf das Problem der Verteilung der materiellen Güter leicht übersehen werden. Da das Menschenrechtskonzept, wie immer ökonomisch erweitert, die krassen Differenzen im Wohlstand wenigstens von der Idee her nicht in Frage stellt, muß es durch die – ihrem Sinn nach unbeschränkte – Forderung nach mehr Gerechtigkeit ergänzt werden, wenn die Idee der gleichen Achtung nicht zur Farce werden soll.

Literatur

Ackerman, B., *Social Justice in the Liberal State*, New Haven 1980.

Aiken, H. D., »Rights, Human and Otherwise«, Monist 1968, 502 ff.

Alexy, R., *Theorie der Grundrechte*, Baden-Baden 1985.

Aristoteles, zitiert nach der Ausgabe der Preußischen Akademie.

Bedau, H., »The Right of Life«, Monist 1968, 550 ff.

–, »International Human Rights«, in: T. Regan and D. Van de Veer (Hrsg.), *And Justice for All*, Totowa (USA) 1982, 207 ff.

Bentham, J., *An Introduction tot the Principles of Morals and Legislation*, hrsg. von J. H. Burns und H. L. A. Hart, London 1970.

Ebbinghaus, J., »Deutung und Mißdeutung des kategorischen Imperativs«, in: *Gesammelte Aufsätze 1968*, 80 ff.

Feinberg, J., »Duties, Rights and Claims«, American Philos. Quarterly 3 (1966), 137 ff.

Fichte, J. G., *Werke* (hrsg. von F. Medicus), Hamburg 1912.

Frankena, W., *Ethics*, Prentice Hall 1963; dt.: *Analytische Ethik*.

Freud, S., *Gesammelte Werke*, Frankfurt 1960.

Fromm, E., *Die Furcht vor der Freiheit*, Frankfurt 1980 (*Escape from Freedom*, New York 1947).

–, *Psychoanalyse und Ethik*, Frankfurt 1978 (*Man for Himself*, London 1949).

–, *Die Kunst des Liebens*, Frankfurt 1980 (*The Art of Loving*, New York 1956).

Gert, B., *The Moral Rules*, Harper 1966, Neuauflage: *Morality*, Oxford 1988; dt.: *Die moralischen Regeln*, Frankfurt 1983.

Gewirth, A., *Reason and Morality*, Chicago 1978.

Foot, Ph., »Morality as a System of Hypothetical Imperatives«, Philosophical Review 81 (1972), 305 ff.

–, »Virtues and Vices«, in: *Virtues and Vices*, Oxford 1978, 1 ff.

Habermas, J., »Wahrheitstheorien«, in: H. Fahrenbach (Hrsg.), *Wirklichkeit und Reflexion*, Festschr. f. W. Schulz, Pfullingen 1973, 211 ff.

–, »Diskursethik – Notizen zu einem Begründungsprogramm«, in: *Moralbewußtsein und kommunikatives Handeln*, Frankfurt 1983, 53-126.

–, *Theorie des kommunikativen Handelns*, Frankfurt 1981.

Hare, R. M., *Freedom and Reason*, Oxford 1963; dt.: *Freiheit und Vernunft*, Düsseldorf 1973.

Hartmann, N., »Die Wertdimensionen der Nikomachischen Ethik«, Berlin 1944 (Abh. Preuss. Akad.), abgedr. in *Kleine Schriften*, Berlin 1957, II, 191 ff.

Hegel, G. W. F., *Werke*, Frankfurt 1971.

–, *Phänomenologie des Geistes* (hrsg. v. Hoffmeister) Leipzig (Philos. Bibl.) 1949.

Hruschka, H., »Die Konkurrenz von goldener Regel und Prinzip der Verallgemeinerung in der juristischen Diskussion des 17./18. Jahrhunderts als geschichtliche Wurzel von Kants kategorischem Imperativ«, Juristen Zeitung 42 (1987), 941 ff.

Hume, D., *Enquiries concerning the Human Understanding and concerning the Principles of Morals* (Hrsg. Selby-Bigge), Oxford 1902.

Hunt, G. M. K., *Philosophy and Politics*, Cambridge 1990.

Kant, I., *Gesammelte Schriften*, hrsg. von der Preuss. Akademie, Berlin 1902 ff.

–, *Kritik der reinen Vernunft*, zitiert nach der 2. Aufl. (»B«).

Kenny, A., *Action, Emotion and Will*, London 1963.

–, *Freewill and Responsibility*, London 1978.

Kohlberg, L., »From Is to Ought«, in: T. Mischel, *Cognitive Development and Epistemology*, New York 1971.

Lohmann, G., »Neokonservative Antworten auf moderne Sinnverlusterfahrungen«, in: Farber, F. (Hrsg.), *Konservatismus in Geschichte und Gegenwart*, Würzburg 1991, 183 ff.

Mackie, J. L. H., *Ethics*, Penguin 1977; dt.: *Ethik*, Stuttgart 1981.

–, »Can there be a right-based moral theory?« in: J. Waldron, *Theories of Rights*, Oxford 1984, 168 ff.

MacIntyre, A., *After Virtue*, London 1981; dt: *Der Verlust der Tugend*, Frankfurt 1987.

Marquard, O., »Über die Unvermeidlichkeit der Geisteswissenschaften«, in: *Apologie des Zufalls*, Stuttgart 1986, 98 ff.

Mill, J. St., *Utilitarianism*, Indianapolis 1971.

Miller, D., *Social Justice*, Oxford 1976.

Musil, R., *Nachlaß zu Lebzeiten*, Hamburg 1957.

Nowell-Smith, P. H., *Ethics*, Pelican 1954.

Nozick, R., *State Anarchy and Utopia*, New York 1974.

Paton, H. J., *The Categorical Imperative*, London 1947; dt: *Der kategorische Imperativ*, Berlin 1962.

Piaget, J., *Les jugements morales chez l'enfant*, Paris 1932; dt: *Das moralische Urteil beim Kinde*, Frankfurt 1973.

Platon, *Werke* (übliche Zitationsweise nach der Stephanus-Ausgabe).

Raphael, D. D. (Hrsg.), *British Moralists 1650-1800*, Oxford 1969.

Rawls, J., *A Theory of Justice*, Harvard 1971; dt: *Eine Theorie der Gerechtigkeit*, Frankfurt 1979.

–, »Justice as Fairness: Political not Metaphysical«, Philosophy and Public Affairs 14 (1985), 223 ff.

Regan, T. und Van de Veer, D. (Hrsg.), *And Justice for All*, Totowa 1982.

Ryle, G., *Dilemmas*, Oxford 1954.

Schiller, F., *Werke*, hrsg. von L. Bellermann, Meyers Klassiker-Ausgaben, Leipzig und Wien o. J.

Schmidhäuser, E., *Vom Sinn der Strafe*, Göttingen 1963.

Schopenhauer, A., *Preisschrift über die Grundlage der Moral*, in: *Sämtliche Werke* (Hrsg. J. Frauenstädt), Leipzig 1916, IV, 103-275.

Schweitzer, A., *Kultur und Ethik*, München 1923.

Shue, H., *Basic Rights*, Princeton 1980.

Sieghart, P., *The Lawful Rights of Mankind*, Oxford 1985.

Smith, A., *The Theory of Moral Sentiments* (Hrsg. D.D. Raphael und A.L. Macfie), Oxford 1976.

Stevenson, Ch. L., »The Emotive Meaning of Ethical Terms«, Mind 1937.

Strawson, P., »Freedom and Resentment«, Proceedings of the British Academy 48 (1962), 187 ff.; dt. in: Pothast, U. (Hrsg.), *Freies Handeln und Determinismus*, Frankfurt 1978, 201 ff.

Taylor, G., *Pride Shame and Guilt*, Oxford 1985.

Tugendhat, E., *Der Wahrheitsbegriff bei Husserl und Heidegger*, Berlin 1967.

–, »Sprache und Ethik« (1978), in: *Philosophische Aufsätze*.

–, *Selbstbewußtsein und Selbstbestimmung*, Frankfurt 1979.

–, »Comments on some Methodological Aspects of Rawls' Theory of Justice«, in: Analyse und Kritik 1 (1979), 77-89; dt. in *Probleme der Ethik*.

–, »Drei Vorlesungen über Probleme der Ethik« (1981), in: *Probleme der Ethik*.

–, »Retraktationen« (1983), in: *Probleme der Ethik*.

–, *Probleme der Ethik*, Stuttgart 1984.

–, »John Rawls, Eine Theorie der Gerechtigkeit«, in: F. Raddatz (Hrsg.), *Zeit-Bibliothek der 100 Sachbücher*, Frankfurt 1984.

–, *Nachdenken über die Atomkriegsgefahr und warum man sie nicht sieht*. 2. Auflage. Berlin 1988.

–, »Liberalism, Liberty and the Issue of Economic Human Rights« (1988), in: *Philosophische Aufsätze*.

–, *Philosophische Aufsätze*, Frankfurt 1992.

–, *Ethik und Politik*, Frankfurt 1992.

Urmson, J.O., »On Grading«, in: A. Flew, *Logic and Language*, 2nd series, Oxford 1953, 159 ff.

Vlastos, G., »Justice and Equality«, in: J. Waldron, *Theories of Rights*, Oxford 1984, 41 ff.

Warnock, G.H., *The Object of Morality*, London 1971.

Williams, B., »A critique of utilitarianism«, in: J.J.C. Smart und B. Williams, *Utilitarianism for and against*, Cambridge 1973, 77 ff.

Williams, B., *Ethics and the Limits of Philosophy*, London 1985.

Winnicott, D.W., *The Maturational Processes and the Facilitating Environment*, London 1965.

Wolf, U., »Brauchen wir eine ökologische Ethik?« Prokla 69 (1987), 148 ff.

–, *Das Tier in der Moral*, Frankfurt 1990.

Wright, G.H. von, *The Varieties of Goodness*, London 1963.

Namenregister

Sachregister